Oracle PL/SQL

Marco Skulschus
Marcus Wiederstein

Oracle PL/SQL

Marco Skulschus
Marcus Wiederstein

Webseite zum Buch:

www.comelio-medien.com/buch-katalog/oracle/oracle_pl_sql

© Comelio GmbH

Comelio GmbH
Goethestr. 34
D-13086 Berlin

Fon:+49 (0) 30-8 14 56 22-00
Fax: +49 (0) 30-8 14 56 22-10

www.comelio-medien.com
info@comelio.com

Umschlaggestaltung, Comelio-Grafiken, Layout & Satz: Nadine Kilian
Druck und Bindung: docupoint magdeburg
                    Otto-von-Guericke-Allee 14
                    39179 Barleben

ISBN 978-3-939701-40-8

Inhaltsverzeichnis

Vorwort

Vorwort

Herzlich Willkommen zu einem Fachbuch aus dem Verlag Comelio Medien. Dieses Buch aus dem Bereich Datenbanken soll Sie dabei unterstützen, die umfangreiche SQL-Erweiterung Oracle PL/SQL zu lernen, mit der Sie neben DB-Skripten auch programmierbare DB-Objekte wie Prozeduren, Funktionen und Trigger sowie ganze (Teil-)Anwendungen in Paketen erstellen können. Zusammen mit unseren anderen Büchern zum Thema Oracle lernen Sie das nötige Handwerkzeug zur Programmierung von Oracle über SQL und PL/SQL sowie auch den Einsatz von XML.

Aufbau und Struktur

Ähnlich wie dieses Buch sind auch andere Bücher zum Thema Oracle bei Comelio Medien gestaltet, sodass Sie sehr leicht nebeneinander verwendet werden können, um so dieses interessante Thema aus verschiedenen Blickwinkeln betrachten zu können.

Zielgruppe

Dieses Buch richtet sich an Einsteiger in die PL/SQL-Programmiersprache. Sie sollten schon Erfahrung mit SQL und evtl. auch schon erste Kenntnisse von Oracle haben und nun lernen wollen, wie Sie mit Hilfe von PL/SQL Skripte schreiben und programmierbare DB-Objekte wie Prozeduren erstellen können. Erfahrungen mit anderen Programmiersprachen sind nicht unbedingt notwendig. Da das Buch sehr beispielorientiert aufgebaut ist und sich PL/SQL auch sehr gut als erste Programmiersprache eignet, ist ein Einstieg in die allgemeine Softwareentwicklung sehr gut möglich. Zusätzlich sehen Umsteiger von anderen Sprachen, mit denen man bspw. Desktop- oder Web-Anwendungen erstellen kann, welche allgemeinen Konzepte bei einer Sprache, die so datenbanknah ist wie PL/SQL, vorhanden sind und wie nützlich eine derartig umfassende Erweiterung zu SQL für die eigene Arbeit ist.

Schreibkonventionen

Das Thema und damit auch diese Buch leben von Beispielen. Quelltext in SQL und PL/SQL wird in diesem Buch in `dicktengleicher Schrift` geschrieben. Sollte es doch einmal wichtig sein, einen besonderen Textbereich hervorzuheben, geschieht dies durch eine **`fette, dicktengleiche Schrift`**. Wichtige Begriffe, Datei- oder Ordnernamen sind durch *kursive Schrift* gekennzeichnet.

Weitere Buch-Informationen

Wie alle anderen wird auch dieses Buch auf der Comelio Medien-Webseite vorgestellt. Dort können Sie sich über eventuelle Änderungen und Korrekturen sowie Neuauflagen dieses Buches informieren. Dort können Sie auch die Beispiel-Datenbank sowie alle Beispiele dieses Buchs als Quelltext herunterladen.

Die Adresse lautet: www.comelio-medien.com/buch-katalog/oracle/oracle_pl_sql

Kontaktmöglichkeiten

- Die Autoren erreichen Sie an ihrem Arbeitsplatz unter marco.skulschus@comelio.com und marcus.wiederstein@comelio.com. Sie arbeiten beide bei der Comelio GmbH. Webseite: www.comelio.com.

- Den Verlag erreichen Sie unter der Webseite www.comelio-medien.com.

Weitere Informationen

- Offizielle Dokumente finden Sie natürlich auf der sehr umfangreichen Oracle-Webseite, wobei die folgenden Dokumente besonders interessant sind:

    - http://www.oracle.com/technology/products/database/oracle11g/index.html (Portalseite der Oracle 11g-R2-Datenbank)

- http://www.oracle.com/pls/db112/homepage (Allgemeine Dokumentation zur 11g-R2-Datenbank)

- http://www.oracle.com/pls/db112/portal.portal_db?selected
  =5&frame=#sql_and_pl_sql_languages (Übersichtsseite zu den
  Handbüchern von PL/SQL und SQL, wobei insbesondere *PL/SQL
  Language Reference* und *PL/SQL Packages and Types Reference* für
  PL/SQL wichtige Informationsquellen sind)

- Seminare und Schulungen zu den vorgestellten Technologien:

  - http://www.comelio-seminare.com/seminare/titel/oracle_11g_
    für Oracle-Seminare

  - http://www.comelio-seminare.com/seminare/titel/xml für XML-
    Seminare

- Weitere Bücher zur Oracle-Technologie im gleichen Verlag:

  - *Oracle SQL* - ISBN 978-3-939701-41-5

  - *Oracle, PL/SQL und XML* – ISBN 978-3-939701-10-1

  - *Oracle PL/SQL - Objekte und Objektrelationale Techniken -*
    ISBN 978-3-939701-42-2

- Weitere kostenlose Lernmaterialien zu Datenbanken und zur Oracle-Technologie im gleichen Verlag:

  - Kostenlose Kurzreferenzen mit Syntax-Darstellungen zu vielen
    Technologien: http://www.comelio-medien.com/leserservice/kurz-
    referenzen

  - Kostenloses E-Book als PDF *SQL und relationale Datenbanken*
    (http://www.comelio-medien.com/buch-katalog/e-books/sql)

Inhalt nach Kapiteln

Die Themen der einzelnen Kapitel werden im Folgenden kurz aufgelistet:

1. Im ersten Kapitel lernen Sie die Beispieldatenbank kennen und sehen Sie, wie Sie Ihre Arbeitsumgebung einrichten, damit Sie unsere Beispiele nachvollziehen können. Sie wird bei all unseren Oracle-Büchern verwendet. Als Arbeitsumgebung wäre eine Installation der Oracle 11g-Datenbank auf Ihrem lokalen System optimal. Jedoch ist die Verwendung der kostenlosen *Oracle Express Edition* für die meisten Themen ebenfalls völlig ausreichend und lässt sich sehr einfach auf einem privaten Computer durchführen, da diese Ausgabe nicht so viele Systemressourcen benötigt.

2. Das zweite Kapitel gibt einen Überblick über PL/SQL und seinen Einsatzmöglichkeiten bei der Datenbank- und Software-Entwicklung. Dazu zählen erste Beispiele in Form von Skripten, die aus einer Entwicklungsumgebung wie bspw. des kostenlosen *Oracle SQL Developer* direkt zur Datenbank geschickt und dort dann unmittelbar ausgeführt werden.

3. Das dritte Kapitel stellt die grundlegende Syntax von PL/SQL vor. Dazu zählen die Deklaration von Variablen und die Verwendung geeigneter Datentypen oder die verschiedenen Ausgabemöglichkeiten von Ergebnissen in der Standardausgabe oder in Dateien. Für die Programmlogik lernen Sie die verschiedenen Kontrollanweisungen für Fallunterscheidungen und Schleifen kennen. Es schließt mit der Darstellung von Datensatzypen zur Gestaltung von komplexen Datenstrukturen.

4. Das vierte Kapitel zeigt, wie Sie in SQL und PL/SQL Transaktionen beginnen und entweder beenden oder abbrechen und welche verschiedenen Erweiterungen es in PL/SQL gibt, um mehrere Befehle zu einer gemeinsamen Transaktionen zusammenzufassen.

5. Das fünfte Kapitel beschäftigt sich damit, wie man mit Hilfe von Cursorn mehrere Zeilen aus Abfragen abrufen kann, um diese dann zu manipulieren oder für sonstige Verarbeitungen zu nutzen. Es stellt dabei die verschiedenen Cursor-Typen mit einzelnen Beispielen vor.

6. Das sechste Kapitel fokussiert die Behandlung von Ausnahmen und Fehler im Programm und zeigt die verschiedenen Möglichkeiten, Fehlernummern

und ihre Meldungen von der Datenbank abzurufen, eigene Fehler auszugeben oder kritische Programmbereiche mit Hilfe von Ausnahmen robuster zu
gestalten.

7. Das siebte Kapitel greift noch einmal das Thema der Behandlung von mehreren Datenreihen auf und führt die Collections ein. Sie erlauben die Speicherung von mehreren einzelnen Werten einfacher Datentypen oder Datensatztypen sowie die Verschachtelung mit weiteren Collections zum Aufbau von
komplexen Datengebilden und ihrer gemeinsamen Behandlung.

8. Das achte Kapitel bietet eine Zusammenfassung verschiedener Themen
vorheriger Kapitel, zeigt sie allerdings unter dem Aspekt, wie man die SQL-
Anweisungen nicht statisch, sondern dynamisch zusammensetzen und dann
ausführen kann.

9. Das neunte Kapitel verlässt den Bereich der so genannten anonymen Blöcke,
d.h. der einfachen PL/SQL-Skripte, die direkt zur Datenbank gesendet und
dort ausgeführt werden. Es erklärt, wie Sie Prozeduren und Funktionen erstellen und diese dann über ihren Namen parametrisiert aufrufen können. Es
enthält auch weitere Techniken wie lokale Module oder Überladung.

10. Das zehnte Kapitel führt die Pakete ein. Zum einen zeigt es, wie Sie selbst Pakete mit öffentlichen und privaten Elemente erstellen und dort Prozeduren,
Funktionen und Typen wie Datensatztypen oder Cursor unter einem gemeinsamen Namen sammeln. Zum anderen stellt es auch einige schon vorhandene nützliche PL/SQL-Pakete vor.

11. Das elfte Kapitel präsentiert das Konzept der Trigger-Programmierung und
enthält Beispiele für die verschiedenen Arten von Triggern.

Autoren

Marco Skulschus

Marco Skulschus studierte Ökonomie in Wuppertal und Paris und schrieb seine Diplomarbeit über die Modellierung von semantischen Informationen in XML-Strukturen. Er ist Autor von vielen Büchern zu Softwaretechnik, darunter insbesondere das Thema XML und Datenbanken. Thematisch arbeitet er in Projekten als Berater und Projektleiter und unterstützt Marktforschungs- und Beratungsunternehmen sowie auch mittelständische Unternehmen dabei, Business Intelligence-Systeme aufzubauen sowie individuelle kaufmännische Software einzuführen.

Marcus Wiederstein

Marcus Wiederstein studierte Elektrotechnik in Bochum und Dortmund. Als Autor konzentriert er sich auf Datenbanken wie Oracle und MS SQL Server sowie die Softwareentwicklung mit Microsoft-Technologien. In Projekten arbeitet er als Projektleiter und Berater. Dort ist er dann für Server-Architekturen und die Themen wie Sicherheit und Hochverfügbarkeit verantwortlich. Thematisch betreffen sie die Bereiche Business Intelligence und klassische kaufmännische Software-Lösungen.

Einführung

1. Einführung

Dieses Kapitel erläutert kurz die Beispiel-Datenbank und erklärt, wie man sie einrichtet.

1. 1. Beispieldatenbank

Wir haben uns für dieses Buch – wie auch für unsere anderen Bücher – eine eigene Beispieldatenbank ausgedacht: Die Firma *Kurse NRW GmbH* bietet EDV- und IT-Seminare in Bereichen wie Programmierung, Datenbanken oder Webdesign an. Informationen, die den Bereich der Schulungs- und Anmeldeverwaltung betreffen, sollen automatisch verwaltet werden.

1. 1. 1. Entitäten

Folgende Entitäten sind vorhanden:

- *Kurse* mit Informationen zu Titel, Bereichszugehörigkeit, Dauer, Vorkenntnissen, Themen und Preisen,

- *Kunden bzw. Teilnehmer der Seminare*, die sowohl Einzelteilnehmer für offene Seminare (Standardkurse zu einem festen Termin) als auch Unternehmenskunden für Firmenseminare (spezielle Seminare am Standort bzw. in den Räumlichkeiten eines Unternehmens) sein können,

- *Dozenten*, die Firmen- und Standardseminare durchgeführt haben, für die Durchführung eingeplant werden können, also mit ihrer Themenverteilung bereitstehen, und einen bestimmten gewünschten Tagespreis sowie einen Mindestpreis haben, der z. B. bei einem Einzelteilnehmer mit dadurch eingeschränktem Seminargewinn für das Schulungsunternehmen auch für den Dozenten noch akzeptabel wäre, und schließlich

- *Mitarbeiter und Geschäftsführer der Kurse NRW GmbH*, die Seminaranmeldungen buchen bzw. in das System einpflegen oder aktualisieren, Marketing betreiben, Dozenten kennen lernen und natürlich umfangreiche Mengen an Kaffee, Gebäck und sonstigen Leckereien vertilgen, die im Teilnehmerschrank aufbewahrt werden und einer ständigen Qualitätskontrolle bedürfen.

1.1.2. Szenario

Neben den unmittelbar erkennbaren Strukturen der Schulungsfirma und den daraus abzuleitenden Anforderungen an das Datenmodell gibt es einige Besonderheiten, die die Kurse NRW GmbH auch über die Grenzen von Nordrhein-Westfalen hinaus bekannt gemacht haben.

So hat z. B. der mehr als findige Geschäftsführer Anton Ebenhof viel Zeit und Tüftelei darauf verwandt, ein raffiniertes Rabattsystem einzuführen, das natürlich ebenfalls bei Buchungen und im Rahmen der eigentlichen Kursverwaltung berücksichtigt werden muss. Für jeden Kurs gibt es unterschiedliche Preise. Zum einen – ganz klassisch – einen Preis für Teilnehmer, die sich für einen Standardkurs mit festem Termin anmelden, und zum anderen einen Firmenpreis, der nur gilt, wenn ein Unternehmen einen Dozenten zu sich einlädt, der dann entweder einen Kurs aus dem Katalog oder einen individuellen Kurs für das Unternehmen mit speziellen Inhalten hält. Daraus ergibt sich die Situation, dass der so genannte „Nasenpreis" (Preis pro Kopf oder pro Teilnehmer) für Unternehmen in diesen Situationen regelmäßig günstiger ist, als wenn Unternehmensangehörige für einen Standardkurs angemeldet würden. Obwohl dies ein im ganzen Bundesgebiet fast schon standardisiertes Verfahren der Preisberechnung ist, empfindet Herr Ebenhof als alter Pfadfinder mit kaufmännischer Ausbildung dieses System als schreiende Ungerechtigkeit, weil einem Marktteilnehmer durch seinen Rechtscharakter eine Vergünstigung gewährt wird, die Individuen mit anderem Rechtscharakter verwehrt wird. Um also Gerechtigkeitsempfinden und Gewinninteresse – die beiden Herzen, die in Anton Ebenhofs Brust pochen – miteinander zu versöhnen, gewährt sein Unternehmen für Gruppenanmeldungen ebenfalls einen Rabatt, der zu einem günstigeren Preis pro Teilnehmer führt. Dies lockt tendenziell mehr Menschen in einen Kurs, weil sie Kollegen oder Freunde leichter durch menschlich-kapitalistisches Vorteilsdenken überzeugen können, sie zu einem günstigeren Preis zu begleiten und wertvolles Wissen für eine besser bezahlte Arbeitsstelle zu erwerben. So verringert sich also – kurz gesagt – der Preis vom teuersten Preis für einen Einzelteilnehmer bis hin zu einer Zahl von fünf Teilnehmern immer um einige Prozentschritte. Ab fünf Teilnehmern gibt es dann einen Pauschalpreis pro Person für alle Teilnehmer in der Gruppe. An dieser Stelle muss das Seufzen von Elvira Hülzemann erwähnt werden, die die Komplikation beim Anmeldevorgang in der Buchhaltung sofort bemerkt hatte, worauf wir später im Rahmen der Datenerzeugung zu sprechen kommen.

Überhaupt die Anmeldungen: Selbstverständlich müssen sie wegen unterschiedlicher Erfordernisse (Erfolgskontrolle, Anmeldeverwaltung, Steuerinteresse des örtlichen Finanzamtes) eigens verwaltet werden. Problematisch ist allerdings die Berücksichtigung der unterschiedlichen Möglichkeiten, welche Teilnehmer sich selbst oder andere für einen Kurs anmelden. Da die Kurse NRW GmbH gleichzeitig Firmenschulungen wie auch Seminare zu festen Terminen anbietet, gibt es mindestens diese beiden Gruppen. Zusätzlich können Firmen allerdings auch einen Trainer für ein Inhouse-Seminar im Unternehmen einladen. Daher ergeben sich folgende Anwendungsfälle für den Anmeldevorgang:

- Eine Firma meldet mehrere Teilnehmer für ein Seminar zum entsprechenden Preis an.

- Eine Firma bucht einen Dozenten für ein Firmenseminar mit beliebiger Teilnehmerzahl.

- Ein Einzelteilnehmer meldet sich und/oder seine Freunde an.

Bei der Ableitung eines benutzbaren und übersichtlichen Datenmodells sollte es also ein spezielles Ziel sein, dass die unterschiedlichen Fälle gleichzeitig in einer Anmeldungstabelle verwaltet werden können. Zusätzlich muss die Möglichkeit bestehen, dass Anmeldungen auch wieder rückgängig gemacht (storniert) werden können, wobei natürlich die zusammenhängenden Teilnehmer in einer Gruppe identifizierbar bleiben müssen, damit der dann falsche Preis um eine entsprechende Stufe heraufgesetzt werden kann. Diese Regelung soll auch verhindern, dass besonders findige Teilnehmer (wie man sie unter Programmierern leicht finden kann) auf die glorreiche Idee kommen, zunächst immer den ganzen Fußballverein anzumelden und später alle an „Java für Oracle" nicht so Interessierten wieder abzumelden, um selbst nur den günstigsten Pauschalpreis zu bezahlen.

Es ist für die Durchführung eines so hinreichend sicher gebuchten Seminars zweifelsohne bedeutsam zu wissen, auf welche Dozenten das Unternehmen zurückgreifen kann. Noch wichtiger hingegen ist die Themenverteilung, um die passenden Dozenten mit einem vorher bekannten Tagespreis einem Kurs zuzuordnen und dann Kontakt mit ihnen aufzunehmen. Dabei kann man natürlich von größtmöglicher Unordnung ausgehen: Die einzelnen Dozenten unterrichten unterschiedliche Themen, sie wechseln die Themen, wenn sie selbst Neues gelernt haben oder ein Thema aufgrund persönlicher Weiterentwicklung nicht mehr schulen möchten, und letztlich passen sie auch ihre Tagessätze an ihren Auslastungsgrad, persönlichen Lebensstil und die Anzahl der Familienangehörigen und Hypotheken an.

Kurse werden nicht nur gebucht. Sie haben auch die Eigenschaft, an einem bestimmten Termin und Ort mit einer ebenso bestimmten Länge stattzufinden. Diese Termine wiederholen sich innerhalb bestimmter Perioden für gewisse Kurse und werden (wie bei Standardkursen) entweder weit vorher im Jahr festgelegt oder (wie bei Firmenschulungen) kurzfristig anberaumt.

Aus diesen Überlegungen ergeben sich nun die folgenden neuen Entitäten:

- Preisstufen für die unterschiedlichen Preise, die einzelnen Kursen zugeordnet werden können,

- Themenzuordnungen in Form einer unternehmensweiten Themenverteilung für Dozenten und ihre (Mindest-)Tagessätze (dies ist keine Entität, sondern eine Relation mit zusätzlichen Attributen),

- Termine für Standardkurse und Firmenseminare,

- Anmeldungen der einzelnen Kurstypen von verschiedenen Anmeldungseinheiten (Kunden) und

- Mitarbeiter, die z. B. Anmeldeinformationen eingeben, sich an die Datenbank anmelden, PL/SQL-Prozeduren für einfachere Arbeit anlegen und den Administrator mit der Erzeugung von Testdaten zur Abfrageoptimierung nervös machen können.

Für die beiden Bereiche der Mitarbeiter- und Anmeldungserfassung müssen wir die grundsätzlichen Einschränkungen des Beispiels kurz umreißen: Natürlich könnte man sämtliche Unternehmensinformationen aus anderen Geschäftsbereichen mit Produkten, Geschäftspartnern und Kunden erfassen. Gleiches gilt für regelrechte Buchungssätze im kaufmännischen Sinne, wie sie bereits für die Erfassung der Anmeldungen und der Dozenten notwendig werden, ohne noch die anderen Geschäftstätigkeiten im Rahmen des Schulungsgeschäftes (wie Einkäufe von Unterrichtsmaterialien oder Ausgaben für Mieten, Abzahlungen, Versicherungen usw.) zu berücksichtigen.

Jede Erweiterung des vorliegenden Basismodells würde jedoch die ohnehin schon nicht geringe Anzahl an Tabellen sprengen und würde eher auf Probleme der Datenmodellierung und in diesem Sinne auf die Besonderheiten des Rechnungswesens hinauslaufen. Unter dieser größeren Realitätsnähe würden allerdings alle anderen Beispiele sehr leiden, weil die Besonderheiten des entstehenden Datenmodells sich unweigerlich auf Standardprozeduren oder mögliche Abfragen niederschlagen würden. Eine Begrenzung der Beispiele auf jene, die das vorliegende Datenmodell liefert, wäre dann teilweise widersinnig, da man dann auch auf das umfangreichere Datenmodell hätte verzichten können. Aus diesen Gründen beschränken wir uns hier auf das Wesentliche – die Seminarverwaltung.

1. 1. 3. Tabellen und Beziehungen

Die nachfolgende Abbildung enthält die Tabellen der Beispiel-DB mit ihren Spalten und den Beziehungen untereinander.

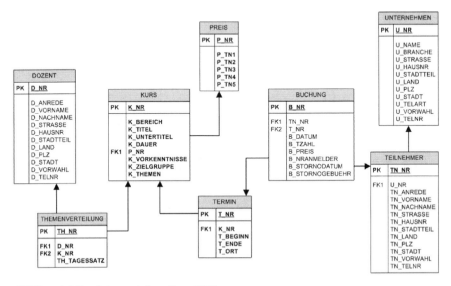

Abbildung 1.1: Das Datenmodell von Kurse NRW

Nach diesen Überlegungen kommt man zu folgendem Modell, das für das gesamte Buch als Standardmodell bzw. als einfachste Ausgangsbasis dienen wird. Es besitzt folgende Entitäten bzw. Tabellen, von denen wir der Übersichtlichkeit halber sowie zum Verständnis einige Besonderheiten kommentieren. Triviale Datenfelder wie z. B. Adressfelder (Vorname, Nachname, PLZ, Stadt usw.) erschließen sich sicherlich von selbst. Ansonsten haben wir einige Vereinfachungen vorgenommen, da eine realistische Seminarverwaltung für das Erlernen der vorgestellten Syntax nicht unbedingt erforderlich ist.

● KURS: Die Kursnummer ist ein spezieller Schlüssel, der sich aus zugewiesenen Zahlenwerten für einen Ober- und Unterbereich sowie aus einer fortlaufenden, dreistelligen Nummer am Ende zusammensetzt, so dass Kurse auch über ihre ersten beiden Ziffern grob gegliedert werden können. Der Bereich setzt sich aus Werten wie {Programmierung, Webdesign, Datenbanken...} zusammen. Da jeder Kurs unterschiedliche Preise im Rahmen der oben erwähnten Anwendungsfälle des Anmeldevorgangs besitzt, existiert eine Fremdschlüsselbeziehung zur Tabelle PREIS. Weitere Informationen zu Kurspreisen finden sich dann in der Tabelle THEMENVERTEILUNG und natürlich als Ergebnis in der Tabelle BUCHUNG.

- PREIS: Verschiedene Kurse mit ähnlichem Schwierigkeitsgrad, ähnlicher Länge oder ähnlichem Inhalt haben gleiche Preise bzw. die gleiche Preisstufennummer, so dass weniger Preisstufen als Kurse existieren. Die Preise entstehen durch eine gleichmäßige, prozentuale Verringerung des Einzelteilnehmerpreises. Werden mehrere Teilnehmer von einem Unternehmen gleichzeitig zu einem Termin angemeldet, erhalten sie alle jeweils einen günstigeren Preis.

- DOZENT: Dozenten stellen wie die Mitarbeiter sehr einfache Entitäten ohne Besonderheiten dar. Sie enthalten Adress- und Namensfelder.

- THEMENVERTEILUNG: Diese Tabelle speichert sowohl Informationen zur eigentlichen Themenverteilung (Welcher Dozent führt welchen Kurs durch?) als auch zu seiner Bezahlung in einer Aufteilung von Standard-Tagessatz und Mindest-Tagessatz. Der Mindest-Tagessatz stellt eine Untergrenze dar, bei der ein Kurs mit z. B. nur einem Teilnehmer für ihn noch wirtschaftlich vertretbar wäre. Angestrebt wird ein Lastenausgleich zwischen Schulungsunternehmen und Dozent durch beiderseitig verringerte Einnahmen.

- TERMIN: Seminartermine werden im Rahmen einer Jahresplanung festgelegt und können mit vorher bekannt gegebenen Inhalten gebucht werden. Ob sie zustande gekommen sind, lässt sich hier nicht ermitteln, sondern nur durch eine Auswertung der Tabelle BUCHUNG. Neben Verknüpfungen zu den Tabellen KURS (für die Kursinhalte eines Termins) und BUCHUNG (für die erfassten Teilnehmer eines Termins) existieren noch Datumsfelder und eine Ortsangabe.

- UNTERNEHMEN: Diese Tabelle enthält wie die Tabellen DOZENT oder TEILNEHMER keine Besonderheiten. Es existieren Namens- und Adressfelder für die Beschreibung von Unternehmen.

- TEILNEHMER: Ganz klassisch werden hier sämtliche Teilnehmer erfasst, die sich für ein Seminar angemeldet haben oder von anderen für eines angemeldet worden sind. Gleichzeitig können sie aber auch eine Unternehmensnummer besitzen und sich selbst oder Kollegen für einen Kurs angemeldet haben. Dies ist notwendig, weil es relativ viele Arbeitnehmer gibt, die ihre Seminare selbst aussuchen und nach entsprechender Rückmeldung und Bestätigung auch selbst buchen können. Sie können daher ebenfalls für Werbemaßnahmen interessant sein, wie es z. B. auch ein Mitarbeiter der Personalabteilung sein kann, der für andere Mitarbeiter ein Seminar oder eine Firmenschulung bucht. Diese Tabelle enthält ausschließlich Daten von Menschen, während die Tabelle UNTERNEHMEN ausschließlich Daten von Organisationen (Firmen, Behörden, Körperschaften) speichert.

- BUCHUNG: Diese Tabelle stellt das Kernstück der gesamten Datenbank dar, wie es für Informationen üblich ist, die in Unternehmen anfallen und für das Rechnungswesen nötig sind. Erfasst werden allerdings ausschließlich die Anmeldungen und keine richten Buchungssätze. Die Tabelle enthält Verknüpfungen zu den Terminen, über die auch die Kursdaten erhältlich sind, und zu den Teilnehmerdaten, über die auch die Unternehmensdaten gefunden werden können. Ein Teilnehmer wird mit seiner Nummer für einen Termin gebucht, der ebenfalls als Nummer vorliegt. Der aus der PREIS-Tabelle ermittelte Preis wird in einer speziellen Spalte gespeichert, da er ja abhängig von der Gruppenstärke ist, in der der einzelne Teilnehmer angemeldet wurde. Die Gruppenbeziehung wird über die Erfassung einer Teilnehmernummer in einer speziellen Spalte realisiert, sodass die Teilnehmer für einen Termin über die Nummer eines teilnehmenden Kollegen auffindbar sind. Dies wäre dann der so genannte „Anmelder".

1. 2. Einrichtung der Umgebung

Sie können alle Beispiele aus diesem Buch leicht nachvollziehen, da in den Download-Dateien sowohl die benutzte Beispiel-Datenbank wie auch sämtliche Skripte zur Verfügung stehen.

1. 2. 1. Oracle Database 10g Express Edition

Auch wenn zur Drucklegung nur die Oracle Database 10g Express Edition verfügbar war, und die 11g-Version vermutlich erst im Laufe von 2012 erscheint, kann man die Programmierung PL/SQL mit der Vorgänger-Version sehr gut lernen. Die Express-Editionen haben den Vorteil, dass ihre Installation bzw. ihr Betrieb deutlich ressourcenschonender als die „großen" Server-Versionen sind. Sie finden das notwendige Software-Paket unter der folgenden URL

http://www.oracle.com/technetwork/database/express-edition/downloads/index.html

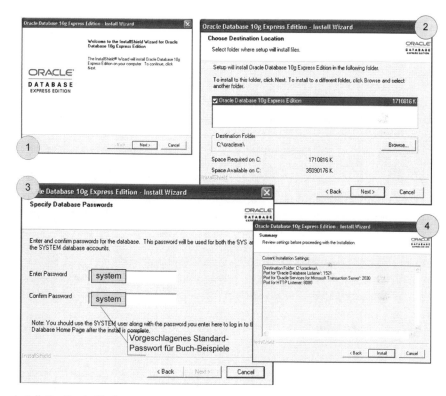

Installation Oracle 10g Express

1. Starten Sie die Installation, nachdem Sie die heruntergeladene Datei entpackt haben, und wählen Sie *Next*.

2. Legen Sie das Installationsverzeichnis fest oder akzeptieren Sie die Standardauswahl auf der C-Festplatte und wählen Sie *Next*.

3. Geben Sie Passwörter für die beiden Administrator-Konten SYS und SYSTEM

vor. In der Abbildung schlagen wir Ihnen bspw. `system` vor. Dieses Passwort benötigen Sie später bei einer kleinen Grund-Konfiguration des Systems. Wählen Sie dann wieder *NEXT*.

4. Ihnen wird eine kleine Zusammenfassung angezeigt. Wählen Sie dann *INSTALL*.

Die Express-Edition kann im produktiven Einsatz genutzt werden und ist daher durchaus mehr als nur eine günstige und ressourcenschonende Lernumgebung. In diesem Sinne vereinfachen wir hier die Darstellung sehr und können nur auf andere Quellen wie die Oracle-Dokumentation verweisen, wenn Sie sich intensiver mit der Administration beschäftigen wollen. Wir begrenzen hier die Darstellung auf das absolut Notwendige, um eine Arbeitsumgebung zu haben.

1. Wählen Sie *START / PROGRAMME / ORACLE 10G DATABASE EXPRESS EDITION / GEHE ZU DATENBANK-HOMEPAGE*.

2. Dies öffnet in Ihrem Internet-Browser die Konfigurationswebseite, mit der Sie grafisch die Datenbank administrieren können. Es ist auch möglich, Skripte in SQL und PL/SQL auszuführen, aber natürlich bietet das entsprechende Formular keine Syntax-Unterstützung. Wir benötigen diese Webseite nur, um einen Datenbank-Benutzer anzulegen, mit dem wir die Beispiel-Datenbank erstellen können. Melden Sie sich mit dem `SYSTEM`-Konto und Ihrem bei der Installation vergebenem Passwort an.

3. Wählen Sie *ADMINISTRATION / DATABASE USERS / CREATE USER*, um einen neuen Benutzer zu erstellen.

4. Legen Sie einen neuen Benutzer an. Die Buch-Beispiele verwenden einen Benutzer namens `SCOTT` mit dem Passwort `TIGER`, der vor langer Zeit in Oracle als Standardbenutzer vorhanden war. Sie können auch einen anderen Namen verwenden, müssen dann aber später beim Aufspielen der Tabellen und Daten per Suchen/Ersetzen Ihren Benutzer in das Skript eintragen. Geben Sie diesem Benutzer alle verfügbaren Rechte.

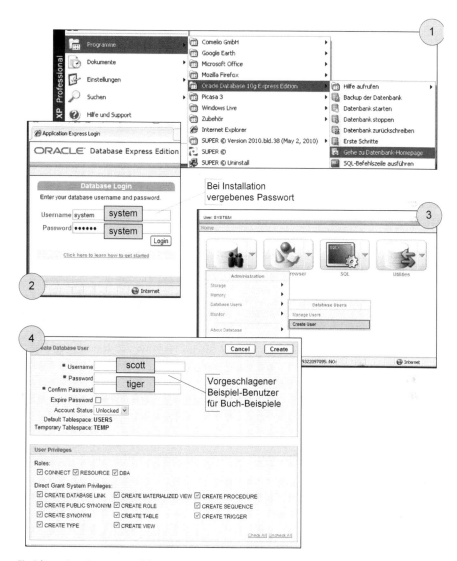

Einrichten eines Benutzers auf der DB-Homepage

1. 2. 2. Entwicklungsumgebung

Neben der Client-Software oder der Web-Ansicht über die Datenbank-Homepage gibt es auch noch zwei weitere Werkzeuge, die sehr leicht zu installieren und kostenlos verfügbar sind.

1. 2. 2. 1 Oracle SQL Developer

Für die Verwendung von SQL und PL/SQL sowie die Erstellung und Verwaltung von Speicherstrukturen und Datenbank-Objekten können Sie das kostenlose Werkzeug „Oracle SQL Developer" verwenden. Es dürfte neben der Datenbank selbst das wichtigste Werkzeug sein, das Sie verwenden sollten, um SQL und PL/SQL zu lernen.

Sie erhalten das Programm unter dieser Adresse:

http://www.oracle.com/technetwork/developer-tools/sql-developer/downloads/index.html

Eine Installation ist nicht erforderlich. Wenn Sie die vom Speicherplatz größere Version herunterladen, müssen Sie auch nicht unbedingt Java auf Ihrem Rechner installiert zu haben, denn eine Java Runtime Environment ist hier bereits enthalten. Entpacken Sie das ZIP-Archiv in einem Ordner wie bspw. bei all Ihren anderen Programmen und starten Sie dann *sqldeveloper.exe*.

Mit den nächsten Schritten richten Sie eine Verbindung zur Datenbank ein. Wie dann die Tabellen und Daten erzeugt werden, erklärt Ihnen der übernächste Abschnitt.

1. Links befindet sich ein Bereich, in dem die über eine geöffnete DB-Verbindung verfügbaren DB-Objekte in einer Baum-Darstellug aufgelistet werden. Wählen Sie hier aus dem Kontextmenü NEUE VERBINDUNG.

2. Tragen Sie in die dafür vorgesehenen Textfelder Benutzernamen und das Passwort für den zuvor eingerichteten Benutzer ein. Die beiden Konten SYS und SYSTEM können Sie natürlich auch verwenden. Wie in der Abbildung sollte es sich dabei um die Werte SCOTT und TIGER handeln. Das Passwort können Sie speichern, sodass Sie es nicht jedes Mal neu eingeben müssen.

3. Wählen Sie *TEST*, um die Verbindung zu testen.Wenn links unten eine Bestätigung über die erfolgreiche Verbindung erscheint, können Sie der Verbindung einen Namen im obersten Textfeld geben und *SPEICHERN* wählen. So können Sie bspw. eine Verbindung für verschiedene Benutzer einrichten und dann später einfach auswählen.

4. Wählen Sie *ANMELDEN*, um die Anmeldung durchzuführen.

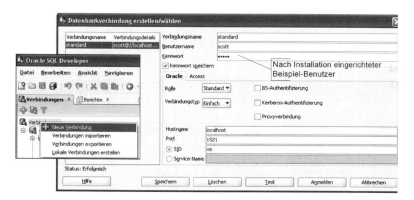

DB-Verbindung in Oracle SQL Developer einrichten

DB-Objekte anzeigen und bearbeiten

1. 2. 2. 2 Oracle SQL Developer Data Modeler

Ähnlich verhält es sich mit dem Modellierungswerkzeug. Auch hier enthält die größere der herunterladbaren ZIP-Archive bereits die Java-Laufzeitumgebung, sodass keine eigentliche Installation notwendig ist. Entpacken Sie lediglich das Archiv in einen Ordner Ihrer Wahl wie bspw. in den Ordner für die Programme. Starten Sie dann *datamodeler.exe*.

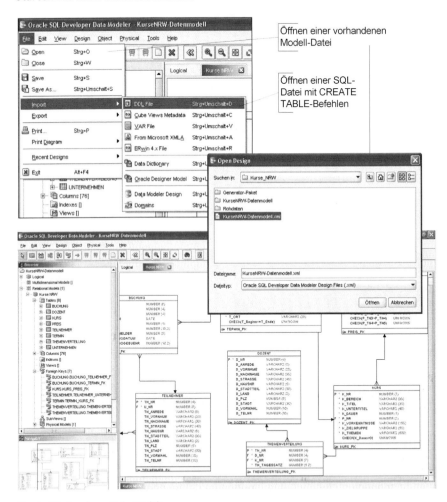

Oracle SQL Developer Data Modeler

Sie erhalten das Programm unter dieser Adresse:

http://www.oracle.com/technetwork/developer-tools/datamodeler/downloads/index.html

Testen können Sie das Programm, indem Sie die SQL-DDL-Datei für die Beispiel-datenbank (*Kurse_NRW_Tabellen.sql*) importieren oder natürlich direkt die XML-Datei öffnen, welche das Datenmodell enthält.

1. 3. Einrichtung der Beispiel-Datenbank

Die Beispiel-Datenbank liegt in verschiedenen Formaten vor, sodass man sie auf verschiedenen Systemen und bei unterschiedlichen Voraussetzungen in der Test-Umgebung nutzen kann.

1. 3. 1. Dateien

In den Beispiel-/Übungsdateien befindet sich neben den Ordnern, welche die je-weiligen Skripte der einzelnen Kapitel enthalten, ein weiterer Ordner namens *Kur-se_NRW*. Er enthält wiederum zwei Ordner und eine Abbildung des Datenmodells der Beispiel-Datenbank. Der Ordner *Rohdaten* enthält die folgenden Dateien:

- *Kurse_NRW_TabellenUndDaten.sql*: Diese Datei enthält CREATE- und IN-SERT-Anweisungen, welche die gesamte Datenbank mit Tabellen und Daten aufspielen. Dies ist das einfachste Vorgehen.

- *Kurse_NRW_Tabellen.sql*: Diese Datei enthält nur die Tabellen sowie eine Sammlung von DELETE-Befehlen, mit denen die Tabellen und Daten in der richtigen Reihenfolge vollständig gelöscht werden können.

- *Kurse_NRW.xls*: In der MS Excel-Datei befinden sich ebenfalls die Datenbank-Daten, welche wiederum einzeln auch in den unterschiedlichen CSV-Dateien zu finden sind. Diese könnte man verwenden, wenn man die Daten über CSV einspielen will.

Im Ordner *Generator*-Paket befindet sich ein PL/SQL-Paket, das verschiedene Prozeduren und Funktionen enthält, mit denen man die Tabelle BUCHUNG auffüllen kann. Diese Daten wurden mit Hilfe eines Zufallsgenerators erzeugt. Die Zufallszahlenfolge ist dabei zwar zufällig, wird aber immer wieder gleich generiert. Für die Nutzung des Pakets müssen erst die Spezifikation und dann der Körper des Pakets in die Datenbank eingefügt werden. Dazu liegen zwei Skripte vor, die nur ausgeführt werden müssen. Die Ausführung selbst ist dann mit einer Prozedur möglich, die in einem anonymen Block in der Datei *Generator-Paket-Ausfuehrung.sql* genutzt wird. Es genügt auch hier, nur dieses Skript auszuführen, um den Generator zu starten. Sie müssen sich mit diesen Paket nicht beschäftigen, wenn Sie die Datenbank über die Datei *Kurse_NRW_TabellenUndDaten.sql* aufspielen. Dies wird im nächsten Abschnitt beschrieben.

1. 3. 2. Tabellen und Daten aufspielen

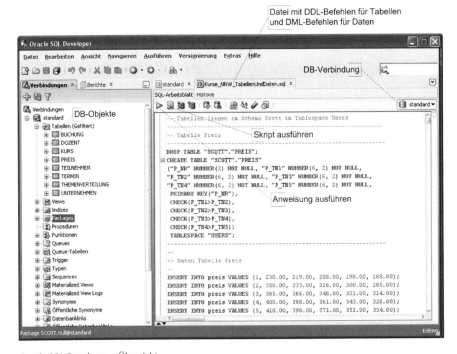

Oracle SQL Developer – Übersicht

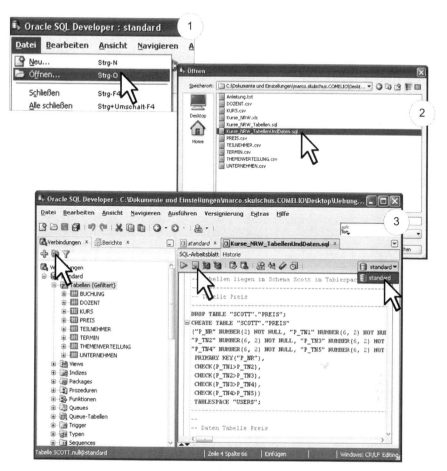

Installation der Beispiel-DB

Da Sie ohnehin eine Entwicklungsumgebung benötigen, liegt es nahe, diese auch für die Installation der Beispiel-Datenbank zu verwenden.

1. Wählen Sie *DATEI / ÖFFNEN*.

2. Wählen Sie die benötigte Datei. Normalerweise sollte dies *Kurse_NRW_TabellenUndDaten.sql* sein, da hier ja sowohl die Tabellen wie auch die Daten enthalten sind.

3. Wählen Sie eine Verbindung zur Datenbank in der Auswahlliste.

4. Führen Sie das Skript mit F5 oder der Schaltfläche *SKRIPT AUSFÜHREN* aus. Wenn Sie keinen Benutzer wie SCOTT eingerichtet haben, dann müssen Sie zuvor noch mit *BEARBEITEN / ERSETZEN* die Zeichenkette "SCOTT". aus der gesamten Datei löschen.

5. Aktualisieren Sie dann die Tabellenauflistung, um zu kontrollieren, ob die Tabellen vorhanden sind. Wenn Sie eine Tabelle auswählen, öffnet sich ein neues Dokument mit verschiedenen Reitern mit Informationen über die Spalten und auch den Daten.

Einführung in PL/SQL

2. Einführung in PL/SQL

Mit den Möglichkeiten von PL/SQL (Procedural Language) erlangt der Datenbankentwickler und -programmierer die unschätzbare Fähigkeit, datenbanknahe Abläufe direkt innerhalb der DB selbst zu programmieren. Von außerhalb können so erstellte Prozeduren dann mit vielen anderen Programmiersprachen aufgerufen werden, um ihre Ergebnisse zu nutzen.

2. 1. Wozu überhaupt PL/SQL?

2. 1. 1. SQL- und PL/SQL-Variante eines Datenzugriffs

SQL ist Ihnen spätestens seit diesem Buch geläufig, wenn Sie nicht vorher schon mit verschiedenen anderen Datenbanksystemen gearbeitet und Daten über SQL aus der Datenbank geholt und in Tabellen geschrieben haben. Dass SQL in jeder Datenbank eine leicht andere Form aufweist, die sich in kleinen Details bemerkbar macht, ist ohnehin klar. Um sich das anzusehen, können Sie einmal die Skripte, die die Übungsdatenbank erstellen, nach einer Änderung der Datentypen auf einer anderen Datenbank abspielen und sich über die vielen Fehlermeldungen freuen. In Ergänzung zu SQL stellt also Oracle noch eine weitere SQL-Eigenart zur Verfügung, die allerdings mit dem gewöhnlichen SQL nicht mehr viel gemein hat. Zwar können Sie mit Standard-SQL weiterhin in PL/SQL Datenbankzugriffe beliebiger Art tätigen, aber diese Zugriffe sind in einer prozeduralen Programmiersprache integriert. Aus einer Abfrage der Form

```
SELECT D_Anrede, D_Vorname, D_Nachname
  FROM dozent, themenverteilung
 WHERE dozent.D_Nr=themenverteilung.D_Nr
   AND K_Nr=1025063;
```

211_01.sql: Einfache SQL-Abfrage

erhält man das Ergebnis:

```
D_ANR  D_VORNAME              D_NACHNAME
-----  --------------------   --------------------------------
Herr   Martin                 Dünn
Herr   Markus                 Feder
Herr   Anton                  Ebenhof
3 Zeilen ausgewählt.
```

In einer Anwendung hingegen würde man die Kursnummer, die das Ergebnis ja letztendlich wegen ihrer einschränkenden Wirkung determiniert, als gebundene Variable verarbeiten. Aus der übergeordneten Anwendung stammt die gesuchte Form in Form von Titel und/oder Kursnummer, die dann in einer PL/SQL-Prozedur verwendet werden kann, um eine Liste der möglichen Dozenten auszugeben. Der folgende Quelltext zeigt dieses kleine Programm, das Ihnen bereits sehr viel über die Funktionsweise von PL/SQL verrät. Zunächst schaltet man mit SET SERVE-ROUTPUT ON; die Textausgabe im Ausgabebereich von *SQL*Plus* ein, die standardmäßig ausgeschaltet ist. Dies hat nichts mit dem eigentlichen Programm zu tun. Danach folgen verschiedene Variablen, die für die Einschränkung der Abfrage (b _ KursNr) und für ihre Verarbeitung notwendig sind. Diese weisen Datentypen aus, die zu den Zeilen passen, auf die sie sich innerhalb des Programms beziehen. Daher benötigt man für die in der späteren Abfrage verwendeten Spalten D _ Anrede, D _ Vorname und D _ Nachname Variablen, die ihre Werte aufnehmen. Innerhalb der Abfrage wiederum wird eine gebundene Variable verwendet, die einen einschränkenden Wert (die Kursnummer) besitzt. Innerhalb des Hauptprogramms sehen Sie die Grundstruktur eines PL/SQL-Programms: Gebundene Variablen mit Werten, die z. B. aus einem umliegenden Programm stammen, werden über eine Abfrage für die Ermittlung von speziellen Werten benutzt. Da es sich beim Abfrageergebnis laut dem obigen Test um ein mehrzeiliges Ergebnis handelt, erhält man nicht einen einzigen Wert für jede Variable zurück, sondern ein ganzes Ergebnisset. Diese Mengen können mit einem Cursor (der programmiertechnisch die Abfrage speichert durchlaufen und verarbeitet werden. Diese Verarbeitung besteht im aktuellen Beispiel lediglich aus einer Ausgabe, die mit dem Paket DBMS _ OUTPUT realisiert wird. Ein Großteil des Programms wird von Cursor-spezifischen Programmbestandteilen wie OPEN, FETCH INTO und CLOSE dominiert, die kein weiteres Spezifikum von PL/SQL darstellen, sondern notwendige Bestandteile der Syntax sind.

```
SET SERVEROUTPUT ON;
DECLARE
  -- Variablen für SQL-Abfrage
  b_KursNr   NUMBER(7)    :=1025063;
  -- Variablen für Wertaufnahme
  v_Anrede   VARCHAR2(5);
  v_Vorname  VARCHAR2(20);
  v_Nachname VARCHAR2(30);
  -- Cursor für Verarbeitung des Ergebnisses
  CURSOR c_Dozenten IS
  SELECT D_Anrede, D_Vorname, D_Nachname
    FROM dozent, themenverteilung
   WHERE dozent.D_Nr=themenverteilung.D_Nr
     AND K_Nr=b_KursNr;
BEGIN
  OPEN c_Dozenten;
  LOOP
    FETCH c_Dozenten INTO v_Anrede, v_Vorname, v_Nachname;
    EXIT WHEN c_Dozenten%NOTFOUND;
    DBMS_OUTPUT.PUT_LINE(v_Anrede || ' '
                     || v_Vorname || ' ' || v_Nachname);
  END LOOP;
  CLOSE c_Dozenten;
END;
```

211_02.sql: PL/SQL-Programm für die Dozentensuche

Die Ausgabe lautet dieses Mal in schöner Formatierung:

```
Herr Martin Dünn
Herr Markus Feder
Herr Anton Ebenhof
PL/SQL-Prozedur wurde erfolgreich abgeschlossen.
```

2.1.2. Architektur von PL/SQL-Anwendungen

Anwendungen, die Daten aus Datenbanken beziehen und Daten in Datenbanken schreiben, funktionieren über eine Client-Server-Architektur gemäß einem 2-Ebenen-Modell. Dieses besteht aus der Anwendung selbst, die eine Oberfläche besitzt, mit der der Benutzer Daten einsehen und bearbeiten kann. Zusätzlich enthält es natürlich die Datenbank und schließlich eine Netzwerkschicht, die den Datenverkehr regelt. Bei einer Anwendung ohne PL/SQL-Programmierung (oder andere Technologien) wird jede einzelne Abfrage als SQL-Befehl zur Datenbank gesendet, dort verarbeitet und wieder zurückübermittelt. Mit PL/SQL jedoch sinkt der Netzwerkverkehr erheblich, da gesamte Module mit inhaltlich zusammengehörigen Abfragen in eine PL/SQL-Prozedur geschrieben wurden und daher komplett vom DB-Server verarbeitet werden können, bevor das Ergebnis zurück zur Anwendung gesendet wird.

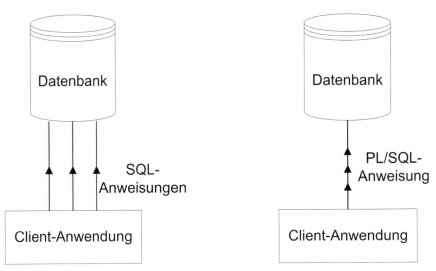

Netzwerkverkehr bei SQL- und PL/SQL-Anweisungen

In dieser Struktur existiert eine *PL/SQL-Engine* (vergleichbar mit der *Java Virtual Machine*), die einen Compiler und ein Laufzeitsystem enthält, auf dem Server vorhanden ist und dort die PL/SQL-Programme verarbeitet. Daher ist es möglich, direkt ein PL/SQL-Programm wie eine gewöhnliche SQL-Abfrage zu formulieren und zur Datenbank zu schicken. Als Information nach der Ausführung erhalten Sie die automatische Ausgabe `PL/SQL-Prozedur wurde erfolgreich abgeschlossen.` (o.ä.), die Ihnen mitteilt, dass die Prozedur ohne Fehler von der *PL/SQL-Engine* verarbeitet wurde. Im gegenteiligen Fall werden standardmäßig Informationen zu möglichen Fehlerursachen angegeben.

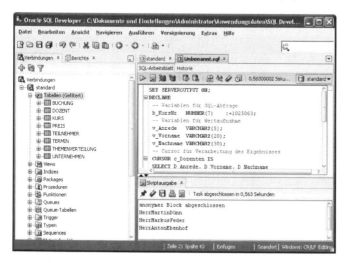

Anonymer PL/SQL-Block in SQL Developer...

*... und in iSQL*Plus*

Innerhalb der Datenbank wiederum werden PL/SQL- und SQL-Bereiche, die wir bisher als »PL/SQL-Prozedur« bezeichnet haben, unterschiedlich verarbeitet. Die SQL-Bereiche werden vom *SQL Statement Executor* verarbeitet, während die PL/SQL-Bereiche ausschließlich in der *PL/SQL-Engine* verarbeitet werden. Innerhalb der PL/SQL-Anweisungen enthaltene SQL-Bereiche werden ebenfalls an den *SQL Statement Executor* gesendet und dort verarbeitet.

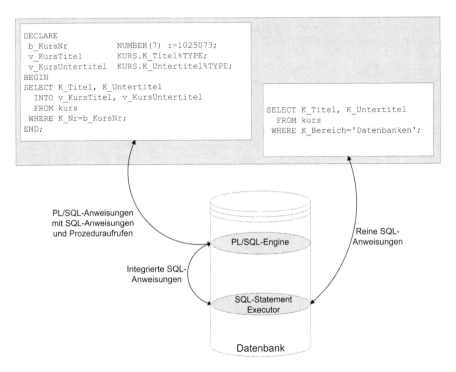

Verarbeitung von SQL- und PL/SQL-Anweisungen

Beispiele für clientseitige PL/SQL-Engines sind die in *Oracle Forms* und *Oracle Reports* enthaltenen Strukturen. Hierbei besitzen beide Entwicklungswerkzeuge eine eigene Verarbeitungsmaschine, sodass lediglich die SQL-Anweisungen für die Datenverarbeitung zum Datenbankserver gesendet werden. Dadurch wird ebenfalls zu großer Netzwerkverkehr vermieden, da mögliche Fehler nicht auf dem Server entdeckt werden, sondern direkt in der Anwendung. Dies macht insoweit Sinn, als dass mit beiden Werkzeugen Berichte und Formulare entwickelt und gestaltet werden können, mit denen eine große Zahl von Benutzern arbeiten soll oder muss. Daher sollten nur noch die endgültigen SQL-Bereiche versendet werden und nicht jede einzelne Aktivität, die im Formular unternommen wird. Werden innerhalb der Anwendungen direkt SQL-Anweisungen ausgeführt, so werden diese auch unmittelbar an den *SQL Statement Executor* im Datenbankserver gesendet, ohne erst von der clientseitigen *PL/SQL-Engine* begutachtet zu werden.

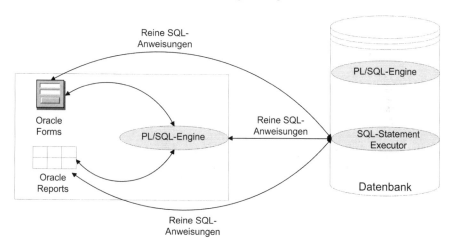

Clientseitige PL/SQL-Verarbeitung

Als letzte Möglichkeit existiert ein 3-Ebenen-Modell, in dem zwischen dem Client- und dem Datenbankserver-Bereich noch ein weiterer Server als Verarbeitungshilfe für diverse Anforderungen fungiert.

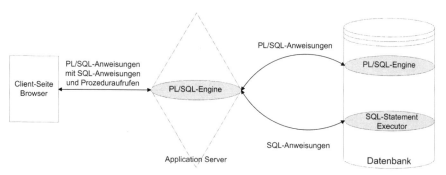

3-Ebenen-Modell

Dies ist der Applikationsserver wie z. B. der *Oracle Application Server*. Er besitzt u. a. auch ein *PL/SQL-Web-Cartridge*, das die einkommenden Anforderungen an den Datenbankserver weiterleitet. Dies ist lediglich eine zusätzliche Ebene mit unterschiedlichen Fähigkeiten zur Erfüllung von Sicherheitskonzepten und zur Anwendungssteuerung sowie zur Serverentlastung.

2. 2. Die Struktur von PL/SQL

2. 2. 1. Schreibweise und Benennungskonventionen für Variablen

In diesem Buch verwenden wir eine spezielle Schreibweise, um Variablen und Spaltennamen optisch voneinander zu trennen, gleichzeitig aber auch ihren Zusammenhang untereinander sowohl zwischen den einzelnen Variablentypen deutlich herauszustellen. Im Rahmen der datenbanknahen Programmierung treten regelmäßig Variablen auf, die Werte halten, die in Abfragen eingebunden werden. Teilweise werden sie im Rahmen einer Funktion direkt oder indirekt vorgegeben und sollen einen Ergebnisbereich einschränken. Teilweise gibt es aber auch Variablen, die keine eingehenden Werte beinhalten, sondern vielmehr auf Wertzuweisungen aus der Ergebnismenge warten und diese Werte dann für die Weiterverarbeitung bereithalten. Daneben gibt es natürlich auch die Variablen, mit denen alle Programme arbeiten (wie Zählervariablen, Schaltvariablen), oder weitere Informationen, die sich explizit nicht auf die Datenbankinformationen beziehen. Typischerweise ähneln bzw. gleichen sogar die Namen von Spalten den Namen der Variablen, die ihre Werte aufnehmen oder bereithalten, sodass z. B. folgende Struktur entsteht: Die Variablen mit einem v als Präfix wie v _ KursTitel werden im Rahmen des Programms Werte aufnehmen, während Variablen mit einem b als Präfix wie b _ KursUnterbereich Werte in das Programm übermitteln und z. B. eine Datenmenge in einer WHERE-Klausel einschränken.

```
DECLARE
    v_KursTitel          KURS.K_Titel%TYPE;
    v_KursUnteritel      KURS.K_Untertitel%TYPE;
    v_KursThemen         KURS.K_Themen%TYPE;
    b_KursUnterbereich   KURS.K_Unterbereich%TYPE;
    zaehler              INT :=0;
CURSOR cKURSE_UNTERBEREICH IS
    SELECT K_Titel, K_Untertitel, K_Themen
```

```
INTO    v_KursTitel, v_KursUntertitel, v_KursThemen
WHERE   K_Unterbereich=b_KursUnterbereich
ORDER BY K_Titel, K_Untertitel;
BEGIN
   -- Verarbeitung der Datenmenge
END;
```

221_01.sql: Variablen und Benennung

Wie Sie auch ohne größere PL/SQL-Kenntnisse herausfinden können, speichert die Struktur, die mit dem Schlüsselwort CURSOR eingeleitet wird, eine bestimmte Abfrage oder Ergebnismenge spaltenweise in einzelnen Variablen, die zuvor definiert wurden. Wie der Name des Cursors (Datensatzzeigers) schon vermuten lässt, lässt sich über eine andere Variable, die für die WHERE-Bedingung innerhalb der Abfrage einen speziellen Wert liefert, die Abfragemenge bezüglich des Unterbereichs steuern. Die Abarbeitung der Ergebnismenge wird dann anhand einer Zählervariable innerhalb einer Schleife bestimmt. Zusammen mit den Zeigern ergeben sich daher insgesamt fünf datenhaltende Strukturen mit folgenden Präfixen:

- v_Variablenname, wobei der Name für Variablen, die Daten aus einer Spalte bzw. einer Abfrage *erwarten und übernehmen*, gleich einem Spaltennamen ist

- b_Variablenname, wobei der Name, für Variablen, die Daten *enthalten*, die in einer Abfragemenge verarbeitet werden, gleich einem Spaltennamen ist

- Variablenname ohne spezielles Präfix zur Kennzeichnung aller anderen programmrelevanten Variablen wie z. B. Zählern

- c_Cursorname für die Unterscheidung von Cursorn

- t_Tabellenname für PL/SQL-Sammlungen (Collections)

Damit erweitern wir ein häufig zu findendes Standardschema, um die Bedeutung der Variablen noch weiter herauszuheben. Wechselt eine Variable im Laufe eines Programms ihre Bedeutung in Bezug auf die Spalten, bleibt es dem Programmierer überlassen, welche Bedeutung er als die entscheidende einstuft.

2. 2. 2. Blockstruktur

In PL/SQL gibt es eine klare Blockstruktur, die für die korrekte Syntax, aber auch für übersichtliche Einrückung und Programmablaufplanung notwendigerweise zu beachten ist. Im folgenden kleinen Test-Programm finden Sie die drei wichtigsten Abschnitte, aus denen ein Programm bestehen kann. Der formale Aufbau entspricht hier bereits einer Vereinfachung, wie Sie später in einem allgemeinen Blockdiagramm sehen werden. Das Programm weist drei Variablen auf, von denen zwei Variablen zwei Zahlwerte darstellen, die in einer Division verarbeitet werden. Für Zahl _ 2 wird entweder der Wert 0 (ungültige Division durch 0) oder 2 (gültige Division) verwendet, was im ersten Fall eine Ausnahmebehandlung erforderlich macht, um eine hässliche Fehlermeldung zu vermeiden. Dieses Programm repräsentiert einen anonymen Block, da es keinen Namensabschnitt bzw. keinen Kopf enthält. Variablen sind übrigens nur innerhalb eines Blocks zu sehen.

```
DECLARE
  Zahl_1 NUMBER(1) := 3;
  Zahl_2 NUMBER(1) := 0; -- oder 2
  Division DECIMAL(6,2);
BEGIN
  Division := Zahl_1 / Zahl_2;
  DBMS_OUTPUT.PUT_LINE(Zahl_1);
  DBMS_OUTPUT.PUT_LINE(Zahl_2);
  DBMS_OUTPUT.PUT_LINE(Division);
EXCEPTION
WHEN ZERO_DIVIDE
THEN
  DBMS_OUTPUT.PUT_LINE('Divison durch 0 verboten');
END;
```

222_01.sql: Blockstruktur und Division in PL/SQL

Das Ergebnis dieses kleinen Programms für die beiden unterschiedlichen Werte für Zahl _ 2 lautet – wie erwartet – folgendermaßen:

```
3
2
1,5
```

```
PL/SQL-Prozedur wurde erfolgreich abgeschlossen.
Divison durch 0 verboten
PL/SQL-Prozedur wurde erfolgreich abgeschlossen.
```

Die Blockstruktur von PL/SQL umfasst folgende vier Abschnitte, von denen einige optional zu verwenden sind:

- **Kopf**
  Ein benannter Block enthält einen Kopfabschnitt, in dem eine Bezeichnung bzw. ein Name für diesen Block erfasst wird. Über ihn lässt sich der Block als Modul in anderen Blöcken aufrufen. Dieser Abschnitt ist optional. Neben dem Namen (Label) befinden sich in den Köpfen solcher benannter Blöcke wie Prozeduren oder Funktionen auch die ein- und ausgehenden Parameter sowie bei Funktionen die Defintion, welchen Datentyp der Rückgabewert besitzt.

```
<<Name des Blocks>>
DECLARE...
```

- **Deklarationsabschnitt**
  Hier platzieren Sie alle Variablen, die für das Programm erforderlich sind. Im obigen Fall handelte es sich um die beiden Zahlen und die Variable, die den Divisionswert im Ausführungsblock erhielt. Zusätzlich werden hier Cursor und lokale Module (Prozeduren und Funktionen, die nur für den aktuellen Block gelten) deklariert, die im Ausführungsabschnitt zum Einsatz kommen.

- **Ausführungsabschnitt**
  In diesem Abschnitt befindet sich der Hauptteil des Blocks, nämlich der PL/SQL-Quelltext, der ausführbare Anweisungen besitzt und die Funktionalität des gesamten Programms bestimmt. Im Ausführungsabschnitt selbst können sich nun wieder andere Blöcke befinden, die den genannten Strukturen entsprechen.

```
BEGIN
 -- Aktionen des PL/SQL-Programms
 DECLARE --Untergeordneter Block
 BEGIN -- Aktionen des untergeordneten Blocks
 END;
```

```
EXCEPTION -- Ausnahmeabschnitt
END -- optional: Name der Funktion/Prozedur;
```

- **Ausnahmeabschnitt**
  Dieser ebenfalls optionale Abschnitt erlaubt die Definition von Fehlerzustän-
  den und Ausnahmen, die beim Programmablauf auftreten können. Durch den
  Ausnahmeabschnitt lassen sich diese Fehler beheben oder in Fehlermeldungen umwandeln.

```
EXCEPTION
  WHEN -- Ausnahmezustand_1
  THEN -- Aktionen zur Fehlerbehandlung
  WHEN -- Ausnahmezustand_1
  THEN -- Aktionen zur Fehlerbehandlung
```

2. 2. 3. Einsatzbereiche von PL/SQL

Mit PL/SQL lassen sich also Datenbankanwendungen entwickeln, die serverseitig
ablaufen und ihre Ergebnisse an andere Anwendungen übermitteln. Mit der folgenden kurzen Liste wollen wir Ihnen einen kurzen Vorgeschmack auf die Inhalte
der folgenden Abschnitte dieses Kapitels geben und Ihnen einen Überblick über
die Konzepte vermitteln, die PL/SQL bereithält.

Die Arbeitsergebnisse von PL/SQL-Programmierarbeiten stellen *Prozeduren*, *Funktionen* und *Pakete* dar. Im Gegensatz zu *anonymen Blöcken*, die nicht in der Datenbank gespeichert und damit bei jeder Abarbeitung kompiliert werden, lassen
sich die drei anderen genannten Konzepte als benannte Blöcke in der Datenbank
speichern und sind damit bereits kompiliert. Prozeduren und Funktionen gleichen
ähnlichen Strukturen in anderen Programmiersprachen und gelten als Unterprogramme der Datenbank. Eine Prozedur öffnet man mit einer PL/SQL-Anweisung,
während eine Funktion mit Hilfe eines Ausdrucks z. B. als Bedingung für eine IF-
Konstruktion gestartet wird. Pakete (Packages) ermöglichen eine Zusammenfassung von Prozeduren, Funktionen oder Cursorn zu übergeordneten Einheiten, sodass zusammenhängende Programmbereiche modular angeordnet sind.

Abfrageergebnisse lassen sich in zwei Gruppen einteilen, die sich durch die Zahl
der zurückgelieferten Datensätze unterscheiden. Wie Sie bereits gesehen haben,

kann man einzeilige Ergebnismengen sehr einfach in Variablen speichern und im Ausführungsabschnitt verwenden. Bei mehrzeiligen Ergebnissen jedoch müssen in jedem Fall *Cursor* (Datensatzzeiger) verwendet werden, die dann die einzelnen oder ausgewählte Ergebniszeilen verarbeiten. Dabei ist eine bestimmte Programmierstruktur einzuhalten, in der ein Cursor geöffnet, eine Datenzeile eingelesen und dann geschlossen wird. Allerdings werden auch einzeilige Ergebnismengen von Oracle automatisch als Cursor verarbeitet, die dann als implizite Cursor einzustufen sind.

Für die Sicherstellung von Datenintegrität und Konsistenz innerhalb der Datenstruktur lassen sich so genannte *Trigger* programmieren. Sie erweitern die Sicherheitsstruktur der Datenbank und gehören eigentlich in den Bereich der Administration. Da sie aber mit Hilfe von PL/SQL programmiert werden, stellen wir sie auch hier vor. Bei Triggern handelt es sich um Unterprogramme, die auf Ereignisse reagieren, die von einem Benutzer während einer Transaktion ausgelöst werden. Dies kann sich u. a. auf DML-Anweisungen oder auf Systemzustände beziehen, die als unerwünscht für die Datenkonsistenz angesehen werden. Dies bedeutet, dass man Trigger nicht direkt, sondern nur indirekt über ein solches Ereignis aufrufen kann. Das Unterprogramm des Triggers läuft dann mit der Zielsetzung ab, einen solchen unerwünschten Zustand zu vermeiden und die Datenbank wieder in einen konsistenten Zustand zu überführen.

Die Fehlerbehandlung über *Exceptions* (Ausnahmen) ist ein weiteres Konzept, um Fehler und Dateninkonsistenzen in der Datenbank zu verhindern sowie um Transaktionen an kritischen Stellen auf den richtigen Weg zu bringen. Hierbei kann man entweder auf eine Vielzahl von Oracle-eigenen Fehlerdefinitionen wie ZERO_DIVIDE (Division durch 0) oder TOO_MANY_ROWS (zu viele Reihen bei einer SELECT...INTO-Anweisung) zurückgreifen und diese in eigenen Applikationen einbauen oder auch eigene Fehlerzustände definieren. Außerdem lassen sich eigene Fehlermeldungen über RAISE_APPLICATION_ERROR ausgeben, als wären es Oracle-spezifische Fehlermeldungen.

Eingebaute Funktionen und *Pakete* helfen bei der Arbeit. Sie erweitern die Fähigkeiten von Standard-SQL und erleichtern die Umsetzung komplizierter Programmierprobleme in PL/SQL. Während Ihnen bereits aus dem SQL-Kapitel eine Vielzahl der SQL-Funktionen bekannt sind, mit denen sich Zeichenketten verarbeiten oder Datentypen umwandeln lassen, beziehen sich die Pakete wie das schon verwendete DBMS_OUTPUT-Paket auf Operationen im Dateisystem oder auf die

Verarbeitung von XML-Daten wie z. B. `DBMS _ XML _ QUERY` oder `DBMS _ XML _ GEN`.

Ähnlich wie Arrays in anderen Programmiersprachen lassen sich in PL/SQL mit verschiedenen *Collections* mehrere Variablen gleichzeitig als Einheit verarbeiten. Dabei unterscheidet man zwischen *Index-by-Tabellen* (ähnlich Arrays), *verschachtelten Tabellen* (Arrays in Tabellenform) und *Varrays* (wie die anderen Collection-Typen, allerdings mit maximaler Oberlänge).

2. 2. 4. Guter Programmierstil: Kommentare und Formatierungen

Natürlich ist uns bewusst, dass Sie bereits die eine oder andere Programmiersprache beherrschen und sich über die Notwendigkeit von Kommentaren und Einrückungen keine Gedanken mehr machen. Daher fassen wir die allgemein üblichen Stilregeln als Stilempfehlungen in einigen wesentlichen Punkten und einem längeren Beispiel zusammen, in dem sie alle verwendet werden. Insbesondere das Beispiel liefert interessantes Anschauungsmaterial für die Formulierung von `SELECT...INTO`-Bereichen. Diese stellen oftmals die Kernbereiche von Programmen dar und sind wegen der Bedeutung von Spalten- und Variablennamen oder auch einer zwischenliegenden Datenbank-Abstraktionsschicht immer derart bedeutsam, dass pro Spalte und pro Variable eine Zeile verwendet wird. Dies werden wir in den weiteren Beispielen nicht durchhalten können, da natürlich der Platzbedarf ins Unermessliche steigt. Gerade in realistischen Unternehmensumgebungen können Tabellen ja schon einmal 30 oder 50 Spalten umfassen, sodass bei einer kompletten Verwendung aller vorhandenen Spalten fast 100 Zeilen nur für den `SELECT...INTO`-Bereich verwendet werden müssen. Da hier jedoch auch ein großes Fehlerpotenzial (falsche Reihenfolge, falsche Schreibweise) liegt, sollte dies in Ihren Programmen immer ein Standard sein.

Folgende Stilvorgaben und Regeln existieren für PL/SQL:

- Wie Sie bereits gesehen haben, sind die Kommentarmöglichkeiten sehr einfach. Für einzeilige Kommentare bzw. Kommentare am Ende einer Zeile verwenden Sie zwei Gedankenstriche `--`, während Sie mit `/*` zu Beginn und mit `*/` am Ende mehrzeilige Kommentare erstellen. Variablen sollten immer einen einzeiligen Kommentar erhalten. Abfragen könnten durch einfache mehrzeilige Kommentarzeilen hervorgehoben werden, und ein gesamter Block könnte durch auffällige mehrzeilige Kommentarzeilen hervorgehoben werden.

- Die Variablennamen sollten auch Informationen über ihre Verwendung geben, wozu einerseits sprechende Namen und andererseits entsprechende Präfixe mit nachfolgendem Unterstrich verwendet werden können. Dies kann auch für Cursor (c), Ausnahmen (e) oder Typen bzw. Tabellen (t) gelten.

- Die Groß-/Kleinschreibung ist für PL/SQL vollkommen unerheblich, was sowohl für Datenbankobjekte (Tabellen, Spalten, Prozeduren usw.) als auch für programminterne Begriffe (Variablen, Funktionen, reservierte Wörter) gilt. Daher empfiehlt es sich, den gefundenen eigenen Stil konsequent anzuwenden. Als Standard werden reservierte Begriffe wie DECLARE, BEGIN oder LOOP, eingebaute SQL-Funktionen wie SUBSTR oder COUNT, Datentypen wie NUMBER(10,2) oder VARCHAR2(5) sowie SQL-Schlüsselbegriffe wie SELECT oder GROUP BY großgeschrieben. Demgegenüber werden Datenbankobjekte wie Tabellennamen klein geschrieben: kurs oder dozent. Für Variablen und Spaltennamen empfiehlt sich eine gemischte Groß-und Kleinschreibung wie in v _ KTitel oder K _ Titel, sie so besser lesbar sind und es leichter ist zu verstehen, welchen Zweck sie auf der Datenebene erfüllen.

- Für die Einrückungen und die Verwendung von Leerzeichen gelten die in anderen Programmiersprachen auch empfohlenen und verwendeten Regeln. Untergeordnete Programmbereiche werden eingerückt und ab einer variablen Länge zur besseren Lesbarkeit durch Kommentare oder auch mit Leerzeilen von anderen Bereichen abgetrennt. Wichtig ist insbesondere, dass in SQL-Abfragen einzelne Spalten und INTO-Variablen sowie die WHERE-Einschränkungen eigene Zeilen erhalten.

Das folgende Programm ist auch ohne PL/SQL-Kenntnisse lesbar und leicht zu verstehen und befolgt die oben aufgestellten Regeln. Es ermittelt aus einer gegebenen Kursnummer (b _ KNr) und Teilnehmerzahl (b _ TZahl) den Preis für Einzelteilnehmer, die Dauer des Kurses sowie weitere Kursinformationen. Über die Auswahl des günstigsten Dozenten, der dieses Thema unterrichtet, wird mit Hilfe seines Tagessatzes und der Kursdauer der Gewinn ermittelt. Beachten Sie insbesondere die Formatierung der vielen Abfragen, die für die Datengewinnung innerhalb des Programms notwendig sind.

```
SET SERVEROUTPUT ON;
<<GewinnBerechnung>>
```

```
/*
|| Dieses Programm ermittelt den Seminargewinn.
|| IN-Variablen:
|| Kursnummer (b_KNr) und TN-Zahl (b_TZahl).
*/
DECLARE
 -- Eingehende Variablen
 b_KNr         NUMBER(7) :=1030073; -- Kursnummer
 b_TZahl       NUMBER(1) :=3;       -- Zahl Teilnehmer
 -- Aufnehmende Variablen Kurs
 v_DTagessatz  NUMBER(6, 2);        -- Tagessatz Dozent
 v_KTitel      VARCHAR2(30);        -- Titel Kurs
 v_KUntertitel VARCHAR2(40);        -- Untertitel Kurs
 v_KDauer      NUMBER(1);           -- Tage Kurs
 v_KPreis      NUMBER(6, 2);        -- Preis TN1
 v_DAnrede     VARCHAR2(5);         -- Anrede Dozent
 v_DVorname    VARCHAR2(20);        -- Vorname Dozent
 v_DNachname   VARCHAR2(30);        -- Nachname Dozent
 v_KGewinn     NUMBER(6, 2);        -- Gewinn Seminar
BEGIN
 -- Preisermittlung für Einzelteilnehmer
 SELECT P_TN1
   INTO v_KPreis
   FROM preis, kurs
  WHERE preis.P_NR=kurs.P_Nr
    AND K_Nr=b_KNr;
 -- Ermittlung der Kursinformationen
 SELECT K_Dauer,
        K_Titel,
        K_Untertitel
   INTO v_KDauer,
        v_KTitel,
        v_KUntertitel
   FROM kurs
  WHERE K_Nr=b_KNr;
 -- Abfrage günstigster Dozent
 SELECT MIN(Th_Tagessatz)
```

```
    INTO v_DTagessatz
    FROM dozent, themenverteilung
  WHERE dozent.D_Nr=themenverteilung.D_Nr
    AND K_Nr=b_KNr;
-- Abfrage Daten des günstigsten Dozenten
SELECT D_Anrede,
       D_Vorname,
       D_Nachname
   INTO v_DAnrede,
        v_DVorname,
        v_DNachname
   FROM dozent, themenverteilung
  WHERE dozent.D_Nr=themenverteilung.D_Nr
    AND K_Nr=b_KNr
    AND Th_Tagessatz=v_DTagessatz;
-- Gewinnberechnung
v_KGewinn:=(b_TZahl*v_KPreis)-(v_KDauer*v_DTagessatz);
-- Ausgabe der Berechnung
DBMS_OUTPUT.PUT_LINE('Teilnehmerzahl: '|| b_TZahl);
DBMS_OUTPUT.PUT_LINE('Kursdauer: '|| v_KDauer || ' Tage');
DBMS_OUTPUT.PUT('Kurs: ' || b_KNr);
DBMS_OUTPUT.PUT_LINE(' -> ' || v_KTitel || ' - ' ||
v_KUntertitel);
DBMS_OUTPUT.PUT('Dozent: ' || v_DAnrede);
DBMS_OUTPUT.PUT_LINE(' ' || v_DVorname || ' ' ||
v_DNachname);
DBMS_OUTPUT.PUT_LINE('Tagessatz: '
                     || v_DTagessatz || ' Euro');
DBMS_OUTPUT.PUT_LINE('Gewinn: ' || v_KGewinn || ' Euro');
END GewinnBerechnung;
```

224_01.sql: Gewinnberechnung und Formatierung

Die Prozedur liefert bei den aktuellen Werten folgendes Ergebnis:

```
Teilnehmerzahl: 3
Kursdauer: 4 Tage
Kurs: 1030073 -> Java - Java für Oracle
```

```
Dozent: Herr Martin Dünn
Tagessatz: 550 Euro
Gewinn: 725 Euro
```

Grundlegende Syntaxvorstellung

```
declare
<declarations section>
begin
<executable commands>
exception
<exception handling>
end;
```

3. Grundlegende Syntaxvorstellung

PL/SQL als umfangreiche Erweiterung zu SQL bietet Syntaxkonstrukte für die Deklaration von Variablen, den Aufbau von Datenstrukturen sowie Kontrollanweisungen für Fallunterscheidungen und Schleifen. Diese fundamentale Syntax stellen wir Ihnen in diesem Kapitel vor.

3. 1. Basis-Syntax

Wie schon bei SQL ist bspw. Groß- und Kleinschreibung von Schlüsselwörtern unwesentlich oder ist die Auswahl von Zeichen für Bezeichner begrenzt. Dieser Abschnitt listet die wesentlichen Bedingungen für die Formulierung von PL/SQL-Anweisungen auf.

3. 1. 1. Gültige Zeichenmenge

PL/SQL besitzt einen umfangreichen Zeichensatz, der seinen Inhalt aus folgenden Bereichen rekrutiert:

- **Groß- und Kleinbuchstaben**: A–Z und a–z

- **Zahlzeichen**: 0–9

- **Formatierungen bzw. Leerräume**: Tabulatoren, Leerzeichen und Wagenrücklauf / Zeilensprung

- **Mathematische Symbole**: + - * / < > =

- **Zeichen zur Strukturierung**: (){}[]?!~;,.'«@#%$^&_|

Programmobjekte wie Variablen, Cursor, Typen oder Unterprogramme erhalten einen gültigen Namen, wenn dieser mit einem Buchstaben beginnt und dann mit weiteren Buchstaben, dem Dollarzeichen, Unterstrichen, Zahlzeichen oder dem Gatterzeichen fortgesetzt wird. Die maximale Länge beträgt 30 Zeichen.

Gültige Namen	Ungültige Namen
v _ KursNr	a-b
BerechneGehalt2001	_ v _ KursNr
Treffer#	2001BerechneGehalt
z _	Treffer #

Gültige und ungültige Namen

Da PL/SQL die Groß- und Kleinschreibung unberücksichtigt lässt, sind solche wechselnden Namen zwar überaus unschön, aber zumindest zulässig:

v _ KursNr, V _ KursNR, v _ kursnr usw.

3. 1. 2. Literale

Literale werden nicht durch einen Bezeichner (Namen) repräsentiert, sondern bestehen lediglich aus ihrem Wert. Man unterscheidet bei ihnen Zahlen (123,4 oder NULL), Zeichenketten/Strings („Hallo" oder NULL) oder boolesche Werte (TRUE, FALSE oder NULL). Datumsangaben wie in der Tabelle TERMIN, die über den Datentyp DATE gespeichert werden, lassen sich nicht direkt in einem PL/SQL-Programm erzeugen, sondern werden immer automatisch durch Verwendung von TO _ DATE in ein Datum konvertiert.

```
        T_NR        K_NR T_BEGINN T_ENDE    T_ORT
---------- ---------- -------- -------- ------
    601  1010005  06.10.13  09.10.13 Dortmund
    602  1025073  07.10.13  10.10.13 Bochum
```

Im Hinblick auf diesen angenehmen Datumsautomatismus sind also folgende Ein-füge-Operationen alle gleich korrekt und werden kommentarlos in die Datenbank eingetragen:

```
INSERT INTO termin
VALUES
  (704, 1025073, '07-Nov-2013', '10-Nov-2013', 'Düsseldorf');
INSERT INTO termin
VALUES (705, 1025073, '07.11.13', '10.11.13', 'Berlin');
INSERT INTO termin
VALUES (706, 1025073, '07.11.2013', '10.11.2013', 'München');
INSERT INTO termin
VALUES (707, 1025073, TO_DATE('07.11.2013'),
        TO_DATE('10.11.2013'), 'Dresden');
```

312_01.sql: Eintragen von Datumsinformationen

Eine einfache Kontrollabfrage liefert das erwartete Ergebnis:

```
  T_NR      K_NR T_BEGINN T_ENDE    T_ORT
  --- ---------- -------- -------- --------------------
  704    1025073 07.11.13 10.11.13 Düsseldorf
  705    1025073 07.11.13 10.11.13 Berlin
  706    1025073 07.11.13 10.11.13 München
  707    1025073 07.11.13 10.11.13 Dresden
4 Zeilen ausgewählt.
```

3. 1. 2. 1 Literale: Anführungszeichen

Ein Detailproblem stellen immer wieder Anführungszeichen, ihre Speicherung
und ihre Ausgabe in PL/SQL-Programmen dar. Folgende drei Fälle sollten Ihnen
helfen, diese Klippe zu umschiffen. Für einen einzelnen Anführungsstrich benutzt
man zwei einzelne Anführungsstriche direkt hintereinander, was dazu führt, dass
man am Anfang oder am Ende einer solchen Zeichenkette drei einzelne Anführungsstriche findet bzw. sechs direkt hintereinander, wenn es sich um die Ausgabe
und Speicherung eines einzigen Anführungsstrichs handelt. Wie Sie sehen, ist ein
doppeltes Anführungszeichen ein eigenes, besonderes Zeichen, das Sie wie alle
anderen Zeichen verwenden können.

```
DECLARE
BEGIN
DBMS_OUTPUT.PUT_LINE('What''s love got to do with it?');
DBMS_OUTPUT.PUT_LINE('"Private Dancer"');
DBMS_OUTPUT.PUT_LINE('Neue CD: ''24/7''');
END;
```

312_02.sql: Ausgabe und Speicherung von Anführungszeichen

3. 1. 2. 2 Literale: Boolesche Werte

Für die Verwendung von booleschen Werten müssen Sie berücksichtigen, dass es sich nicht um Zeichenketten, sondern tatsächlich um spezielle Werte handelt. Dies verdeutlicht folgendes kurzes Beispiel, in dem in der booleschen Variable v _ Ergebnis ein ebenso boolesches Literal gespeichert wird. Dies fragt man dann über eine einfache IF-ELSIF-ELSE-Konstruktion ab. In einem Kommentar befindet sich ein unkorrekter Bereich, in dem das boolesche Literal als Zeichenkette abgefragt wird.

```
DECLARE
 v_Ergebnis BOOLEAN := TRUE;
BEGIN
 IF v_Ergebnis
 THEN DBMS_OUTPUT.PUT_LINE('Ergebnis ist WAHR.');
 /* Falscher Bereich
 ELSIF v_Ergebnis = 'TRUE'
 THEN DBMS_OUTPUT.PUT_LINE('Ergebnis ist ''WAHR''.');
 */
 ELSE
  DBMS_OUTPUT.PUT_LINE('Ergebnis ist FALSCH.');
 END IF;
END;
```

312_03.sql: Verwendung von booleschen Variablen

In der fehlerfreien Variante mit unverändertem Kommentar erhält man folgendes Ergebnis:

```
Ergebnis ist WAHR.
PL/SQL-Prozedur wurde erfolgreich abgeschlossen.
```

Sobald jedoch der Kommentar weggelassen wird, erhält man eine Fehlermeldung, die einen über die fehlerhafte Verwendung des Datentyps in Kenntnis setzt. Diese besteht ganz einfach darin, dass man einen Zeichenkettentest durchführt, obwohl es sich um eine boolesche Variable mit einem Wahrheitswert als Wert handelt.

```
ELSIF v_Ergebnis = 'TRUE'
              *
FEHLER in Zeile 7:
ORA-06550: Zeile 7, Spalte 19:
PLS-00306: Falsche Anzahl oder Typen von Argumenten in Au-
fruf von '='
ORA-06550: Zeile 4, Spalte 2:
PL/SQL: Statement ignored
```

3. 1. 2. 3 Literale: Zahlen

Bei numerischen Literalen – im Volksmund auch Zahlen genannt – ergeben sich einige Besonderheiten. Auf der einen Seite erfolgen verschiedene automatische Umwandlungen, die manche Fehlermeldung verhindern. Dies ist dann wünschenswert, wenn man auf die Genauigkeit von Zahlwerten keinen Wert legt. In anderen Fällen hingegen sind automatische Rundungen von überzähligen Dezimalstellen oder nicht beachteten Dezimalstellen allerdings nicht das Ziel einer Anwendung. Im folgenden kurzen Beispiel wird eine Fließkommazahl automatisch zu einer ganzen Zahl umgewandelt, wobei die Fließkommazahl mangels ausreichender Stellenzahl gerundet werden muss. In einem Kommentar befindet sich eine Zahl, die gegen die Stellen- und damit die Datentypvorgaben verstößt und eine entsprechende Fehlermeldung auslöst.

```
-- Verwendung von numerischen Literalen
DECLARE
  v_Zahl1 BINARY_INTEGER;          -- Nimmt v_Zahl2 auf
  v_Zahl2 NUMBER(4,2) := 12.0178; -- Fließkommazahl
  -- v_Zahl3 NUMBER(4,2) := 123.056;  -- Ungültige Zahl
```

```
BEGIN
  v_Zahl1 := v_Zahl2;
  DBMS_OUTPUT.PUT_LINE(v_Zahl1);
  DBMS_OUTPUT.PUT_LINE(v_Zahl2);
END;
```

312_04.sql: Verwendung und Umwandlung von numerischen Literalen

Im gültigen Fall erhält man eine erwartete Verkürzung auf die erlaubten Dezimalstellen – nämlich keine – und eine Rundung auf die erlaubten zwei Dezimalstellen:

```
12
12,02
PL/SQL-Prozedur wurde erfolgreich abgeschlossen.
```

Im zweiten Fall entfernt man die Kommentarzeichen in Zeile 4 und erhält sofort die Fehlermeldung, dass die Gesamtstellenzahl zu groß für diesen Zahltyp ist. Der Datentyp NUMBER wird mit NUMBER(P,S) definiert, wobei P die Genauigkeit und S die Skalierung angibt. NUMBER(4,2) bedeutet also, dass ein Wert wie 12.34 genau richtig ist, während 12.346 auf zwei Dezimalstellen gerundet wird und 123.4 vollkommen falsch ist.

```
DECLARE
*
FEHLER in Zeile 1:
ORA-06502: PL/SQL: numerischer oder Wertefehler: Gesamtstellenzahl
zu groß
ORA-06512: in Zeile 4
```

3. 2. Variablen

Sie haben in den zurückliegenden Beispielen bereits einige Variablen kennen gelernt. PL/SQL bietet unterschiedliche Möglichkeiten zur Deklaration und Typzuweisung an, wobei insbesondere die Verwendung von %TYPE für Variablen von Bedeutung ist, die ihre Daten direkt aus der Datenbank beziehen.

3. 2. 1. Deklaration

Die einfachste Form einer Variablen besteht aus ihrem gültigen Namen und der Angabe des Datentyps. Auf eine weitere Initialisierung mit einem Wert kann – wie in anderen Sprachen auch – verzichtet werden. Zusätzlich bietet sich die Verwendung des Schlüsselworts NOT NULL an, um zu erzwingen, dass immer ein Wert in der Variable gespeichert ist. Berücksichtigen Sie hier noch einmal kurz die obigen Ausführungen zu den Literalen. NULL bedeutet hier ein fehlender Wert für alle möglichen Literale. Falls in einem Programm konstante Werte benötigt werden, kann man das Schlüsselwort CONSTANT benutzen. Anstatt den bereits eingeführten Zuweisungsoperator := zu verwenden, kann man auch DEFAULT einsetzen.

```
variablenname [CONSTANT] datentyp [NOT NULL]
          [:= | DEFAULT wert];
```

Folgende Beispiele sind gültige Variablendeklarationen:

```
DECLARE
  v_KThemen   VARCHAR2(600);
  b_KNr       NUMBER(7)          NOT NULL :=1025073;
  v_TOrt      VARCHAR2(20)                :='Wuppertal';
  i           BINARY_INTEGER             :=0;
  b_Benutzer CONSTANT VARCHAR2(20)       :='EHuelzemann';
```

321_01.sql: Korrekte Variablenzuweisung

In der Datei finden Sie noch eine ungültige Zuweisung innerhalb des Anweisungsabschnitts, in dem der Konstanten ein neuer Wert – nämlich ein anderer Benutzer – zugewiesen wird. Dies wird umgehend mit einer Fehlermeldung geahndet:

```
b_Benutzer :='ABullock';
  *
FEHLER in Zeile 12:
ORA-06550: Zeile 12, Spalte 2:
PLS-00363: Ausdruck 'B_BENUTZER' kann nicht als Zuweisungsziel be-
nutzt werden
```

```
ORA-06550: Zeile 12, Spalte 2:
PL/SQL: Statement ignored
```

321_01.sql: Fehlermeldung bei versuchter Änderung einer Konstanten

3. 2. 2. Verwendung von %TYPE

PL/SQL-Programme haben eine fast magische Tendenz dazu, Daten zu verarbeiten, die bereits in der Datenbank gespeichert sind oder durch das Programm in die Datenbank übertragen werden sollen. Dabei sollten natürlich schon bei der Programmplanung Fehlerquellen vermieden werden, die mit der Kompatibilität von Datentypen im Programm und in den Tabellen zusammenhängen. Um hier eine gewisse Unabhängigkeit von Änderungen und eine automatische Konsistenz zwischen PL/SQL und den Datenbank-Datentypen zu erlangen, kann man das Attribut %TYPE verwenden. Sie werden weitere praktische Attribute, die syntaktisch gleichermaßen durch Anhängen verwendet werden, später kennen lernen. %TYPE ruft den Datentyp aus einer Tabellenspalte ab und weist ihn einer Variable zu. Dies eignet sich also gerade für Variablen, die Werte speichern, die mit diesen Datentypen kompatibel sein müssen. Durch diese Verwendung erreichen Sie zusätzlich eine größere Übersicht in der Deklaration, welche Variablen irgendwann einmal mit Werten aus der Datenbank zu tun haben werden. Dies haben wir Ihnen am vorangegangenen Beispiel zur automatischen Gewinnberechnung gezeigt. Beachten Sie zusätzlich, dass NOT NULL-Beschränkungen in der Datenbank nicht für die Variablen gelten.

```
DECLARE
  -- Eingehende Variablen
  b_KNr        kurs.K_Nr%TYPE :=1030073;        -- Kursnummer
  b_TZahl      NUMBER(1) :=3;               -- Zahl Teilnehmer
  -- Aufnehmende Variablen Kurs
  v_DTagessatz themenverteilung.Th_Tagessatz%TYPE;
                                           -- Tagessatz Dozent
  v_KTitel     kurs.K_Titel%TYPE;              -- Titel Kurs
  v_KUntertitel kurs.K_Untertitel%TYPE;     -- Untertitel Kurs
  v_KDauer     kurs.K_Dauer%TYPE;             -- Tage Kurs
  v_KPreis     preis.P_TN1%TYPE;              -- Preis TN1
  v_DAnrede    dozent.D_Anrede%TYPE;        -- Anrede Dozent
  v_DVorname   dozent.D_Vorname%TYPE;       -- Vorname Dozent
```

```
v_DNachname    dozent.D_Nachname%TYPE;    -- Nachname Dozent
v_KGewinn      NUMBER(6, 2);              -- Gewinn Seminar
```

322_01.sql: Verwendung des Attributs %TYPE

3. 2. 3. Vererbung von Datentypen

Besonders raffinierte Strukturen lassen sich mit der verschachtelten Verwendung von Variablen erreichen. Hier beruft man nicht nur eine Mutter-Variable auf einen bestimmten Feld-Datentyp, sondern zeigt gleichzeitig auch, dass andere Variablen hierarchisch von dieser Variablen abhängen und gleichzeitig denselben Datentyp konsistent erhalten. Dies lässt sich auch über mehrere Generationen hinweg fortsetzen. Achten Sie hierbei allerdings immer darauf, dass die Mutter-Variable auch sichtbar ist, damit die Datentypübergabe und -anpassung gelingen kann. Bei dieser Konstruktion ist übrigens eine NOT NULL-Beschränkung der Mutter-Variable auch für die abgeleiteten Kind-Variablen bindend.

```
DECLARE
  -- Mutter-Variable
  b_KBereich kurs.K_Bereich%TYPE;   -- VARCHAR2(30)
  -- Kind-Variablen
  b_KBereich_Programmierung b_KBereich%TYPE :='Programmierung';
  b_KBereich_Datenbanken    b_KBereich%TYPE :='Datenbanken';
  b_KBereich_Server         b_KBereich%TYPE :='Server';
```

323_01.sql: Verwendung von verschachtelten %TYPE-Zuweisungen

3. 2. 4. Gültigkeit und Sichtbarkeit

Eine schier unerschöpfliche Quelle der Unterhaltung ist immer wieder das Problem der Gültigkeit und Sichtbarkeit von Variablen, das wir im nachfolgenden Beispiel erläutern. In diesem Programm tauchen zwei Variablen, Text1 und Text2, mit zwei Zeichenkettenwerten auf, wobei Text1 im äußeren Block und Text2 im inneren Block definiert wird. Die Ausgabe erfolgt von beiden Variablen im inneren wie im äußeren Block. Dabei ist die Ausgabe von Text2, das im inneren Block definiert wird, am Ende des ersten bzw. unterhalb des inneren Blocks auskommentiert, weil hier eine Fehlermeldung zu erwarten ist.

```
<<Ebene1>>
DECLARE
  Text1 VARCHAR2(20) := 'Guten Morgen.';
BEGIN
  DBMS_OUTPUT.PUT_LINE('Ebene1: ' || Text1);
  <<Ebene2>>
  DECLARE
    Text2 VARCHAR2(20) := 'Guten Abend.';
  BEGIN
    DBMS_OUTPUT.PUT_LINE('Ebene2: ' || Text1);
    DBMS_OUTPUT.PUT_LINE('Ebene2: ' || Text2);
  END Ebene2;
  --DBMS_OUTPUT.PUT_LINE('Ebene1: ' || Text2);
END Ebene1;
```

324_01.sql: Sichtbarkeit von Variablen

Bei der korrekten bzw. bei der Variante mit Kommentar erhält man eine Ausgabe auf allen Ebenen und von allen Variablen. Dies bedeutet, dass die Variablen des äußeren Blocks auch in den inneren Blöcken sichtbar sind. Text1 wird also daher sowohl im äußeren als auch im inneren Block ausgegeben. Text2 wird ohnehin im inneren wie Text1 im äußeren Block ausgegeben.

```
Ebene1: Guten Morgen.
Ebene2: Guten Morgen.
Ebene2: Guten Abend.
PL/SQL-Prozedur wurde erfolgreich abgeschlossen.
```

Grausames jedoch geschieht, sobald der Kommentar entfernt wird. Es ist nicht möglich, die im inneren Block definierte Variable Text2 im äußeren Block auszugeben, wenn der innere Block bereits beendet ist. Das entspricht dem Fall eines komplett abgeschlossenen Blocks, auf dessen Variablen ein anderer beliebiger Block zugreifen möchte. Hier ist die Variable nicht bekannt bzw. nicht sichtbar, sodass eine entsprechende Fehlermeldung ausgegeben wird.

```
  DBMS_OUTPUT.PUT_LINE('Ebene1: ' || Text2);
                                    *

FEHLER in Zeile 13:
ORA-06550: Zeile 13, Spalte 37:
PLS-00201: Bezeichner 'TEXT2' muss deklariert werden
ORA-06550: Zeile 13, Spalte 2:
PL/SQL: Statement ignored
```

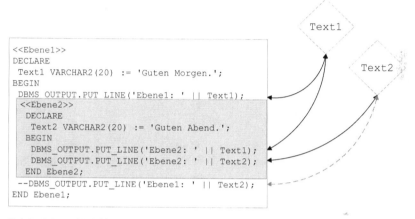

Sichtbarkeit von Variablen

Die Abbildung verdeutlicht noch einmal den Zusammenhang zwischen dem Geltungsbereich und der Sichtbarkeit von Variablen. Alle Variablen im äußeren Block sind über den gesamten Block hinweg sichtbar. Dies entspricht auch den Eigenschaften der Variablen im inneren Block. Da jedoch der äußere Block den inneren umschließt, sind dort die im äußeren Block definierten Variablen ebenfalls in ihrem Geltungsbereich und damit auch sichtbar.

```
<<Ebene1>>
DECLARE
  Text1 VARCHAR2(20) := 'Guten Morgen.';
BEGIN
  DBMS_OUTPUT.PUT_LINE('Ebene1: ' || Text1);
  <<Ebene2>>
  DECLARE
    Text2 VARCHAR2(20) := 'Guten Abend.';
  BEGIN
    DBMS_OUTPUT.PUT_LINE('Ebene2: ' || Text1);
    DBMS_OUTPUT.PUT_LINE('Ebene2: ' || Text2);
  END Ebene2;
  --DBMS_OUTPUT.PUT_LINE('Ebene1: ' || Text2);
END Ebene1;
```

Geltungsbereich = Sichtbarkeit

Geltungsbereich = Sichtbarkeit

Text1

Text2

Nicht im Geltungsbereich, daher nicht sichtbar

Geltungsbereich und Sichtbarkeit

Manchmal benennt man Variablen in einem inneren Block um, sodass sich die Variable eines äußeren Blocks zwar noch in ihrem Geltungsbereich befindet, aber nicht mehr sichtbar ist, wodurch ihr Wert verloren zu sein scheint. Verwendet man jedoch benannte Blöcke, so kann man diese unsichtbaren Variablen, die sich aber noch in ihrem Geltungsbereich befinden, über den Blocknamen referenzieren und im inneren Block mit dem ursprünglichen Wert weiter benutzen. Im leicht veränderten Beispiel gibt es nur noch die Variable `Text1`, die im Block `Ebene2` einen anderen Wert erhält. Damit man aber nun nicht auf den `Guten-Morgen`-Gruß verzichten muss, referenziert man die Variable des Blocks `Ebene1` mit `blockname.variablenname` bzw. `Ebene1.Text1`.

```
<<Ebene1>>
DECLARE
  Text1 VARCHAR2(20) := 'Guten Morgen.';
BEGIN
  DBMS_OUTPUT.PUT_LINE('Ebene1: ' || Text1);
  <<Ebene2>>
  DECLARE
    Text1 VARCHAR2(20) := 'Guten Abend.';
  BEGIN
    DBMS_OUTPUT.PUT_LINE('Ebene2: ' || Ebene1.Text1);
    DBMS_OUTPUT.PUT_LINE('Ebene2: ' || Text1);
```

```
END Ebene2;
END Ebene1;
```

324_02.sql: Referenzierung einer Variablen über den Blocknamen

Die Ausgabe ist dann exakt wie zuvor, da über die Referenzierung der ursprüngliche Wert bzw. die ursprüngliche Variable angesprochen und verwendet wird:

```
Ebene1: Guten Morgen.
Ebene2: Guten Morgen.
Ebene2: Guten Abend.
PL/SQL-Prozedur wurde erfolgreich abgeschlossen.
```

In Abbildung ist dies noch einmal hervorgehoben: Während eigentlich der Wert der Variablen `Text1` durch die Definition der gleichnamigen Variablen im inneren Block verändert wird, adressiert man die Variable `Text1` im Aufruf so, dass der Wert aus dem äußeren Block zum Einsatz kommt.

Referenzierung einer Variablen zur Sichtbarmachung

3. 3. Datentypen und Operatoren

Oben haben Sie bereits gesehen, wie Sie einer Variablen einen speziellen Datentyp zuweisen oder über `%TYPE` eine verankerte Deklaration durchführen, indem der Datentyp direkt aus dem *Data Dictionary* der Datenbank oder einer anderen Variable übernommen wird.

3. 3. 1. Oracle- und PL/SQL-Datentypen

Im Folgenden werden die Datentypen mit ihren Familien kurz vorgestellt. Da es einige Unterschiede zwischen den Datentypen in PL/SQL und der Datenbank gibt, lohnt es sich in jedem Fall, sich mit diesem Thema zu beschäftigen.

- **Skalare Datentypen**

  - **Zahlen**
    In dieser Gruppierung befinden sich Datentypen wie NUMBER (wahlweise ganze Zahl oder Fließkommazahl), der dem gleichnamigen Datentyp aus der Datenbank entspricht und mit NUMBER (P,S) deklariert wird. Hierbei stellt die P die Genauigkeit und S die Zeichenanzahl der Dezimalstellen an. Gleichwertige Datentypen sind hier DEC, DECIMAL, DOUBLE PRECISION, FLOAT, NUMERIC oder REAL. Sie unterscheiden sich in der maximalen Genauigkeit. Für Ganzzahlen verwendet man INT, INTEGER oder SMALLINT. Der Datentyp BINARY INTEGER wird für arithmetische Operationen verwendet, die nicht direkt auf den zuvor beschriebenen Typen ausgeführt werden können. Dazu wird eine automatische Typumwandlung durchgeführt. Dieser Datentyp besitzt verschiedene Subtypen, deren maximaler Wertebereich bei 2147483647 endet: NATURAL (von 0 beginnend), NATURALN (wie zuvor und NOT NULL), POSITIVE (von 1 beginnend), POSITIVEN (wie zuvor und NOT NULL) sowie SIGNTYPE (-1, 0, 1) für die Angabe von Vorzeichen. Zusätzlich gibt es die beiden Datentypen BINARY _ FLOAT und BINARY _ DOUBLE mit einfacher und doppelter Präzision, die für eine bessere Geschwindigkeit bei der Verarbeitung von vielen Zahlwerten sorgen sollen. Für Dezimalzahlen sind auch BINARY _ FLOAT (32 Bit) und BINARY _ DOUBLE (64 Bit) vorhanden. Kann die automatische Prüfung auf NULL entfallen, können auch die schnellen Subtypen SIMPLE _ FLOAT und SIMPLE _ DOUBLE verwendet werden.

  - **Zeichenketten**
    Diese Datentypen stehen für die Speicherung von Wörtern und Texten zur Verfügung. VARCHAR2 wird als VARCHAR2(L [CHAR | BYTE]) definiert, wobei L die Länge entweder in Zeichen (CHAR) oder in Byte (BYTE) bestimmt. Standardmäßig bezieht es sich auf die Zeichenlänge. Die maximale Länge richtet sich in PL/

SQL nicht nach den Zeichen, sondern nach dem Speicherbedarf von 32 267 Bytes, wobei der gleichnamige Datenbanktyp nur maximal 4 000 Bytes belegen darf. Der Unterschied zwischen VARCHAR und VARCHAR2 besteht lediglich darin, dass VARCHAR auf ANSI basiert. Für Inhalte, die mehr Speicherplatz erfordern, stehen verschiedene Datentypen bereit. Aus Kompatibilitätsgründen mit alten Anweisungen stehen noch LONG und LONG _ RAW (maximal 2 GB) bereit. Man verwendet aber BLOC, CLOB, NCLOB (4 GB in SQL, 128 TB in PL/SQL). Für die Berechnung der tatsächlich verwendbaren Zeichen ist der Speicherbedarf eines Buchstabens in dem Zeichensatz zu berücksichtigen, der innerhalb der Datenbank verwendet wird. Mit dem Datentyp CHAR hingegen definiert man Zeichenketten fester Länge, wobei also fehlende Zeichen mit Leerzeichen aufgefüllt werden. Die Länge wird obligatorisch mit CHAR(L [CHAR | BYTE]) angegeben, wobei L die maximale Länge in Bytes oder Zeichen ist (maximal 32 767 Bytes). Innerhalb der Datenbank können Felder, die diesen Datentyp aufweisen, lediglich 2 000 Bytes speichern. CHARATER ist ein Subtyp von CHAR. Mit NCHAR und NVARCHAR2 übernehmen Sie die Einstellungen des nationalen Zeichensatzes, der nicht derjenige von PL/SQL ist.

- **Binärdaten**
  Für die Speicherung von Binärdaten stehen RAW mit maximal 32 767 Bytes in PL/SQL und 2 000 Bytes als Felddatentyp zur Verfügung, wobei die Definition über RAW(L) und der Länge in Bytes geschieht. LONG RAW hingegen akzeptiert in der Datenbank 2 GB, wobei in PL/SQL nur 32 760 Bytes möglich sind.

- **Datum und Zeit**
  Für die Verarbeitung von Zeitinformationen stehen verschiedene Datentypen zur Verfügung. Mit DATE existiert ein Analogon zum Felddatentyp in der Datenbank. Pro Zeitinformation verbraucht dieser Datentyp 7 Bytes für die Elemente Jahrhundert, Jahr, Monat, Tag, Stunde, Minute und Sekunde. Für Zeitstempel steht der Datentyp TIMESTAMP mit unterschiedlichen Möglichkeiten zur Verfügung. Mit TIMESTAMP[(P)] speichert man einen Zeitstempel mit Jahr, Monat, Tag, Stunde, Minute und Sekunde. Mit P legt man die Genauigkeit von Sekundenbruchteilen (Standard ist 6) fest. TIMESTAMP[(P)] WITH TIME ZONE beinhaltet auch eine Zeitzoneninformation des

Benutzers, während TIMESTAMP[(P)] WITH LOCAL TIME ZONE die tatsächliche System-(Datenbank-)Zeitzone speichert. Intervalle zwischen zwei Zeitstempeln werden über INTERVAL YEAR[(P)] TO MONTH für Jahres-Monats-Intervalle und INTERVAL DAY[(DP)] TO SECOND[(SP)] erfasst. Mit P wird in diesem Fall die Genauigkeit für die Jahresangabe festgelegt (Standard ist 2). Mit DP legt man die Ziffernzahl für die Tage (Standard ist 2) fest und mit SP die Sekundenbruchteile (Standard ist 2).

- **Reihen-Datentypen**
  Für die Definition von eindeutigen Schlüsseln in Tabellenspalten entspricht ROWID in PL/SQL dem gleichnamigen Felddatentyp in der Datenbank. Die Speicherung erfolgt intern binär als feste Länge. Mit UROWID greift man bei der Adressierung sowohl auf physische als auch auf logische Schlüssel zu, was Leistungsvorteile bringt.

- **Logisch**
  Der Datentyp BOOLEAN speichert logische Werte bzw. Wahrheitswerte mit den Ausprägungen TRUE, FALSE und NULL.

- **PL/SQL-Spezifika**

  - REF stellt einen Referenztyp dar, der einem Zeiger in anderen Programmiersprachen entspricht.

  - REF CURSOR hingegen stellt den Typ einer Cursor-Variable dar.

3.3.2. Subtypen – Eigene Datentypen

PL/SQL bietet zusätzlich zur Verwendung der vordefinierten Datentypen die Möglichkeit, eigene Datentypen in Form von Subtypen zu deklarieren und in Programmen zu verwenden. Dabei ist ein Subtyp nicht ein komplett neuer Datentyp, sondern – wie der Name eher vermuten lässt – eine Untermenge eines bereits existierenden Datentyps. Dabei lassen sich beschränkte und unbeschränkte Subtypen unterscheiden. Während der unbeschränkte Subtyp gerade wegen seiner Unbeschränktheit den originären Datentypen entspricht, stellen die beschränkten Subtypen die eigentlich interessanten Strukturen dar, da sie die Wertemenge eines originären Datentyps verringern und damit einen quasi neuen Datentyp schaffen.

Die Definition eines Subtyps erfolgt nach dem Schema:

```
SUBTYPE name IS Originalname;
```

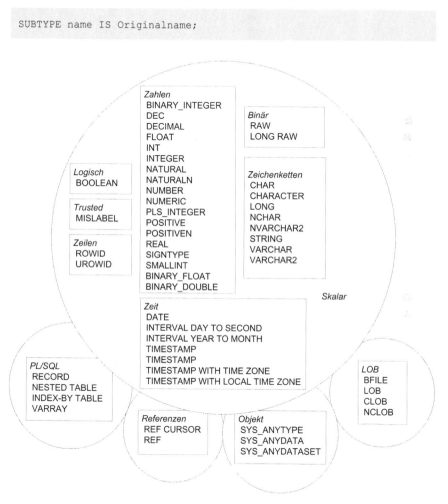

Datentypen in PL/SQL

Im folgenden kurzen Beispiel werden einige Subtypen auf Basis von anderen Sub-typen, die bereits standardmäßig vorhanden sind, Tabellenfeldern und einfach originären Datentypen definiert. Die Verwendung bei der Definition von Variablen gestaltet sich dann genauso wie bei ursprünglichen Datentypen.

```
DECLARE
    SUBTYPE DAUER  IS POSITIVEN;          -- Basis: Subtyp
    SUBTYPE TITEL  IS kurs.K_Titel%TYPE; -- Basis: Feld
    SUBTYPE PREIS  IS NUMBER(6,2);        -- Basis: Datentyp
    b_KDauer DAUER := 2;
    b_KTitel TITEL :='HTML';
    b_KPreis PREIS :=410.00;
```

332_01.sql: Subtypen definieren und verwenden

3. 3. 3. Automatische und explizite Typumwandlung

Datentypen passen bisweilen nicht korrekt zusammen, was natürlich streng ver-mieden werden sollte, um jegliche Fehlermeldungen dieser Art auszuschließen, was aber auch durch Typumwandlung behoben werden kann. Zum einen besitzt PL/SQL eine automatische Typkonvertierung für Zeichen in Zahlen und Zeichen in Datumsangaben. Zum anderen steht aber auch eine Reihe von Funktionen zur Verfügung, die für eine explizite Typumwandlung eingesetzt werden können. Im folgenden Beispiel werden einige SQL-Kurse mit ihren Terminen aus der Daten-bank ausgelesen und ausgegeben, wobei in der ersten Variante die automatische Typumwandlung eingreift, während beim zweiten Mal explizit die Umwandlung vorgegeben wird.

Sollte eine Typumwandlung nicht korrekt angegeben oder schlichtweg nicht mög-lich sein, könnten man solcherlei Fehlermeldungen erhalten. Sie könnte sich z. B. darauf beziehen, dass in der Variable v _ TBeginn ein Zahldatentyp deklariert wird, während in der Tabelle jedoch der Datentyp DATE verwendet wird. Zwischen Datumsangaben und Zahlen gibt es keine automatische Umwandlung, sodass die hässliche Fehlermeldung erscheint. In der Datei finden Sie auch das fehlerhafte Programm.

3. Grundlegende Syntaxvorstellung

```
       v_TBeginn, V_TEnde, v_TOrt, v_KTitel, v_KUntertitel;
       *
FEHLER in Zeile 17:
ORA-06550: Zeile 17, Spalte 8:
PLS-00386: Typ-Abweichung bei 'V_TBEGINN' zwischen FETCH-Cur-
sor und INTO-Variablen
ORA-06550: Zeile 16, Spalte 2:
PL/SQL: SQL Statement ignored
```

333_01.sql: Fehlerhafte Typumwandlung und Fehlermeldung

Eine andere Problemstellung ergibt sich, wenn Längenangaben nicht zueinander passen. In der Tabelle TERMIN beträgt die Länge für den Ort 20 Zeichen. Im korrekt ablaufenden Programm sehen Sie, dass der erste Termin in Bochum stattfindet und der zweite in Dortmund. Während bei einer Angabe von VARCHAR(6) die Ortsangabe Bochum noch genau in den Datentyp hineinpasst, übersteigt die Ortsangabe Dortmund die Länge von 6 um 2 Zeichen, sodass für den zweiten Termin nur noch eine Fehlermeldung übrig bleibt und die restlichen daher gar nicht mehr ausgegeben werden können. In der Datei finden Sie die fehlerhafte Syntax und die Ausgabe.

```
ORA-06502: PL/SQL: numerischer oder Wertefehler: Zeichenfolgenpuff-
er zu klein
ORA-06512: in Zeile 16
06502. 00000 -  „PL/SQL: numeric or value error%s"
```

333_02.sql: Fehler bei der Längenangabe eines Datentyps

Im folgenden Beispiel hingen werden die automatischen Umwandlungsfunktionen korrekt eingesetzt, und das Programm läuft widerspruchsfrei ab. Zwei DATE-Typen und ein NUMBER-Typ werden in Zeichenketten mit korrekter Länge transformiert, während eine Zeichenkette um eine gewisse Länge gekürzt wird.

```
DECLARE
   b_KursNr       VARCHAR(7)  :=1025039;  -- NUMBER(7)
   v_TBeginn      VARCHAR(10);            -- DATE
   v_TEnde        VARCHAR(10);            -- DATE
   v_TOrt         VARCHAR(10);            -- VARCHAR(20)
```

```
v_KTitel        kurs.K_Titel%TYPE;
v_KUntertitel   kurs.K_Untertitel%TYPE;
CURSOR c_Termine IS
SELECT T_Beginn, T_Ende, T_Ort, K_Titel, K_Untertitel
  FROM kurs, termin
 WHERE kurs.K_Nr=termin.K_Nr
   AND kurs.K_Nr=b_KursNr;
BEGIN
 OPEN c_Termine;
 LOOP
 FETCH c_Termine INTO
      v_TBeginn, V_TEnde, v_TOrt, v_KTitel, v_KUntertitel;
 EXIT WHEN c_Termine%NOTFOUND;
 DBMS_OUTPUT.PUT_LINE(v_TBeginn || ' - ' || v_TEnde);
 DBMS_OUTPUT.PUT(v_TOrt || ' ');
 DBMS_OUTPUT.PUT_LINE(v_KTitel || ' - ' || v_KUntertitel);
 END LOOP;
END;
```

333_03.sql: Automatische Typumwandlung

Wer sich allerdings auf die automatische Typumwandlung verlässt, der ist auch so risikoreich, dass er die Kommentare vergisst, und bis zur großen Katastrophe (oder sogar noch lange darüber hinaus) weiß kein Mensch, warum diese Programme nicht korrekt ablaufen. Daher sollte man zu den folgenden Konversionsfunktionen greifen, um die Umwandlung deutlich zu machen.

Funktion	Ausgang	Eingang
TO _ CHAR	VARCHAR2	Numerisch, Datum
TO _ DATE	DATE	Zeichenketten
TO _ NUMBER	NUMBER	Zeichenketten
TO _ TIMESTAMP	TIMESTAMP	Zeichenketten
TO _ TIMESTAMP _ TZ	TIMESTAMP WITH TIMEZONE	Zeichenketten
TO _ DSINTERVALL	INTERVAL DAY TO SECOND	Zeichenketten
TO _ YMINTERVALL	INTERVAL YEAR TO MONTH	Zeichenketten

Funktion	Ausgang	Eingang
RAWTOHEX	Wandelt RAW in eine hexadezimale Form um.	RAW
HEXTORAW	Wandelt eine hexadezimale Menge in das RAW-Format um.	Zeichenketten in hexadezimaler Form
CHARTOROWID	Wandelt Zeichenketten in ein internes binäres Format um.	Zeichenketten als ROWID mit 18 Zeichen
ROWIDTOCHAR	Wandelt ROWID in Zeichenketten mit einer Länge von 18 um.	ROWID

Umwandlungsfunktionen für Datentypen

Im folgenden Beispiel deklariert man zunächst die Variablen und die Datentypen, in die später die Datenbankinformationen übertragen werden sollen. In der SQL-Anweisung finden Sie dann die passenden Umwandlungsfunktionen. Da hier alle ursprünglichen Datentypen in Zeichenketten umgewandelt werden, beschränkt sich dies auf die Funktion TO _ CHAR. Das DBMS _ OUTPUT-Paket gibt übrigens nur Zeichenketten aus und wandelt immer automatisch eingehende Werte in Zeichenketten um. Wenn Sie besonders sorgfältig sind, können Sie das natürlich auch mit TO _ CHAR manuell durchführen.

```
DECLARE
  b_KursNr       VARCHAR(7)  :=1025039;  -- NUMBER(7)
  v_TBeginn      VARCHAR(10);            -- DATE
  v_TEnde        VARCHAR(10);            -- DATE
  v_TOrt         VARCHAR(10);            -- VARCHAR(20)
  v_KTitel       kurs.K_Titel%TYPE;
  v_KUntertitel  kurs.K_Untertitel%TYPE;
  CURSOR c_Termine IS
  SELECT TO_CHAR(T_Beginn),
         TO_CHAR(T_Ende),
         TO_CHAR(T_Ort),
         K_Titel,
         K_Untertitel
    FROM kurs, termin
   WHERE TO_CHAR(kurs.K_Nr)=TO_CHAR(termin.K_Nr)
     AND kurs.K_Nr=b_KursNr;
```

```
BEGIN
  -- Ausgabe der Treffer
END;
```

333_04.sql: Explizite Umwandlung von Datentypen

3. 3. 4. Operatoren

In den zurückliegenden Beispielen haben Sie bereits einige Operatoren wie z. B. den Verkettungsoperator kennen gelernt. In PL/SQL werden Sie fast alle der Ihnen schon aus anderen Zusammenhängen bekannten Operatoren wiederfinden. Daher fassen wir diese nur ganz kurz zusammen.

Für die Verknüpfung von Ausdrücken verwenden Sie folgende Operatoren, die wir in absteigender Priorität auflisten:

Operator	Wertigkeit	Beschreibung
`**`, `NOT`	Zweiwertig	Potenz, logische Negation
`+`, `-`	Einwertig	Identität, Negation
`*`, `/`	Zweiwertig	Multiplikation, Divison
`+`, `-`, `||`	Zweiwertig	Summe, Differenz, Verkettung
`=`, `!=`, `<`, `>`, `<=`, `>=`, `IS NULL`, `LIKE`, `BETWEEN`, `IN`	Zweiwertig (außer `IS NULL`)	Vergleich
`AND`	Zweiwertig	Verknüpfung
`OR`	Zweiwertig	Inklusion

Verknüpfungsoperatoren für Ausdrücke

Im folgenden kurzen Beispiel setzen wir einige der Operatoren ein und kombinieren sie mit Klammern, um die Prioritäten zu ändern:

```
DECLARE
  Potenz  NUMBER(10,2) := 3**2;
  Summe   NUMBER(10,2) := 3+2;
  Text    VARCHAR(20)  := 'Hallo ' || 'Welt!';
  Produkt NUMBER(10,2) := (10-2)**2/5;
```

```
BEGIN
  DBMS_OUTPUT.PUT_LINE('Potenz: ' || Potenz);
  DBMS_OUTPUT.PUT_LINE('Summe: ' || Summe);
  DBMS_OUTPUT.PUT_LINE('Gruß: ' || Text);
  DBMS_OUTPUT.PUT_LINE('Produkt: ' || Produkt);
END;
```

334_01.sql: Operatoren in PL/SQL

Dieses nicht recht sinnvoll scheinende Programm erzeugt folgende sehr interessante Ausgabe:

```
Potenz: 9
Summe: 5
Gruß: Hallo Welt!
Produkt: 12,8
PL/SQL-Prozedur wurde erfolgreich abgeschlossen.
```

Die Vergleichsoperatoren werden in PL/SQL genauso wie in SQL oder in anderen Programmiersprachen verwendet. Interessant ist in diesem Zusammenhang, dass auch die SQL-typischen Vergleichsoperatoren in Bedingungen für IF-Verzweigungen verwendet werden können, wie folgendes Beispiel zeigt:

```
DECLARE
  Name1 VARCHAR(20)   := 'Anton';
  Name2 VARCHAR(20)   := 'Elvira';
  Zahl1 NUMBER(10,2)  := 5;
  Zahl2 NUMBER(10,2)  := 10;
BEGIN
  IF Name1 = Name2
  THEN DBMS_OUTPUT.PUT_LINE('Anton ist Elvira.');
  ELSIF Name1 != Name2
  THEN DBMS_OUTPUT.PUT_LINE('Anton ist Anton usw.');
  ELSE DBMS_OUTPUT.PUT_LINE('Nemo ist Niemand.');
  END IF;
  IF 5 BETWEEN Zahl1 AND Zahl2
  THEN DBMS_OUTPUT.PUT_LINE(Zahl1 || ' < ' || Zahl2);
  ELSE DBMS_OUTPUT.PUT_LINE(Zahl1 || ' = ' || Zahl2);
```

```
END IF;
END;
```

334_02.sql: Vergleichsoperatoren

Dies ergibt folgende erwartete Ausgabe:

```
Anton ist Anton usw.
5 < 10
PL/SQL-Prozedur wurde erfolgreich abgeschlossen.
```

Zusätzlich können die SQL-typischen (und nicht gerade umfangreichen) Mustervergleiche mit LIKE zum Einsatz kommen. Hierbei ersetzt ein Prozentzeichen beliebig viele Buchstaben und ein Unterstrich genau einen.

```
DECLARE
  Name VARCHAR(20)  := 'Anton';
BEGIN
  IF Name LIKE 'A%'
  THEN DBMS_OUTPUT.PUT_LINE(Name || ' beginnt mit A.');
  ELSE DBMS_OUTPUT.PUT_LINE(Name || ' beginnt nicht mit A.');
  END IF;
END;
```

334_03.sql: Einsatz von LIKE und Mustererkennung

NOT	TRUE	FALSE	NULL
	FALSE	TRUE	NULL

AND	TRUE	FALSE	NULL
TRUE	TRUE	FALSE	NULL
FALSE	FALSE	FALSE	FALSE
TRUE	NULL	FALSE	NULL

OR	TRUE	FALSE	NULL
TRUE	TRUE	TRUE	TRUE
FALSE	TRUE	FALSE	NULL
NULL	TRUE	NULL	NULL

Wahrheitstabellen für PL/SQLDies ergibt folgende Ausgabe:

```
Anton beginnt mit A.
PL/SQL-Prozedur wurde erfolgreich abgeschlossen.
```

3. 4. Ausgabemöglichkeiten im Puffer und in Dateien

Wir wollen das DBMS _ OUTPUT-Paket kurz und kompakt mit seinen diversen Eigenschaften vorstellen. Gleichzeitig lernen Sie dabei das erste vordefinierte Paket
kennen. Da in unseren Seminaren bei der Vorstellung dieser Standardausgabe auch
regelmäßig die Frage auftaucht, ob man denn auch in Dateien schreiben könne
(was tatsächlich eine interessante Funktionalität für Informationen ist, die nicht in
der Datenbank gespeichert werden sollen), werden wir direkt im Anschluss auch
das UTL _ FILE-Paket vorstellen. Damit brechen wir mit einer Tradition in der
Oracle-Literatur, aber wir denken, dass diese Technik Sie besonders interessiert.

3. 4. 1. Puffer-Ausgaben mit DBMS_OUTPUT

Mit dem DBMS _ OUTPUT-Paket steht dem Programmierer die Möglichkeit zur
Verfügung, Informationen und Werte in Variablen zum Zwecke der Fehlersuche
auszugeben. Solche Nachrichten können aus Prozeduren, Triggern und anderen
Paketen ermittelt werden, d. h. nicht direkt aus SQL-Anweisungen. Bisher erfolgte
die Ausgabe immer direkt in *SQL*Plus* in der Bildschirmanzeige. Zuallererst wird
der Text jedoch im Puffer erzeugt und verbleibt auch dort, bis er gelöscht wird.
Dies bedeutet, dass man über Methoden wie GET _ LINE auch die Gelegenheit
nutzen kann, Informationen aus dem Puffer zu laden, wenn gerade kein *SQL*Plus*
zur Verfügung steht, weil das Programm ohne weiteres Dazutun abläuft.

- Die Werte, die den beiden Ausgabemethoden PUT und PUT _ LINE übergeben werden, können nur vom Typ NUMBER, DATE oder VARCHAR2 sein, wobei
  die ersten beiden Typen automatisch in den VARCHAR2-Typ konvertiert werden. Dies können Sie durch eine explizite Typumwandlung verhindern, wenn
  Sie den ursprünglichen Datentyp weiter benötigen. Während PUT _ LINE
  eine ganze neue Zeile erzeugt, die auch ausgegeben werden kann, schreibt
  PUT nur in eine Zeile, ohne sie abzuschließen. Eine solche Zeile kann über die
  Methoden GET _ LINE und GET _ LINES nicht abgerufen werden.

- Mit der Methode NEW _ LINE ohne weitere Parameter wird eine Zeile abgeschlossen, die z. B. von mehreren PUT-Methoden gebildet wurde. Um eine

Ausgabe zu tätigen und eine Zeile zum Abruf bereitzustellen, muss sie zunächst abgeschlossen werden.

Das folgende Beispiel zeigt die einzelnen Ausgabemöglichkeiten in Gänze, wobei die einfache Ausgabe über die PUT _ LINE-Methode bereits in den zurückliegenden Beispielen häufig zum Einsatz kam. In Zusammenhang mit der PUT-Methode sollten Sie einmal darauf achten, was passiert, wenn Sie die Zeile nicht abschließen und dadurch die Ausgabe von z. B. den Informationen zur Zielgruppe oder zu den Themen verhindern. Für die Kursnummer sehen Sie zusätzlich, wie eine Konvertierungsfunktion innerhalb der Ausgabeklammer angewendet wird. Um die Pufferausgabe zu aktivieren, denken Sie an die Verwendung der Aufforderung zur Serverausgabe.

```
SET SERVEROUTPUT ON;
DECLARE
  b_KNr          kurs.K_Nr%TYPE          := 2020109;
  v_KTitel       kurs.K_Titel%TYPE;
  v_KUntertitel  kurs.K_Untertitel%TYPE;
  v_KThemen      kurs.K_Themen%TYPE;
  v_KZielgruppe  kurs.K_Zielgruppe%TYPE;
BEGIN
  SELECT K_Titel, K_Untertitel, K_Themen, K_Zielgruppe
    INTO v_KTitel, v_KUntertitel, v_KThemen, v_KZielgruppe
    FROM kurs
   WHERE K_Nr=b_KNr;
  -- Ausgabe
  DBMS_OUTPUT.PUT_LINE(TO_NUMBER(b_KNr));
  DBMS_OUTPUT.PUT_LINE(v_KTitel || ' - ' || v_KUntertitel);
  DBMS_OUTPUT.PUT(v_KZielgruppe);
  DBMS_OUTPUT.NEW_LINE;
  DBMS_OUTPUT.PUT(v_KThemen);
  DBMS_OUTPUT.NEW_LINE;
END;
```

341_01.sql: Ausgabe von Text

Man erhält als Ergebnis:

```
2020109
XML - XSLT
Programmierer, Entwickler
A. Grundlagen B. Syntax C. Xpath
```

Die Konfiguration des Puffers bzw. der Standardausgabe erfolgt über verschiedene Methoden, von denen Ihnen die Aktivierung der Ausgabe an sich schon bekannt ist:

- Mit SET SERVEROUTPUT {ON | OFF} [größe n] schalten Sie die Ausgabe in der Standardausgabe ein oder aus. Über die optionale Angabe einer Größenzwahl bis maximal 1.000.000 Bytes lässt sich die Puffergröße steuern. Standardmäßig handelt es sich um 2000 Bytes.

- Um die Größe des Puffers zu bestimmen, verwenden Sie die Methode DBMS _ OUTPUT.ENABLE (buffer _ size IN INTEGER DEFAULT 20000). Sie erwartet als eingehenden Parameter nur eine Zahl für die Puffergröße. Als Standardwert ist 20 000 vorgegeben, wie Sie in der oben gezeigten allgemeinen Syntax auch sehen können. Dies kann teilweise für die Ausgaben von langen Abfragen, die mit dem DBMS _ OUTPUT-Paket visualisiert werden sollen, zu kurz sein. Dann erhalten Sie eine entsprechende Fehlermeldung, und die Ausgabe wird beendet. Sobald Sie den Befehl SET SERVEROUTPUT ON verwenden, müssen Sie die Ausgabe nicht noch zusätzlich über die ENABLE-Methode steuern, solange die Standardgröße ausreicht.

- Mit dem parameterlosen DBMS _ OUTPUT.DISABLE dagegen entfernen Sie Informationen im Puffer und beenden die Pufferausgabe. Genauso wie zuvor die Aktivierung lässt sich diese Methode durch SET SERVEROUTPUT OFF ersetzen.

Zwei Methoden stehen zur Verfügung, um bereits in den Puffer geschriebene Zeilen noch einmal herauszuholen:

- Mit der Methode GET _ LINE holen Sie die erste Zeile aus dem Puffer, wobei zwei Variablen deklariert werden müssen, die als wertelose Parameter verwendet werden müssen. Es handelt sich um so genannte OUT-Parameter, d. h. um Parameter, die Werte aufnehmen, die beim Einsatz der Funktion generiert werden. Dies ist zum einen eine Variable Zeile, die die Textinformationen übernimmt, und zum anderen eine Variable Status, die mit dem Wert 0 anzeigt, dass die Verarbeitung korrekt war. Beim Wert 1 konnten keine Zeilen abgerufen werden. Wichtig ist für die korrekte Verarbeitung des gesamten Aufrufs, dass die Zeichenmenge, die in die Variable Zeile geschrieben werden soll, mit dem Datentyp übereinstimmt. Maximal ist Zeile VARCHAR2(255 BYTE) gültig, sodass Texte von mehr als 255 Bytes nicht übernommen werden können. Dies wird weiter unten noch einmal kurz angesprochen.

```
DBMS_OUTPUT.GET_LINE (
Zeile  OUT VARCHAR2,
Status OUT INTEGER);
```

Im folgenden Beispiel werden die benötigen Variablen deklariert, wobei in die Variable Zeile nur 7 Buchstaben passen. Dies bedeutet, dass nur die Kursnummer fehlerfrei für einen Abruf gespeichert werden kann. Nach dem Schreiben in den Puffer wird die erste Zeile abgerufen und zusammen mit der Statusinformation ausgegeben.

```
DECLARE
  b_KNr          kurs.K_Nr%TYPE          := 2020109;
  v_KTitel       kurs.K_Titel%TYPE;
  v_KUntertitel  kurs.K_Untertitel%TYPE;
  Zeile          VARCHAR2(7);
  Status         INTEGER(1);
BEGIN
  SELECT K_Titel,  K_Untertitel
    INTO v_KTitel, v_KUntertitel
    FROM kurs
   WHERE K_Nr=b_KNr;
  -- Ausgabe
  DBMS_OUTPUT.PUT_LINE(b_KNr);
  DBMS_OUTPUT.PUT_LINE(v_KTitel || ' - ' || v_KUntertitel);
  DBMS_OUTPUT.GET_LINE(Zeile,Status);
```

```
DBMS_OUTPUT.PUT_LINE(Zeile);
DBMS_OUTPUT.PUT_LINE(Status);
END;
```

341_02.sql: Ausgabe mit GET_LINE

Man erhält folgendes fehlerfreies Ergebnis für beide OUT-Parameter:

```
2020109
0
PL/SQL-Prozedur wurde erfolgreich abgeschlossen.
```

Sobald man die Zeile DBMS _ OUTPUT.PUT _ LINE(b _ KNr); auskommentiert, wird die zweite Zeile mit dem Kursnamen in die Variable Zeile gespeichert. Da allerdings diese komplette Ausgabe wesentlich länger ist als die siebenstellige Kursnummer, erhält man folgende Fehlermeldung, die Ihnen bereits aus unseren Überlegungen zu Datentypen bekannt ist:

```
XML - XSLT
DECLARE
*
FEHLER in Zeile 1:
ORA-06502: PL/SQL: numerischer oder Wertefehler: Zeichenfolgenpuff-
er zu klein
ORA-06512: in „SYS.DBMS_OUTPUT", Zeile 238
ORA-06512: in Zeile 15
```

Im folgenden zweiten Beispiel wird eine Zeile automatisch über eine numerische FOR-Schleife mit Werten gefüllt und außerhalb der Schleife geschlossen. Sie wird dann über die GET _ LINE-Methode aus dem Puffer geholt und ausgegeben.

```
DECLARE
  Zeile      VARCHAR2(200);
  Status     INTEGER;
BEGIN
  DBMS_OUTPUT.PUT('Zeile: ');              -- Zeilenbeginn
  FOR i IN 1..10 LOOP
```

```
    DBMS_OUTPUT.PUT(i || ' | ');          -- Zeileninhalt
    END LOOP;
    DBMS_OUTPUT.NEW_LINE;                  -- Zeilenende
    DBMS_OUTPUT.GET_LINE(Zeile, Status);  -- Zeilenaufruf
    DBMS_OUTPUT.PUT_LINE(' Status: ' || Status);
    DBMS_OUTPUT.PUT_LINE('(Aufruf) ' || Zeile);
    END;
```

341_03.sql: Ausgaben mit GET_LINE

Die `Status`-Variable liefert den Wert 0 zurück, da der Aufruf der Methode erfolgreich war und eine Zeile ermitteln konnte. Diese wird dann über den Parameter
`Zeile` ausgegeben.

```
Status: 0
(Aufruf) Zeile: 1 | 2 | 3 | 4 | 5 | 6 | 7 | 8 | 9 | 10 |
PL/SQL-Prozedur wurde erfolgreich abgeschlossen.
```

Mit der Methode `GET _ LINES` erhält man mehrere Zeilen aus dem Puffer zurück.
Dabei muss der Parameter `Zeilen` ein Tabellentyp (Array) vom Datentyp `VAR-
CHAR2(255)` sein. Der Parameter `Anzahl` speichert zunächst die zu ermittelnde
Zeilenanzahl und liefert dann die tatsächlich gefundene Zeilenzahl.

```
DBMS_OUTPUT.GET_LINES (
Zeilen OUT TabelleVARCHAR2(255),
Anzahl IN OUT INTEGER);
```

3. 4. 2. Datei-Ausgaben mit UTL_FILE

Das Paket `UTL _ FILE` stellt eine weitere Ausgabemöglichkeit zur Verfügung, die
über eine einfache Fehlersuche und Kontrolloptionen deutlich hinausgeht. Die unterschiedlichen Methoden dieses Pakets erlauben Ihnen die Ausgabe in Dateien,
die in unterschiedlichen Verzeichnissen liegen können. Dies ist eine deutlich an-
spruchsvollere Arbeit als die einfache Ausgabe in der Standardausgabe, da sie darüber auch Textdateien mit Loginformationen oder andere Textdateien mit Austau-
schinformationen oder Statusdaten für andere Anwendungen erstellen können.

3. 4. 2. 1 Einrichten eines Verzeichnisses

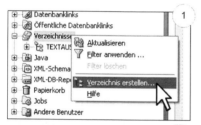

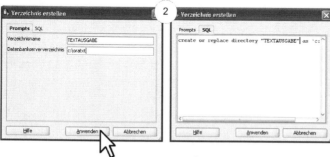

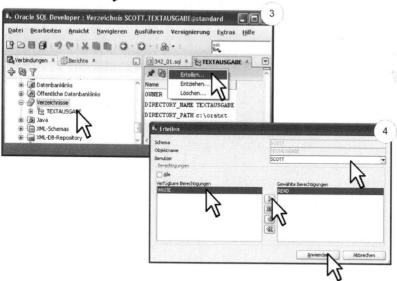

Verzeichnis einrichten

Man benötigt ein Verzeichnis, das unter einem Aliasnamen in der Datenbank bekannt ist, und an dem der Benutzer, der Dateien lesen und schreiben will, entsprechende Berechtigungen besitzt. Die Einrichtung eines solchen Directorys gelingt entweder über den SQL Developer oder natürlich über SQL.

1. Wählen Sie im Kontextmenü des Eintrags *VERZEICHNISSE* im Baum der DB-Objekte den Eintrag *VERZEICHNIS ERSTELLEN*.

2. Geben Sie einen (Alias-)Namen für das Verzeichnis und den Pfad zu dem physischen Verzeichnis vor. Die Registerkarte *SQL* zeigt den SQL-Befehl an, den man alternativ auch direkt in einem Skript verwenden kann. Zur Bestätigung klicken Sie auf *ANWENDEN*.

3. Klicken Sie auf das sich nun unterhalb des Eintrags *VERZEICHNISSE* befindliche angelegte Verzeichnis, um eine Detailansicht zu öffnen.

4. Sie sehen in der Detailansicht, dass der Besitzer *SYS* ist. Zusätzlich sind noch der physische Pfad und der Name des Verzeichnisses angegeben. Um die Lese-/Schreibrechte an diesem Verzeichnis dem Benutzer SCOTT zu geben, wählen Sie bei *AKTIONEN* den Eintrag *ERTEILEN*.

5. Im sich öffnenden Fenster können Sie aus der Drop-Down-Liste den Benutzer wählen und im linken Bereich entweder alle Rechte oder nur ein einzelnes Recht diesem Benutzer erteilen. Über die Pfeilschaltflächen kann man markierte Rechte von der einen in die andere Liste bringen. Auch dies bestätigen Sie über die *ANWENDEN*-Schaltfläche.

Um die gleichen Aktionen auch in einem Skript speichern zu können, kann man das folgende SQL verwenden. Wenn man als SYS angemeldet ist, muss man zusätzlich die Lese-/Schreibrechte an SCOTT erteilen. In jedem Fall muss SYS aber auch die Ausführerlaubnis für das UTL _ FILE-Paket erteilen. Im SQL Developer muss man dazu bei der DB-Verbindung nicht nur SYS (Benutzer) und system (bei der Installation vergebenes Passwort) verwenden, sondern muss sich auch als SYSDBA anmelden, was ein extra Kontrollkästchen im Anmeldefenster ist.

```
-- DROP DIRECTORY „TEXTAUSGABE";
CREATE OR REPLACE DIRECTORY „TEXTAUSGABE" as 'c:\oratxt';
```

```
GRANT READ, WRITE ON DIRECTORY „TEXTAUSGABE" TO scott;
GRANT EXECUTE ON UTL_FILE TO scott;
```

342_01.sql: Verzeichnis erstellen

3. 4. 2. 2 In Dateien schreiben und aus Dateien lesen

In diesem ersten Beispiel soll es zunächst nur um die grundsätzlichen Funktionen des UTL _ FILE-Pakets gehen, denn seine Verwendung ist – wie es für Dateifunktionen typisch ist – nur in einer bestimmten Reihenfolge und mit bestimmten Einstellungen möglich. Sie werden die meisten davon aus anderen Programmiersprachen bereits kennen. Für die Bearbeitung von Dateien benötigt man ein Dateihandle, das Sie mit einer Variable und einem geeigneten, also dem für das UTL _ FILE-Paket typischen Datentyp erzeugen und dann mit der Methode FO-PEN initialisieren. Dieser Datentyp heißt FILE _ TYPE und ist im Paket mit folgender Syntax als Datensatz definiert:

```
TYPE file_type
IS RECORD (id BINARY_INTEGER, datatype BINARY_INTEGER);
```

Akzeptieren Sie diesen Umstand einfach so, ohne sich über die Parameter Gedanken zu machen, weil lediglich das Dateihandle diesen Datentyp benötigt und man dann problemlos mit den unterschiedlichen Methoden auf die Datei zugreifen kann. Im Beispielprogramm wird eine Datei namens *meldungen.txt* im Ordner c:\ oratxt erwartet und im ersten Schritt geöffnet und ausgelesen. Den Inhalt gibt man dann in der Standardausgabe aus, um hiernach einen anderen Text in die Datei zu schreiben, der zum Test ebenfalls wieder ausgegeben wird. Dabei setzt man folgende Methoden ein:

- FOPEN
  Diese Funktion öffnet eine Datei und initialisiert damit das Dateihandle. Sie erwartet als Eingabeparameter die Verzeichnisadresse, den Dateinamen und die Zugriffsart. Sollte man eine Datei öffnen, die noch gar nicht existiert, so wird diese im Schreibmodus angelegt. Optional (bzw. in Form einer eigenen Funktion gleichen Namens) kann man auch noch die maximale Zeichenanzahl pro Zeile vorgeben.

```
UTL_FILE.FOPEN (
 location IN VARCHAR2,
 filename IN VARCHAR2,
 open_mode IN VARCHAR2
 [,max_linesize IN BINARY_INTEGER]
 )
  RETURN UTL_FILE.FILE_TYPE;
```

Als mögliche Schreibmodi stehen die Standardschreibmodi mit folgenden Parametern für die Verwendung der angegebenen Methoden zur Verfügung:

- r Text lesen (GET _ LINE)

- w Text schreiben (PUT, PUT _ LINE, NEW _ LINE, PUTF, FFLUSH)

- a Text anhängen (PUT, PUT _ LINE, NEW _ LINE, PUTF, FFLUSH)

- FOPEN _ NCHAR
  Diese Funktion öffnet eine Datei mit den gleichen Eigenschaften und Optionen wie FOPEN, wobei allerdings eine Unicode-Datei erzeugt wird und keine Datei im Format des Datenbanksystems.

```
UTL_FILE.FOPEN_NCHAR (
 location IN VARCHAR2,
 filename IN VARCHAR2,
 open_mode IN VARCHAR2,
 [, max_linesize IN BINARY_INTEGER]
 )
 RETURN file_type;
```

- GET _ LINE
  Mit dieser Prozedur überträgt man den Dateiinhalt des Dateihandles in eine Puffervariable. Sollten keine Daten (mehr) gefunden werden, wird die Ausnahme NO _ DATA _ FOUND ausgelöst, während ein zu großer Dateiinhalt die Ausnahme VALUE _ ERROR auslöst.

```
UTL_FILE.GET_LINE (
 file IN FILE_TYPE,
 buffer OUT VARCHAR2);
```

- GET _ LINE _ NCHAR
  Möchte man eine Datei im Unicode-Format einlesen und nicht im Zeichenformat des Systems, so verwendet man diese Prozedur mit den gleichen Parametern wie GET _ LINE.

  ```
  UTL_FILE.GET_LINE_NCHAR (
    file IN FILE_TYPE,
    buffer OUT NVARCHAR2);
  ```

- PUT
  Um in eine Zeile einer Datei zu schreiben, diese aber nicht abzuschließen, verwendet man PUT.

- PUT _ NCHAR
  Soll dagegen in eine Unicode-Datei geschrieben werden, verwendet man diese Prozedur:

  ```
  UTL_FILE.PUT[_NCHAR] (
    file IN FILE_TYPE,
    buffer IN VARCHAR2);
  ```

- NEW _ LINE
  Benötigt man einen Zeilenabschluss nach PUT bzw. PUT _ NCHAR oder möchte man leere Zeilen einer bestimmten Anzahl in eine Datei schreiben, so lässt sich dies mit dieser Prozedur und der Angabe der Zeilenanzahl bewerkstelligen:

  ```
  UTL_FILE.NEW_LINE (
    file IN FILE_TYPE,
    lines IN NATURAL := 1);
  ```

- PUT _ LINE
  Um eine ganze Zeile inklusive des systemabhängigen Zeilenendeoperators in eine Datei zu schreiben, verwendet man diese Prozedur.

- PUT _ LINE _ NCHAR
  Diese Prozedur schreibt ebenfalls in eine ganze Zeile, verwendet allerdings Unicode:

  ```
  UTL_FILE.PUT_LINE[_NCHAR] (
    file IN FILE_TYPE,
    buffer IN VARCHAR2);
  ```

- FCLOSE
  Mit dieser Prozedur in der allgemeinen Syntax `UTL_FILE.FC-LOSE (file IN OUT FILE_TYPE);` schließt man eine Datei.

- FCLOSE_ALL
  Mit der Prozedur `UTL_FILE.FCLOSE_ALL;` schließt man sämtliche Dateihandles.

- FREMOVE
  Diese Prozedur löscht eine Datei bei ausreichender Berechtigung. Dabei steht in der allgemeinen Syntax location für den Pfad für `UTL_FILE`, einen Verzeichnisnamen (`DIRECTORY_NAME`) für Binärdaten und filename mit dem Dateinamen.

```
UTL_FILE.FREMOVE (
  location IN VARCHAR2,
  filename IN VARCHAR2);
```

- FRENAME
  Diese Prozedur benennt eine Datei um. Der Parameter `location` erwartet einen Pfad oder einen Verzeichnisnamen, `filename` einen Dateinamen, dest_dir ein Zielverzeichnis, `dest_file` den Zieldateinamen und `overwrite` die Angabe, ob eine gleichnamige Datei im Zielverzeichnis ersetzt werden soll.

```
UTL_FILE.FRENAME (
  location  IN VARCHAR2,
  filename  IN VARCHAR2,
  dest_dir  IN VARCHAR2,
  dest_file IN VARCHAR2,
  overwrite IN BOOLEAN DEFAULT FALSE);
```

Das folgende Beispiel verwendet einige der zuvor vorgestellten Funktionen und soll zunächst nur ein Test sein, wie die Grundstruktur der Dateiverarbeitung in PL/SQL überhaupt funktioniert. Es folgen später noch einige weitere Funktionen für fortgeschrittene Dateiverarbeitungen. Das Verzeichnis `C:\oratext` muss vorhanden sein und auch eine Datei namens *meldungen.txt* enthalten. In unserem Beispiel enthält sie eine Zeile mit einem Gruß.

```
DECLARE
   Handle UTL_FILE.FILE_TYPE;
   Text VARCHAR2(32767);
BEGIN
   -- Lesen
   Handle := UTL_FILE.FOPEN ('TEXTAUSGABE','meldungen.txt','R');
   UTL_FILE.GET_LINE (Handle, Text);
   DBMS_OUTPUT.PUT_LINE('1. Lesen: ' || Text);
   UTL_FILE.FCLOSE (Handle);
   -- Schreiben
   Handle := UTL_FILE.FOPEN ('TEXTAUSGABE','meldungen.txt','W');
   UTL_FILE.PUT_LINE (Handle, 'Hallo von Oracle!');
   UTL_FILE.FCLOSE (Handle);
   -- Noch einmal lesen
   Handle := UTL_FILE.FOPEN ('TEXTAUSGABE','meldungen.txt','R');
   UTL_FILE.GET_LINE (Handle, Text);
   DBMS_OUTPUT.PUT_LINE('2. Lesen: ' || Text);
   UTL_FILE.FCLOSE (Handle);
EXCEPTION
   WHEN UTL_FILE.INVALID_PATH
     THEN DBMS_OUTPUT.PUT_LINE('Ungültiger Pfad.');
   WHEN UTL_FILE.INVALID_MODE
     THEN DBMS_OUTPUT.PUT_LINE('Ungültiger Dateimodus.');
   WHEN UTL_FILE.INVALID_FILEHANDLE
     THEN DBMS_OUTPUT.PUT_LINE('Ungültiges Dateinhandle.');
   WHEN UTL_FILE.INVALID_OPERATION
     THEN DBMS_OUTPUT.PUT_LINE('Ungültige Datei-Operation.');
   WHEN UTL_FILE.READ_ERROR
     THEN DBMS_OUTPUT.PUT_LINE('Fehler beim Lesen.');
   WHEN UTL_FILE.WRITE_ERROR
     THEN DBMS_OUTPUT.PUT_LINE('Fehler beim Schreiben.');
   WHEN UTL_FILE.INTERNAL_ERROR
     THEN DBMS_OUTPUT.PUT_LINE('Interner Fehler.');
END;
```

342_01.sql: In Dateien schreiben und aus Dateien lesen

Im Ergebnis erhält man Text in der Standardausgabe wie auch eine Änderung der im System gespeicherten Datei *meldungen.txt*.

```
1. Lesen: Hallo nach Oracle vom System!
2. Lesen: Hallo von Oracle!
```

3. 4. 3. Ausnahmen des UTL_FILE-Pakets

Im obigen Beispielprogramm hatten wir für alle Fälle, damit die Fehlermeldungen nicht zu grausam ausfallen, bereits alle UTL _ FILE-eigenen Ausnahmen untergebracht. Hier sind sie noch einmal im Zusammenhang:

- INVALID _ PATH
  Der Verzeichnispfad oder der Dateiname sind ungültig, existieren nicht oder erlauben keinen Zugriff.

- INVALID _ MODE
  Der Zugriffsmodus in der Funktion FOPEN ist ungültig oder fehlgeschlagen.

- INVALID _ FILEHANDLE
  Das Dateihandle ist ungültig, was alle anderen Funktionalitäten im Programm zum Scheitern verurteilt.

- INVALID _ OPERATION
  Die Dateiverarbeitung ist fehlgeschlagen, was an den Aufforderungen und den Bearbeitungsmodi liegen kann.

- READ _ ERROR
  Lesefehler in der Datei.

- WRITE _ ERROR
  Schreibfehler in der Datei.

- INTERNAL _ ERROR
  Allgemeiner PL/SQL-Fehler.

- CHARSETMISMATCH
  Eine Datei, die als Unicode-Datei geöffnet wird, soll nachher mit Nicht-Unicode-Funktionen bearbeitet werden. Es müssen für solche Dateien stets die _ NCHAR-Funktionen zum Einsatz kommen.

Zusätzlich können noch die folgenden beiden Ausnahmen ausgelöst werden:

- `NO _ DATA _ FOUND`
  Man versucht, eine leere oder beendete Datei auszulesen.

- `VALUE _ ERROR`
  Dateizeilen lassen sich wegen ihrer Größe nicht auslesen.

3. 4. 4. Textformatierungen und Ersetzungen

Mit Hilfe der oben angegebenen Funktionen lassen sich bereits einigermaßen anspruchsvolle Textdateien in einfacher Formatierung erzeugen, wie folgendes Beispiel zunächst zeigen soll. Zusätzlich gibt es einige weitere Funktionen, die auch Sonderzeichen für Zeilenumbrüche innerhalb der Parameter zulassen. Das Beispiel fragt die Kurse für einen bestimmten Monat ab und gibt dann eine passende Textdatei aus. Beachten Sie hier, dass auch in diesem Beispiel Text komplett in eine neue Datei geschrieben werden soll, sodass der Inhalt ersetzt wird. Würden Sie dagegen nach und nach Inhalt in eine Datei schreiben wollen, dann müssten Sie als Schreibmodus den Parameter A vorgeben.

```
DECLARE
  Handle UTL_FILE.FILE_TYPE;
  CURSOR c_Termine IS
    SELECT K_Titel, K_Untertitel, K_Nr,
           T_Beginn, T_Ende, T_Ort
      FROM kurs NATURAL JOIN termin
     WHERE TO_CHAR(T_Beginn, 'MM') = '05'
       AND TO_CHAR(T_Beginn, 'YYYY')= '2013';
BEGIN
  -- Öffnen
  Handle := UTL_FILE.FOPEN ('TEXTAUSGABE', '2013_05.txt', 'W');
  UTL_FILE.PUT_LINE(Handle, 'Termine im Überblick');
  UTL_FILE.NEW_LINE(Handle, 2);
  -- Daten aus Cursor verarbeiten
  FOR v_TDaten in c_Termine LOOP
    UTL_FILE.PUT(Handle, c_Termine%ROWCOUNT || '.: ');
    UTL_FILE.PUT_LINE(Handle, v_TDaten.K_Titel || ' - ' ||
```

```
v_TDaten.K_Untertitel);
   UTL_FILE.PUT(Handle, '      '
               || v_TDaten.T_Beginn || ' - ');
   UTL_FILE.PUT(Handle, v_TDaten.T_Ende);
   UTL_FILE.PUT_LINE(Handle, ' in ' || v_TDaten.T_Ort);
   UTL_FILE.PUT_LINE(Handle, '---------------------------');
   DBMS_OUTPUT.PUT(c_Termine%ROWCOUNT || '.: ');
   DBMS_OUTPUT.PUT_LINE(v_TDaten.K_Titel || ': '
               || v_TDaten.K_Untertitel);
END LOOP;
-- Schreiben
UTL_FILE.FCLOSE (Handle);
EXCEPTION
WHEN NO_DATA_FOUND
   THEN DBMS_OUTPUT.PUT_LINE('Keine Daten gefunden.');
END;
```

344_01.sql: Formatierungen mit UTL_FILE

Die Ausgabe zeigen wir wieder als Beweisfoto der entstandenen Datei, die wir im Editor geöffnet haben.

Ausgabeergebnis von 344_01.sql

Zwei Prozeduren mit gleichen Parametern und gleichem Inhalt erlauben auch die Verwendung von zwei Sonderzeichen bei der Textübergabe:

- PUTF
  Diese Prozedur erwartet wie die anderen Prozeduren für das Schreiben in Dateien zum einen ein Dateihandle und zum anderen den zu schreibenden Text, wobei hier zwei besondere Parameter zum Einsatz kommen können:

  - %s
    Beim Prozeduraufruf können bis zu fünf Argumente (Variablen, Werte) übergeben werden. Sie werden mit Hilfe dieses Sonderzeichens der Reihe nach in den Text geschrieben. Dabei entscheiden die Positionen von %s und des Parameters über die Wertersetzung. Fehlt ein Argument, obwohl das Formatzeichen im zu schreibenden Text erscheint, platziert die Methode automatisch ein Leerzeichen.

  - \n
    Dieser Platzhalter, der auch in vielen anderen Programmiersprachen verwendet wird, setzt den systembedingten Zeilenumbruch in den Text.
    ```
    UTL_FILE.PUTF[_NCHAR] (
      file IN FILE_TYPE,
      format IN VARCHAR2,
      [arg1 IN VARCHAR2 DEFAULT NULL,
      . . .
      arg5 IN VARCHAR2 DEFAULT NULL]);
    ```

- PUTF _ NCHAR
  Pendant zu PUTF für Unicode-Daten.

Nach den schwierigen Beispielen, die bereits einige Konzepte verwendeten, die wir noch nicht vorgestellt hatten, folgt nun ein sehr einfaches Beispiel zum Thema Erholung und Entspannung im Eiscafé. Dazu muss man lediglich die Prozedur FPUTF einsetzen:

```
DECLARE
  Handle UTL_FILE.FILE_TYPE;
  Eis    VARCHAR2(20) := 'Himbeereis';
```

```
Beilage VARCHAR2(20) := 'Sahne';
BEGIN
-- Öffnen
Handle := UTL_FILE.FOPEN ('TEXTAUSGABE', 'speisekarte.txt',
                         'W');
-- Schreiben
UTL_FILE.PUTF(Handle, 'Heute extra kühl!\n%s mit %s...',
             Eis, Beilage);
UTL_FILE.FCLOSE (Handle);
END;
```

344_02.sql: Ausgaben mit FPTUF

Wie zuvor sehen Sie auch hier ein Beweisfoto der neuen Datei und ihres von Oracle erzeugten Inhalts.

Ausgabeergebnis mit FPUTF

3. 5. Verzweigungen

In den zurückliegenden Beispielen haben wir schon einige Verzweigungen verwendet. Zudem dürften sie Ihnen nicht ganz ungeläufig sein, weil sie strukturell eine ähnliche Syntax wie in anderen Programmiersprachen haben. Die beiden wichtigsten Unterschiede liegen in den fehlenden runden und geschweiften Klammern, wobei letztere durch Schlüsselwörter abgebildet werden, und in der besonders raffinierten (und wenig sinnigen) Schreibweise von ELSIF (ohne das ansonsten bekannte »e«!). Zusätzlich enden die Verzweigungen mit dem Schlüsselwort END IF;. Wir stellen in diesem Abschnitt die einzelnen Verzweigungstypen jeweils mit ihrer allgemeinen Syntax als Übersicht dar und führen dann ein kurzes Beispiel vor.

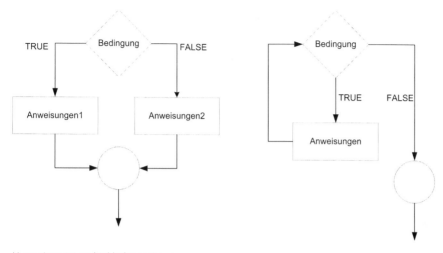

Verzweigungen und Schleifen im Schema

3. 5. 1. IF-Verzweigung

Die Grundverzweigung ist sicherlich die IF-Anweisung ohne weitere Fälle. Wenn die Bedingung in der IF-Klausel nicht erfüllt ist (also FALSE ergibt), dann geschieht einfach gar nichts. Es wird weder ein Standardfall ausgeführt noch eine weitere Bedingung getestet.

```
IF Bedingung THEN
    Anweisungen;
END IF;
```

Das folgende kurze Beispiel prüft darauf, ob der Termin mit der Nummer 459 in Dortmund stattfindet. Sollte dies der Fall sein, wird der Datensatz gelöscht. Aus Platzgründen folgen gleich nur noch die verschiedenen Anweisungsblöcke und nicht mehr die Variablendeklarationen. Die Grundkonstruktion des Beispiels bleibt erhalten.

In der Tabelle ist folgender Datensatz vorhanden:

```
     T_NR        K_NR T_BEGINN T_ENDE    T_ORT
---------- ---------- -------- -------- --------------------
      459    1020052 02.05.13 02.05.13 Hamburg
```

Dies ist das kurze Programm:

```
DECLARE
  b_TNr     termin.T_Nr%TYPE      := 459;
  v_TOrt    termin.T_Ort%TYPE;
  v_TBeginn termin.T_Beginn%TYPE;
  v_TEnde   termin.T_Ende%TYPE;
  v_KNr     termin.K_Nr%TYPE;
BEGIN
  SELECT T_Ort,  T_Beginn,  T_Ende,  K_Nr
    INTO v_TOrt, v_TBeginn, v_TEnde, v_KNr
    FROM termin
   WHERE T_Nr=b_TNr;
  IF v_TOrt = 'Düsseldorf'
  THEN DELETE
          FROM termin
        WHERE T_Nr=b_TNr;
  END IF;
END;
```

351_01.sql: IF-Anweisung

3.5.2. IF-ELSE-Verzweigung

Als Ergänzung tritt zur einfachen IF-Anweisung eine ELSE-Anweisung, die einen Standardfall definiert, der in allen anderen Fällen ausgeführt werden soll, d. h. in den Fällen, in denen die getesteten Bedingungen FALSE ergeben.

```
IF Bedingung THEN
   Anweisungen1
```

```
ELSE
    Anweisungen2
END IF;
```

Das Beispiel testet nun darauf, ob der Kurs in Dortmund oder Düsseldorf stattfindet, um den Datensatz zu löschen. Sollte dies nicht der Fall sein, so wird der
tatsächliche Kursort ausgegeben.

```
IF v_TOrt IN ('Dortmund', 'Düsseldorf')
    THEN DELETE
            FROM termin
        WHERE T_Nr=b_TNr;
    ELSE DBMS_OUTPUT.PUT_LINE('Kursort: ' || v_TOrt);
    END IF;
```

352_01.sql: IF-ELSE-Anweisung

3. 5. 3. IF-ELSIF-ELSE-Verzweigung

Möchte man weitere Bedingungen einfügen, dann kann man diese über eine oder
mehrere ELSIF-Anweisungen definieren:

```
IF Bedingung1 THEN
    Anweisungen1
ELSIF Bedingung2 THEN
    Anweisungen2
ELSE
    Anweisungen3
END IF;
```

Im Beispiel soll ein Kurs, der in Düsseldorf stattfindet, gelöscht werden, während
alle anderen Kurse nach Berlin gelegt werden sollen:

```
IF v_TOrt='Düsseldorf'
    THEN DELETE
```

```
            FROM termin
           WHERE T_Nr=b_TNr;
   ELSIF v_TOrt != ' Düsseldorf'
   THEN UPDATE termin
            SET T_Ort='Berlin'
           WHERE T_Nr=b_TNr;
   ELSE DBMS_OUTPUT.PUT_LINE('Termin ist schon in Berlin.');
   END IF;
```

353_01.sql: IF-ELSIF-ELSE-Anweisung

3. 5. 4. CASE mit einzelnem Selektor

In PL/SQL gibt es als Ersatz für IF-ELSIF-ELSE-Konstruktionen auch eine CASE-Struktur mit folgender Syntax. Beachten Sie hier, dass ein Label (Name) für die gesamte Verarbeitung vergeben werden kann. Die Angabe einer ELSE-Anweisung ist nicht obligatorisch, wobei PL/SQL automatisch die vordefinierte Ausnahme CASE _ NOT _ FOUND verwendet.

```
[<<Name>>]
CASE Selektor
    WHEN Ausdruck1 THEN Anweisungen1;
    WHEN Ausdruck2 THEN Anweisungen2;
    ...
    WHEN AusdruckN THEN AnweisungenN;
    [ELSE AnweisungenN+1;]
END CASE [Name];
```

Im folgenden Beispiel schreiben wir die im letzten Beispiel gestellten Bedingungen einfach um, sodass weiterhin alle Kurse, die in Düsseldorf stattfinden, gelöscht werden und die restlichen Kurse in Berlin stattfinden, sofern sie die gesuchte Terminnummer aufweisen:

```
<<Kurs_Ort>>
CASE v_TOrt
 WHEN 'Düsseldorf'
  THEN DELETE
```

```
         FROM termin
         WHERE T_Nr=b_TNr;
    WHEN 'Berlin'
      THEN DBMS_OUTPUT.PUT_LINE('Termin ist schon in Berlin.');
    ELSE UPDATE termin
            SET T_Ort=' Berlin'
          WHERE T_Nr=b_TNr;
    END CASE Kurs_Ort;
```

354_01.sql: IF-ELSIF-ELSE-Anweisung

3. 5. 5. Ausnahmen bei CASE

Verwenden Sie keine `ELSE`-Anweisung und stürzt das Programm dadurch ins Un-
glück, erhalten Sie eine entsprechende Fehlermeldung. Dies entspricht folgender,
implizit eingefügter Struktur:

```
ELSE RAISE CASE_NOT_FOUND;
```

mit der Fehlermeldung:

```
DECLARE
*
FEHLER in Zeile 1:
ORA-06592: CASE bei Ausführung von CASE-Anweisung nicht gefunden
ORA-06512: in Zeile 18
```

355_01.sql: Standard-Ausnahme für CASE

Da es sich hier um eine schon vordefinierte Ausnahme handelt, ist es mehr als
einfach, sie für eigene Zwecke zu gebrauchen. Dabei ist es unerheblich, ob die
`ELSE`-Anweisung mit dem Aufruf der vordefinierten Ausnahme CASE _ NOT _
FOUND angegeben wird oder nicht, da sie automatisch hinzugefügt wird. Nach
dem Ausführungsblock folgt der Ausnahmeblock, in dem diese Ausnahme bestimmt und mit einer neuen Anweisung versehen wird. Das Beispiel ersetzt letztendlich einen einfachen `ELSE`-Standardfall durch eine komplizierte Ausnahmen-

Redefinition, aber strukturell und syntaktisch ist dies durchaus korrekt. Diese Technik könnte man z. B. dann einsetzen, wenn man Standardfälle, soweit es geht, in Ausnahmen behandeln und dadurch ein Programm besser strukturieren möchte.

```
...
ELSE RAISE CASE_NOT_FOUND;
  END CASE Kurs_Ort;
  EXCEPTION
  WHEN CASE_NOT_FOUND
    THEN DBMS_OUTPUT.PUT_LINE('Termin ist schon in Berlin.');
...
```

355_02.sql: Definition einer Anweisung für CASE_NOT_FOUND

3. 5. 6. Selektorlose CASE-Anweisung

Schließlich gibt es auch noch eine selektorlose CASE-Anweisung. Sie bietet die Möglichkeit, verschiedene Suchbedingungen und damit eine größere Flexibilität bei der Fallkonstruktion in ein Programm einzuführen.

```
[<<Name>>]
CASE
    WHEN Suchbedingung1 THEN Anweisungen1;
    WHEN Suchbedingung2 THEN Anweisungen2;
    ...
    WHEN SuchbedingungN THEN AnweisungenN;
    [ELSE AnweisungenN+1;]
END CASE [Name];
```

Folgendes Beispiel untersucht, ob die Zahl 5 größer oder kleiner als 0 ist. Beachten Sie hier, dass verschiedene Suchbedingungen oder Fälle mit Hilfe einer modifizierten CASE-Anweisung durchgeführt werden.

```
DECLARE
  Zahl NUMBER(1)    :=5;
  Text VARCHAR2(10);
```

```
BEGIN
<<Test>>
CASE
 WHEN 0>Zahl THEN Text := 'kleiner';
 WHEN 0<Zahl THEN Text := 'größer';
 END CASE Test;
 DBMS_OUTPUT.PUT_LINE(Zahl || ' ' || Text || ' 0.');
 EXCEPTION
 WHEN CASE_NOT_FOUND
  THEN DBMS_OUTPUT.PUT_LINE('Prüfung gescheitert.');
 END;
```

356_01.sql: Selektorlose CASE-Anweisung

3. 5. 7. Programmmuster bei Verzweigungen

Bei Verzweigungen lohnt es sich, auch bei kleineren Programmen kurz innezu-halten und sich überlegen, welches Programmmuster wohl für ein spezielles Pro-blem am günstigsten wäre. Möchte man eine ständig gleiche Aktion mit verschie-denen Werten ausführen, so ist es am zweckmäßigsten, die gemeinsame Aktion nach der Fallunterscheidung zu platzieren und nur die unterschiedlichen Werte innerhalb der Fälle zu erzeugen. Dies gelingt dann über den Einsatz von Schalt-variablen, die pro Fall einen geeigneten Wert erhalten. So könnte man die Umle-gung von Kursterminen in andere Städte entweder in jedem Fall mit der UPDATE-Klausel ausführen und einen festen SQL-Befehl vorgeben, in dem der Stadtname erscheint. Man könnte allerdings auch eine Variable v_TOrtNeu einführen, die passend für jeden Fall einen anderen Stadtnamen speichert, der dann später in einer gemeinsamen Ausführungsaktion als Variable in der UPDATE-Klausel er-scheint. Im folgenden Programm sehen Sie dieses Vorgehen, wobei die Fälle so strukturiert sind, dass das Programm über die Schleife mehrfach abläuft und jedes Mal in einer wohlgeordneten Reihenfolge die Stadtnamen ändert.

```
DECLARE
 b_TNr      termin.T_Nr%TYPE   := 456;
 v_TOrt     termin.T_Ort%TYPE;
 v_TOrtNeu termin.T_Ort%TYPE;
BEGIN
 FOR i IN 1..10 LOOP
```

```
SELECT T_Ort
   INTO v_TOrt
   FROM termin
 WHERE T_Nr = b_TNr;
<<Ort>>
CASE v_TOrt
  WHEN 'Berlin' THEN v_TOrtNeu := 'Düsseldorf';
  WHEN 'Düsseldorf' THEN v_TOrtNeu := 'Berlin';
  ELSE v_TortNeu := 'Hamburg';
END CASE Ort;
IF v_TOrtNeu IS NOT NULL
  THEN UPDATE termin
          SET T_Ort = v_TOrtNeu
       WHERE T_Nr = b_TNr;
  DBMS_OUTPUT.PUT_LINE('Aktualisiert nach: ' || v_TOrtNeu);
END IF;
END LOOP;
END;
```

357_01.sql: Einsatz von Schaltvariablen

3. 6. Schleifen

Schleifen in PL/SQL gestalten sich strukturell genauso wie in anderen Programmiersprachen auch. Auf einige Besonderheiten weisen wir in den folgenden Abschnitten hin. Wiederum stellen wir zunächst die allgemeine Struktur der Schleife
dar und geben dann ein kurzes Beispiel zur Verwendung.

3. 6. 1. LOOP – Einfache Schleife

Die einfachste Schleife, die in ihrer Grundform – d. h. ohne EXIT-Anweisung,
verwendet wird – ist auch gleich eine unendliche Schleife und sollte sicherlich
in jedem Programm *fehlen*. Die Benennung der Konstruktion über ein Label erhöht zum einen die Lesbarkeit und erleichtert das Verlassen von verschachtelten
Schleifen, ist jedoch optional. Wie Sie sehen, werden auch hier keine geschweiften
Klammern oder ähnliche Zeichen für die Begrenzung der Schleife verwendet, sondern vielmehr die Schlüsselwörter LOOP und END LOOP. Sollten Sie eine unendliche Schleife konstruieren, so wird die Schleifenverarbeitung durch die Kompilie-

rung gar nicht erst in Gang gesetzt. Dies ist z. B. in PHP anders, wo die maximale Ausführungszeit des Webservers das Ende der Schleife bestimmt.

```
<<Name>>
LOOP
    Anweisungen
END LOOP [Name];
```

3. 6. 2. Schleifensteuerung mit EXIT und CONTINUE

Eine gültige Schleife benötigt also stets eine gültige Abbruchbedingung, um überhaupt kompiliert zu werden. Diese kann entweder aus

```
EXIT WHEN Bedingung;
```

oder aus der Konstruktion

```
IF Bedingung THEN EXIT;
END IF;
```

bestehen.

Im folgenden Beispiel werden die Anweisungen für die einfache Schleife mit der EXIT-Anweisung kombiniert:

```
DECLARE
 Zaehler NUMBER(1) :=1;
BEGIN
<<Addition>>
LOOP
 DBMS_OUTPUT.PUT_LINE(Zaehler);
 Zaehler := Zaehler+1;
 EXIT WHEN Zaehler=5;
 -- Oder: IF Zaehler = 5 THEN EXIT; END IF;
```

```
END LOOP;
END;
```

362_01.sql: Einfache Schleife mit EXIT-Anweisung

Diese Konstruktion ergibt folgende Ausgabe, wobei die Zahl 5 selbst nicht mehr ausgegeben wird, da ja die Schleife abbrechen soll, sobald diese Zahl nach der Ausgabe bzw. nach der Addition erreicht wird:

```
1
2
3
4
PL/SQL-Prozedur wurde erfolgreich abgeschlossen.
```

Ebenfalls kann die Ausführung der aktuellen Iteration abgebrochen und direkt mit der nachfolgenden Iteration begonnen werden. Dies kann entweder mit

```
CONTINUE WHEN Bedingung;
```

oder mit der Konstruktion

```
IF Bedingung THEN CONTINUE;
END IF;
```

festgelegt werden.

3. 6. 3. Verschachtelte Schleifenkonstruktionen mit Labeln

Wie zuvor kurz erwähnt, bietet die Benennung einer Schleife sowohl optische als auch programmiertechnische Vorteile. Während sich die optischen Vorteile nur bei umfangreichem Quelltext offenbaren, lassen sich die programmiertechnischen Vorteile schnell zeigen. Die Benennung erfolgt dabei mit Hilfe der Ihnen bekannten Label-Struktur, wobei die Nennung am Ende der Schleife optional ist. Bei einer verschachtelten Schleife ist es nun also möglich, mit Hilfe des Schleifennamens auf eine äußere Schleife zuzugreifen und damit die Beendigung der gesamten Schleifenkonstruktion von einer Bedingung der inneren Schleife abhängig zu machen.

```
<<Ebene1>>
LOOP


   Anweisungen
   LOOP
      Anweisungen
      EXIT Ebene1 WHEN Bedingung
   END LOOP;
   Anweisungen
END LOOP Ebene1;
```

Das folgende Beispiel erweitert das Kalkül von steigenden Werten um eine weitere Berechnung von sinkenden Werten, die beide beendet werden, sobald die innere Subtraktion den Wert 0 erreicht.

```
DECLARE
  Zaehler1 NUMBER(1) :=1;
  Zaehler2 NUMBER(1) :=5;
BEGIN
<<Addition>>
LOOP
  DBMS_OUTPUT.PUT_LINE('Addition: ' || Zaehler1);
  Zaehler1 := Zaehler1+1;
  LOOP <<Subtraktion>>
    DBMS_OUTPUT.PUT_LINE('Subtraktion: ' || Zaehler2);
    Zaehler2 := Zaehler2-1;
    EXIT Addition WHEN Zaehler2 = 0;
  END LOOP;
  EXIT WHEN Zaehler1 = 5;
END LOOP Addition;
END;
```

363_01.sql: Verschachtelte Schleifen mit Namen

Diese Struktur ergibt eine Ausgabe, in der die Additionsschleife nur einmal wegen der Position der Berechnung ausgeführt und ausgegeben wird, während die innere Schleife komplett abgearbeitet wird. Durch ihre spezielle `EXIT`-Anweisung greift sie auf die äußere Schleife zu und beendet damit auch ihre Ausführung.

```
Addition: 1
Subtraktion: 5
Subtraktion: 4
Subtraktion: 3
Subtraktion: 2
Subtraktion: 1
PL/SQL-Prozedur wurde erfolgreich abgeschlossen.
```

3. 6. 4. WHILE-Schleife

Anders als bei der einfachen Schleife, für deren Verwendung man sich zwischen zwei verschiedenen Abbruchfunktionen entscheiden kann, ist die Testbedingung und damit auch das Abbruchkriterium direkt in der `WHILE`-Schleife integriert.

```
WHILE Bedingung LOOP
    Anweisungen
END LOOP;
```

Ausgehend vom Beispiel der einfachen Schleife, wird dieses nun in einer `WHILE`-Schleife transformiert, wobei die Ausgabe unverändert bleibt.

```
DECLARE
  Zaehler NUMBER(1) :=1;
BEGIN
WHILE Zaehler < 5 LOOP
  DBMS_OUTPUT.PUT_LINE(Zaehler);
  Zaehler := Zaehler+1;
END LOOP;
END;
```

364_01.sql: WHILE-Schleife

Benötigt man eine zusätzliche Bedingung, die für unvorhergesehene Ereignisse ein Abbruchkriterium schafft, das aber nicht als Ausnahme deklariert werden soll, so kann man auch innerhalb einer WHILE-Schleife die EXIT- oder die EXIT WHEN-Strukturen einsetzen. Um ein sinnvolles Beispiel zu verwenden, setzen wir im nächsten kleinen Programm eine Zufallszahl ein, die – wie das für Zufallszahlen typisch ist – verschiedene Werte annimmt. Sollte dabei ein Wert von kleiner 0 annehmen (dies geschieht schon dann, wenn die erzeugte Zufallszahl zu kurz für die SUBSTR-Funktion ist), soll die gesamte Schleife abgebrochen werden.

```
DECLARE
  Zaehler NUMBER(1) :=1;
  Zufall  BINARY_INTEGER;
BEGIN
WHILE Zaehler < 5 LOOP
  -- Zufallszahlenerzeugung
  DBMS_RANDOM.INITIALIZE(Zaehler);
  Zufall := SUBSTR(DBMS_RANDOM.RANDOM, 1, 2);
  DBMS_RANDOM.TERMINATE;
  DBMS_OUTPUT.PUT_LINE(Zufall);
  EXIT WHEN Zufall < 0;
  DBMS_OUTPUT.PUT_LINE(Zaehler);
  Zaehler := Zaehler+1;
END LOOP;
END;
```

364_02.sql: WHILE mit EXIT-Verwendung

Während die erste Zufallszahl noch eine 10 ist, so ist bereits die nächste −1 und erfüllt damit die Bedingung für das EXIT-Abbruchkriterium. Achten Sie hier auch darauf, dass die Variable Zaehler nicht ausgegeben wird, weil sie nach der EXIT-Anweisung platziert wurde, dass aber die Variable Zufall dennoch ausgegeben wird, weil sie vor der EXIT-Anweisung platziert wurde.

```
10
2
-1
PL/SQL-Prozedur wurde erfolgreich abgeschlossen.
```

Im Rahmen der Testdatenerzeugung werden wir ausführlich auf die Erzeugung von Zufallszahlen eingehen, die unter Oracle (und das soll auch unsere einzige Kritik bleiben) nicht gut gelöst ist. Dies ist insofern ärgerlich, als dass Zufallszahlen immer wieder in Programmen eine Rolle spielen können.

3. 6. 5. Numerische FOR-Schleife

In PL/SQL gibt es zwei unterschiedliche FOR-Schleifenkonstruktionen. Die erste wird Ihnen bereits in anderen Sprachen geläufig sein, stellt sie doch für Zählroutinen, die über Zählervariablen definiert werden, einen allgegenwärtigen Standard dar. Mit der Cursor-FOR-Schleife hingegen lassen sich Datensatzmengen der Reihe nach verarbeiten. Dabei ist diese spezielle Schleife eine von vielen Möglichkeiten, Datensatzzeiger in einer Ergebnismenge zu bewegen. Die Ober- und Untergrenze bzw. der Start- und der Endwert für die Zählervariable werden ganz undramatisch und ohne Klammern, nur durch zwei Punkte verbunden, direkt nach dem Schlüsselwort IN angegeben. Verwendet man zusätzlich das Schlüsselwort REVERSE, so kehrt sich die Zählweise um, wobei aber die Ober- und die Untergrenze die gleiche Bedeutung haben.

```
FOR Zähler IN [REVERSE] Untergrenze..Obergrenze LOOP
    Anweisungen
END LOOP;
```

Im folgenden Beispiel verwenden wir noch einmal die Zufallszahlenfunktion, indem die Zählervariable als zu verarbeitende Zahl in die Erzeugungsfunktion RANDOM des DBMS _ RANDOM-Pakets einfließt. Auch hier ist wieder eine eigene EXIT-Anweisung möglich, um eine zusätzliche Ausstiegsmöglichkeit zu verwenden. Diese ist zunächst auskommentiert, aber Sie können ja selbst die Wirkung testen. Achten Sie zusätzlich darauf, dass die Zählervariable im Deklarationsabschnitt nicht deklariert werden muss. Dies geschieht bei der numerischen FOR-Schleife direkt im Schleifenaufruf. Daraus ergibt sich eine Konsequenz, auf die wir unten eingehen.

```
DECLARE
  Zufall BINARY_INTEGER;
BEGIN
  FOR Zaehler IN 1..5 LOOP
```

3. Grundlegende Syntaxvorstellung

```
DBMS_RANDOM.INITIALIZE(Zaehler);
Zufall := SUBSTR(DBMS_RANDOM.RANDOM, 1, 2);
DBMS_OUTPUT.PUT_LINE(Zaehler || ' - ' || Zufall);
--EXIT WHEN Zufall<0;
DBMS_RANDOM.TERMINATE;
END LOOP;
END;
```

365_01.sql: Ausstieg über eine EXIT-Anweisung

Ohne die EXIT-Anweisung zu verwenden, wird die gesamte Schleife durchlaufen. Dabei sehen Sie an den ausgegebenen Zählervariablen, dass die Unter- und die Obergrenze jeweils auch tatsächlich von der Zählervariable angenommen werden.

```
1 - 10
2 - -1
3 - 63
4 - -1
5 - 10
PL/SQL-Prozedur wurde erfolgreich abgeschlossen.
```

Wie Sie mit Ehrfurcht und Erschauern feststellen mussten, benötigt die Zähler-variable keine Erwähnung im Deklarationsabschnitt. Sie stellt damit keine Variable im eigentlichen Sinne dar, sondern verhält sich wie eine Konstante. Dies bedeutet, dass keine anderen Werte als der aktuelle Zählerstand gespeichert werden kön-nen. Folgendes Programm ist daher ungültig und liefert eine unschöne Fehlermel-dung:

```
DECLARE
Zufall  BINARY_INTEGER;
BEGIN
FOR Zaehler IN 1..5 LOOP
  IF Zaehler IN (2, 4)          -- Falsch
  THEN Zaehler := Zaehler+1;  -- Falsch
  END IF;                       -- Falsch
  DBMS_RANDOM.INITIALIZE(Zaehler);
  Zufall := SUBSTR(DBMS_RANDOM.RANDOM, 1, 2);
  DBMS_OUTPUT.PUT_LINE(Zaehler || ' - ' || Zufall);
```

```
    DBMS_RANDOM.TERMINATE;
END LOOP;
END;
```

365_02.sql: Fehlerhafte Zuweisung in der Zählervariable

Wie angekündigt, erscheint die schon bekannte Fehlermeldung, die auch bei Konstanten zu erwarten ist und die den Autor des Programms darüber in Kenntnis setzt, dass keine Wertzuweisung erfolgen darf. Allerdings ist es kein Problem, wie Sie an der Ausgabe im vorherigen Beispiel gesehen haben, auf den Wert der Zählervariable zuzugreifen:

```
    THEN Zaehler := Zaehler+1;
        *
FEHLER in Zeile 6:
ORA-06550: Zeile 6, Spalte 9:
PLS-00363: Ausdruck 'ZAEHLER' kann nicht als Zuweisungsziel be-
nutzt werden
ORA-06550: Zeile 6, Spalte 9:
PL/SQL: Statement ignored
```

Sollte die Schleife mit FOR Zaehler IN 5..1 LOOP (falsche Größenverhältnisse von Unter- und Obergrenze) aufgebaut sein, geschieht gar nichts, wohingegen bei FOR Zaehler IN 5..5 LOOP (Gleichheit von Ober- und Untergrenze) zumindest eine einzige Ausgabe erfolgt. Gültig ist zusätzlich auch die Verwendung von dynamischen Grenzen, also z. B. Variablen, die Zahlwerte darstellen und wenigstens in der Reihenfolge Kleiner-Gleich angeordnet sind.

3. 7. Weitere Anweisungen

3. 7. 1. GOTO-Strukturen mit Labeln

PL/SQL unterstützt auch die GOTO-Anweisung, wobei hier die Gefahr groß ist, den berühmt-berüchtigten Spaghetti-Code zu produzieren. Durch allzu viele Sprünge können Quelltexte stark an Übersichtlichkeit verlieren, sodass Sie eventuell lieber auf die Auslagerung in Prozeduren zurückgreifen, wenn gleiche Fehler gleich behandelt werden sollen. GOTO funktioniert nur, wenn Sie einzelnen Abschnitten einen Namen in Form des schon mehrfach verwendeten Labels <<Name>> zuweisen.

3. 7. 1. 1 Beispiel

Im folgenden Programm wenden wir beide Sprungrichtungen an. Es ist also genauso erlaubt, vorwärts wie rückwärts zu springen, was bei der Verarbeitung und der Planung von Steuerstrukturen und Fällen ein wenig mehr Denkarbeit verursacht. Inhaltlich trägt das kleine Skript zwei Teilnehmer, deren Namen anhand der vorgegebenen Teilnehmernummern ermittelt werden, in die Buchungstabelle ein. Da die Eintragung für jeden einzelnen gefundenen Teilnehmer geschieht, springt man von jeder Teilnehmerermittlung zu dem Abschnitt, der den Namen Eintragung trägt. Dort wird anhand einer Zählervariable ermittelt, der wievielte Teilnehmer der gerade eingetragene war, sodass ggf. wieder nach oben gesprungen wird, um den zweiten Teilnehmer ausfindig zu machen. Sie sehen an diesen beiden Sprüngen, dass die Technik unbedingt akzeptablen Quelltext produziert. Alternativ könnte man dieses Programm auch mit Hilfe eines Cursors lösen. Hier wird die Eintragung beider Datensätze (wobei wir nicht verschweigen wollen, dass natürlich beliebig viele Datensätze verarbeitet werden können, ohne Zähler und Fallabgleichungen vornehmen zu müssen) in Form einer Cursor-Schleife durchgeführt. Wenn Sie vorher noch nie mit solchen Strukturen gearbeitet haben, sollten Sie die Strukturen eventuell auch nicht gerade jetzt in Ihr Repertoire aufnehmen, da die Fehlerträchtigkeit erheblich steigt und die Lesbarkeit ebenso erheblich abnimmt.

```
DECLARE
  b_TNNr        teilnehmer.TN_Nr%TYPE;
  v_TNVorname   teilnehmer.TN_Vorname%TYPE;
  v_TNNachname  teilnehmer.TN_Nachname%TYPE;
  v_TerminNr    termin.T_Nr%TYPE          := 256;
  Zaehler       NUMBER(1)                 := 0;
  TNZahl        NUMBER(1)                 := 2;
BEGIN
  <<Teilnehmer1>>
   b_TNNr := 23;
   SELECT TN_Vorname, TN_Nachname
     INTO v_TNVorname, v_TNNachname
     FROM teilnehmer
```

```
    WHERE TN_Nr=b_TNNr;
  GOTO Eintragung;
 <<Teilnehmer2>>
  b_TNNr := 58;
  SELECT TN_Vorname,  TN_Nachname
    INTO v_TNVorname, v_TNNachname
    FROM teilnehmer
   WHERE TN_Nr=b_TNNr;
  GOTO Eintragung;
 <<Eintragung>>
  INSERT
    INTO Buchung
         (B_Nr, TN_Nr, T_Nr, B_Datum)
  VALUES (Zaehler, b_TNNr, v_TerminNr, SYSDATE);
  DBMS_OUTPUT.PUT('OK ' || v_TNVorname);
  DBMS_OUTPUT.PUT_LINE(' ' || V_TNNachname);
  Zaehler := Zaehler + 1;
  IF Zaehler = 1
    THEN GOTO Teilnehmer2;
    ELSE DBMS_OUTPUT.PUT_LINE('Buchungen komplett.');
  END IF;
END;
```

371_01.sql: Verwendung von GOTO-Strukturen

In der nächsten Abbildung wird das gesamte Konzept noch einmal durch Sprungrichtungen und die Reihenfolge während der gesamten Abarbeitung deutlich hervorgehoben. Beachten Sie folgende Einschränkungen, die im Zusammenhang mit GOTO-Anweisungen stehen: Man darf nicht in einen inneren Block, eine Schleife oder eine IF-Anweisung springen, da dies elementare Bedingungsprüfungen außer Kraft setzen würde und die Programmlogik weiter verschlechtern würde. Man könnte durch eine solche Technik nämlich Fallunterscheidungen unberücksichtigt links bzw. ein paar Zeilen weiter oben liegen lassen und auf die Anweisungen zurückgreifen, die eigentlich für einen bestimmten Fall bereitstanden. Im Beispielprogramm haben Sie natürlich gesehen, dass es möglich ist, aus einer IF-Klausel zu einem Abschnitt zu springen. Dies macht Sinn, damit innerhalb von Fallüberprüfungen auch Sprünge als Resultat möglich sind.

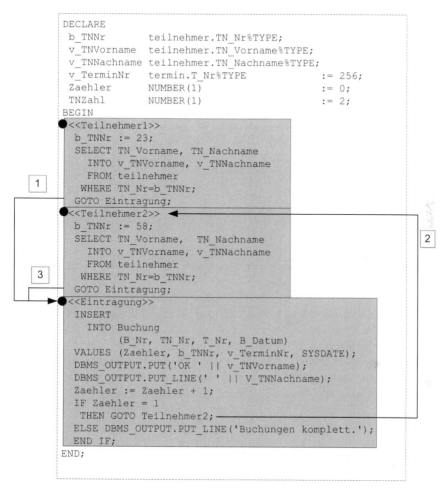

```
DECLARE
  b_TNNr        teilnehmer.TN_Nr%TYPE;
  v_TNVorname   teilnehmer.TN_Vorname%TYPE;
  v_TNNachname  teilnehmer.TN_Nachname%TYPE;
  v_TerminNr    termin.T_Nr%TYPE              := 256;
  Zaehler       NUMBER(1)                     := 0;
  TNZahl        NUMBER(1)                     := 2;
BEGIN
  <<Teilnehmer1>>
    b_TNNr := 23;
    SELECT TN_Vorname, TN_Nachname
      INTO v_TNVorname, v_TNNachname
      FROM teilnehmer
     WHERE TN_Nr=b_TNNr;
    GOTO Eintragung;
  <<Teilnehmer2>>
    b_TNNr := 58;
    SELECT TN_Vorname, TN_Nachname
      INTO v_TNVorname, v_TNNachname
      FROM teilnehmer
     WHERE TN_Nr=b_TNNr;
    GOTO Eintragung;
  <<Eintragung>>
    INSERT
      INTO Buchung
           (B_Nr, TN_Nr, T_Nr, B_Datum)
    VALUES (Zaehler, b_TNNr, v_TerminNr, SYSDATE);
    DBMS_OUTPUT.PUT('OK ' || v_TNVorname);
    DBMS_OUTPUT.PUT_LINE(' ' || V_TNNachname);
    Zaehler := Zaehler + 1;
    IF Zaehler = 1
      THEN GOTO Teilnehmer2;
      ELSE DBMS_OUTPUT.PUT_LINE('Buchungen komplett.');
    END IF;
END;
```

Strukturen von GOTO-Anweisungen

In der einfachen Pufferausgabe werden als Kontrollmöglichkeit jeweils der Name und zum Schluss die Information, dass beide Buchungen abgeschlossen sind, ausgegeben:

```
OK G. Mende
OK Manfred Herz
```

129

```
Buchungen komplett.
PL/SQL-Prozedur wurde erfolgreich abgeschlossen.
```

In der Tabelle befinden sich nun die erwarteten Werte der beiden Eintragungen. Über die Funktion SYSDATE wurde sehr einfach das aktuelle Datum eingetragen.

```
     B_NR        TN_NR        T_NR B_DATUM
---------- ---------- ---------- --------
         0          23         256 13.02.13
         1          58         256 13.02.13
2 Zeilen ausgewählt.
```

3. 7. 1. 2 Nutzung mit Schaltvariablen

In einer Fallunterscheidung lässt sich GOTO in Verbindung mit Schaltvariablen nutzen, die je nach durchgeführtem Test verschiedene Wertzuweisungen erhalten. Da aber für alle (oder zumindest einen Teil) der Fallunterscheidungen das Programm mit den neuen Werten in der gleichen Form fortgesetzt werden soll, müsste man ohne weitere Konstruktionen an jede Fallunterscheidung die gleichen Anweisungen anhängen. Über eine GOTO-Struktur jedoch kann man diese gemeinsamen Anweisungen zu einem Block mit Label zusammenfassen und direkt anspringen. Eine Erweiterung sehen Sie im nächsten Programm, das im ELSE-Fall der CASE-Unterscheidung eine Alternative bereithält und zu einer weiteren Sprungmarke springt. Dies muss unterhalb der vorherigen Sprungmarke liegen, damit diese Anweisungen nicht ausgeführt werden.

Inhaltlich prüft das folgende Programm darauf, ob ein abgefragter Wert in einer bestimmten Ruhrgebietsstadt liegt, und weist in Abhängigkeit von der Stadt der Variablen Gebiet verschiedene Werte zu. Für die Unternehmen im Ruhrgebiet bzw. die Städte, die in der Fallunterscheidung abgefragt werden, wird eine Textdatei erstellt; für alle anderen dagegen wird nur eine allgemeine Ausgabe in der Standardausgabe erzeugt.

```
DECLARE
    Handle      UTL_FILE.FILE_TYPE;
    Titel1      VARCHAR2(50) := 'Unternehmen';
```

```
  Titel2      VARCHAR2(50) := 'Branche';
  Gebiet      VARCHAR2(6);
  v_UName     unternehmen.U_Name%TYPE;
  v_UBranche  unternehmen.U_Branche%TYPE;
  v_UStadt    unternehmen.U_Stadt%TYPE;
  b_UNr       unternehmen.U_Nr%TYPE        := 121;
BEGIN
  -- Daten abfragen
  SELECT U_Name, U_Branche, U_Stadt
    INTO v_UName, v_UBranche, v_UStadt
    FROM unternehmen
   WHERE U_Nr = b_UNr;
  -- Untersuchung auf Städte
  <<Stadt>>
  CASE v_UStadt
    WHEN 'Dortmund'    THEN Gebiet := 'Ost';    GOTO Eintrag;
    WHEN 'Düsseldorf'  THEN Gebiet := 'Westen'; GOTO Eintrag;
    WHEN 'Essen, Ruhr' THEN Gebiet := 'Mitte';  GOTO Eintrag;
    WHEN 'Duisburg'    THEN Gebiet := 'Nord';   GOTO Eintrag;
    ElSE DBMS_OUTPUT.PUT_LINE('Nicht im Ruhrgebiet'); GOTO Ende;
  END CASE Stadt;
  -- Erfassung in Textdatei
  <<Eintrag>>
  Handle := UTL_FILE.FOPEN_NCHAR('c:\oratxt', 'Adresse.txt',
                                 'w');
  UTL_FILE.PUTF_NCHAR(Handle, Gebiet || '\n----------\n%s: '
                      || v_UName || ' (' || v_UStadt ||
                      ')\n%s: ' || v_UBranche, Titel1,
                      Titel2);
  UTL_FILE.FCLOSE(Handle);
  -- Ende
  <<Ende>>
  NULL;
END;
```

371_02.sql: Verwendung von GOTO und Einsatz einer Schaltvariablen

Für das angegebene Unternehmen ergibt sich ein Eintrag in der Textdatei mit folgendem Ergebnis:

```
Mitte
----------

Unternehmen: Trisch Feinmechanik und Elektrotechnik GmbH (Es-
sen, Ruhr)
Branche: Robotik
```

Adresse.txt: Ausgabe einer Adresse

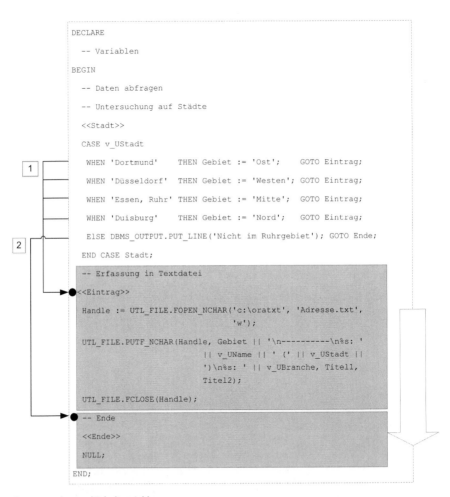

```
DECLARE

  -- Variablen

BEGIN

  -- Daten abfragen

  -- Untersuchung auf Städte

  <<Stadt>>

  CASE v_UStadt

    WHEN 'Dortmund'    THEN Gebiet := 'Ost';    GOTO Eintrag;

    WHEN 'Düsseldorf'  THEN Gebiet := 'Westen'; GOTO Eintrag;

    WHEN 'Essen, Ruhr' THEN Gebiet := 'Mitte';  GOTO Eintrag;

    WHEN 'Duisburg'    THEN Gebiet := 'Nord';   GOTO Eintrag;

    ElSE DBMS_OUTPUT.PUT_LINE('Nicht im Ruhrgebiet'); GOTO Ende;

  END CASE Stadt;

  -- Erfassung in Textdatei

  <<Eintrag>>

  Handle := UTL_FILE.FOPEN_NCHAR('c:\oratxt', 'Adresse.txt',
                                 'w');

  UTL_FILE.PUTF_NCHAR(Handle, Gebiet || '\n----------\n%s: '
                      || v_UName || ' (' || v_UStadt ||
                      ')\n%s: ' || v_UBranche, Titel1,
                      Titel2);

  UTL_FILE.FCLOSE(Handle);

  -- Ende

  <<Ende>>

  NULL;

END;
```

Sprungmarken und Schaltvariablen

Ohne die Programmierung von Funktionen und Prozeduren vorwegzunehmen oder an dieser Stelle erklären zu wollen, beenden wir die Darstellung von GOTO mit dem Hinweis, dass man über entsprechende Programmstrukturen den Einsatz von Sprungmarken komplett verhindern kann. Eine Möglichkeit bestünde darin, den kompletten Anweisungsabschnitt des Eintragungsblocks, der auch als Einsprungstelle dient, durch ein lokales Modul (eine Prozedur oder eine Funktion, die nur in einem Block gültig ist) zu ersetzen. Dieses platziert man im Deklarationsabschnitt des anonymen Blocks und ruft es direkt in der Fallunterscheidung auf. Hier kann man entweder die Variable oder auch direkt den ermittelten Wert übergeben, was eine Variable sparen und den Quelltext noch ein wenig verkürzen würde. Folgende Variante arbeitet aber weiterhin mit der Schaltvariable Gebiet, um zu zeigen, wie man GOTO vermeiden kann.

```
DECLARE
   Gebiet      VARCHAR2(6);
   v_UName     unternehmen.U_Name%TYPE;
   v_UBranche  unternehmen.U_Branche%TYPE;
   v_UStadt    unternehmen.U_Stadt%TYPE;
   b_UNr       unternehmen.U_Nr%TYPE        := 119;
PROCEDURE Eintragen (Gebiet IN VARCHAR2)
   IS
      Handle    UTL_FILE.FILE_TYPE;
      Titel1    VARCHAR2(50) := 'Unternehmen';
      Titel2    VARCHAR2(50) := 'Branche';
   BEGIN
      Handle := UTL_FILE.FOPEN_NCHAR('c:\oratxt', 'Adresse.txt',
                                     'w');
      UTL_FILE.PUTF_NCHAR(Handle, Gebiet || '\n----------\n%s: '
                          || v_UName || ' (' || v_UStadt ||
                          ')\n%s: ' || v_UBranche, Titel1,
                          Titel2);
      UTL_FILE.FCLOSE(Handle);
   END Eintragen;
BEGIN
   -- Daten abfragen
   SELECT U_Name, U_Branche, U_Stadt
     INTO v_UName, v_UBranche, v_UStadt
     FROM unternehmen
    WHERE U_Nr = b_UNr;
```

```
-- Untersuchung auf Städte
<<Stadt>>
CASE v_UStadt
 WHEN 'Dortmund'
   THEN Gebiet := 'Ost';     Eintragen(Gebiet);
 WHEN 'Düsseldorf'
   THEN Gebiet := 'Westen'; Eintragen(Gebiet);
 WHEN 'Essen, Ruhr'
   THEN Gebiet := 'Mitte';   Eintragen(Gebiet);
 WHEN 'Duisburg'
   THEN Gebiet := 'Nord';    Eintragen(Gebiet);
 ElSE DBMS_OUTPUT.PUT_LINE('Nicht im Ruhrgebiet');
 END CASE Stadt;
END;
```

371_03.sql: Verwendung eines lokalen Moduls als Ersatz für GOTO

3. 7. 2. NULL im Anweisungsabschnitt

Vielleicht haben Sie bereits ein wenig mit PL/SQL experimentiert und ein Problem festgestellt, wenn es darum geht, Anweisungsabschnitte innerhalb von Fallunterscheidungen leer zu lassen. Dies kann dann z. B. geschehen, wenn man genau weiß, dass das aktuelle Programm diesen Fall gar nicht erreicht, weil man zunächst einen anderen bearbeiten und testen möchte. Im einfachsten Fall haben Sie folgendes Miniprogramm ohne Ausgabe und weitere Funktionen:

```
DECLARE
 Zaehler NUMBER(1) :=1;
BEGIN
END;
```

372_01.sql: Fehlender Anweisungsabschnitt

Das Ergebnis eines solchen kurzen Programms ist dennoch – gemessen am Umfang der Fehlermeldung und dem Verhältnis zum Quelltext – höchst bemerkenswert. In der Fehlermeldung werden Sie darauf hingewiesen, dass Sie wenigstens eines von diversen Schlüsselwörtern einfügen sollen, die Sie im Laufe der letzten Abschnitte kennen gelernt haben. In diesen Fällen setzen Sie einfach `NULL` in diesen Bereich, was im folgenden Beispiel in Kombination mit einer Verzweigung auch geschieht:

```
DECLARE
  Zaehler NUMBER(1) :=1;
BEGIN
  IF Zaehler > 1
    THEN NULL;
  ELSE DBMS_OUTPUT.PUT_LINE('Zähler <= 1.');
  END IF;
END;
```

372_02.sql: Verwendung von NULL im Ausführungsabschnitt

Dies führt zu folgender erwarteter Ausgabe:

```
Zähler <= 1.
PL/SQL-Prozedur wurde erfolgreich abgeschlossen.
```

3. 8. Datensätze und %RECORD

Es lassen sich insgesamt drei verschiedene Techniken der Datenverarbeitung in PL/SQL unterscheiden, von denen Sie in den Beispielen dieses Kapitels bereits zwei kennen gelernt haben. Mit einem Datensatz ist dabei eine Struktur von Variablen (mindestens einer) gemeint, die Informationen bzw. Werte aus einer Tabelle halten. Im Standardfall handelt es sich dabei um eine Mindestmenge an Informationen, die man für die Verarbeitung oder Ausgabe innerhalb eines Programms benötigt. Durch die Verwendung von Datensätzen in ihren unterschiedlichen Formen lässt sich eine bessere Übersichtlichkeit und Struktur in Programmen erreichen. So erhält man eine weitere Möglichkeit, Variablen mit Werten aus der Datenbank von anderen Variablen zu trennen und die Daten gemeinsam zu behandeln.

- **Datensatztypen**
  In dieser Struktur bezeichnet man die einzelnen Variablen, die Werte aus einer Tabelle übernehmen, direkt im `DECLARE`-Abschnitt und weist ihnen entweder direkt oder implizit einen passenden Datentyp zu. Dies ist eine Struktur, in der Variablen und Felder einzeln und damit getrennt voneinander definiert

werden und in der auf den ersten Blick nicht zu erkennen ist, welche Werte gemeinsam zu einem inhaltlichen (nicht syntaktischen) Datensatz gehören.

- **Cursor**
  Mit einem Cursor lassen sich Datensätze anhand einer Abfrage konstruieren und über bestimmte Verarbeitungstechniken im Programm nutzen. Die Datentypen weden dabei direkt aus der Tabelle übernommen. Mit dem Cursor-Konzept muss man sich immer dann beschäftigen, wenn eine Abfrage mehr als einen Treffer zurückliefert. Zusätzlich stellt man durch einen Cursor und seine spezielle Syntax mit Öffnen, Datensatz einlesen und Schließen nicht nur die Datenverarbeitung, sondern auch die Zusammengehörigkeit von Daten zu Variablen besser heraus.

- **Tabellenbasierte Datensätze**
  Variablen für die Verarbeitung von Tabelleninformationen lassen sich als Einheit konstruieren und gemeinsam in einem Programm behandeln. Dies geschieht über die Definition eines speziellen Datentyps, der die Struktur des Datensatzes mit Tabellenfeldern und Variablen abbildet.

3. 9. Vorteile bei der Verwendung

Die Vorteile der Verwendung von Datensätzen ergeben sich (neben der Vermeidung von Fehlermeldungen, wenn eine `SELECT...INTO`-Anweisung auf mehr als einen Treffer stößt) erst in umfangreichen Programmen und nicht in den Einführungsbeispielen dieses Abschnitts. Sie bilden eine Schnittstelle zum Konzept der Datenabstraktion. Damit meinen wir das Herauslösen von Detailinformationen, die in den einzelnen Attributen von Tabellenfeldern stecken, durch eine Zusammenfassung (Abstraktion) der Attribute und ihrer Struktur zu einer größeren Einheit. Anstatt später die einzelnen Wertfelder direkt aufzurufen, verwendet man die Elemente der definierten größeren Einheit. Dies erlaubt eine kollektive Verarbeitung in Form von aggregierten Operationen des gesamten Datensatzes anstatt der einzelnen Felder bzw. Variablen. In diesem Sinne wird auch das Programmverständnis gefördert, was einen besser lesbaren Quelltext bewirkt, in dem nicht die einzelnen Felder betrachtet werden, sondern die Information als solche, die sich hinter einem Datensatz verbirgt. Unsere Beispieldatenbank ist bereits deutlich umfangreicher und komplexer als in anderen Büchern, aber natürlich immer noch nicht annähernd so umfangreich, wie sie in einem realistischen Unternehmensumfeld sein könnte. Hier treten insbesondere für die Verarbeitung von Transaktionen und

Geschäftsprozessen (Standardfall Buchhaltung) oftmals Tabellen- und Spaltenzahlen im Hunderterbereich auf. Hier lohnt es sich immer, inhaltliche Einheiten und gerade nicht feldbasierte Strukturen zu betrachten. Ein Objekt oder ein Datensatz, der eine Haushaltsstelle oder einen Kostenbereich beschreibt, kann durch entsprechende Normalisierung oder aus Verarbeitungsgründen dreißig Spalten umfassen, die natürlich nicht jedes Mal einzeln aufgerufen werden sollen. Wichtig dagegen ist nur, dass zum einen einzelne Felder aus diesem Datensatz abgerufen werden können, wenn sie gebraucht werden, und dass man letztendlich sämtliche relevanten Informationen über eine Haushaltsstelle in diesem Datensatz findet und diesen auch vollständig verarbeiten kann.

3.9.1. Definition eines Datensatztyps

Die Verwendung von PL/SQL-Datensätzen funktioniert über die Definition eines Datensatztyps, der einer Variable als Datensatzvariable zugewiesen wird. Die Ansprache einzelner Felder in diesem Konstrukt geschieht mittels einer SQL-ähnlichen Punkt-Notation. Die allgemeine Syntax für die Definition eines Datensatztyps lautet:

```
TYPE Datensatz IS RECORD(
  Feld1 Datentyp1 [NOT NULL] [:=Wert],
  Feld2 Datentyp2 [NOT NULL] [:=Wert]);
```

Folgende Deklaration entspricht der bisher verwendeten Notation, indem für jedes Tabellenfeld eine spezielle eigene Variable erzeugt wird. DieseVariablen können dann nachher für mehr oder minder sinnvolle Aktionen ihre Werte zur Verfügung stellen, die sie über eine Abfrage und eine SELECT...INTO-Struktur erhalten.

```
DECLARE
  b_KNr         NUMBER(7)      := 1025071;
  v_KTitel      VARCHAR2(30);
  v_KUntertitel VARCHAR2(30);
  v_KDauer      NUMBER(1);
  v_KThemen     VARCHAR2(600);
BEGIN
```

```
   NULL;
END;
```

382_01.sql: Definition von Variablen als Datensatz

Als Datensatztyp vergibt man einen Namen für diesen speziellen Typ, listet die einzelnen Variablen bzw. Felder auf, die verwendet werden sollen, und greift dann anschließend auf ein einzelnes Feld über eine Punkt-Notation zu. Wenn man das Prinzip der Datenbankabstraktion vollständig ausnutzen möchte, könnte man auch sämtliche Felder abrufen (außer natürlich unhandlicher Felder, die übergroße Daten enthalten, die nicht benötigt werden). Für jede Gelegenheit stehen dann sämtliche Felder zur Verfügung, sodass man keine weiteren Definitionen benötigt. Nach der Definition des Datensatztyps, der als Datentyp fungiert, benötigt man eine Variable, die diesen Typ verwendet und die später im Anweisungsabschnitt zum Einsatz kommt.

Die Punkt-Notation Datensatzname.Feldname entspricht der Punkt-Notation in SQL mit dem Inhalt Tabellenname.Feldname und erlaubt den Zugriff auf einzelne Felder eines Datensatzes.

```
DECLARE
   TYPE K_KursDatensatz IS RECORD(
   b_KNr          NUMBER(7),
   v_KTitel       VARCHAR2(30),
   v_KUntertitel VARCHAR2(30),
   v_KDauer       NUMBER(1),
   v_KThemen      VARCHAR2(600));
   v_KursDaten K_KursDatensatz;
BEGIN
   v_KursDaten.b_KNr := 1025071;
   NULL;
END;
```

382_01.sql: Definition eines Datensatztyps

Es besteht die Möglichkeit, wie Sie in der allgemeinen Syntax gesehen haben, eine Initialisierung vorzunehmen, die folgende Struktur aufweist. Hier besitzt die Datensatzvariable b _ KNr von Beginn an einen Wert und darf auch niemals NULL

werden, was mit der Bedingung für die Spalte K _ Nr in der Tabelle KURS übereinstimmt. Gleichzeitig werden die Datentypen durch automatische Typableitung
dynamisch aus der Tabelle übernommen.

```
SET SERVEROUTPUT ON;
DECLARE
 TYPE K_KursDatensatz IS RECORD(
  b_KNr          kurs.K_Nr%TYPE    NOT NULL :=1025071,
  v_KTitel       kurs.K_Titel%TYPE,
  v_KUntertitel  kurs.K_Untertitel%TYPE,
  v_KDauer       kurs.K_Dauer%TYPE,
  v_KThemen      kurs.K_Themen%TYPE);
 v_KursDaten K_KursDatensatz;
BEGIN
 NULL;
END;
```

382_02.sql: Typableitung und Initialisierung

3. 9. 2. Verwendung von Datensätzen

Um die Funktionsweise von Datensatztypen und Datensätzen zu zeigen, speichert
folgendes Beispiel in die oben definierte Datensatzvariable Daten für einen Kurs.
Dies geschieht über die Variable b _ KNr, die im Datensatztyp angelegt wurde und
in der SQL-Anweisung zum Einsatz kommt. Um die Ausnahme zu testen, können
Sie eine ungültige Kursnummer verwenden. Die Besonderheit bei der Verwendung ergibt sich innerhalb der SELECT...INTO-Klausel, da hier für die Wertzuweisung gerade nicht die einzelnen Variablen erscheinen, sondern lediglich die
Datensatzvariable bereitgestellt wird.

```
DECLARE
 TYPE K_KursDatensatz IS RECORD(
  b_KNr          kurs.K_Nr%TYPE,
  v_KTitel       kurs.K_Titel%TYPE,
  v_KUntertitel  kurs.K_Untertitel%TYPE);
 v_KursDaten K_KursDatensatz;
BEGIN
```

```
v_KursDaten.b_KNr := 1025071;
SELECT K_Nr, K_Titel, K_Untertitel
  INTO v_KursDaten
  FROM kurs
  WHERE K_Nr=v_KursDaten.b_KNr;
EXCEPTION
  WHEN NO_DATA_FOUND
    THEN DBMS_OUTPUT.PUT_LINE('Keine Daten.');
END;
```

382_03.sql: Datensätze verwenden

Nicht nur Abfragen, sondern auch Datenänderungen lassen sich mit Hilfe von Datensätzen leichter ausführen. Während natürlich bei Strukturen wie DELETE und UPDATE weiterhin auf die einzelnen Variablenwerte zugegriffen werden muss, um der WHERE- oder SET-Klausel Genüge zu tun, eröffnet sich die Möglichkeit, beim INSERT-Befehl den kompletten Datensatz zu übertragen. Lediglich die Spaltenliste im Spaltenaufruf muss mit der Spaltenliste bzw. Feldliste im Datensatz übereinstimmen. Dies ist jedoch ein Problem, das sich über einen expliziten Spaltenaufruf leicht beheben lässt.

Im folgenden Programm ermittelt man zunächst für einen beliebig herausgegriffenen Termin mit der Nummer 322 sämtliche zur Verfügung stehenden Werte und speichert sie in einen Datensatz TDaten, der als Datentyp einen Datensatztyp namens TerminDatensatz besitzt. Der SELECT...INTO-Befehl entspricht dem oben aufgeführten Beispiel. Sollte nun dieser Kurs in Berlin stattfinden, sollen die gesamten Kursdaten erneut eingefügt werden, allerdings mit dem Kursort Dortmund und einem um 1 erhöhten Primärschlüsselwert. Dieser wird durch eine einfache SELECT MAX-Abfrage in das Feld v_KNr des Datensatzes gespeichert. Schließlich fügt man über den INSERT-Befehl den gesamten leicht geänderten Datensatz in die Tabelle ein. Da die Spaltenliste in der Tabelle exakt mit der im Datensatz übereinstimmt, muss keine Spaltenliste vorgegeben werden. Um die eingefügten Werte zu testen und eine Kontroll-Abfrage zu sparen, verwenden wir die RETURNING-Klausel, die Sie später noch kennen lernen werden, und speichern die zurückgelieferten Werte erst in die Datensatzfelder und geben sie dann im Puffer aus. Auch bei der Speicherung der gerade eingetragenen Informationen dient die Datensatzvariable einer schnellen und übersichtlichen Zuweisung, da sie wie der SELECT...INTO-Befehl eingesetzt werden kann.

```
DECLARE
 TYPE TerminDatensatz IS RECORD(
 v_TNr     termin.T_Nr%TYPE,
 v_KNr     termin.K_Nr%TYPE,
 v_TBeginn termin.T_Beginn%TYPE,
 v_TEnde   termin.T_Ende%TYPE,
 v_TOrt    termin.T_Ort%TYPE);
 v_TDaten TerminDatensatz;
BEGIN
 v_TDaten.v_TNr := 322;
 SELECT T_Nr, K_Nr, T_Beginn, T_Ende, T_Ort
   INTO v_TDaten
   FROM termin
  WHERE T_Nr=v_TDaten.V_TNr;
 IF v_TDaten.v_TOrt = 'Berlin'
   THEN v_TDaten.v_TOrt := 'Dortmund';
     SELECT MAX(T_Nr)+1
     INTO v_TDaten.v_TNr
     FROM termin;
     INSERT INTO termin
     VALUES v_TDaten
     RETURNING T_Nr, K_Nr, T_Beginn, T_Ende, T_Ort
     INTO v_TDaten;
     DBMS_OUTPUT.PUT_LINE(v_TDaten.v_TNr || ' | '
                  || v_TDaten.v_KNr);
     DBMS_OUTPUT.PUT_LINE(v_TDaten.v_TBeginn || '-'
                  || v_TDaten.v_TEnde);
     DBMS_OUTPUT.PUT_LINE(v_TDaten.v_TOrt);
   END IF;
END;
```

382_04.sql: Verwendung mit INSERT und RETURNING

Die Ausgabe im Puffer entspricht dann voll den Erwartungen, da zufällig tatsächlich der Kursort für den Kurs mit der Nummer 322 Berlin ist und damit die Fallunterscheidung und ihre Anweisungen aktiviert werden.

```
654 | 1015024
28.09.12-30.09.12
```

```
Dortmund
PL/SQL-Prozedur wurde erfolgreich abgeschlossen.
```

Über die Abfrage `SELECT * FROM termin WHERE T_Nr IN (322, 654)` erhält man dann die beiden bearbeiteten Zeilen:

```
        T_NR        K_NR T_BEGINN T_ENDE   T_ORT
---------- ---------- -------- -------- --------------------
       654    1015024 28.09.12 30.09.12 Dortmund
       322    1015024 28.09.12 30.09.12 Berlin
2 Zeilen ausgewählt.
```

Im Übrigen können Sie natürlich auch Datensatztypen konstruieren, die ihre Felder aus mehreren Tabellen beziehen, wie es die aktuelle Verarbeitung gerade erfordert. Für die Verarbeitung von Dozenten wäre es sicherlich auch interessant, Kursnummer und Tagessatz aus der Tabelle THEMENVERTEILUNG zusammen mit allen Feldern aus der Tabelle DOZENT in einen Datensatz zu speichern. Wenn Sie bei diesen Datenstrukturen zusätzlich darauf achten, dass die Variablennamen bzw. die Feldnamen im Datensatz mit den Feldnamen der entsprechenden Tabelle übereinstimmen, erhalten Sie sehr übersichtliche Strukturen, da sie dann über eine Variable der Form v_DDaten über die Punktnotation quasi auf die Spaltennamen der Tabellen zugreifen, obwohl es sich ja eigentlich um die Feldnamen des Datensatzes handelt.

3.9.3. Datensatz-Erzeugung mit %ROWTYPE

Wie schon bei der impliziten Datentypableitung über %TYPE gibt es auch für die Erzeugung von Datensatztypen eine Möglichkeit, die benötigten Informationen komplett und nicht nur über %TYPE zu binden. Dazu gehören zum einen der Datentyp des Feldes und zum anderen der Feldname. Das obige Beispiel verkürzt sich im Deklarationsabschnitt auf eine einzige Zeile, da sowohl Feldnamen als auch Datentypen automatisch über %ROWTYPE gebunden werden. Im Ausführungsabschnitt hingegen müssen alle Variablennamen so angepasst werden, dass sie mit den Spaltennamen in der Tabelle übereinstimmen.

Die PL/SQL-Maschine übernimmt aus den Datentypen VARCHAR2, CHAR und NUMBER die Angaben zur Länge und Genauigkeit. NOT-NULL-Einschränkungen in den Feldern bleiben jedoch für die Variablendatentypen unberücksichtigt, wie es schon bei der Verwendung von %TYPE der Fall ist.

```
DECLARE
  v_TDaten termin%ROWTYPE;
BEGIN
  v_TDaten.T_Nr := 322;
  SELECT T_Nr, K_Nr, T_Beginn, T_Ende, T_Ort
    INTO v_TDaten
    FROM termin
   WHERE T_Nr=v_TDaten.T_Nr;
  IF v_TDaten.T_Ort = 'Berlin'
   THEN v_TDaten.T_Ort := 'Dortmund';
    SELECT MAX(T_Nr)+1
    INTO v_TDaten.T_Nr
    FROM termin;
    INSERT INTO termin
    VALUES v_TDaten
    RETURNING T_Nr, K_Nr, T_Beginn, T_Ende, T_Ort
    INTO v_TDaten;
    DBMS_OUTPUT.PUT_LINE(v_TDaten.T_Nr || ' | '
                       || v_TDaten.K_Nr);
    DBMS_OUTPUT.PUT_LINE(v_TDaten.T_Beginn || '-'
                       ||v_TDaten.T_Ende);
    DBMS_OUTPUT.PUT_LINE(v_TDaten.T_Ort);
  END IF;
END;
```

384_01.sql: Einsatz von %ROWTYPE

143

Transaktionssteuerung

4. Transaktionssteuerung

Die zurückliegenden Abschnitte führten Sie in die Grundlagen von PL/SQL ein. Dies bezieht sich sowohl auf die grundlegende Syntax als auch auf die Art und Weise, wie PL/SQL in Oracle verarbeitet werden kann. In diesem Abschnitt nun geht es um Transaktionssteuerung und die Zusammenfassung von mehreren Anweisungen zu einer Einheit.

4. 1. SQL in PL/SQL

Mit PL/SQL lernen Sie ein Werkzeug kennen, mit dem Sie Anwendungen direkt in der Datenbank entwickeln können. Dabei wird nicht nur ab und an SQL verwendet, sondern natürlich sehr intensiv darauf zurückgegriffen, da ja ein Großteil von Anwendungen aus Abfragen sowie anderen SQL-Strukturen besteht.

4. 1. 1. Zulässigkeit von Anweisungen

In den zurückliegenden Beispielen sind bereits viele Strukturen wie z. B. SE-LECT...INTO oder gebundene Variablen wie b _ KNr in einer WHERE-Klausel sowie natürlich die gerade gezeigte Rückspeicherung von eingetragenen Werten über die RETURNING-Klausel zum Einsatz gekommen. Beispiele aus dieser Sphäre gehören natürlich automatisch auch zum Bereich »SQL in PL/SQL«, treten hier jedoch aufgrund der zahlreichen Beispiele in den zurückliegenden Abschnitten nicht noch einmal explizit in den Vordergrund. Daher konzentrieren wir uns auf die Transaktionssteuerung und einige Bereiche, die bisher noch keine ausreichende Berücksichtigung fanden. Zur Verwendung der Befehle INSERT, UPDATE und DELETE berücksichtigen Sie daher einfach die Vielzahl an Beispielen in den vorangegangen Abschnitten.

Befehle aus den Bereichen DDL zum Anlegen von Schema-Objekten und DCL zum Anlegen von Berechtigungen und Rollen lassen sich nicht direkt in PL/SQL ausführen.

In PL/SQL-Programmen sind nicht alle SQL-Anweisungen zulässig, wie z. B. DDL-Anweisungen, mit denen Schema-Objekte erstellt werden können. Dies hängt damit zusammen, dass beim Binden der Variable zunächst eine Überprüfung stattfindet, ob Schema-Objekte innerhalb der Datenbank überhaupt verfügbar sind oder ob Berechtigungen an ihnen existieren, die dem Benutzer, der ein PL/SQL-Programm ausführt, die entsprechenden Operationen überhaupt erlauben. Durch die DDL-Anweisungen könnte man den Datenbankzustand so ändern, dass nachträglich überprüfte Zustände geändert werden. Eine typische Anwendung bzw. Fehlerquelle wäre die Erzeugung einer Tabelle für die Zwischenspeicherung von Ergebnissen, die dann mit Daten gefüllt und schließlich gelöscht wird. Dies wird im folgenden fehlerhaften Beispiel gezeigt, das eine große Menge an Fehlermeldungen hervorruft.

```
DECLARE
BEGIN
  CREATE TABLE "Speicher"
  ("T_NR"  NUMBER(4)   NOT NULL,
   "K_NR"  NUMBER(7)   NOT NULL,
   "T_ORT" VARCHAR2(20) NOT NULL)
   TABLESPACE "USERS";
END;
```

411_01.sql: Fehlerhafte DDL-Verwendung

In der entstehenden Fehlermeldung wird man als Erstes darauf hingewiesen, dass der Befehl CREATE nicht zu den erlaubten Wörtern gehört, und daher wird innerhalb der Fehlermeldung nicht einmal darauf hingewiesen, dass die Tabelle nicht angelegt werden kann.

4. 1. 2. Dynamisches SQL

Sollten Sie sich jetzt schon durch diesen Umstand und die Architektur von PL/SQL in Oracle in Ihrer Gestaltungsfreiheit bei der Software-Entwicklung behindert sehen, dann taucht unmittelbar Abhilfe in Form des DBMS _ SQL-Pakets auf. Mit dieser Möglichkeit, die auch als dynamisches SQL bezeichnet wird, schreiben Sie fast beliebige SQL-Anweisungen, die gerade nicht im Quelltext gespeichert und kompiliert werden. Vielmehr erfolgt die Speicherung in Form von Zeichenketten und die Einbindung zur Laufzeit. Eine weitere Variante, die als einfacher zu verwenden gilt, ist das native dynamische SQL, das ab Oracle 8i zur Verfügung steht.

Die Unterprogramme des DBMS _ SQL-Pakets erwarten als Verarbeitungsanweisung einen Cursor, was die Verwendung und das Verständnis für diese Syntax deutlich erschwert. Daher muss zum einen eine Cursor-Variable definiert werden, die die Programmsteuerung übernimmt, und zum anderen speichert man die DDL-Anweisungen, um die sich zurzeit alles dreht, in eine Variable mit einem Zeichenketten-Datentyp. Innerhalb einer Öffnen- und Schließen-Aktion des Cursors kann man diese SQL-Anweisung dann dynamisch ausführen lassen.

```
DECLARE
  c_CursorNr INTEGER        -- Programmsteuerung;
  v_Speicher VARCHAR(600)   -- SQL-Anweisung;
BEGIN
  c_CursorNr := DBMS_SQL.OPEN_CURSOR;
  v_Speicher := 'CREATE TABLE Speicher
                   (T_NR   NUMBER(4)    NOT NULL,
                    K_NR   NUMBER(7)    NOT NULL,
                    T_ORT  VARCHAR2(20) NOT NULL)
                    TABLESPACE USERS';
  DBMS_SQL.PARSE(c_CursorNr, v_Speicher, DBMS_SQL.NATIVE);
  DBMS_SQL.CLOSE_CURSOR(c_CursorNr);
END;
```

412_01.sql: Verwendung des DBMS_SQL-Pakets

Neben der einfachen Information über den erfolgreichen Abschluss der Prozedur können Sie mit DESCRIBE Speicher; auch testen, ob die Tabelle wirklich mit den vorgegebenen Eigenschaften erstellt wurde. Dies sollte dann die folgende Beschreibung zur Folge haben:

```
Name          Null?        Typ
T_NR          NOT NULL     NUMBER(4)
```

```
K_NR          NOT NULL    NUMBER(7)
T_ORT         NOT NULL    VARCHAR2(20)
```

Neben der nicht ganz einsichtigen Syntax sollte Ihnen zusätzlich auffallen, dass die Verarbeitungsdauer mit Hilfe des DBMS _ SQL-Pakets überaus lange dauert. Zum Vergleich können Sie ja einmal eine weitere Tabelle mit gleicher Feldstruktur über eine einfache CREATE–TABLE-Anweisung erstellen und den Geschwindigkeitsunterschied testen.

Anders als das DBMS _ SQL-Paket verhält es sich für die Ausführung von DDL-Anweisungen mit der Konzeption des nativen dynamischen SQL. Hier wird über die Klausel EXECUTE IMMEDIATE und die anschließende SQL-Anweisung auch eine DDL-Anweisung umgesetzt. Im Abschnitt zu dynamischem SQL werden Sie später die Verwendung anderer SQL-Anweisungen innerhalb dieser Klausel sehen, wobei einige Syntax-Besonderheiten wie z. B. bei Einfüge-Operationen oder gebundenen Variablen zu beachten sind. Insgesamt ist diese Variante neben Ihrer sehr einfachen und fast schon unspektakulären Konzeption wesentlich einfacher als das zuvor präsentierte DatenbankMS _ SQL-Paket. Achten Sie auch zusätzlich auf den Geschwindigkeitsunterschied der Anweisungen.

```
DECLARE
BEGIN
 EXECUTE IMMEDIATE
 'CREATE TABLE Speicher
  (T_NR  NUMBER(4)     NOT NULL,
   K_NR  NUMBER(7)     NOT NULL,
   T_ORT VARCHAR2(20) NOT NULL)
   TABLESPACE USERS';
END;
```

412_02.sql: Verwendung von nativem dynamischen SQL

4. 2. Kontextwechsel

In den bisherigen Programmen waren die Verarbeitungsanweisungen bzw. der Umfang der einzelnen Operationen überschaubar und klein. Es wurde meistens nur eine einzige Zeile gelöscht oder eingefügt, bei einigen Beispielen sogar zwei.

Dies lag hauptsächlich daran, dass wir die Mengenverarbeitung erst nach der Vorstellung der grundlegenden Syntax einführen wollten.

4. 2. 1. Grundprinzip

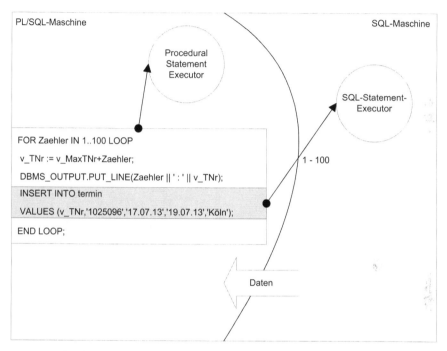

Kontext-Wechsel bei Einzelverarbeitung

Bei der Massendatenverarbeitung kann es dagegen regelmäßig geschehen, dass nicht nur eine Hand voll Zeilen verarbeitet werden sollen, sondern dass unüberschaubar viele mit neuen oder aktualisierten Informationen übertragen werden müssen. Dabei würde auch bei einer Verarbeitung unter Einsatz von Cursorn (und natürlich Schleifen) der ungünstige Fall eintreten, dass jede einzelne Zeile individuell an den *SQL-Statement-Executor* übergeben wird und dieser dann eventuell Daten zurückübermittelt. Der Wechsel zwischen *PL/SQL-Maschine* und dem *SQL-Interpreter* wird als Kontextwechsel bezeichnet, der natürlich eine gewisse Zeit in Anspruch nimmt. Bei steigender Anzahl an Kontext-Wechseln bzw. Schleifendurchgängen hat dies eine deutliche Leistungsabschwächung zur Folge, die durch die Technik der so genannten Mengenbindung (*Bulk Bind*) behoben werden kann. Dabei werden die SQL-Anweisungen komplett übergeben.

```
DECLARE
  v_MaxTNr termin.T_Nr%TYPE; -- vorhandenes Maximum
  v_TNr    termin.T_Nr%TYPE; -- aktuelle Terminnummer
BEGIN
  SELECT MAX(T_Nr)
    INTO v_MaxTNr
    FROM termin;
  DBMS_OUTPUT.PUT_LINE('Bereits vorhanden: ' || v_MaxTNr);
  v_TNr := v_MaxTNr;
  DBMS_OUTPUT.PUT_LINE('Letzte: ' || v_TNr);
  FOR Zaehler IN 1..100 LOOP
    v_TNr := v_MaxTNr+Zaehler;
    DBMS_OUTPUT.PUT_LINE(Zaehler || ' : ' || v_TNr);
    INSERT INTO termin
    VALUES (v_TNr,'1025096','17.07.13','19.07.13','Köln');
  END LOOP;
END;
```

421_01.sql: Reihenverarbeitung per Einzelaufruf

Über `SELECT * FROM termin WHERE T _ Nr>654;` können Sie dann die eingefügten 100 Zeilen aufrufen, die mit wenig Variationen folgende Ansicht bieten:

T_NR	K_NR	T_BEGINN	T_ENDE	T_ORT
655	1025096	17.07.13	19.07.13	Köln
656	1025096	17.07.13	19.07.13	Köln
657	1025096	17.07.13	19.07.13	Köln
658	1025096	17.07.13	19.07.13	Köln

Ganz anders dagegen stellt sich die Verarbeitung durch die Mengenbindung dar, was allerdings ein grundsätzlich anderes Programmformat erfordert. Zunächst legt man alle benötigten Datensätze anhand der Terminnummern in einer Index-

By-Tabelle an. Sie entspricht einem Array in anderen Programmiersprachen und enthält zwei Spalten mit einem Bezeichner, der später eine fortlaufende Nummer (Zählervariablenwert) sein wird, und dem eigentlichen Wert, der Terminnummer. Man definiert also einerseits diese Tabelle und füllt sie im Ausführungsabschnitt mit passenden Werten. Über die Verwendung der speziellen FORALL-Schleife führt man dann eine Mengenbindung (Bulk Bind) durch und übergibt die gesamten 100 Datensätze an den *SQL-Interpreter.*

```
DECLARE
  v_MaxTNr termin.T_Nr%TYPE; -- vorhandenes Maximum
  TYPE KursNummer IS TABLE OF termin.T_Nr%TYPE
    INDEX BY BINARY_INTEGER;
  v_TNr KursNummer;              -- Liste der Terminnummern
BEGIN
  SELECT MAX(T_Nr)
    INTO v_MaxTNr
    FROM termin;
  DBMS_OUTPUT.PUT_LINE('Bereits vorhanden: ' || v_MaxTNr);
  FOR Zaehler IN 1..100 LOOP
    v_TNr(Zaehler) := v_MaxTNr+Zaehler;
    DBMS_OUTPUT.PUT_LINE(Zaehler || ' : ' || v_TNr(Zaehler));
  END LOOP;
  FORALL Zaehler IN 1..100
    INSERT INTO termin
    VALUES (v_TNr(Zaehler),'1025096','17.07.13','19.07.13','Köln');
END;
```

421_02.sql: Mengenverarbeitung mit Mengenbindung

Das letzte Beispiel schafft mit dem Thema der Mengenbindung eine Schnittstelle zum Bereich der Collection-Verarbeitung, also der Behandlung von großen Datenmengen. Dies wird Ihnen aus anderen Sprachen entweder unter dem gleichen Begriff oder zumindest als Arrays, die ja bisher noch gar keine Rolle spielten, geläufig sein. PL/SQL bietet hier umfangreiche Möglichkeiten, die alle in einem späteren Abschnitt zusammengefasst werden.

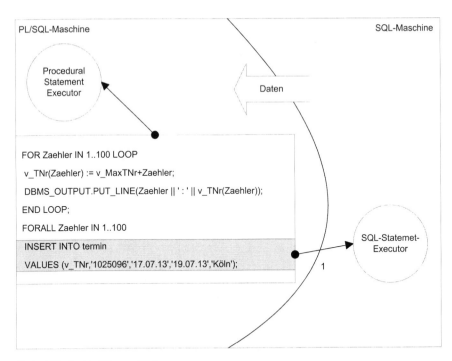

Kontext-Wechsel bei Mengenbindung

4. 2. 2. Zugriffe über DB-Links

In größeren Umgebungen werden Datenbanken auch schon einmal auf andere Systeme ausgelagert sein, was Sie nicht davon abhalten wird, auf diese Datenbanken bzw. ihre Tabellen zuzugreifen. Dabei benötigen Sie lediglich eine kleine Variation des Tabellenaufrufs, in dem der Name der Datenbank-Verbindung angegeben wird. Wenn Sie also einen Datenbank-Link über die allgemeine Syntax einrichten, verfahren Sie folgendermaßen:

```
CREATE DATABASE LINK verbindungsname
CONNECT TO benutzername IDENTIFIED BY kennwort
USING verbindungsbezeichnung;
```

Bei einem Zugriff in PL/SQL über *SQL*Net* als verteilte Transaktion, da noch eine weitere Datenbank benutzt wird, hängen Sie den Namen des Datenbank-Links an den Tabellenbezeichner an:

```
DECLARE
BEGIN
  DELETE FROM termin@verbindungsname
   WHERE T_Nr<500;
END;
```

422_01.sql: Verwendung eines Datenbank-Links

4. 2. 3. Einsatz von Synonymen

Selbstverständlich können Sie auch Synonyme in PL/SQL so verwenden, wie das bereits in einfachen SQL-Abfragen, die direkt an die Datenbank gestellt werden, möglich ist. Dabei könnte man ein Synonym mit

```
CREATE SYNONYM seminartermin
  FOR termin;
```

für die Tabelle TERMIN anlegen. Dabei wäre mit FOR termin@verbindungsname auch ein Synonym für einen Datenbank-Link anzulegen, der die Schwierigkeiten mit der Datenbank-Link-Syntax in PL/SQL vermeiden könnte. Im eigentlichen Programm setzt man dann dieses Synonym anstelle des eigentlichen Tabellennamens ein.

```
DECLARE
BEGIN
  DELETE FROM seminartermin
   WHERE T_Nr<500;
END;
```

423_01.sql: Verwendung von Synonymen

4. 2. 4. Aufruf von Pseudospalten

In SQL lassen sich so genannte Pseudospalten verwenden, die spezielle Eigenschaften wie z. B. für die Erstellung von Sequenzen aufweisen. Sie liefern Daten über die Datensatznummern in verschiedenen Varianten zurück und lassen sich in PL/SQL nur in SQL-Anweisungen verwenden. Man kann also auf ihren Wert nicht im prozeduralen Bereich eines PL/SQL-Programms zugreifen. Dies werden wir gleich wie immer an einer unheilvollen Fehlermeldung nachweisen. Pseudospalten liefern ausschließlich Werte zurück, d. h. Aktualisierungs- und Löschoperationen (INSERT, DELETE und UPDATE) sind für sie nicht möglich. Ihre Werte können allerdings in WHERE- oder SET-Klauseln von Abfragen verwendet werden. Folgende Pseudospalten sind verfügbar:

- CURRVAL liefert bei Verwendung einer Sequenz den aktuellen Wert des Datensatzes.

- NEXTVAL liefert bei Verwendung einer Sequenz den nächsten Wert eines Datensatzes.

- LEVEL liefert bei entsprechenden Rahmenbedingungen die Baumebene der Baumstruktur einer Abfrage.

- ROWID liefert die binäre Adresse des aktuellen Datensatzes zurück. Diese Informationen werden in Variablen des Typs UROWID gespeichert und können mit der Funktion ROWIDTOCHAR in Zeichenketten umgewandelt werden.

- ROWNUM liefert die Nummer (Reihenfolge), in der eine Zeile von einer Tabelle gefunden und in das Abfrageergbnis übernommen wurde. Der Zähler beginnt bei 1. Bei Einsatz der ORDER-BY-Klausel können Sie über diese Pseudospalte die Reihenfolge vor der Sortierung herausfinden.

Für die Verwendung dieser Pseudospalten in PL/SQL lässt sich hauptsächlich festhalten, dass sie – wie oben erwähnt – auf den SQL-Bereich beschränkt sind und die Abfrageergebnisse beeinflussen. Hierzu geben wir nur zwei kurze Beispiele, da Sie im SQL-Kapitel weitere Informationen finden.

In den folgenden Cursor werden nur fünf Zeilen geladen. Die Auswahl der Zeilen hängt mit den eingehenden Zeilen zusammen, wie sie sich in der Abfrage vor einem möglichen ORDER BY bilden. Sie können also über diese Technik nicht die fünf nächsten Kurse ausgeben. Dies müssten Sie bei der Verarbeitung des Cursors erledigen, indem Sie zunächst die Abfrage weit genug einschränken, sortieren und dann die benötigte Anzahl an Zeilen verarbeiten lassen. Dies soll auch noch einmal auf eine allgemeine Fehlerquelle bei der Programmgestaltung hinweisen. Zunächst ist eine entsprechende Abfrage zu konstruieren, die möglichst nur die Daten enthält, die tatsächlich benötigt werden und deren Ergebnisse auch nicht über unkorrekte Klauseln falsche Zeilen zurückübermittelt. Erst dann kann man sich daran machen, im eigentlichen Programm im Anweisungsabschnitt eine weitere Auswahl vorzunehmen.

```
DECLARE
  CURSOR c_Termine IS
    SELECT K_Titel, K_Untertitel,
           T_Beginn, T_Ende, T_Ort
      FROM termin, kurs
     WHERE termin.K_Nr=kurs.K_Nr
       AND T_Beginn > SYSDATE
       AND ROWNUM < 5;
BEGIN
  NULL;
END;
```

424_01.sql: Verwendung einer Pseudospalte

Ließe man zusätzlich die ROWNUM ausgeben und würde man die gesamte Abfrage nach der Spalte T _ Beginn aufsteigend sortieren, erhielte man mit der Abfrage

```
SELECT ROWNUM, K_Titel, K_Untertitel,
       T_Beginn, T_Ende, T_Ort
  FROM termin, kurs
 WHERE termin.K_Nr=kurs.K_Nr
   AND T_Beginn > SYSDATE
 ORDER BY T_Beginn ASC;
```

folgendes Ergebnis. Im Cursor des oben abgedruckten Programms versammeln sich nur die Zeilen, die die zusätzliche Bedingung ROWNUM < 5 erfüllen, welche allerdings nichts mit einer chronologischen Sortierung gemein haben. Sie entstehen nur durch die Verknüpfung.

Setzt man für sehr einfache Primärschlüssel in Form einer fortlaufend aufsteigenden Nummerierung, wie Sie es auch in Tabelle TERMIN finden, eine Sequenz ein, so kann man für die Erzeugung von weiteren Primärschlüsselfeldern NEXTVAL und für die Ermittlung der aktuellen Zahl CURRVAL benutzen. Eine solche Sequenz legen wir für die Termine mit folgendem kleinen Befehl an:

```
CREATE SEQUENCE terminzaehler
  START WITH 1
  INCREMENT BY 1;
```

Mit SELECT terminzaehler.NEXTVAL FROM termin; erhalten Sie eine überaus interessante Reihe der Primärschlüssel bzw. des Zählers von 1 bis 654, des höchsten Wertes in der Tabelle. Die Sequenz existiert als gewöhnliches Schema-Objekt, auf das über eine Punkt-Notation so zugegriffen werden kann, dass die beiden Pseudospalten an den Sequenznamen angeschlossen werden, automatisch den höchsten Wert anhand der Zeilen berechnen (und nicht aus der Tabelle ermitteln!) und mit NEXTVAL neue Werte einfügen.

```
DECLARE
BEGIN
  FOR zaehler IN 1..5 LOOP
  INSERT INTO termin
  VALUES (terminzaehler.NEXTVAL, 1015034, '22.04.13',
          '25.04.13', 'Berlin');
  END LOOP;
END;
```

424_02.sql: Verwendung von NEXTVAL

Über die Abfrage SELECT * FROM termin WHERE T _ Nr>654; können Sie sehen, dass tatsächlich automatische Nummerierungen eingefügt worden sind:

```
      T_NR         K_NR T_BEGINN T_ENDE    T_ORT
---------- ---------- -------- -------- --------------------
       655    1015034 22.04.13 25.04.13 Berlin
       ...
       659    1015034 22.04.13 25.04.13 Berlin
5 Zeilen ausgewählt.
```

Für die Verwendung von Pseudospalten in PL/SQL gibt es eine wichtige Einschränkung, die verschiedene Programmabläufe und Fallunterscheidungen durch eine sehr ausführliche Fehlermeldung vereitelt. Es ist nicht erlaubt, die Werte von Pseudospalten im prozeduralen Abschnitt zu verwenden. Dieser wird ja an den *PL/SQL Statement Executor* übergeben, der sich keinen Reim auf diese Spalten machen kann.

```
DECLARE
BEGIN
  FOR zaehler IN 1..5 LOOP
  INSERT INTO termin
  VALUES (terminzaehler.NEXTVAL, 1015034, '22.04.13',
          '25.04.13', 'Berlin');
  DBMS_OUTPUT.PUT_LINE(terminzaehler.CURRVAL);
  EXIT WHEN terminzaehler.CURRVAL=656;
  END LOOP;
END;
```

424_03.sql: Fehlerhafte Verwendung von Pseudospalten

In der Fehlermeldung wird man darauf hingewiesen, dass die Sequenz-Referenz, also der Bezug zu einer Pseudospalte über eine Referenz im PL/SQL-Kontext nicht gültig ist. Dies gilt auch für die Verwendung innerhalb einer WHERE-Klausel.

Einige Wertübergaben können durch SELECT...INTO oder auch den Abruf des Spaltenwertes durch die RETURNING-Klausel eingerichtet werden, wie das nachstehende Beispiel zeigt. Der gerade eingefügte Wert kann nicht über eine Pseudospalte direkt als Wertzuweisung verwendet werden, so wie er nicht direkt im Puffer ausgegeben werden kann. Um eine SELECT...INTO-Anweisung und damit Datenverkehr zu sparen, liefert die RETURNING-Konstruktion den benötigten

Wert direkt aus der Spalte `T _ Nr`. Um zusätzlich die binäre Adresse des Datensatzes zu erhalten, kann man die `ROWID` mit Hilfe von `SELECT...INTO` und einem passenden Datentyp erfassen.

```
DECLARE
  v_TNr         termin.T_Nr%TYPE;
  v_TZeilenNr UROWID;
BEGIN
  FOR zaehler IN 1..5 LOOP
  INSERT INTO termin
  VALUES (terminzaehler.NEXTVAL, 1015034, '22.04.13',
          '25.04.13', 'Berlin')
  RETURNING T_Nr INTO v_TNr;
  DBMS_OUTPUT.PUT(v_TNr || ' -> ');
  SELECT ROWID
    INTO v_TZeilenNr
    FROM termin
   WHERE T_Nr=v_TNr;
  DBMS_OUTPUT.PUT_LINE(v_TZeilenNr);
  EXIT WHEN v_TNr=657;
  END LOOP;
END;
```

424_04.sql: Wertübergabemöglichkeiten

Sie erhalten das erwartete Ergebnis durch die Puffer-Ausgabe. Der Einfügevorgang bricht genau beim Zählerwert 657 durch die `EXIT`-Anweisung ab. Zusätzlich sehen Sie an der binären Adresse, dass die Werte aufsteigend erfasst wurden.

```
655 -> AAAIvbAAJAAAAAdAAc
656 -> AAAIvbAAJAAAAAdAAd
657 -> AAAIvbAAJAAAAAdAAe
PL/SQL-Prozedur wurde erfolgreich abgeschlossen.
```

4. 3. Steuerung von Transaktionen

Mit der Hilfe von Transaktionen lassen sich zusammenhängende Operationen zu einer Einheit abbilden. Eine Transaktion stellt damit eine einzelne oder eine Reihe von einzelnen Aktionen dar, die über direkte Benutzereingaben oder durch den (automatischen) Aufruf eines in der Datenbank gespeicherten Programms durchgeführt werden.

4. 3. 1. Grundproblem

Diese einzelnen Aktionen verändern den Zustand der Datenbank, wobei das Transaktionsmanagement hilft, die Datenbank von einem konsistenten Zustand in einen anderen konsistenten Zustand zu überführen. Es dürften also Datenstrukturen sowie Dateninhalte nicht gestört werden. Zu den typischen Schwierigkeiten gehören:

- Durch einen allgemeinen *Systemfehler* wird eine Reihe von Operationen nicht komplett bis zum Ende ausgeführt, sondern bleibt quasi auf halber Strecke unvollendet. Dies führt dazu, dass Datenänderungen unvollständig umgesetzt wurden, obwohl noch weitere Änderungen vorgesehen waren.

- Beim *Mehrbenutzerbetrieb* geschieht es regelmäßig, dass Benutzer mit gleichen Aktivitätsprofilen (Buchhaltung, Controller) auf bestimmte Tabellenbereiche lesend oder schreibend zugreifen. Dabei können im Moment des Lesens Abfrageergebnisse geändert werden, aufgrund derer andere Operationsentscheidungen getroffen wurden, die sonst nicht getroffen worden wären. Dabei können ebenso verschiedene angestrebte Zustände kollidieren, wenn Änderungen an den gleichen Feldern zu unterschiedlichen Ergebnissen des Feldinhalts führen.

Diese allgemeinen Grundprobleme lassen sich in die unten aufgeführten Strukturen gliedern. Diese Strukturen entstehen durch die Verzahnung der einzeln ausgeführten und übernommenen Operationen einer Transaktion. Dies ist das Gegenteil von Serialisierung (Aneinanderreihung), die ja auch in Programmiersprachen bei der Datenverarbeitung von Bedeutung ist.

- **Verlorene Aktualisierung**

  Zwei Transaktionen lesen in einer Lese-Operation Daten aus dem gleichen Feld, verändern diese auf unterschiedliche Weise und speichern sie nacheinander wieder im Feld. Dabei überschreibt die letzte Speicherung die erste, sodass die Änderungen der ersten gar nicht in der Datenbank berücksichtigt werden. Dadurch können sich im Laufe der damit unberücksichtigten Änderung Folgefehler ergeben.

- **Nicht ausgeführte Abhängigkeit**

  Eine schreibende Einzel-Operation einer Transaktion ändert einen Feldwert, der von einer lesenden Einzel-Operation einer zweiten Transaktion abgerufen wird, bevor die erste Transaktion komplett zurückgenommen wird. Dadurch befindet sich der nun nicht mehr gültige Wert aus der ersten Transaktion z. B. als Variablenwert in der zweiten Transaktion, die ihn fälschlicherweise für die nächsten Bearbeitungsschritte verwendet.

- **Inkonsistentes Lesen**

  Innerhalb einer ersten Transaktion werden in mehreren Einzel-Operationen Werte eines oder mehrer Felder geändert, auf die eine zweite Transaktion nur lesend zugreift. Sobald die Lese-Operation abgeschlossen ist, verändern sich die Daten durch die erste Transaktion weiter. Sobald nun die zweite Transaktion in einer schreibenden Einzel-Operation Daten aktualisieren möchte, fußen ihre Informationen auf nicht wiederholbaren Lese-Zuständen und werden mit den schreibenden Einzel-Operationen der ersten Transaktion kollidieren.

Die Eigenschaften von Transaktionen beschreibt man standardmäßig mit dem Akronym *ACID*, das für die folgenden Begriffe steht. Sie richten sich alle an dem allgemeinen übergeordneten Ziel aus, dass eine Transaktion eine Datenbank von einem konsistenten Zustand in einen anderen konsistenten Zustand überführen soll.

- **Unteilbarkeit (Atomicity)**

  Eine Transaktion umfasst einzelne oder mehrere Operationen in Form von SQL-Befehlen, die entweder komplett oder gar nicht ausgeführt werden.

- **Einheitlichkeit (Consistency)**

  Die einzelnen Operationen einer Transaktionen müssen in ihrer Gesamtheit eine Datenbank von einem konsistenten Zustand in einen anderen konsistenten Zustand überführen.

- **Isolation (Isolation)**
  Im Mehrbenutzerbetrieb werden verschiedene Transaktionen isoliert voneinander ausgeführt. Dadurch sind die Änderungen der einzelnen Transaktionen
  bzw. auch die Änderungen der einzelnen Operationen erst nach Abschluss der
  kompletten Transaktion für alle anderen Benutzer sichtbar.

- **Dauerhaftigkeit (Durability)**
  Sobald eine Transaktion abgeschlossen ist, bleiben ihre Änderungen dauer-
  haft in der Datenbank erhalten und dürfen nicht erneut durch Fehler beein-
  trächtigt werden oder verloren gehen.

4. 3. 2. Bestätigen und zurücksetzen von Anweisungen

Bei den verschiedenen zurückliegenden Beispielen, in denen mit Hilfe einer Schleife verschiedene Datensätze in eine Tabelle eingetragen wurden, handelte es sich
insgesamt um eine Transaktion. Sie ließe sich mit ROLLBACK wieder rückgängig
machen. Dies zeigen wir an einem einfachen Beispiel, mit dem Sie ein wenig spielen sollten, um die Funktionsweise von Oracle und des Transaktionsautomatismus
zu verstehen.

Zunächst beenden Sie alle eventuell vorher abgelaufenen Transaktionen mit einem eindeutigen COMMIT;, bevor Sie das einfache Programm abspielen, mit dem
fünf neue Zeilen über eine Schleife in die Tabelle BUCHUNG eingetragen werden.
Beachten Sie nun, dass das gesamte Programm nicht über COMMIT; abgeschlossen wird.

```
COMMIT;
SET SERVEROUTPUT ON;
DECLARE
 v_BDaten buchung%ROWTYPE;
BEGIN
 DELETE FROM buchung;
 FOR Zaehler IN 1..5 LOOP
  INSERT INTO buchung
  VALUES (Zaehler, Zaehler, 321, SYSDATE, 1, 320.00, NULL,
        NULL, NULL)
  RETURNING B_Nr, TN_Nr, B_Datum, B_Preis
```

```
        INTO v_BDaten.B_Nr, v_BDaten.TN_Nr, v_BDaten.B_Datum,
            v_BDaten.B_Preis;
    DBMS_OUTPUT.PUT(v_BDaten.B_Nr || ': ' || v_BDaten.TN_Nr ||
            ' -> ');
    DBMS_OUTPUT.PUT_LINE(v_BDaten.B_Datum || ' - ' ||
                v_BDaten.B_Preis);
    END LOOP;
END;
```

432_01.sql: Automatische Transaktionen

Die Kontrollausgabe liefert sowohl die eingefügten Zeilen als auch die Bestätigung, dass eventuell vorher abgelaufene Transaktionen beendet wurden und die weitere Betrachtung nicht stören können.

```
Transaktion mit COMMIT abgeschlossen.
1: 1 -> 28.02.13 - 320
2: 2 -> 28.02.13 - 320
3: 3 -> 28.02.13 - 320
4: 4 -> 28.02.13 - 320
5: 5 -> 28.02.13 - 320
PL/SQL-Prozedur wurde erfolgreich abgeschlossen.
```

Nun löschen Sie mit ROLLBACK; die letzte Transaktion, was sich auf den gesamten Block bezieht und mit Transaktion mit ROLLBACK rückgängig gemacht. beantwortet wird. Dies können Sie mit der einfachen Abfrage SELECT * FROM buchung; testen, was als Antwort nur Es wurden keine Zeilen ausgewählt zur Folge hat.

Ebenso verhält es sich mit fünf einzelnen INSERT-Operationen, die ebenfalls komplett über ein ROLLBACK; rückgängig gemacht werden können. Ein Beispiel finden Sie in der Datei *432_02.sql*, das wir hier wegen seiner Einfachheit nicht abdrucken. Ähnlich verhält es sich auch bei Kombinationen aus PL/SQL-Blöcken und einzelnen SQL-Anweisungen, die als komplette Sitzung ebenfalls rückgängig gemacht werden können. Insgesamt sollen diese Hinweise zeigen, dass für das Erlernen von PL/SQL natürlich der Automatismus hervorragend geeignet ist und keine Unannehmlichkeiten bereitet. Jedoch sollte man bei der Programmentwicklung keine

Abhängigkeit von der Automatik akzeptieren bzw. sich um ein eigenes Transaktionsmanagement kümmern.

Transaktionen sind definiert als eine Operation, die eine Datenbank von einem konsistenten Zustand in einen anderen konsistenten Zustand überführt. Die Problematik gleichzeitiger und damit konkurrierender Zugriffe ergibt sich so lange typischerweise nicht, wie Sie allein an einer Anwendung arbeiten. Im Zusammenhang mit der Software-Entwicklung zur Unterstützung von Datenbank-Aktionen muss man allerdings immer bedenken, welche Schwierigkeiten auftauchen könnten, sobald konkurrierende Zugriffe auf Tabellen ausgeführt werden. Dies gilt umso mehr für die Verarbeitung von großen Datenmengen und einem Mehrbenutzerbetrieb mit lesenden und schreibenden Zugriffsrechten. Über eine geeignete Transaktionssteuerung auch das Sperren von Tabellen erhalten Sie die Möglichkeit, explizit Transaktionen vorzugeben und sich nicht auf Automatismen innerhalb der Datenbank zu verlassen. Änderungen werden dabei für andere Benutzer erst dann sichtbar, wenn sie über ein COMMIT; bestätigt wurden. Die beiden entscheidenden Transaktionsklauseln stellen also gerade COMMIT und ROLLBACK dar. Sobald man eine Transaktion über COMMIT abschließt, werden die Änderungen an Daten für alle anderen Benutzer sichtbar. Um Inkonsistenzen zu vermeiden, die darauf hinauslaufen, dass ein Benutzer eine Information abfragt, die ein anderer gerade ändert, stehen zusätzlich explizite Sperren zur Verfügung, die solche Inkonsistenzen und falsche Datendarstellungen verhindern. Sie erst ermöglichen ein tatsächliches Transaktionsmanagement im Gegensatz zu den einfachen beiden Standardbefehlen, die bloß den Automatismus überschreiben. Diese Struktur ähnelt damit der SELECT...FOR UPDATE-Struktur, bei der Änderungen an ausgewählten Zeilen so lange nicht möglich sind, wie das Ergebnis freigegeben wird.

Beide Standardbefehle noch einmal im Überblick:

- Die komplette Syntax von COMMIT lautet COMMIT [WORK] [COMMENT 'Text']. Zur besseren Lesbarkeit können Sie noch das Wort WORK anhängen, um eine längere Zeile zu erhalten. Alternativ steht es Ihnen frei, dieser Bestätigung über COMMENT eine Bezeichnung zu geben, die im Data Dictionary abgespeichert wird und anhand derer dieses COMMIT charakterisiert werden kann.

- Die komplette Syntax von ROLLBACK lautet ROLLBACK [WORK] [TO Sicherungspunktname]. Zur besseren Lesbarkeit können Sie auch hier das Wort WORK anfügen, das Ihnen eine längere Zeile beschert. Wenn Sie die

Sicherungspunkte-Technik verwenden (siehe weiter unten), dann schließen Sie den Namen des Sicherungspunkts direkt nach dem Schlüsselwort TO an.

Im folgenden Beispiel trägt sich erneut eine Vielzahl an hochinteressanten Zeilen in die Tabelle BUCHUNG ein, wobei allerdings immer nach 100 Zeilen ein automatisches COMMIT erfolgt, um eine Zwischenbestätigung zu erhalten. Wenn Sie nach abgeschlossenem Programm einmal mit SELECT COUNT(B _ Nr) FROM buchung; testen, ob tatsächlich 500 Zeilen eingetragen worden sind, sollten Sie diese Zahl als Antwort erhalten. Testen Sie auch einmal mit ROLLBACK; und der gleichen Abfrage, ob Zeilen gelöscht werden. Dies wird nicht der Fall sein, da der Block mit einer abschließenden Bestätigung endet.

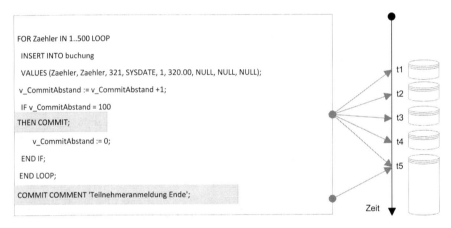

Konsistente Zustände

```
DECLARE
  v_CommitAbstand NUMBER(3);
BEGIN
  DELETE FROM buchung;
  FOR Zaehler IN 1..500 LOOP
   INSERT INTO buchung
   VALUES (Zaehler, Zaehler, 321, SYSDATE, 1, 320.00,
        NULL, NULL, NULL);
  v_CommitAbstand := v_CommitAbstand +1;
   IF v_CommitAbstand = 100
```

```
    THEN COMMIT;
         v_CommitAbstand := 0;
   END IF;
  END LOOP;
  COMMIT COMMENT 'Teilnehmeranmeldung Ende';
END;
```

432_03.sql: Verwendung von COMMIT

4. 3. 3. Sicherungspunkte

Wie Sie gesehen haben, kann die ROLLBACK-Anweisung eine komplette Transaktion zurücksetzen. Dies ist nicht immer gewünscht oder notwendig, weil man z. B. zwischenzeitlich in einem längeren Programm einzelne Punkte hätte sichern wollen, zu denen man bei Bedarf zurückkehren möchte. Genau dies wird über die Sicherungspunkt-(Savepoint-)Technik gelöst, bei der einzelne Zwischenstadien namentlich festgelegt und auch wieder aufgerufen werden können.

Sie legen einen Sicherungspunkt mit der allgemeinen Syntax

```
SAVEPOINT sicherungspunktname;
```

an und verweisen, wie oben schon erwähnt, mit ROLLBACK TO sicherungspunktname; auf ihn. Sollte die Zählervariable der Schleife den Wert 3 oder 8 annehmen, wird jeweils ein Sicherungspunkt angelegt, wobei zusätzlich der zweite den ersten überschreibt. Wenn die Zählervariable den Wert 5 annimmt, soll zum letzten Sicherungspunkt zurückgesprungen werden. Dies ist dann der Sicherungspunkt von Zaehler=3, zu dem bereits Datensätze bis einschließlich dieser Wiederholung in der Tabelle gespeichert sind.

```
DECLARE
BEGIN
 DELETE FROM buchung;
 SAVEPOINT Tabelle_Geloescht;
 FOR Zaehler IN 1..10 LOOP
  INSERT INTO buchung
  VALUES (Zaehler, Zaehler, 321, SYSDATE, 1, 320.00,
```

```
            NULL, NULL, NULL);
    IF Zaehler IN (3, 8)
      THEN SAVEPOINT Teilweise;
    END IF;
    IF Zaehler = 5
      THEN ROLLBACK TO Teilweise;
    END IF;
  END LOOP;
  COMMIT COMMENT 'Teilnehmeranmeldung Ende';
END;
```

433_01.sql: Verwendung von Sicherungspunkten

Mit der **Abfrage** SELECT ROWNUM, B _ Nr, TN _ Nr, T _ Nr, B _ Datum, B _ Preis FROM buchung; findet man sofort die genaue Funktionsweise dieses Programms bzw. auch der Sicherungspunkte-Technik heraus. Sobald die Bedingung Zaehler=5 erfüllt ist, setzt der ROLLBACK-Mechanismus die Tabelle in den Zustand zurück, in dem sie bei Zaehler=3 war und in dem genau drei Datensätze in der Tabelle standen. Damit werden die Datensätze 4 und 5 entfernt, sodass die Schleife erst wieder bei Zaehler=6 in der Lage ist, Datensätze einzutragen bzw. diese erst wieder gespeichert werden.

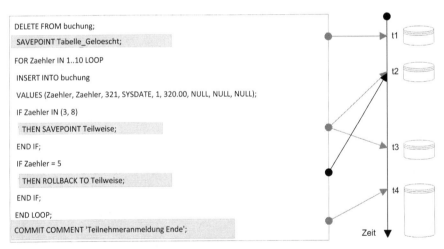

Sicherungspunkte-Technik und Rücksprung

168

```
    ROWNUM         B_NR         TN_NR        T_NR B_DATUM
---------- ---------- ---------- ---------- ----------
         1          1          1         321 28.02.13
         2          2          2         321 28.02.13
...
         8         10         10         321 28.02.13
8 Zeilen ausgewählt.
```

Man muss bei der Verwendung von Sicherungspunkten in jedem Fall die Unterscheidung zwischen SAVEPPOINT und GOTO berücksichtigen. Syntaktisch bzw. innerhalb des Programms werden natürlich Sicherungspunkte räumlich oder zeilenweise voneinander platziert werden. Dies bedeutet aber gerade nicht, dass die Anweisungen zurückspringen, sondern dass wirklich nur der zuvor gespeicherte Datenbankzustand aufgerufen wird. Dies gilt für das gewöhnliche ROLLBACK natürlich auch, allerdings bietet sich hier keine Möglichkeit, direkt zu einem mehrere Schritte zurückliegenden Zustand zurückzukehren. Mehrere Rücksprünge nacheinander lassen sich nur über einzelne Rücksprünge erreichen. Dies entspricht der Logik der gesamten Struktur und gibt den Sicherungspunkten ihre eigentliche Existenzberechtigung, sodass dies nichts wirklich Ungewöhnliches darstellt, aber vielleicht doch zu Fehlschlüssen oder falschen Entwicklungsmustern führen könnte.

Dazu zwei kurze Beispiele: Zum einen können Sie zweimal die oben entstandene Buchungstabelle löschen, zweimal diese Aktion rückgängig machen und dann prüfen, was sich in der Tabelle befindet. Dazu müssen Sie folgende Befehle einzeln ausführen:

```
DELETE FROM buchung;    -- Zustand 1
DELETE FROM buchung;    -- Zustand 2
ROLLBACK;               -- Zu Zustand 1 zurück
ROLLBACK;               -- Zu Zustand 2 zurück
SELECT ROWNUM, B_Nr, TN_Nr, T_Nr, B_Datum
  FROM buchung;         -- Test
```

433_02.sql: Mehrere Lösch- und ROLLBACK-Aktionen

Es werden zunächst alle 5 Zeilen gelöscht, die noch aus der letzten automatischen Eintragung vorhanden waren. Danach erfolgt eine zweite Löschoperation in der leeren Tabelle, an die sich dann zwei ROLLBACK-Operationen anschließen, die zurück zu dem Zustand führen, in dem fünf Zeilen in der Tabelle standen. Dies entspricht einem ganz linearen Vorgehen im Gegensatz zu den Sprüngen der Sicherungspunkte-Technik.

```
5 Zeilen wurden gelöscht.
0 Zeilen wurden gelöscht.
Transaktion mit ROLLBACK rückgängig gemacht.
Transaktion mit ROLLBACK rückgängig gemacht.
... (Abfrageergebnisse)
5 Zeilen ausgewählt.
```

Zum anderen kann man die Wirkungsweise der Sprünge so überprüfen, indem man im vorherigen Programm während der Schleife nicht einfach nur zum letzten Sicherungspunkt innerhalb der Schleife springt und damit die Datensätze 4 und 5 auslässt, sondern indem man zu dem Datenbankzustand zurückspringt, der durch Tabelle_Geloescht gekennzeichnet wurde. Hier war die komplette Tabelle BUCHUNG leer, sodass durch die fortgesetzte Schleife erst die Datensätze ab Zähler 6 eingefügt werden.

Im Programm wirkt sich das folgendermaßen aus:

```
IF Zaehler = 5
   THEN ROLLBACK TO Tabelle_Geloescht;
   END IF;
```

Bei der Abfrage der gesamten Tabelle erhält man lediglich die Datensätze von Zaehler>5 und damit genau die fünf Datensätze von 6 bis 10 zurück. Die Schleife wird gerade nicht unterbrochen, sondern setzt sich fort, wobei sie in einem anderen Datenbank-Zustand bis zum Ende ausgeführt wird.

```
    ROWNUM        B_NR        TN_NR        T_NR B_DATUM
---------- ---------- ---------- ---------- --------
         1          6          6         321 28.02.13
...
```

```
        5          10          10        321 28.02.13
5 Zeilen ausgewählt.
```

433_03.sql: Mehrfacher Rücksprung

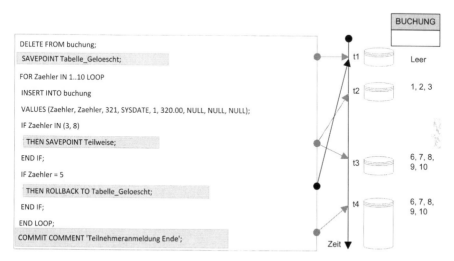

Mehrfacher Rücksprung mit Sicherungspunkten

4. 3. 4. Transaktionen festlegen

Als letzte Eingriffsmöglichkeit kann man Transaktionen deutlich beginnen und enden lassen, wobei bei der Start-Definition auch die Zugriffsrechte auf die betroffenen Tabellen berücksichtigt werden können. Die Anweisung, die eine Sitzung als lesende oder schreibende Sitzung definiert und damit automatisch verhindern kann, dass in einer lesenden Transaktion Schreibvorgänge unternommen werden, ist SET TRANSACTION. Damit beginnen Sie stets eine neue Transaktion, wobei dies auch eine Erweiterung zu den zuvor beschriebenen Techniken darstellt, da hier nicht nur der Abschluss durch COMMIT, sondern auch der Beginn festgelegt werden kann.

```
DECLARE
BEGIN
  COMMIT;
```

```
SET TRANSACTION READ WRITE  NAME 'Teilnehmeranmeldung';
DELETE FROM buchung;
FOR Zaehler IN 1..50 LOOP
 INSERT INTO buchung
 VALUES (Zaehler, Zaehler, 321, SYSDATE, 1, 320.00,
         NULL, NULL, NULL);
END LOOP;
COMMIT COMMENT 'Teilnehmeranmeldung Ende';
END;
```

434_01.sql: Verwendung von SET TRANSACTION

Folgende Varianten sind verfügbar, wobei alternativ immer ein Name für diese Transaktion angegeben werden kann. Er hat eine maximale Länge von 255 Bytes. Bei einer verteilten Transaktion überschreibt dieser Name etwaige COMMENT-Angaben bzw. stellt einen Standardkommentar mit den Namensangaben dar.

- SET TRANSACTION [name]; setzt den Startpunkt einer Transaktion, erhöht die Lesbarkeit und verhindert Fehler aufgrund eventuell noch nicht abgeschlossener Transaktionen.

- SET TRANSACTION READ ONLY [name]; definiert eine Transaktion, die nur lesende Zugriffe auf die Datenbank durchführt, wobei sich die Daten aus den festgeschriebenen Inhalten der Datenbank zusammensetzen.

- SET TRANSACTION READ WRITE [name]; erlaubt in einer Transaktion lesende und schreibende Zugriffe auf eine Datenbank. Für die Lesezugriffe gelten die gleichen Bedingungen wie bei der reinen Lese-Transaktion.

- SET TRANSACTION ISOLATION LEVEL SERIALIZABLE [name]; löst Schwierigkeiten im Umgang mit konkurrierenden Zugriffen und verhindert das Ausführungen von DML-Befehlen (UPDATE, DELETE oder INSERT), sobald sich dies auf Tabellenreihen bezieht, die von einer anderen zeitgleich ablaufenden Transaktion modifziert werden.

- SET TRANSACTION ISOLATION LEVEL READ COMMITTED [name]; löst Schwierigkeiten im Umgang mit konkurrierenden Zugriffen und wartet ab, bis Änderungen an benötigten Tabellenreihen festgeschrieben werden. Die Transaktion wird erst nach der Entsperrung von Tabellenzeilen fortgesetzt.

- `SET TRANSACTION USE ROLLBACK SEGMENT name [name];` definiert die Transaktion als eine lesende und schreibende Transaktion, wobei das angegebene Rollback-Segment verwendet werden soll.

4. 3. 5. Tabellen sperren

Als Abschluss und individuelle Tabellensperre existiert noch der Befehl `LOCK TABLE`, mit dem unterschiedliche Sperrmodi auf eine Tabelle gesetzt werden können. Dieser Befehl verhindert schreibende, aber nicht lesende Zugriffe, solange eine Transaktion oder ein PL/SQL-Programm Änderungen an dieser Tabelle durchführt. Ein `COMMIT` oder ein `ROLLBACK` löst die Sperre wieder auf, wobei für den Rücksprung auch ein Sicherungspunkt verwendet werden kann. Alternativ lässt sich auch eine Sicht verwenden, wobei hier die der Sicht zu Grunde liegenden Tabellen gesperrt werden.

Die allgemeine Syntax lautet:

```
LOCK TABLE name[n] [@verbindungsname]
IN modus MODE [NOWAIT];
```

Als Sperrmodi, die gerade mit dem Begriff `modus` belegt wurden, gibt es folgende Möglichkeiten, wobei zwischen dem kompletten und teilweisen Sperren unterschieden werden muss. Eine komplett (`EXCLUSIVE`) gesperrte Tabelle erlaubt nur Abfragen.

- `ROW SHARE` erlaubt anderen Benutzern weiterhin, die Tabelle zu verwenden, verhindert jedoch eine komplette Sperrung durch diese Benutzer. Dies entspricht dem `SHARE UPDATE` früherer Versionen.

- `ROW EXCLUSIVE` erlaubt anderen Benutzern weiterhin, die Tabelle zu verwenden, verhindert jedoch, dass diese die Tabelle selbst im `SHARE`-Modus sperren.

- `SHARE` erlaubt anderen Benutzern, die Tabelle abzufragen, verhindert jedoch Datenänderungen.

- SHARE ROW EXCLUSIVE erlaubt die Betrachtung der gesamten Tabelle und verhindert, dass andere Benutzer die Tabelle im SHARE-Modus sperren oder Änderungen vornehmen.

- EXLUSIVE erlaubt anderen Benutzern nur noch Abfragen.

Mit der Klausel NOWAIT erhält man eine Information, dass eine Tabelle bereits durch einen anderen Benutzer gesperrt ist. Dabei wird die eigene Transaktion nicht angehalten, bis die Sperre vorbei ist. Lässt man diese Klausel weg, wird die eigene Transaktion zurückgestellt, bis die Tabellensperre aufgehoben worden ist.

Cursor und Mengen

5. Cursor und Mengen

Die zurückliegenden Abschnitte führten Sie in die Grundlagen von PL/SQL ein. Dies bezieht sich sowohl auf die grundlegende Syntax als auch auf die Art und Weise, wie PL/SQL in Oracle verarbeitet werden kann. In diesem Kapitel nun geht es um verschiedene Feinheiten, die den Bedürfnissen der Software-Entwicklung in datenbanknahen Umgebungen besonders entsprechen. Hierbei geht es um die Verarbeitung von großen Datenmengen mittels Cursorn.

5. 1. Prinzip von Cursorn

Bis jetzt und bis auf wenige Ausnahmen in den zurückliegenden Beispielen lieferten die Ergebnisse unserer Abfragen ausschließlich eine Zeile als Treffer zurück. Dies ist nicht auf dubiose oder zufällige Umstände zurückführen, sondern stellte eine Notwendigkeit dar, um das Thema Cursor genügend effektvoll einführen zu können. Mit einem Cursor erhält man nämlich verschiedene Möglichkeiten, einen kompletten Satz an Abfragetreffern mit mehr als einer Ergebniszeile zu verarbeiten.

5. 1. 1. Erzeugen und verarbeiten

Sollte ein Ergebnis bei einer Beispielabfrage, die Sie selbst erstellt haben, bereits mehr als ein Ergebnis zurückgeliefert haben, so ist Ihnen sicherlich die Ausnahme TOO _ MANY _ ROWS aufgefallen, die automatisch ausgelöst wird. Das folgende Beispiel fragt zu viele Reihen ab und löst dadurch diese Ausnahme aus. Dies soll auch gleichzeitig die Notwendigkeit zeigen, sich mit dem Thema Cursor zu beschäftigen.

```
DECLARE
  v_ReihenZahl NUMBER(3);
  v_UName      unternehmen.U_Name%TYPE;
```

```
  v_UBranche    unternehmen.U_Branche%TYPE;
  v_UStadt      unternehmen.U_Stadt%TYPE;
BEGIN
SELECT COUNT(U_Nr)
   INTO v_ReihenZahl
   FROM unternehmen
  WHERE U_Stadt='Düsseldorf';
SELECT U_Name, U_Branche, U_Stadt
   INTO v_UName, v_UBranche, v_UStadt
   FROM unternehmen
  WHERE U_Stadt='Düsseldorf';
EXCEPTION
WHEN TOO_MANY_ROWS
THEN DBMS_OUTPUT.PUT_LINE('Zu viele Reihen: '
                             || v_ReihenZahl);
END;
```

511_01.sql: Ausnahme TOO_MANY_ROWS

Dieses Programm lieferte folgende Ausgabe:

```
Zu viele Reihen: 42
PL/SQL-Prozedur wurde erfolgreich abgeschlossen.
```

In PL/SQL werden unterschiedliche Cursor-Typen zur Verfügung gestellt, von denen Ihnen einer – nämlich der implizite Cursor – bereits durch Abfragen bekannt ist, die nur eine Zeile zurückgeben. Die expliziten Cursor stellen dagegen eine Konstruktion dar, in der eine SQL-Anweisung direkt als Cursor ausgewiesen wird und mit der in jedem Fall mehrzeilige Ergebnismengen behandelt werden können. Beide Cursor-Typen werden als *statische Cursor* bezeichnet, da die sie konstituierende SQL-Abfrage fest im Programm vorgegeben ist. Mit Cursor-Variablen dagegen lassen sich verschiedene SQL-Abfragen verarbeiten, die innerhalb eines Programms bzw. zu verschiedenen Zeiten ein anderes Aussehen haben. Diese Abfragen bezeichnet man in diesen Situationen als *Cursor-Objekte*, die von der *Cursor-Variablen* referenziert werden.

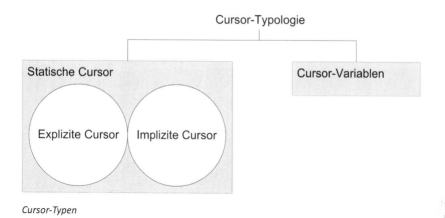

Cursor-Typen

5. 1. 2. Cursor-Operationen

Für alle Cursor-Typen gelten folgende Operationen, die entweder automatisch oder explizit ausgeführt werden müssen:

- PARSE analysiert den Cursor und die zugrunde liegende SQL-Anweisung, um sie durchzuführen, auf Fehler zu überprüfen und eine möglichst optimale Ausführung zu gewährleisten. Dies geschieht automatisch.

- BIND verknüpft (wie in anderen SQL-Abfragen auch) Variablenwerte aus anderen Programmbereichen mit der SQL-Abfrage. Bei statischem SQL erfolgt dies automatisch, während es bei dynamischem SQL explizit durchgeführt werden muss.

- OPEN öffnet einen statischen Cursor explizit zur Verarbeitung der gesamten Ergebnismenge und setzt den Datensatzzeiger auf die erste Zeile. Erst durch die Öffnung kann ein FETCH ausgeführt werden.

- EXCECUTE führt automatisch die SQL-Abfrage in der SQL-Maschine durch.

- FETCH lädt explizit neue Zeilen aus der Ergebnismenge in die Verarbeitungsvariablen. Bei impliziten Cursorn erfolgt dies automatisch.

- CLOSE schließt explizite Cursor, gibt dadurch Speicher frei und beendet die Zugriffsmöglichkeit auf das Abfrageergebnis. Ein FETCH ist damit nicht mehr möglich.

5. 2. Explizite Cursor

5. 2. 1. Deklaration

Die allgemeine Syntax für die Definition eines Cursors lautet:

```
CURSOR name
([parameter IN datentyp [:= | DEFAULT wert ]])
[RETURN
    {tabellenname | cursorname | cursorvariable %ROWTYPE}
 | {Datensatz}]
 IS abfrage
```

Beachten Sie, dass die Abfrage keine INTO-Klausel enthält, die die Spaltenwerte in bereitstehende Variablen ablegt. Dies erledigt der FETCH...INTO-Befehl während der Verarbeitung für jeden einzelnen Datensatz, der aus der Datenmenge übernommen werden soll.

Folgende Möglichkeiten gibt es, um einen Cursor zu definieren. Sie finden die Beispiele mit leerem Ausführungsabschnitt in der Datei *521_01.sql*.

- Ein Cursor ohne Parameter entspricht einer einfachen Abfrage, in der man Bedingungen und Einschränkungen direkt vorgibt.

```
DECLARE
  CURSOR c_Unternehmen IS
  SELECT U_Name, U_Branche, U_Stadt
    FROM unternehmen
   WHERE U_Stadt='Düsseldorf';
```

- Ein Cursor mit Parametern verwendet Werte aus Variablenwerten für z. B. Einschränkungen in einer WHERE-Klausel. Innerhalb müssen Sie die Bindevariablen wie z. B. b _ UStadt vor der Definition des Cursors deklarieren, damit sie dort bereits als bekannt gewertet werden.

```
DECLARE
  b_UStadt unternehmen.U_Stadt%TYPE := 'Düsseldorf';
  CURSOR c_Unternehmen IS
  SELECT U_Name, U_Branche, U_Stadt
    FROM unternehmen
  WHERE U_Stadt=b_UStadt;
```

- In der RETURN-Klausel kann man mit %ROWTYPE auf eine gesamte Tabelle verweisen, wobei hier die gesamte Tabellenzeile aufgerufen werden muss. Dies haben wir im Beispiel durch * einfach, aber nicht optimal, erledigt. Dadurch wird die Datentypkongruenz zwischen Tabelle und Cursor sichergestellt. Tabellenfelder im Datensatz und ihre Spalten tragen den gleichen Namen und sind vom gleichen Datentyp. Anstelle einer Tabelle lassen sich hier auch Cursor-Variablen und Cursor-Namen verwenden.

```
DECLARE
  CURSOR c_Unternehmen
  RETURN unternehmen%ROWTYPE IS
  SELECT *
    FROM unternehmen
  WHERE U_Stadt='Düsseldorf';
```

- In der RETURN-Klausel kann man auf einen gesamten Datensatz verweisen, den man selbst zuvor definiert hat. Hier muss die Struktur (Reihenfolge, Bezeichnung) der Spaltenliste im Cursor mit der entsprechenden Liste im Datensatztyp übereinstimmen, wie dies auch für die Verwendung von %ROW-TYPE gilt.

```
DECLARE
  TYPE UnternehmenDatensatz IS RECORD(
  v_UName     unternehmen.U_Name%TYPE,
  v_UBranche unternehmen.U_Branche%TYPE,
  v_UStadt    unternehmen.U_Stadt%TYPE);
  v_UDaten UnternehmenDatensatz;
  CURSOR c_Unternehmen
  RETURN v_UDaten IS
  SELECT U_Name, U_Branche, U_Stadt
```

```
FROM unternehmen
WHERE U_Stadt='Düsseldorf';
```

- Mit der Parameterübergabe kann entweder eine sichtbare PL/SQL-Variable übergeben werden oder eine neue Variable deklariert und mit einem Wert belegt werden. Im Beispiel legt man zum einen neue eine neue Parametervariable an bzw. überschreibt den Wert der vorhandenen Variable `b _ UStadt`, sobald sie nicht mehr auskommentiert ist. Verzichtet man auf den Kommentar und die Wertzuweisung des Parameters, wird der Wert von `b _ UStadt` wie im normalen Standardfall ohne explizite Parameterübergabe übergeben. Dabei würde man nach dem Cursor-Aufruf gerade keine Klammer mit Variablennamen oder direkter Wertzuweisung nennen, sondern über eine Nichtnennung den Standardwert verwenden.

```
DECLARE
-- b_UStadt unternehmen.U_Stadt%TYPE := 'Dortmund';
 CURSOR c_Unternehmen
 (b_UStadt unternehmen.U_Stadt%TYPE := 'Düsseldorf') IS
 SELECT U_Name, U_Branche, U_Stadt
   FROM unternehmen
  WHERE U_Stadt=b_UStadt;
BEGIN
 OPEN c_Unternehmen('Bochum');
...
```

5. 2. 2. Verarbeitung

Ganz konträr zu den vielfältigen Optionen, die sich bei der Cursor-Deklaration eröffnen, stellt sich die Verarbeitung von expliziten Cursorn als entspannend schematisch und strukturiert dar. Folgende Reihenfolge – die sich überdies erfreulicherweise an das klassische Dreischrittmuster hält – muss stets eingehalten werden, um das Auslösen von automatischen Ausnahme- bzw. Fehlermeldungen zu verhindern. Die einzelnen Ausnahmen behandeln wir im Zusammenhang in einem späteren Abschnitt.

1. Öffnung des Cursors mit `OPEN cursorname`.

2. Übertragung der Ergebnisse der aktuellen Zeile in PL/SQL-Variablen mit `FETCH cursorname INTO variablenliste | datensatzname`.

3. Schließen des Cursors mit `CLOSE cursorname.`

Das folgende Programm erlöst zumindest die erste Zeile der bisher so oft erzeugten Ergebnismenge aus ihrer Erstarrung. Dabei wird auch sofort klar, dass man für die korrekte Verarbeitung noch eine Schleife benötigt.

```
DECLARE
  b_UStadt      unternehmen.U_Stadt%TYPE := 'Düsseldorf';
  v_UName       unternehmen.U_Name%TYPE;
  v_UBranche    unternehmen.U_Branche%TYPE;
  v_UStadt      unternehmen.U_Stadt%TYPE;
  CURSOR c_Unternehmen IS
  SELECT U_Name, U_Branche, U_Stadt
    FROM unternehmen
   WHERE U_Stadt=b_UStadt;
BEGIN
  OPEN c_Unternehmen;                      -- Schritt 1
  FETCH c_Unternehmen
    INTO v_UName, v_UBranche, v_UStadt;    -- Schritt 2
  DBMS_OUTPUT.PUT(v_UName || ' : ');
  DBMS_OUTPUT.PUT(v_UBranche || ' in ');
  DBMS_OUTPUT.PUT_LINE(v_UStadt);
  CLOSE c_Unternehmen;                     -- Schritt 3
END;
```

522_01.sql: Struktur der Verarbeitung

Dieses Programm wie auch die folgenden liefert diese Ausgabe:

```
Globalix Außenhandel GmbH : Logistik in Düsseldorf
PL/SQL-Prozedur wurde erfolgreich abgeschlossen.
```

Beim Einsatz eines Datensatztyps und eines Datensatzes verändert sich das Programm ein wenig, um mit den Anforderungen dieser speziellen Konstruktion zu harmonieren. Dabei füllt man mit `FETCH c_Unternehmen INTO v_UDaten` den gesamten Datensatz, wobei für die weitere Verarbeitung stets die Punkt-Notation mit z. B. `v_UDaten.v_UStadt` verwendet werden muss.

```
DECLARE
  TYPE UnternehmenDatensatz IS RECORD(
    v_UName    unternehmen.U_Name%TYPE,
    v_UBranche unternehmen.U_Branche%TYPE,
    v_UStadt   unternehmen.U_Stadt%TYPE);
  v_UDaten UnternehmenDatensatz;
  CURSOR c_Unternehmen
  RETURN v_UDaten IS
  SELECT U_Name, U_Branche, U_Stadt
    FROM unternehmen
    WHERE U_Stadt='Düsseldorf';
BEGIN
  OPEN c_Unternehmen;                    -- Schritt 1
  FETCH c_Unternehmen
    INTO v_UDaten;                       -- Schritt 2
  DBMS_OUTPUT.PUT(v_UDaten.v_UName || ' : ');
  DBMS_OUTPUT.PUT(v_UDaten.v_UBranche || ' in ');
  DBMS_OUTPUT.PUT_LINE(v_UDaten.v_UStadt);
  CLOSE c_Unternehmen;                   -- Schritt 3
END;
```

522_02.sql: Einsatz eines Datensatzes

Besonders elegant wirkt der Einsatz von Parametern beim Öffnen eines Cursors, womit Sie auch den Sinn und Zweck dieser Technik erkennen, da der Cursor quasi seine Einschränkungsvariablen mit sich trägt und diese nicht extra im Deklarationsabschnitt definiert werden müssen. Hier tragen Sie die benötigten Werte in die Parameterliste ein oder verzichten auf Werte, die bereits durch einen Standardwert oder eine sichtbare Variable vorgegeben werden. Dabei verwenden Sie die Form `OPEN c_Unternehmen('Düsseldorf');` und schließen weitere Parameter durch Kommata an. Zahlen erhalten wie in Abfragen keine Anführungszeichen.

Dieses Beispiel zeigt zusätzlich die Verwendung des einfachen `%ROWTYPE` im Deklarationsabschnitt. Es erzeugt Variablennamen, die mit den Feldnamen identisch sind und erzeugt einen Datensatz mit allen Feldern. Daher muss auch die Abfrage über * alle Spalten abrufen, um der Forderung nach gleicher Spaltenanzahl und korrekter Ordnung gerecht zu werden.

```
DECLARE
  v_UDaten unternehmen%ROWTYPE;
  CURSOR c_Unternehmen
  (b_UStadt unternehmen.U_Stadt%TYPE := 'Dortmund') IS
  SELECT *
    FROM unternehmen
    WHERE U_Stadt=b_UStadt;
BEGIN
  OPEN c_Unternehmen('Düsseldorf');        -- Schritt 1
  FETCH c_Unternehmen
    INTO v_UDaten;                         -- Schritt 2
  DBMS_OUTPUT.PUT(v_UDaten.U_Name || ' : ');
  DBMS_OUTPUT.PUT(v_UDaten.U_Branche || ' in ');
  DBMS_OUTPUT.PUT_LINE(v_UDaten.U_Stadt);
  CLOSE c_Unternehmen;                     -- Schritt 3
END;
```

522_03.sql: Verwendung von Parametern bei OPEN

Als Alternative zu diesem Beispiel lässt sich natürlich auch immer ein eigener Datensatztyp verwenden, der entweder aus einer oder aus mehreren Tabellen geeignete und für einen Anwendungsbereich wichtige Tabellenspalten auswählt und in eine Datensatzstruktur übernimmt. Achtet man dann noch darauf, dass die Namen von Feldern in der Tabelle und im Datensatz gleich sind, greift man quasi auf die Tabellenstruktur zu.

```
SET SERVEROUTPUT ON;
DECLARE
  TYPE DozRec IS RECORD (
  D_Nr        dozent.D_Nr%TYPE,
  D_Vorname   dozent.D_Vorname%TYPE,
  D_Nachname  dozent.D_Nachname%TYPE
  );
  v_DDaten DozRec;
```

```
CURSOR c_Dozenten
(b_DStadt dozent.D_Stadt%TYPE := 'Dortmund')
 RETURN DozRec
 IS
 SELECT D_Nr, D_Vorname, D_Nachname
   FROM dozent
   ORDER BY D_Nachname;
BEGIN
 OPEN c_Dozenten;
 LOOP
 EXIT WHEN c_Dozenten%NOTFOUND OR c_Dozenten%ROWCOUNT = 5;
 FETCH c_Dozenten INTO v_DDaten;
 DBMS_OUTPUT.PUT(c_Dozenten%ROWCOUNT || ' ');
 DBMS_OUTPUT.PUT(v_DDaten.D_Nr||': '|| v_DDaten.D_Vorname);
 DBMS_OUTPUT.PUT_LINE(' ' || v_DDaten.D_Nachname);
 END LOOP;
 CLOSE c_Dozenten;
END;
```

522_04.sql: Variante mit Datensatztyp

Für den FETCH-Befehl gibt es noch einige Ergänzungen, die im Zusammenhang mit Collections und Mengenverarbeitung in einem späteren Abschnitt behandelt werden. Hier hat man die Möglichkeit, wie bei der schon kurz eingeführten Mengenbindung umkehrt die kompletten Daten abzuholen und zu verarbeiten.

5. 2. 3. Cursor-Schleifen und Cursor-Attribute

War die Dreischrittigkeit im letzten Abschnitt besonders einfach, so verhielt es sich gleichfalls mit der Eloquenz der PL/SQL-Programme, welche lediglich den allerersten Datensatz ausgeben wollten Für die Verarbeitung von Ergebnismengen stehen einfache Schleifen, WHILE-Schleifen und die besondere Cursor-FOR-Schleife zur Verfügung. Für die beiden ersten Alternativen benötigt man die Cursor-Attribute. Bei der speziellen Cursor-FOR-Schleife, die automatisch auf noch vorhandene Datenmengen überprüft, sind die Attribute nicht erforderlich. Die vier Cursor-Attribute gleichen in ihrer Syntax den Ihnen schon vertrauten Suffixen %TYPE und %ROWTYPE, d. h. man hängt sie an den Cursornamen an. Dabei kann es sich sowohl um explizite Cursor als auch um Cursor-Variablen handeln. Inhaltlich haben Sie eine ganz andere Bedeutung als die zuvor erwähnten Anhängsel:

Attribut	Beschreibung und Funktion
%FOUND	TRUE, wenn das letzte FETCH eine Zeile zurücklieferte. NULL, wenn noch keine Zeile abgeholt wurde. FALSE, wenn das letzte FETCH keine Zeile zurücklieferte.
%NOTFOUND	TRUE, wenn das letzte FETCH keine Zeile zurücklieferte. NULL, wenn noch keine Zeile abgeholt wurde. FALSE, wenn das letzte FETCH eine Zeile zurücklieferte.
%ISOPEN	TRUE, wenn der Cursor offen ist. FALSE, wenn der Cursor geschlossen ist.
%ROWCOUNT	Vor der Öffnung eines Cursors beträgt die Zeilennummer 0, mit jeder zurückgelieferten Zeile steigt sie um 1.
%BULK _ ROWCOUNT	Liefert bei Mengenverarbeitung die Zeilennummer zurück. Wurde keine Zeile mehr verarbeitet, liefert es 0 zurück.

Cursor-Attribute

Die einfache Schleife lässt sich über eine EXIT-Anweisung verlassen, die entweder das Attribut %NOTFOUND abfragt oder mit einem Zähler arbeitet, der seine Informationen direkt aus %ROWCOUNT und nicht aus der Schleife ermittelt.

```
DECLARE
  v_UName    unternehmen.U_Name%TYPE;
  v_UBranche unternehmen.U_Branche%TYPE;
  v_UStadt   unternehmen.U_Stadt%TYPE;
  Zaehler    NUMBER(3);
  CURSOR c_Unternehmen
  (b_UStadt unternehmen.U_Stadt%TYPE := 'Düsseldorf') IS
  SELECT U_Name, U_Branche, U_Stadt
    FROM unternehmen
   WHERE U_Stadt=b_UStadt;
BEGIN
  OPEN c_Unternehmen;                     -- Schritt 1
  LOOP                                     -- Schleife Start
    FETCH c_Unternehmen
      INTO v_UName, v_UBranche, v_UStadt;  -- Schritt 2
```

```
   Zaehler  := c_Unternehmen%ROWCOUNT;
   DBMS_OUTPUT.PUT(Zaehler || '. ' || v_UName || ' : ');
   DBMS_OUTPUT.PUT(v_UBranche || ' in ');
   DBMS_OUTPUT.PUT_LINE(v_UStadt);
   EXIT WHEN c_Unternehmen%NOTFOUND
        OR c_Unternehmen%ROWCOUNT=5;
 END LOOP;                               -- Schleife Ende
 CLOSE c_Unternehmen;                    -- Schritt 3
END;
```

523_01.sql: Verwenden einer einfachen Schleife

Dieses Programm hat wie die nächsten Beispiele zu weiteren Schleifenkonstruktionen die folgende Ausgabe:

```
1. Globalix Außenhandel GmbH : Logistik in Düsseldorf
...
5. Kolck Wirtschaftsprüfungsges. und Steuerberatungsges. mbH :
Steuerberatung in Düsseldorf
PL/SQL-Prozedur wurde erfolgreich abgeschlossen.
```

Bei der WHILE-Schleife lässt sich die Ausstiegsbedingung direkt bei der Definition der Schleife integrieren, indem man mit Hilfe des Attributs %ROWCOUNT eine entspreche Höhe vorgibt. Da die WHILE-Bedingung überprüft, ob noch eine weitere Zeile gefunden wurde, und erst bei zurückübermitteltem TRUE eine weitere Iteration auslöst, muss man für den ersten Schleifendurchgang vor der WHILE-Bedingung bereits ein FETCH ausführen. Damit für die nächsten Iterationen die Bedingung mit TRUE überprüft wird, benötigt man ganz am Ende der Schleifendefinition ein zweites FETCH, das strukturell wie das erste wirkt.

```
DECLARE
  v_UName    unternehmen.U_Name%TYPE;
  v_UBranche unternehmen.U_Branche%TYPE;
  v_UStadt   unternehmen.U_Stadt%TYPE;
  Zaehler    NUMBER(3);
  CURSOR c_Unternehmen
  (b_UStadt unternehmen.U_Stadt%TYPE := 'Düsseldorf') IS
  SELECT U_Name, U_Branche, U_Stadt
```

```
    FROM unternehmen
   WHERE U_Stadt=b_UStadt;
BEGIN
  OPEN c_Unternehmen;                    -- Schritt 1
  FETCH c_Unternehmen
   INTO v_UName, v_UBranche, v_UStadt;   -- Schritt 2a
  WHILE c_Unternehmen%FOUND
    AND c_Unternehmen%ROWCOUNT <= 5 LOOP  -- Schleife Start
   Zaehler := c_Unternehmen%ROWCOUNT;
   DBMS_OUTPUT.PUT(Zaehler || '. ' || v_UName || ' : ');
   DBMS_OUTPUT.PUT(v_UBranche || ' in ');
   DBMS_OUTPUT.PUT_LINE(v_UStadt);
   FETCH c_Unternehmen
     INTO v_UName, v_UBranche, v_UStadt;  -- Schritt 2b
  END LOOP;                              -- Schleife Ende
  CLOSE c_Unternehmen;                   -- Schritt 3
END;
```

523_02.sql: Cursor-Verarbeitung mit WHILE-Schleife

Zur Vereinfachung der gesamten Syntax und zur Verbesserung der Lesbarkeit können Sie auch die spezielle FOR-Schleife für die Cursor-Verarbeitung einsetzen. Diese führt die Operationen für das Schließen, Öffnen und Einlesen der Datensätze automatisch durch, indem eine spezielle Variable definiert wird, die nur innerhalb der Schleife sichtbar ist. Diese entspricht c_Unternehmen%ROWTYPE, sodass also auf einzelne Feldinhalte über die Spaltennamen zugegriffen werden muss, da diese die Variablen dieses Datensatzes repräsentieren. Wie auch bei einer gewöhnlichen FOR-Schleife können Sie ausschließlich lesend auf diese spezielle Variable zugreifen und daher keine Werte in ihren Feldern speichern.

```
DECLARE
  Zaehler      NUMBER(3);
  CURSOR c_Unternehmen
  (b_UStadt unternehmen.U_Stadt%TYPE := 'Düsseldorf') IS
  SELECT U_Name, U_Branche, U_Stadt
    FROM unternehmen
   WHERE U_Stadt=b_UStadt;
BEGIN
  FOR v_UDaten IN  c_Unternehmen LOOP -- Schritt 1, 2,
```

```
                                     -- Schleife Start
     Zaehler := c_Unternehmen%ROWCOUNT;
     DBMS_OUTPUT.PUT(Zaehler || '. ' || v_UDaten.U_Name
               || ' : ');
     DBMS_OUTPUT.PUT(v_UDaten.U_Branche || ' in ');
     DBMS_OUTPUT.PUT_LINE(v_UDaten.U_Stadt);
     EXIT WHEN c_Unternehmen%ROWCOUNT = 5;
   END LOOP;                        -- Schritt 3, Schleife Ende
 END;
```

523_03.sql: Cursor-FOR-Schleife

Sollten Sie eine noch kürzere Variante bevorzugen und dafür sogar auf einen benannten Cursor verzichten können, steht Ihnen als letzte Möglichkeit noch eine implizite Cursor-FOR-Schleife zur Verfügung. Bei dieser Variante verändert sich die Syntax aufgrund der verkürzten Schreibweise noch einmal erheblich. Zum einen befindet sich die Abfrage in einem Klammerausdruck direkt in der Schleifen-Definition. Da es keinen Namen für diesen Cursor gibt, können Parameter nur noch über explizit definierte Variablen bereitgestellt werden. Aus dem gleichen Grund entfallen die Cursor-Attribute, sodass man auch das Schleifenende über eine eigene Zählervariable steuern muss. Weiterhin sind die Feldinhalte in den Variablen des implizit erstellten Datensatzes v_UDaten unternehmen%ROWTYPE zu erreichen und erwarten auch eine Ansprache über ihren Namen, der aus dem Feldnamen erzeugt wurde.

```
DECLARE
  Zaehler  NUMBER(3) := 1;
  b_UStadt unternehmen.U_Stadt%TYPE := 'Düsseldorf';
BEGIN
  FOR v_UDaten IN  (SELECT U_Name, U_Branche, U_Stadt
                    FROM unternehmen
                    WHERE U_Stadt=b_UStadt)
                    LOOP -- Schritt 1, 2, Schleife Start
    DBMS_OUTPUT.PUT(Zaehler || '. ' || v_UDaten.U_Name || ' : ');
    DBMS_OUTPUT.PUT(v_UDaten.U_Branche || ' in ');
    DBMS_OUTPUT.PUT_LINE(v_UDaten.U_Stadt);
    Zaehler := Zaehler + 1;
    EXIT WHEN Zaehler = 6;
```

```
END LOOP;                  -- Schritt 3, Schleife Ende
END;
```

523_04.sql: Implizite FOR-Schleife

5. 2. 4. Parametrisierte Cursor und Wertzuweisungen

Sie haben nun mehrfach gesehen, wie man – auch als Vorgehensweise – die Fähigkeit von Cursorn verwenden kann, ihre Parameter direkt in ihrer Deklaration zu definieren. Dadurch hebt man bei parametrisierten Cursorn deutlich hervor, welcher Parameter mit welchem Datentyp als Parameter in den Cursor eingeht, da beide syntaktisch eng beieinander aufgeführt sind. Dies eröffnet auch die Möglichkeit, Standardwerte zu verwenden, und erlaubt eine weitere Flexibilisierung bzw. auch eine größere Anwendungsvielfalt, wenn nicht regelmäßig ein Parameter übergeben werden kann.

Im folgenden Programm führen wir nun zwei Parameter ein und ändern noch einmal die Örtlichkeiten von Seminaren so, dass alle Teilnehmer kreuz und quer im Ruhrgebiet umherfahren müssen, um dennoch nie ans Ziel zu gelangen. Dabei untersucht man die Termine zwischen zwei Zeitgrenzen, die als Monat und Jahreszahl in VARCHAR2-Daten in die Cursor-Abfrage eingehen. Für den Aufruf dieses Cursors im Programmablauf gibt es nun zwei unterschiedliche Möglichkeiten, die in PL/SQL für alle Wertübergaben – also auch für Prozeduren und Funktionen – gelten:

- **Positionsnotation**
  Die direkten Werte oder Variablen erscheinen in einer Werteliste in der Reihenfolge, wie sie in der Parameterliste des Cursors definiert wurden und damit auch erwartet werden.

- **Namensnotation**
  Die direkten Werte oder Variablen erscheinen in einer beliebigen Reihenfolge. Dabei werden eventuell Standardwerte ausgelassen und der Parametername in der Notation genannt: parametername => wert/variable.

Im ersten Beispiel drucken wir das gesamte Programm ab und zeigen, wie man bei mehreren Parametern die Positionsnotation verwendet.

```
DECLARE
  v_TOrtNeu termin.T_Ort%TYPE;
  CURSOR c_Termine (t1 VARCHAR2, t2 VARCHAR2) IS
  SELECT T_Nr, T_Ort
    FROM termin
    WHERE TO_CHAR(T_Beginn, 'MM.YYYY') >= t1
      AND TO_CHAR(T_Beginn, 'MM.YYYY') <= t2;
BEGIN
  FOR c_TDaten IN c_Termine('07.2012', '08.2012') LOOP
  <<Ort>>
  CASE c_TDaten.T_Ort
    WHEN  'Dortmund'   THEN v_TOrtNeu := 'Bochum';
    WHEN  'Bochum'     THEN v_TOrtNeu := 'Düsseldorf';
    WHEN  'Düsseldorf' THEN v_TOrtNeu := 'Dortmund';
  END CASE ORT;
  IF v_TOrtNeu IS NOT NULL
    THEN DBMS_OUTPUT.PUT('Aktualisiert ' || c_TDaten.T_Ort);
         UPDATE termin
            SET T_Ort = v_TOrtNeu
          WHERE T_Nr = c_TDaten.T_Nr;
    DBMS_OUTPUT.PUT(' --> ' || v_TOrtNeu);
    DBMS_OUTPUT.PUT_LINE(' Iteration: ' || c_Termine%ROWCOUNT);
  ELSE DBMS_OUTPUT.PUT_LINE('Nicht aktualisierte Iteration: '
                             || c_Termine%ROWCOUNT);
  END IF;

  END LOOP;
END;
```

524_01.sql: Parametrisierter Cursor: Positionsnotation

Im zweiten Beispiel dagegen beschränken wir uns auf den Aufruf des Cursors unter Verwendung der Namensnotation, wobei die beiden Parameter in ihrer Reihenfolge geändert worden sind. Die Zuweisung gelingt dennoch über den Parameternamen.

```
...
FOR c_TDaten IN c_Termine(t2=>'08.2012', t1=>'07.2012') LOOP
...
```

524_02.sql: Parametrisierter Cursor: Namensnotation

Im dritten und letzten Beispiel ergänzen wir den Cursor um einen Standardwert für den Endtermin des Intervalls. Dieses soll dann auch beim Aufruf in die Abfrage einfließen, weswegen wir hierfür keinen Wert vorgeben wollen. Standardwerte lassen sich ausschließlich über die Namensnotation übernehmen, da hier nur die Parameter genannt werden, die man auch tatsächlich verwenden möchte.

```
DECLARE
  CURSOR c_Termine
  (t1 VARCHAR2,
   t2 VARCHAR2 := '08.2012') IS
   SELECT T_Nr, T_Ort
     FROM termin
    WHERE TO_CHAR(T_Beginn, 'MM.YYYY') >= t1
      AND TO_CHAR(T_Beginn, 'MM.YYYY') <= t2;
BEGIN
  FOR c_TDaten IN c_Termine(t1=>'07.2012') LOOP
  ...
```

524_03.sql: Einsatz von Standardwerten bei der Namensnotation

5. 3. Implizite Cursor

Nach all diesen Entscheidungsoptionen und Gestaltungsfreiheiten des letzten Abschnitts über die Verarbeitung von expliziten Cursorn in mannigfaltigen Schleifenkonstrukten ist es vielleicht ganz angenehm und entspannend, sich mit impliziten Cursorn zu beschäftigen. Denn im Gegensatz zu den neuen Bereichen in diesem Thema haben Sie sich mit den impliziten Cursorn bereits zu Genüge in anderen Beispielen beschäftigt.

5. 3. 1. Definition

Sobald man in PL/SQL eine SQL-Anweisung ausführt und verarbeitet – (wie Sie es z. B. mit der schon oft verwendeten SELECT...INTO-Struktur getan haben), erzeugt man einen impliziten Cursor. Die *PL/SQL-Maschine* bietet sich dann als willfähriger Helfer an, die Operationen für das Öffnen, Schließen und Abholen des Datensatzes durchzuführen. Dies funktioniert so lange wunderbar, wie es sich nur um einen einzigen Datensatz handelt, den eine Abfrage bereitstellt. Ansonsten löst die Ergebnismenge die Ausnahme `TOO _ MANY _ ROWS` aus.

Zwei Punkte sind hier zu beachten:

1. Es handelt sich um eine Frage des Programmdesigns, ob man in allen Fällen einen expliziten Cursor vorgibt und sogar in den Fällen, in denen man mit ganz großer Sicherheit davon ausgeht, nur einen einzigen Datensatz zu erhalten, eine Alternativ-Behandlung für eventuelle weitere Datensätze programmiert oder ob man sich darauf verlässt, dass nur eine einzeilige Ergebnismenge entsteht. Möchte man eine möglichst robuste und für alle Wechselfälle des Lebens geeignete Anwendung erstellen, sollte man alle Datenmengen explizit behandeln, auch wenn die meisten mit hoher Wahrscheinlichkeit einzeilig sind. Andererseits verlängert dies die Arbeitszeit und erschwert den Lesefluss, weil man stets die entsprechenden Cursor-Befehle im Programm verwenden muss bzw. jede Übertragung von Feldinhalten in Variablen über eine Schleife realisieren muss. Als Alternative kann man zumindest immer eine Alternativ-Behandlung über die `TOO _ MANY _ ROWS`-Ausnahme vorgeben, wobei allerdings die Frage nicht beantwortet ist, warum überhaupt entgegen der Erwartung mehrere Datensätze zurückgeliefert werden und ob die erste Zeile der Ergebnismenge überhaupt die Informationen besitzt, die benötigt werden. Eventuell kann es sich um eine fehlerhafte Abfrage oder um fehlerhaftes Datenmaterial handeln. In beiden Fällen ist es möglich, dass die erste übergebene Zeile gar nicht die interessanten Daten enthält, sondern erst eine zweite.

2. Selbst wenn eine Abfrage tatsächlich nur eine einzige Zeile zurückgibt, startet Oracle eine weitere Abfrage, um diesen Zustand noch einmal zu verifizieren. Dies entspricht dem ANSI-Standard und soll sicherstellen, dass nicht doch noch eine weitere Ergebniszeile existiert. Dies entfällt bei expliziten Cursorn, sodass im Zusammenhang mit Mehrbenutzerbetrieb und vielen Abfragen, die einzeilige Ergebnisse zurückliefern sollen, die doppelte Menge an Datenbank-Verkehr entsteht. Dieser Leistungsnachteil dürfte sich in den folgenden Versionen sicherlich immer weniger auswirken und stellt dann nur noch bei sehr großen Nutzerzahlen ein Hindernis dar.

5. 3. 2. Attribute

Der implizite Cursor einer SQL-Abfrage wird als SQL-Cursor bezeichnet und bezieht sich immer auf die zuletzt ausgeführte Abfrage. Er trägt also – wie bisher – keinen eigenen Namen, sodass es von der Positionierung der Abfrage und der SQL-Cursor-Ansprache abhängt, welcher implizite Cursor z. B. anhand von Attributen weiterverarbeitet wird. Benötigen Sie Werte aus den Attributen noch an späterer Stelle, bleibt Ihnen nur die Möglichkeit, sie direkt Variablen zuzuweisen. Die folgende Tabelle stellt eine Zusammenfassung der SQL-Cursor-Attribute vor. Ihre Namen und Funktionen gleichen denen der expliziten Cursor. Achten Sie jedoch besonders auf die unterschiedlichen DML-Befehle, die für die SQL-Cursor und ihre Attribute von Bedeutung sind.

Attribut	Beschreibung und Funktion
%FOUND	TRUE, wenn INSERT, UPDATE, DELETE oder SELECT...INTO eine oder mehrere Zeilen betraf bzw. zurücklieferte, wobei bei SELECT vorher schon die Ausnahme NO _ DATA _ FOUND ausgelöst wird. FALSE, wenn keine Zeile zurückgeliefert wurde oder betroffen war.
%NOTFOUND	TRUE, wenn INSERT, UPDATE, DELETE oder SELECT...INTO keine Zeile betraf bzw. zurücklieferte, wobei bei SELECT vorher schon die Ausnahme NO _ DATA _ FOUND ausgelöst wird. FALSE, wenn eine Zeile zurückgeliefert wurde oder betroffen war.
%ISOPEN	Liefert immer FALSE, da ein SQL-Cursor sofort geschlossen wird.
%ROWCOUNT	Liefert die Anzahl der von INSERT, UPDATE oder DELETE betroffenen Zeilen bzw. der von SELECT... INTO ausgewählten Zeilen.
%BULK _ ROWCOUNT	Liefert bei Mengenverarbeitung die Zeilennummer zurück. Wurde keine Zeile mehr verarbeitet, liefert es 0 zurück.

SQL-Cursor-Attribute

5. 3. 3. Beispiel

Im nächsten einfachen Beispiel soll ein bestimmter Kurs mit Terminen im Juni 2013 von seinem aktuellen Veranstaltungsort nach Dortmund verlegt werden. Über die Bedingung SQL%FOUND sollen mit SQL%ROWCOUNT die betroffenen Datensätze ausgegeben werden.

```
DECLARE
BEGIN
 UPDATE termin
    SET T_Ort = 'Dortmund'
 WHERE K_Nr= 1020053
    AND TO_CHAR(T_Beginn, 'MM.YYYY') = '06.2013';
 IF SQL%FOUND
    THEN DBMS_OUTPUT.PUT_LINE('Betroffen: ' || SQL%ROWCOUNT ||'.');
 ELSE
    DBMS_OUTPUT.PUT_LINE('Keine Kurse gefunden.');
 END IF;
END;
```

533_01.sql: Verwendung von SQL-Cursor-Attributen

Als Ergebnis erhält man die Information, dass tatsächlich drei Termine modifiziert wurden:

```
Betroffen: 3.
PL/SQL-Prozedur wurde erfolgreich abgeschlossen.
```

Wie schon oben kurz erwähnt wurde, existiert zwar das Attribut %NOTFOUND auch für die SELECT...INTO-Klausel, allerdings kann man ihre Wirkung nie wirklich testen, da schon vorher die Ausnahme NO _ DATA _ FOUND ausgeführt wird. Dies soll folgendes Beispiel illustrieren, in dem zum Vergleich eine Änderung und eine Abfrage zu Daten ausgeführt werden, die *nicht* in der Tabelle TERMIN vorliegen. In beiden Fällen wird über SQL%NOTFOUND eine Bedingung konstruiert. Zusätzlich erhält die NO _ DATA _ FOUND-Ausnahme eine Ausgabeanweisung.

```
DECLARE
  v_TDaten termin%ROWTYPE;
BEGIN
  UPDATE termin
    SET T_Ort = 'Dortmund'
  WHERE K_Nr= 1020053
    AND TO_CHAR(T_Beginn, 'MM.YYYY') = '06.1999';
  IF SQL%NOTFOUND
    THEN DBMS_OUTPUT.PUT_LINE('Attribut: Keine Änderung.');
  END IF;
  SELECT *
    INTO v_TDaten
    FROM termin
  WHERE K_Nr= 1020053
    AND TO_CHAR(T_Beginn, 'MM.YYYY') = '06.1999';
  IF SQL%NOTFOUND
    THEN DBMS_OUTPUT.PUT_LINE('Attribut: Keine Datensätze.');
  END IF;
EXCEPTION
  WHEN NO_DATA_FOUND
    THEN DBMS_OUTPUT.PUT_LINE('Ausnahme: Keine Datensätze.');
END;
```

533_02.sql: %NOTFOUND bei SELECT...INTO

In der Ausgabe erkennt man deutlich, dass bei Änderungsbefehlen sehr wohl das Attribut zum Einsatz kommen kann, da hier der Anweisungsblock ausgeführt wird. Im Gegensatz dazu löst die leere Ergebnismenge die erwähnte Ausnahme aus, sodass ihr Anweisungsblock aktiviert wird.

```
Attribut: Keine Änderung.
Ausnahme: Keine Datensätze.
PL/SQL-Prozedur wurde erfolgreich abgeschlossen.
```

5. 3. 4. Zeilensperren im Cursor

Auch bei der Behandlung von Abfragemengen mit Hilfe eines Cursors ist natürlich eine gewisse Transaktionsorientierung vonnöten, um korrekte Daten zu ändern bzw. zu verarbeiten. Sobald die Abfrage durchgeführt und der Cursor mit OPEN geöffnet worden ist, stehen die Daten in einem eigenen Speicher zur Verfügung. Sollten nun andere Benutzer Änderungen an diesen Daten durchführen, auf die sich die Abfrage im Cursor eigentlich bezieht, wäre es ohne die Erkenntnisse dieses Abschnitts bzw. ein Transaktionsmanagement nicht möglich, stets die aktuellen Daten zu verarbeiten. Innerhalb der Cursor-Abfrage lässt sich zunächst mit der ergänzenden Klausel

```
SELECT...FROM...
    FOR UPDATE [OF spaltenliste] [WAIT sekundenzahl]
```

eine Zeilensperre auf die durch den Cursor ausgewählten Zeilen einrichten. Alternativ sperren Sie alle Zeilen oder nur eine Auswahl der tatsächlich benötigten. Zusätzlich können Sie auch eine Sekundenzahl angeben, nach der die Sperrung entfallen soll. Sobald die Zeilen nicht wieder durch ein COMMIT freigegeben werden, erhält man eine Fehlermeldung. Im folgenden Beispiel fragt ein Cursor zunächst den Juni-Termin des Kurses mit der Nummer 1020053 ab und sperrt sämtliche Zeilen für eine Sekunde. Da im Folgenden der Ort geändert werden soll und die Abfrage auf der Kursnummer und dem Beginn beruht, ist es besser, alle Zeilen zu sperren, da hier Informationsänderungen die Daten inkonsistent werden lassen könnten. Sobald Sie diese spezielle Klausel einsetzen, haben Sie eine weitere Option für die DML-Befehle, die bisher noch nicht verlangt wurde, aber in einem realistischeren Beispiel doch sofort notwendig wird. Normalerweise möchte man den aktuellen Datensatz ändern, der über FETCH in den Speicher geladen wird. Dabei kann man sich mit der Klausel WHERE CURRENT OF cursorname auf den aktuell im Speicher befindlichen Datensatz beziehen. Dies ermöglicht die Änderungen jedes einzelnen Datensatzes anhand seiner individuellen Vorgaben, die über die Spalte T_Ort geprüft werden.

Die Fallstruktur ist so gewählt, dass Sie auch mehrfach das Programm ablaufen lassen können und jedes Mal alle drei Datensätze so ändern, dass sie beim nächsten Programmdurchlauf erneut geändert werden. Eine RETURNING-Klausel würde sich übrigens weiterhin ganz zum Schluss an den SQL-Befehl anschließen.

```
DECLARE
  CURSOR c_Termine IS
  SELECT *
    FROM termin
   WHERE K_Nr= 1020053
     AND TO_CHAR(T_Beginn, 'MM.YYYY') = '06.2013'
     FOR UPDATE WAIT 1;
BEGIN
FOR v_TDaten IN c_Termine LOOP
CASE v_TDaten.T_Ort
  WHEN 'Düsseldorf'
    THEN UPDATE termin
            SET T_Ort = 'München'
            WHERE CURRENT OF c_Termine;
    DBMS_OUTPUT.PUT_LINE(c_Termine%ROWCOUNT || ':
                         Dortmund geändert.');
  WHEN 'Berlin'
    THEN UPDATE termin
            SET T_Ort = 'Düsseldorf'
            WHERE CURRENT OF c_Termine;
    DBMS_OUTPUT.PUT_LINE(c_Termine%ROWCOUNT
                         || ': München geändert.');
  ELSE DBMS_OUTPUT.PUT_LINE('Keine Änderungen.');
END CASE;
END LOOP;
COMMIT COMMENT 'Terminaenderung';
END;
```

534_01.sql: Zeilensperren und aktueller Datensatz

Im ersten Durchlauf mit den Originaldaten erhalten Sie die Information, dass die Dortmund-Veranstaltungen aktualisiert wurden. Im nächsten Durchlauf würden Sie den Ursprungszustand wieder herrichten.

```
1: München geändert.
2: München geändert.
3: Dortmund geändert.
PL/SQL-Prozedur wurde erfolgreich abgeschlossen.
```

5. 4. Cursor-Variablen

Neben den statischen Cursorn gibt es, wie ganz am Anfang erklärt, auch Cursor-Variablen, die nicht von vornherein mit einer statischen SQL-Abfrage verknüpft sind. Vielmehr erwarten sie zur Laufzeit eine SQL-Abfrage, die sie dann dynamisch verarbeiten. Programmiertechnisch handelt es sich bei einer Cursor-Variable um einen Zeiger auf einen reservierten Speicherbereich, aber gerade nicht um die eigentliche Abfrage.

5. 4. 1. Deklaration

In diesem Buch stellen wir PL/SQL vor. Die Verwendung von anderen Programmiersprachen in Zusammenarbeit mit PL/SQL ist allerdings auch denkbar. Wenn wir also in diesem Abschnitt nur den PL/SQL-Einsatz von Cursor-Variablen vorstellen, so sollten Sie daran danken, dass Sie auch aus anderen Programmiersprachen auf diese Cursor-Variablen zugreifen und daher auch Abfragen übermitteln und Daten zurückerhalten können. Eine ähnliche Möglichkeit bieten auch die Entwicklungsumgebungen *Oracle Forms* und *Oracle Reports*, die clientseitige Cursor-Variablen erlauben und einsetzen.

Mit der folgenden allgemeinen Syntax definieren Sie einen Cursor-Typ:

```
TYPE name IS REF CURSOR
 [RETURN
   {tabelle | cursor | cursorvariable %ROWTYPE}
  |{datensatz %TYPE| datensatztyp | cursortyp}];
```

Mit der folgenden allgemeinen Syntax definieren Sie dann eine Cursor-Variable:

```
cursorvariablenname cursortyp;
```

Die folgenden Beispiele zeigen die Definition von unterschiedlichen Cursor-Typen und Cursor-Variablen unter Einsatz der zuvor gezeigten allgemeinen Syntax:

```
-- Mit %ROWTYPE
TYPE t_TermineRef1 IS REF CURSOR
```

```
RETURN termin%ROWTYPE;
-- Mit Datensatz
TYPE t_TerminDatensatz IS RECORD
(v_TNr termin.T_Nr%TYPE,
 v_KNr termin.K_Nr%TYPE,
 v_TBeginn termin.T_Beginn%TYPE,
 v_TEnde termin.T_Ende%TYPE,
 v_TOrt  termin.T_Ort%TYPE);
v_TDaten t_TerminDatensatz;
TYPE t_TermineRef2 IS REF CURSOR
 RETURN t_TerminDatensatz;
-- Mit %TYPE für Datensatz
TYPE t_TermineRef3 IS REF CURSOR
 RETURN v_TDaten%TYPE;
-- Cursor-Variablen
v_TerminCV1 t_TermineRef1;
v_TerminCV2 t_TermineRef2;
```

433_16.sql: Definition von Cursor-Variablen

Die Beispiele enthalten alle eine RETURN-Klausel, die aber, wie Sie aus der allgemeinen Syntax ersehen können, optional ist. Verzichten Sie auf die Angabe dieser Klausel, so erhalten Sie keinen beschränkten, sondern einen unbeschränkten
Cursor. Die Beschränkung bezieht sich dabei auf die Anzahl der Spalten, die durch
eine Abfrage zurückgeliefert werden darf, und natürlich auch auf die Feldtypen.
Die Möglichkeiten der Abfragen sind also teilweise beschränkt, sodass eine beschränkte Cursor-Variable gerade nicht für beliebige Abfragen zum Einsatz kommen kann. Verwendet man keine RETURN-Klausel, erhält man eine unbeschränkte Cursor-Variable und damit auch die Möglichkeit, beliebige Abfragen mit beliebigen Spalten und Spaltenzahlen zu verwenden. Für den Fall, dass Sie in einer
beschränkten Cursor-Variablen eine unpassende Spaltenstruktur vorgeben, wird
die ROWTYPE_MISMATCH-Ausnahme ausgelöst. Diese Unterscheidung lässt sich
auch mit den Begriffen der starken und schwachen Typisierung von Cursor-Variablen ausdrücken, wobei die unbeschränkten die schwach typisierten und die
beschränkten die stark typisierten Cursor-Variablen darstellen.

5. 4. 2. Verarbeitung

Bei der Verwendung und Verarbeitung von Cursor-Variablen in PL/SQL dürften Sie das Schema für die Verwendung der statischen Cursor wiedererkennen. Auch hier gibt es eine dreischrittige Vorgehensweise, die mit einer speziellen OPEN...FOR-Klausel und der Definition der SQL-Abfrage beginnt. Die drei Schritte lauten also auch hier:

1. OPEN...FOR öffnet den Cursor und gibt eine passende SQL-Abfrage vor.

2. FETCH lädt Datensätze in lokale Variablen für ihre Verarbeitung.

3. CLOSE schließt den erzeugten Cursor und beendet die Möglichkeit für die Datengewinnung.

Auch hier gelten die Ausführungen zu den Cursor-Attributen, mit denen Sie die Nummer des aktuellen Datensatzes oder den Status der Datensatzgewinnung erfragen bzw. die Cursor-Verarbeitung steuern können.

Der einzige neue Befehl neben der Deklaration von Cursor-Variablen ist in diesem Abschnitt OPEN cursorvariable FOR selectausdruck. Der Begriff selectausdruck soll Sie dabei daran erinnern, dass wir der Einfachheit halber oftmals den Begriff »Abfrage« für alle möglichen DML-Befehle – also gerade auch Aktualisierungen – verwenden, dass diese Befehle im Zusammenhang mit Cursor-Variablen aber nicht gültig sind. Sie können also eine Cursor-Variable wie andere Cursor auch nur für einen SELECT-Ausdruck öffnen und nicht etwa für eine Datenänderung oder Löschung. Dies ist also die gesamte allgemeine Syntax, wobei zusätzlich innerhalb der Öffnungsanweisung die Option besteht, eine Cursor-Variable aus der PL/SQL-Umgebung aufzurufen, die mit einem Doppelpunkt referenziert wird.

```
OPEN [cursorname | :hostcursorvariable]
  FOR selectabfrage;
```

In der Abbildung verdeutlichen wir die Bedeutung der zugehörigen Spaltenlisten noch einmal anhand des Beispielprogramms. Zwar kann man die durch die Cursor-Variablen neu hinzugekommene Dimension in der Kompatibilitätsberücksichtigung zwischen Spalten, ihren Datentypen und den Variablen und ihren Datentypen durch die unbeschränkten Cursor-Variablen umgehen, doch sollten Sie sich trotzdem mit diesem Thema beschäftigen. Im Beispielprogramm gilt es also folgende Kompatibilitäten zu berücksichtigen:

- Für die Cursor-Variable `v _ TermineCV` werden im Cursor-Typ über `%ROWTYPE` sämtliche Spalten der Tabelle `TERMIN` referenziert.

- Im Datensatz `v _ TDaten` gilt ebenfalls die gesamte Feldliste mit den zugehörigen Namen und Datentypen als Variablenliste.

- Für die SQL-Abfrage innerhalb der `OPEN...FOR`-Klausel stimmt die Anzahl der abgefragten Spalten ebenfalls mit sämtlichen Spalten überein, was durch das Sternchen (*)erreicht wird.

- Für die Übernahme der Feldwerte in die Datensatzvarible bzw. hier in ihre einzelnen Feldvariablen wird dies durch den Aufruf der Datensatzvariable und der Cursor-Variable gelöst, in denen sämtliche Spalten verfügbar sind.

Sie sehen bereits, dass man sich – durch dieses Thema angeregt – bei der Anwendungsentwicklung in umfassenden philosophischen Betrachtungen verlieren kann, welche Methodik für Robustheit, Fehlervermeidung und bessere Les- und Wartbarkeit von Programmen die beste darstellt. Da sich erfreulicherweise nicht alle der vier genannten Dimensionen im gleichen Zielsystem bewegen bzw. unterschiedliche Gewichtungen und Präferenzen bei verschiedenen Vorgehensweisen haben, handelt es sich um eine fruchtbare Diskussionsgrundlage. Im aktuellen Beispiel sehen Sie, dass es offensichtlich am einfachsten ist, an allen Stellen, in denen Spalten zur Verfügung stehen, einfach alle Spalten zu übernehmen, wenn man auch vielleicht nicht alle Spalten benötigt. Dies verkürzt das Programm um viele Zeilen Quelltext, da man nicht ständig eine Spaltenliste verwenden muss, die nach einer Modifikation schreit, sobald man eine einzelne Spalte zusätzlich für die Verarbeitung benötigt. Abgesehen davon, dass die Tabelle `TERMIN` ohnehin nur wenige Spalten hat und auch abgesehen davon, dass alle anderen Tabellen der Datenbank nicht mehr als 15 Spalten haben, ist natürlich der komplette Spaltenabruf an allen Stellen die einfachste und sicherste Lösung. Dies kann prinzipiell für alle Tabellen erfolgen, die nur wenige Spalten haben. Aber in einem Buchhaltungssystem oder in einer Tabelle mit Primärschlüsseln, die sich über mehrere Felder erstrecken, und in denen vielleicht 50 Spalten für alle möglichen denkbaren und seltenen Informationsbestandteile gierig auf eine Übernahme in ein PL/SQL-

Programm warten, ist dies vielleicht wegen der entsprechenden Netzwerkbelastung und des Speicherverbrauchs nicht die beste Lösung. Da sich, wie oben kurz angedeutet, in unterschiedlichen Dimensionen auch unterschiedliche Argumente für die eine oder andere Lösung finden lassen, so bleibt als allgemeiner Ratschlag nur der Hinweis übrig, dass eine Anwendung an allen Stellen die gleichen Regelungen anwenden sollte und nicht einmal alle Spalten ausliest, um zwei Felder zu benutzen, und an anderer Stelle eine Spaltenliste von drei Viertel aller Felder für den Datensatz, die Cursor-Variable und die Abfrage einfügt, wenn nur ein Viertel der Tabellenspalten nicht benötigt wird. Eventuell wird Ihnen aber auch die Entscheidung durch ein Handbuch zur Verwendung von PL/SQL-Strukturen und -Befehlen abgenommen, das in einem Team oder im ganzen Unternehmen eingesetzt wird und zwecks Qualitätssicherung (eine weitere Dimension, allerdings mehr im Meta-Bereich) gewisse Entscheidung vorgibt.

```
DECLARE
  TYPE t_TermineRef IS REF CURSOR
    RETURN termin%ROWTYPE;
  v_TermineCV t_TermineREF;
  v_TDaten termin%ROWTYPE;
BEGIN
  OPEN v_TermineCV FOR
      SELECT *
        FROM termin
       WHERE TO_CHAR(T_Beginn, 'MM.YYYY')='05.2013';
  FETCH v_TermineCV INTO v_TDaten;
  -- ...
  CLOSE v_TermineCV;
END;
```

Kompatibilitäten zwischen Spalten und Datentypen

In der Beispielanwendung, die den gesamten Arbeitsfluss für die Erzeugung, Verwendung und Verarbeitung von Cursor-Variablen darstellt, wird eine Cursor-Variable für die Termin-Tabelle erzeugt und mit einer einfachen Abfrage für alle Kurse im Mai 2013 gefüllt.

```
DECLARE
  TYPE t_TermineRef IS REF CURSOR
```

```
  RETURN termin%ROWTYPE;
  v_TermineCV t_TermineREF;
  v_TDaten termin%ROWTYPE;
BEGIN
  OPEN v_TermineCV FOR
      SELECT *
        FROM termin
        WHERE TO_CHAR(T_Beginn, 'MM.YYYY')='05.2013';
  FETCH v_TermineCV INTO v_TDaten;
  WHILE v_TermineCV%FOUND LOOP
    DBMS_OUTPUT.PUT_LINE(v_TDaten.K_Nr || ' - '
                      || v_TDaten.T_Ort);
    FETCH v_TermineCV INTO v_TDaten;
    EXIT WHEN v_TermineCV%ROWCOUNT=5;
  END LOOP;
  CLOSE v_TermineCV;
END;
```

542_01.sql: Verarbeiten von Cursor-Variablen

Die Ausgabe ist dieses Mal nicht so interessant wie in den anderen Beispielen. Doch dafür ist das Beispiel an sich bereits syntaktisch interessant genug, sodass eine wenig informative Ausgabe geradezu entspannend wirkt:

```
1015028 - Berlin
...
PL/SQL-Prozedur wurde erfolgreich abgeschlossen.
```

Als Lösung eignen sich Cursor-Variablen besonders dann, wenn Abfragen aus mehreren Teilbereichen zusammengesetzt werden sollen. Dies ist in vielen Datenbankanwendungen der Fall und wird dort auch unter dem Stichwort »Abstraktion« eingesetzt. Hierbei kann man sich – im Gegensatz zum klein dimensionierten folgenden Beispiel – vorstellen, dass für die einzelnen Bereiche einer Abfrage einzelne Variablen wie

- `s_Spaltenliste` für die betroffenen und zu verwendenden Spalten,

- `s_Tabellenliste` für die passend benötigten Tabellen,

- s_Joins für die damit zu erstellenden Verknüpfungen,

- s_Where für die Bedingungen und Einschränkungen,

- s_Orderby für die Spaltensortierungen

zum Einsatz kommen, die um andere Variablen für weitergehende Abfrage-strukturen ergänzt werden. Diese Konstruktion endet dann mit einer in einer Fall-unterscheidung und durch den Konkatenationsoperator zusammengesetzten Zei-chenkette, die mit Hilfe einer Cursor-Variablen ausgeführt und dann verarbeitet wird. Im nächsten Beispiel verzichten wir auf ein solch umfangreiches Programm, sondern zeigen nur, wie eine Zeichenkette mit zwei eingehenden Variablen zu-sammengesetzt und dann über OPEN ... FOR mit einer Cursor-Variablen ausge-führt wird. Sie können sich aber dennoch sicherlich gut vorstellen, dass diese ge-samte Überlegung ein interessantes Entwicklungsmuster für die Verarbeitung von komplexen und unterschiedlichen Abfragestrukturen darstellt.

```
DECLARE
  -- Cursor
  TYPE TNRef IS REF CURSOR;
  c_TeilnehmerCV TNRef;
  -- Datensatztyp
  TYPE TDaten IS RECORD (
    TN_Vorname   teilnehmer.TN_Vorname%TYPE,
    TN_Nachname teilnehmer.TN_Nachname%TYPE
    );
  -- Datensatzvariable
  v_TDaten TDaten;
  -- SQL-Platzhalter-Variablen
  v_SQL  VARCHAR2(500);
  x1     NUMBER(4);
  x2     NUMBER(4);
BEGIN
  x1 := 100;
  x2 := 200;
  v_SQL := 'SELECT TN_Vorname, TN_Nachname'
         ||' FROM teilnehmer '
         || ' WHERE TN_Nr BETWEEN '
```

```
        || x1
        ||' AND '
        || x2;
DBMS_OUTPUT.PUT_LINE(v_SQL);
OPEN c_TeilnehmerCV FOR v_SQL;          -- Öffnen für Abfrage
FETCH c_TeilnehmerCV INTO v_TDaten;     -- Datensatzabruf
WHILE c_TeilnehmerCV%FOUND LOOP         -- Datenverarbeitung
  FETCH c_TeilnehmerCV INTO v_TDaten;
  DBMS_OUTPUT.PUT_LINE(v_TDaten.TN_Vorname || ' '
                    || v_TDaten.TN_Nachname);
  EXIT WHEN c_TeilnehmerCV%ROWCOUNT = 5;
END LOOP;
CLOSE c_TeilnehmerCV;
END;
```

542_02.sql: Einsatz von Cursor-Variablen

Sie erhalten neben den wenig interessanten Namen die überaus interessante Zeichenkette, die mit Hilfe der Cursor-Variable in der OPEN...FOR-Anweisung geöffnet und ausgeführt wird.

```
SELECT TN_Vorname, TN_Nachname FROM teilnehmer  WHERE TN_Nr BE-
TWEEN 100 AND 200
E. R. Drevermann
Nicole Baltruschat
Gisbert Schlömer
Siegfried Drewer
PL/SQL-Prozedur wurde erfolgreich abgeschlossen.
```

5. 5. Weitere Techniken

5. 5. 1. Cursor-Ausdrücke

Besonders raffiniert sind die – auch in SQL verfügbaren – Cursor-Ausdrücke. Dabei wird das Schlüsselwort CURSOR vor einer Unterabfrage platziert. Dieser Ausdruck ermittelt dann verschachtelte Strukturen wie z.B. die Teilnehmer eines Unternehmens, die Teilnehmer eines Seminartermins, wenn mehrere Unternehmen oder mehrere Seminartermine in einer äußeren Abfrage ermittelt werden. Die Verwendung erfordert eine Cursorvariable sowie eine korrelierte Unterabfrage, welche die mehrfach auftretenden Elemente für eine Obermenge beschafft. Dabei lässt sich keine Sicherstellung verwenden und keine Mengenbindung einsetzen. Für die verschachtelten Cursor benötigt man kein OPEN und CLOSE, sondern kann sofort mit einer Schleife auf die Datenreihen zugreifen.

```
DECLARE
  ----- Datensätze
  -- Datensatztyp Termin
  TYPE ds_Termin IS RECORD (
    T_Beginn termin.T_Beginn%TYPE,
    T_Ort    termin.T_Ort%TYPE
  );
  -- Datensatz Termin
  v_TDaten ds_Termin;

  -- Datensatztyp Teilnehmer
  TYPE ds_Teilnehmer IS RECORD (
    TN_Nachname teilnehmer.TN_Nachname%TYPE,
    TN_Vorname  teilnehmer.TN_Vorname%TYPE
  );
  -- Datensatz Teilnehmer
  v_TNDaten ds_Teilnehmer;

  -- Cursorvariablentyp
  TYPE cv_typ IS REF CURSOR;

  -- Cursorvariablen
  cv_Teilnehmer cv_Typ;

  -- Umschließender Cursor
  CURSOR c_TDaten IS
    SELECT t.T_Beginn,
           t.T_Ort,
           CURSOR(SELECT tn.TN_Nachname,
                         tn.TN_Vorname
                  FROM teilnehmer tn
                  WHERE tn.TN_Nr = b.TN_Nr) AS Person
```

```
     FROM buchung b INNER JOIN termin t
        ON b.T_Nr = t.T_Nr
     WHERE t.T_Nr IN (5,55);


  -- Hilfsvariablen
  AktuellerTermin termin.T_Beginn%TYPE;
  LetzterTermin termin.T_Beginn%TYPE;
BEGIN
  -- Öffne 1. Cursor
  OPEN c_TDaten;
  -- Verarbeite 1. Cursor
  LOOP
    FETCH c_TDaten INTO v_TDaten.T_Beginn, v_TDaten.T_Ort,
                                        cv_Teilnehmer;
    -- Gruppe ermitteln
    AktuellerTermin := v_TDaten.T_Beginn;
    IF AktuellerTermin != LetzterTermin
       OR LetzterTermin IS NULL
     THEN DBMS_OUTPUT.NEW_LINE;
          DBMS_OUTPUT.PUT(c_TDaten%ROWCOUNT || ' ' ||
                          AktuellerTermin || ': ');
          LetzterTermin := v_TDaten.T_Beginn;
    END IF;

    EXIT WHEN c_TDaten%NOTFOUND;
    -- Verarbeite 2. Cursor
    LOOP
      FETCH cv_Teilnehmer INTO v_TNDaten;
      EXIT WHEN cv_Teilnehmer%NOTFOUND;
      DBMS_OUTPUT.PUT( ' | ' || v_TNDaten.TN_Nachname);
    END LOOP;
  END LOOP;

  -- Schließe 1. Cursor
  CLOSE c_TDaten;
  DBMS_OUTPUT.NEW_LINE;
END;
```

551_01.sql: Verwendung von Cursor-Ausdrücken

211

Man erhält zwei kurze Liste mit den beiden Terminen und den Teilnehmern der zugehörigen Seminare.

```
1 21.05.10:   | Frantzki | Elsner | Olschewski | Stavrianos | Hama-
da | Glaser
7 21.02.10:   | Fahle | Pielok
PL/SQL-Prozedur wurde erfolgreich abgeschlossen.
```

5. 5. 2. Cursor-Ausnahmen

In diesem Abschnitt tauchten einige vordefinierte Ausnahmen auf, die wir zwar im Text kurz charakterisiert haben, die wir aber noch einmal vollständig (also auch um weitere angereichert) in einer Tabelle auflisten wollen. Die Behandlung und das Wesen von Ausnahmen wird im folgenden Abschnitt zur PL/SQL-Ausnahmebehandlung beschrieben.

Name	ORA-Nr. / SQL-Wert	Bescheibung
CURSOR _ ALREADY _ OPEN	ORA-06511 -6511	Der Cursor ist bereits geöffnet.
INVALID _ CURSOR	ORA-01001 -1001	Eine ungültige Operation wie das Schließen eines nicht geöffneten Cursors soll ausgeführt werden.
ROWTYPE _ MISMATCH	ORA-06504 -6504	Die Datentypen und/oder die Spaltenzahl bei Variablen und Abfragen stimmen nicht überein.
TOO _ MANY _ ROWS	ORA-01422 -1422	Eine SQL-Abfrage beim impliziten Cursor liefert mehr als seine Zeile zurück.
NO _ DATA _ FOUND	ORA-01403 +100	Eine SQL-Abfrage findet keine Reihen, was beim expliziten Cursor uninteressant ist, beim impliziten Cursor allerdings die Ausnahme auslöst.

Vordefinierte Cursor-Ausnahmen

Fehler und Ausnahmen

6. Fehler und Ausnahmen

Wie es dem Charakter von Ausnahmen entspricht, tauchten sie in „Ausnahmesituationen" an einigen Stellen in den zurückliegenden Programmen bereits auf. Daher haben Sie vermutlich schon eine rudimentäre Vorstellung davon, was Ausnahmebehandlung und Ausnahmen an sich in PL/SQL bedeuten und wie Programme über ein ausgeklügeltes Ausnahmesystem robuster gemacht werden können.

6. 1. Einführung

Vorab also zunächst einige einleitende Worte, um das Thema in den Gesamtzusammenhang zu stellen.

6. 1. 1. Typologie von Ausnahmen

Ausnahmen lassen sich in vier Typen einteilen:

- **Benannte bzw. vordefinierte Ausnahmen** mit einem Namen als Zeichenkette, über die diese Ausnahmen aufgerufen werden können und eine entsprechende Ausnahmebehandlung erstellt werden kann.

- **Benannte bzw. selbst definierte Ausnahmen,** die innerhalb eines PL/SQL-Programms erstellt und in geeigneten Situationen (Fällen) ausgelöst werden.

- **Unbenannte bzw. über Fehlernummern definierte Ausnahmen**, die wie die benannten Ausnahmen vom System vorgegeben werden, aber nur anhand einer Fehlernummer identifiziert werden können.

- **Unbenannte bzw. über Fehlernummern selbst definierte Ausnahmen**, die in gewissen Situationen (Fällen) ausgelöst werden und eine Fehlernummer zwischen −20000 und −20999 wie auch eine Fehlermeldung erhalten.

Ausnahmen sind am Ende des Ausführungsabschnitts in einem EXCEPTION-Block versammelt, sodass also hier auch übersichtlich die im Programm behandelten Ausnahmen zusammengefasst werden. Es ist nicht möglich, über eine GOTO-Anweisung den Ausnahmeblock wieder zu verlassen und somit nur einzelne Werte zu ändern. Man muss stattdessen eine tatsächliche Fehlerbehandlung programmieren und damit das entstandene Problem komplett lösen.

6. 1. 2. Allgemeine Funktionsweise von Ausnahmen

Die allgemeine Syntax von Ausnahmebehandlungen finden Sie im nächsten Schema. Achten Sie dabei darauf, dass Sie auch mehrere Ausnahmen in der Fallunterscheidung über boolesche Operatoren (z. B. OR) miteinander verknüpfen könnten. Hier sehen Sie auch sofort die komplette Struktur, mit der Sie vordefinierte und eigene Ausnahmen behandeln. Während eine eigene Ausnahme im Deklarationsabschnitt als solche definiert und im Ausführungsabschnitt abgefragt werden muss, können Sie eine vordefinierte ohne weitere Vorbereitung verwenden. Auch die Überprüfung erfolgt automatisch. Im Ausnahmeabschnitt können Sie dann die einzelnen Ausnahmen als Fälle überprüfen und zum Schluss auch noch einen allgemeinen Fall über die vordefinierte Ausnahme OTHERS verarbeiten. Mit diesem allgemeinen Fall sollten Sie keinesfalls alle Fehlermeldungen unterdrücken, indem Sie als Anweisung NULL; vorgeben, denn dann erhalten Sie auch bei Fehlern keine Informationen über die Art dieses Fehlers.

```
DECLARE
 eigener_name EXCEPTION;
BEGIN
 IF bedingung
  THEN RAISE eigener_name;
 END IF;
 EXCEPTION
 WHEN eigener_name THEN anweisungen;
 WHEN vordefinierter_name THEN anweisungen;
 WHEN OTHERS THEN anweisungen;
END;
```

Im nächsten Beispiel soll die allgemeine Funktionsweise von Ausnahmen am Beispiel der Ausnahme DUP _ VAL _ ON _ INDEX (doppelter Indexwert) gezeigt werden, die prüft, ob ein Indexwert (in diesem Fall der Primärschlüsselwert) doppelt auftritt. Dies ist der Fall, denn die Nummer 20, die im Deklarationsabschnitt zu finden ist, ist bereits reserviert. Damit aber dennoch Herr Karl-Heinz Mostler für die Kurse NRW GmbH tätig werden kann, ermittelt man in der Ausnahmebehandlung eine passende, um eine Stelle höhere Zahl und trägt ihn dann mit diesem Wert in die Datenbank ein.

```
DECLARE
  v_DNr        dozent.D_Nr%TYPE        := 20;
  v_DVorname   dozent.D_Vorname%TYPE   := 'Karl-Heinz';
  v_DNachname  dozent.D_Nachname%TYPE  := 'Mostler';
BEGIN
  INSERT INTO dozent
         (D_Nr,  D_Vorname,  D_Nachname)
  VALUES (v_DNr, v_DVorname, v_DNachname);
EXCEPTION
WHEN DUP_VAL_ON_INDEX
  THEN SELECT MAX(D_Nr)+1
       INTO v_DNr
       FROM dozent;
  DBMS_OUTPUT.PUT_LINE('D-Nr vorhanden. Neu: ' || v_DNr);
  INSERT INTO dozent
         (D_Nr,  D_Vorname,  D_Nachname)
  VALUES (v_DNr, v_DVorname, v_DNachname)
  RETURNING D_Vorname,  D_Nachname
       INTO v_DVorname, v_DNachname;
  DBMS_OUTPUT.PUT_LINE('Dozent erfasst:');
  DBMS_OUTPUT.PUT_LINE(v_DVorname ||' '|| v_DNachname);
END;
```

612_01.sql: Beispiel einer Ausnahme

Dieses Programm führt zu folgender erwarteter Ausgabe, in der die bereits vorhandene Dozentennummer aufgeführt, der Dozent aber dennoch über eine neue Nummer eingetragen wird:

```
D-Nr vorhanden. Neu: 21
Dozent erfasst:
```

```
Karl-Heinz Mostler
PL/SQL-Prozedur wurde erfolgreich abgeschlossen.
```

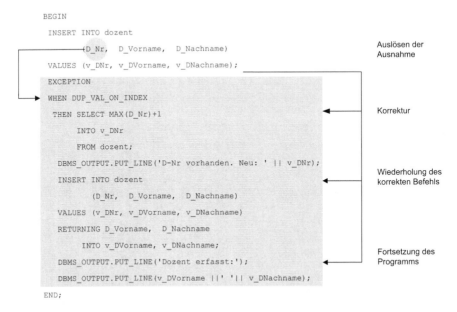

```
BEGIN
    INSERT INTO dozent
                (D_Nr,  D_Vorname,  D_Nachname)
    VALUES (v_DNr, v_DVorname, v_DNachname);
    EXCEPTION
    WHEN DUP_VAL_ON_INDEX
        THEN SELECT MAX(D_Nr)+1
            INTO v_DNr
            FROM dozent;
        DBMS_OUTPUT.PUT_LINE('D-Nr vorhanden. Neu: ' || v_DNr);
        INSERT INTO dozent
                (D_Nr,  D_Vorname,  D_Nachname)
        VALUES (v_DNr, v_DVorname, v_DNachname)
        RETURNING D_Vorname, D_Nachname
            INTO v_DVorname, v_DNachname;
        DBMS_OUTPUT.PUT_LINE('Dozent erfasst:');
        DBMS_OUTPUT.PUT_LINE(v_DVorname ||' '|| v_DNachname);
END;
```

Auslösen der Ausnahme

Korrektur

Wiederholung des korrekten Befehls

Fortsetzung des Programms

Funktionsweise von Ausnahmen#

Wie Sie sehen, erfolgt in der Ausnahmebehandlung nicht nur eine Korrektur des Fehlers, indem zunächst die größte und dann eine um einen Zähler größere Dozentennummer ermittelt werden, sondern auch die Wiederholung und Fortsetzung des eigentlich gedachten Programms. Dies bezieht sich zum einen auf den Eintrag (Wiederholung) des Dozenten und zum anderen auf eine simple Bestätigungsmeldung (Fortsetzung). Sobald eine Ausnahme ausgelöst wird, geht die gesamte Steuerung in den Ausnahmeabschnitt über und verlässt diesen auch wieder nicht. Daher befindet sie sich auch am Ende des gesamten Blocks, damit dieser versperrte Rückweg optisch unterstrichen wird. Da diese Struktur auf den ersten Blick wie eine herbe Einschränkung aussieht und eventuell sogar das gesamte Ausnahmekonzept mehr als fragwürdig erscheinen lässt, haben wir bereits oben darauf hingewiesen, dass auch ein Trick mit einem GOTO (Korrektur, Variablenwertänderung und Rücksprung mit neuem Wert) nicht möglich ist, um die Enttäuschung portionsweise zu verteilen. Dies können Sie nachprüfen, indem Sie die Ausgabezeilen direkt unter den Einfügevorgang kopieren. Natürlich gibt es eine Lösung, die Sie in einem späteren Abschnitt kennen lernen werden. Denn die Ausnahmebehandlung bzw. der Ausnahmeabschnitt bezieht sich auf einen Block, sodass Sie – wie es in größeren Programmen ohnehin der Standardfall sein dürfte – mit verschachtelten Blockstrukturen durchaus ein Programm fortsetzen können, ohne die nächsten 200 Zeilen im Ausnahmeabschnitt einzubringen.

6. 1. 3. Vordefinierte Ausnahmen

Wie Sie in den zurückliegenden Beispielen schon gesehen haben, zeichnen sich die vordefinierten Ausnahmen durch die Eigenschaft aus, dass sie nicht im Deklarationsabschnitt erwähnt sein müssen, sondern mit einem sprechenden Namen ständig bereitstehen, wenn eine Situation eintritt, die sie die Situation löst aus, nicht die Ausnahmen. Auch innerhalb des Ausführungsabschnitts benötigen Sie keine Erwähnung, da sie in jedem Fall ausgelöst werden, wenn die entsprechende Bedingung auftritt. Daher genügt eine Fehlerbehandlung im Ausnahmeabschnitt, die die entsprechende Ausnahme mit Hilfe ihres Namens benennt und passende Anweisungen vorgibt.

Die folgende Tabelle listet Ausnahmen auf, die nicht in den Tabellen zu den Cursor- und Collection-Ausnahmen aufgeführt werden.

Name	ORA-Nr. / SQL-Wert	Bescheibung
ACCESS _ INTO _ NULL	ORA-06530 -6530	Versuch, einem nicht initialisierten Objekt (NULL) einen Wert zuzuweisen.
CASE _ NOT _ FOUND	ORA-06592 -6592	Innerhalb einer CASE-Anweisung trifft kein Fall zu, und es ist auch kein ELSE definiert.
DUP _ VAL _ ON _ INDEX	ORA-00001 -1	Doppelte Wertzuweisung in einer eindeutigen Spalte.
INVALID _ NUMBER	ORA-01722 -1722	In einer SQL-Anweisung gelingt die Datentypkonversion zu einer Zahl nicht.
LOGIN _ DENIED	ORA-01017 -1017	Zurückgewiesene Anmeldung wegen eines falschen Benutzernamens und/oder Passworts.

Name	ORA-Nr. / SQL-Wert	Bescheibung
NO _ DATA _ FOUND	ORA-01403 +100	Eine SQL-Abfrage findet keine Zeilen (nicht zu verwenden bei FETCH).
NOT _ LOGGED _ ON	ORA-01012 -1012	Keine Verbindung zur Datenbank vorhanden.
PROGRAM _ ERROR	ORA-06501 - 6501	Interner Fehler der PL/SQL-Maschine.
SELF _ IS _ NULL	ORA-30625 -30625	Versuch, die MEMBER-Methode einer NULL-Instanz zu rufen.
STORAGE _ ERROR	ORA-06500 -6500	Die PL/SQL-Maschine hat nicht genügend Speicherplatz oder der Speicherplatz ist beschädigt.
SYS _ INVALID _ ROWID	ORA-01410 -1410	Die Datentypkonversion von ROWID zu CHAR misslingt, da keine gültige ROWID vorliegt.
TIMEOUT _ ON _ RESOURCE	ORA-00051 -51	Die Höchstwartezeit läuft ab.
VALUE _ ERROR	ORA-06502 -6502	In einer prozeduralen Datentypkonversion gelingt die Umwandlung in eine Zahl nicht.
ZERO _ DIVIDE	ORA-01476 -1476	Division durch 0.

Vordefinierte PL/SQL-Ausnahmen

Zur Verdeutlichung folgt ein Beispiel, in dem die Ausnahme TOO _ MANY _ ROWS für die SQL-Abfrage SELECT...INTO berücksichtigt wird. Zugegeben, die Abfrage ist nicht gerade darauf ausgerichtet, in einem Fall einmal nur eine einzige Zeile zurückzugeben, da ja nicht einmal der Primärschlüssel beachtet wird, doch umso beeindruckender ist dann die souveräne Problembehandlung:

```
DECLARE
  v_ReihenZahl NUMBER(3);
  v_UName      unternehmen.U_Name%TYPE;
  v_UBranche   unternehmen.U_Branche%TYPE;
  v_UStadt     unternehmen.U_Stadt%TYPE;
BEGIN
```

```
SELECT COUNT(U_Nr)
  INTO v_ReihenZahl
  FROM unternehmen
 WHERE U_Stadt='Düsseldorf';
SELECT U_Name, U_Branche, U_Stadt
  INTO v_UName, v_UBranche, v_UStadt
  FROM unternehmen
 WHERE U_Stadt='Düsseldorf';
EXCEPTION
WHEN TOO_MANY_ROWS
THEN DBMS_OUTPUT.PUT_LINE('Zu viele Reihen: '
                          || v_ReihenZahl);
END;
```

613_01.sql: Vordefinierte Ausnahmen

6. 2. Selbst definierte Ausnahmen

Für die Verwendung von selbst definierten Ausnahmen gibt es – ähnlich wie bei Cursorn – eine strenge Regelung und eine einfache Schrittabfolge, die Sie berücksichtigen müssen.

1. Definition der Ausnahme mit ihrem Namen und EXCEPTION im Deklarationsabschnitt.

2. Abfrage der Bedingungen, die die Ausnahme auslösen sollen, und Weiterleitung des Programms in den Ausführungsabschitt.

3. Behandlung der Situation bzw. der Ausnahme im Ausnahmeabschnitt.

6. 2. 1. Deklaration und Verwendung

Das folgende Programm ist ein wenig komplizierter als die vorherigen Beispiele, obwohl es noch nicht kompliziert genug ist, um als realistisch gelten zu können. In jedem Fall fragt eine Abfrage eine zufällige Auswahl von 0,55 % der Datensätze aus der Teilnehmer-Tabelle ab, aus der dann mit Hilfe einer Cursor-FOR-Schleife Buchungen für einen Kurstermin vorgenommen werden. Interessant ist nun, dass die Anzahl der Datensätze zwischen sieben und neun variiert, da die 0,55 % nicht immer die gleiche Datenmenge zurückliefern. Da nur sechs Buchungen pro Termin akzeptiert werden können (da dann der erste Seminarraum komplett belegt ist), müssen alle anderen Teilnehmer auf die Teilnahme am Kurs verzichten. Ihre Daten könnte man wiederum abspeichern oder für einen zweiten Kurs vormerken und dergleichen, doch diese Lösungen interessieren hier nicht. Ihre Daten gehen schlichtweg verloren, und man wird nie erfahren, wen die Zufallsauswahl noch bestimmt hat. Wichtig dagegen ist ausschließlich die Ausnahme, die nach dem sechsten Durchlauf der Schleife ausgelöst wird und die Schleife abbricht bzw. in den Ausnahmeabschnitt verzweigt.

```
DECLARE
  v_MaxBNr  buchung.B_Nr%TYPE;          -- Höchste Buchungsnr
  v_BDaten  buchung%ROWTYPE;            -- Buchungsdaten
  e_KursVoll EXCEPTION;                 -- Ausnahme Kurs voll
  CURSOR c_Teilnehmer IS
        SELECT TN_Nr, TN_Vorname, TN_Nachname
          FROM teilnehmer SAMPLE (0.55);  -- Teilnehmerwahl
BEGIN
  SELECT MAX(B_Nr)+1
    INTO v_MaxBNr
    FROM buchung;                       -- Höchste Buchungsnr
  IF v_MaxBNr IS NULL
    THEN v_MaxBNr := 1;                 -- Bei leerer Tabelle
  END IF;
  FOR v_TNDaten IN c_Teilnehmer LOOP    -- Cursor-Schleife
    INSERT INTO buchung (B_Nr, TN_Nr, T_Nr, B_Datum)
        VALUES (v_MaxBNr, v_TNDaten.TN_Nr, 589, SYSDATE)
      RETURNING B_Nr INTO v_BDaten.B_Nr;
    DBMS_OUTPUT.PUT(c_Teilnehmer%ROWCOUNT || ' - '
                  || v_BDaten.B_Nr || ': ');
    DBMS_OUTPUT.PUT_LINE(v_TNDaten.TN_Vorname || ' '
                  || v_TNDaten.TN_Nachname);
    IF c_Teilnehmer%ROWCOUNT = 6
      THEN RAISE e_KursVoll;            -- Auslösung Ausnahme
    END IF;
    v_MaxBNr := v_MaxBNr + 1;
  END LOOP;
EXCEPTION
  WHEN e_KursVoll
```

```
    THEN DBMS_OUTPUT.PUT_LINE ('Kurs voll.');    -- Anweisungen
END;
```

621_01.sql: Selbst definierte Ausnahmen

Durch die Zufallsauswahl wurden bei unserem ersten Durchlauf folgende Teilnehmer ausgewählt. Rein zufällig wählte die SQL-Abfrage auch mehr als sechs Teilnehmer, sodass die Buchungsverarbeitung unterbrochen und die Information ausgegeben wurde, dass der Kurs voll sei.

```
1 - 1: Silke Besner
2 - 2: Rolf Flaßkamp
3 - 3: Wilfried Buxbaum
4 - 4: Martina Seligmann
5 - 5: Ursula Flotte Ecke
6 - 6: Wilma Fischer
Kurs voll.
PL/SQL-Prozedur wurde erfolgreich abgeschlossen.
```

6. 2. 2. Fehlermeldungen und Fehlerwerte

Mittlerweile dürften Ihnen schon einige Fehlermeldungen begegnet sein. Im Normalfall sollten sie helfen, einen Fehler auch tatsächlich zu beheben. Allerdings werden Sie sich noch nicht derart genau mit den Meldungen beschäftigt haben wie in diesem Beispiel. Die Fehlermeldungen von Oracle richten sich in ihrer Sprache nach den lokalen Einstellungen des Servers, sodass also die Fehlermeldungen an sich stets die gleichen sind, aber in unterschiedlichen Sprachen vorliegen. Der Übersichtlichkeit halber haben die Fehlermeldungen Nummern, die für die Oracle-Fehler mit ORA beginnen, worauf eine sechsstellige Nummer folgt. Bei SQL-Fehlerwerten enthalten die Meldungen entweder die gleiche Nummer oder eine andere, die in der Fehlerdokumentation nachzulesen sind.

Zum allgemeinen Fehlermanagement wäre für die Protokollierung eine Datenbankstruktur interessant, die in einer oder wenigen Tabellen Fehlermeldungen sowie weitere Informationen wie Zeit, Benutzer usw. speichert, damit man Fehler und Ausnahmen aufzeichnen kann. Dies ist nicht weiter schwierig über entsprechende Einfüge-Befehle zu realisieren, sodass wir Ihnen im nächsten Beispiel zunächst zeigen, wie Sie auf diese Fehlermeldungen selbst zugreifen können. In diesem Beispiel soll ein Termin automatisch eingetragen werden. Dazu benötigt man ausschließlich eine Kursnummer und einen Beginn. Die Länge und das Ende des Kurses werden automatisch aus der Tabelle KURS beschafft bzw. anhand einer einfachen Addition mit dem Feld T _ Beginn errechnet. Unglückseligerweise für die erfolgreiche Eintragung bzw. glücklicherweise für die Verwendung von Fehlernummern gibt man eine nicht existente Kursnummer vor, sodass natürlich keine passende Daten für die Ermittlung der Kurslänge gefunden werden können. Dies löst die schon bekannte Ausnahme NO _ DATA _ FOUND (als deutsche Fehlermeldung dann »keine Daten gefunden«) aus, deren Fehlernummer für SQL und ORA wir einfach ausgeben.

Für die Verarbeitung von und den Zugriff auf Fehlermeldungen haben Sie folgende zwei Möglichkeiten, wobei beide als Funktionen bzw. Spaltenfunktionen fungieren und nur den aktuellen bzw. letzten Fehlerwert bereithalten. Wenn Sie also diese Fehlerwerte nicht in einer Tabelle abspeichern, dann müssen Sie die entsprechenden Werte in Variablen speichern.

- Die Funktion SQLCODE ruft den zuletzt vorgefallenen SQL-Fehlerwert auf und kann ihn z. B. als Spaltenfunktion in eine Tabelle eintragen.

- Die Funktion SQLERRM ruft den zuletzt vorgefallenen ORA-Fehlerwert auf und kann ihn z. B. als Spaltenfunktion in eine Tabelle eintragen. Da eine Oracle-Fehlermeldung maximal 512 Zeichen lang ist, muss man dies bei der Definition einer Variablen respektive Spalte und ihrer Zeichenkettenlänge berücksichtigen bzw. die Fehlermeldung passend zurechtstutzen.

Möchten Sie eine eigene Fehlermeldung definieren und diese auch wie alle anderen Fehlermeldungen ausgeben, dann verwenden Sie dafür die nächste Funktion:

```
RAISE_APPLICATION_ERROR(nummer, text [, speichern]);
```

In dieser Funktion geben Sie eine Fehlernummer im Bereich von −20 000 bis −20999 vor, einen Text und TRUE oder FALSE (Standardwert) für die Speicherung des Fehlers in einer Fehlerliste. Die Textausgabe richtet sich dabei nach den gleichen Richtlinien wie für die Pufferausgabe, sodass also Variablen und Texte in Form von Zeichenketten mit || aneinander gereiht werden.

```
DECLARE
  v_TDaten        termin%ROWTYPE;
  v_KDauer        kurs.K_Dauer%TYPE;
BEGIN
  v_TDaten.K_Nr              := 120536;
  v_TDaten.T_Beginn          := '15.09.2013';
  SELECT MAX(T_Nr)+1
    INTO v_TDaten.T_Nr
    FROM termin;                      -- Höchste Terminnr
  SELECT K_Dauer
    INTO v_KDauer
    FROM kurs
   WHERE K_Nr=v_TDaten.K_Nr;          -- Kursdauer in Tagen
  INSERT INTO termin
  VALUES (v_TDaten.T_Nr, v_TDaten.K_Nr,
          v_TDaten.T_Beginn, v_TDaten.T_Beginn+v_KDauer, 'Berlin');
EXCEPTION
WHEN NO_DATA_FOUND
  THEN DBMS_OUTPUT.PUT_LINE(SQLCODE);
       DBMS_OUTPUT.PUT_LINE(SUBSTR(SQLERRM,5,5));
       DBMS_OUTPUT.PUT_LINE(SUBSTR(SQLERRM,11));
  --RAISE_APPLICATION_ERROR
     (-20000, 'Kursnummer '
     || v_TDaten.K_Nr || ' falsch!');
END;
```

622_01.sql: Fehlermeldungen und Werte

In der Ausgabe erhält man den kompletten SQL-Fehlercode, der keine Textmeldung beinhaltet, sondern lediglich eine Zahl. Für die ORA-Fehlermeldung hingegen wenden wir zusätzlich die Spaltenfunktion SUBSTR an. Mit ihr lesen wir zum einen die sechsstellige Nummer aus, mit deren Hilfe der Fehler eindeutig identifiziert werden kann, und zum anderen den Fehlertext, der weitere Informationen in Klartext liefert.

```
100
01403
Keine Daten gefunden
PL/SQL-Prozedur wurde erfolgreich abgeschlossen.
```

Die Ausgabe der Pufferinformationen bleibt im Fall der aktivierten Fehlermeldung über RAISE _ APPLICATION _ ERROR erhalten, während allerdings die Verwendung dieser Funktion das gesamte Programm abbricht und die eingegebene Fehlermeldung nebst Nummer und Variablenwert auswirft.

```
100
01403
Keine Daten gefunden
DECLARE
*

FEHLER in Zeile 1:
ORA-20000: Kursnummer 120536 falsch!
ORA-06512: in Zeile 22
```

6. 2. 3. Fehler und Ausnahmen in verschachtelten Blöcken

Bisher standen die Ausnahmen und das sie auslösende Programm in einem einzigen Block. Interessant ist natürlich auch, wie die PL/SQL-Maschine mit verschachtelten Blöcken umgeht und wie dies zu behandeln ist. Dazu gibt es ein einfaches Regelwerk, das wir mit den Begriffen »Innen-« und »Außen-Regel« belegen wollen. Es gibt dann noch eine Sonderregel für Fehler im Deklarationsabschnitt und letztlich noch eine Extraregel für Ausnahmen innerhalb von Kopf-Abschnitten von Modulen. Diese folgen beide später.

- Die *Innen-Regel* kontrolliert, ob innerhalb eines Blocks eine Ausnahmebehandlung vorgegeben ist. Ist dies der Fall, wird diese automatisch ausgeführt.

- Die *Außen-Regel* kontrolliert ebenfalls, ob innerhalb eines Blocks eine Ausnahmebehandlung vorgegeben ist. Sollte diese allerdings fehlen, wird die Ausnahme an den äußeren Block weitergeleitet. Ist dort die Ausnahme mit einer Behandlung versehen, so wird diese ausgeführt.

In der Abbildung erkennen Sie die Standardfälle, die mit zwei ineinander verschachtelten Blöcken abgebildet werden können. Eine weitere Ausnahme liefern wir in Form eines Spezialfalls in einem eigenen Abschnitt nach. Für den Fehler1 liegt direkt im Block1 auch eine Ausnahmebehandlung vor, sodass Fehler1 in

`Block1` auch dort gemäß der Innen-Regel behandelt wird. Innerhalb von `Block2` tauchen nun drei Fehler auf. `Fehler1` wird gemäß der Außen-Regel in `Block1` behandelt, da innerhalb von `Block2` keine Ausnahmebehandlung vorliegt. `Fehler2` wird in `Block2` behandelt, da auch dort gemäß der Innen-Regel eine Behandlung zu finden ist. Für `Fehler3` greift die Außen-Regel, da auch hier in `Block2` keine Behandlung auffindbar ist. Allerdings entspricht dies gleichsam der Situation in `Block1`, sodass dieser Fehler mit einer Fehlermeldung endet, als wäre der Fehler in `Block1` ohne Ausnahmebehandlung aufgetreten.

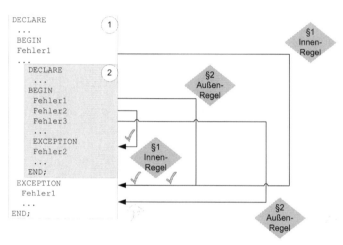

Ausnahmen in verschachtelten Blöcken

Das nächste Beispiel spiegelt die beiden Regeln wider. Ein einfaches Verschieben der Abfrage der Kursdauer vom inneren in den äußeren Block ermöglicht es Ihnen, die beiden Regeln im Vergleich kennen zu lernen. Es ist eine Abwandlung des vorherigen Beispiels unter Verwendung eines eingeschobenen Blocks, in dem die Kurslänge und die Teilnehmer festgelegt werden.

```
<<Block1>>
DECLARE
  v_TDaten      termin%ROWTYPE;
  v_KDauer      kurs.K_Dauer%TYPE;
BEGIN
  v_TDaten.K_Nr                := 120536;
```

```
v_TDaten.T_Beginn              := '15.09.2013';
SELECT MAX(T_Nr)+1
  INTO v_TDaten.T_Nr
  FROM termin;                          -- Höchste Terminnr
<<Block2>>
DECLARE
BEGIN
 -- Position entscheidet über Ausnahmeabschnitt
 SELECT K_Dauer
   INTO v_KDauer
   FROM kurs
  WHERE K_Nr=v_TDaten.K_Nr;            -- Kursdauer in Tagen
 INSERT INTO termin
 VALUES (v_TDaten.T_Nr, v_TDaten.K_Nr,
         v_TDaten.T_Beginn, v_TDaten.T_Beginn+v_KDauer,
         'Berlin');
 EXCEPTION
  WHEN NO_DATA_FOUND
   THEN DBMS_OUTPUT.PUT_LINE('2: ' || SUBSTR(SQLERRM,5,5));
        DBMS_OUTPUT.PUT_LINE('2: ' || SUBSTR(SQLERRM,12));
END Block2;
EXCEPTION
WHEN NO_DATA_FOUND
 THEN DBMS_OUTPUT.PUT_LINE('1: ' || SUBSTR(SQLERRM,5,5));
      DBMS_OUTPUT.PUT_LINE('1: ' || SUBSTR(SQLERRM,12));
END Block1;
```

623_01.sql: Verschachtelte Blöcke und Ausnahmen

Wenn Sie das Programm so lassen, wie es zuvor abgedruckt wurde, dann erhalten Sie natürlich gemäß der Innen-Regel die folgende Ausgabe, in der die Ausnahmen des zweiten Blocks zum Einsatz kommen. Entfernen Sie diesen inneren Ausnahmeabschnitt, greift die Außen-Regel. Positionieren Sie die fehlerhafte Abfrage in den äußeren Block, dann erhalten Sie gemäß der Innen-Regel die Ergebnisse des Ausnahmeabschnitts dieses äußeren Blocks.

```
2: 01403
2: Keine Daten gefunden
PL/SQL-Prozedur wurde erfolgreich abgeschlossen.
```

6. 2. 4. Verschachtelte Blöcke und besondere Ausnahmen

Ausnahmen lassen sich auch in anderen Abschnitten als dem Anweisungsabschnitt auslösen und können sogar behandelt werden! Allerdings gibt es dafür eine besondere Regelung, was die Behandlung von derartigen Ausnahmen betrifft, denn für beide Fehlertypen gilt, dass sie im äußeren Block behandelt werden müssen. Gibt es keinen äußeren Block, kann auch kein Ausnahmeabschnitt der Welt mehr helfend eingreifen, und das Programm wird mit einer Fehlermeldung beendet.

Dazu betrachten wir zunächst ein Beispiel für eine Ausnahme, die durch einen Wertefehler im Deklarationsabschnitt ausgelöst wird. Zwei Variablen werden automatisch durch eine Abfrage mit Werten gefüllt, die nachher einer anderen Variablen über eine Rechenvorschrift (Division) zugewiesen werden. Die eine Variable `v _ BZahl` erfasst die Summe der Buchungen für einen Termin, die andere Variable `v _ BPreisSumme` ermittelt den Gesamtpreis, den die Teilnehmer für diesen Kurstermin bezahlen. Beide Abfragen liefern 0 und `NULL`, da gar keine Buchung für diesen Termin vorliegt. Da wiederum im inneren Block die Variable `v _ Preis-Durchschnitt` `NOT NULL` sein sollte, wird die Ausnahme `VALUE _ ERROR` ausgelöst. Sie wird im äußeren Block behandelt.

```
<<Block1>>
DECLARE
  v_BZahl        buchung.B_TZahl%TYPE;
  v_BPreisSumme  buchung.B_Preis%TYPE;
BEGIN
  SELECT COUNT(B_Nr)
    INTO v_BZahl
    FROM buchung
   WHERE T_Nr=531;        -- TN-Zahl für Termin
  SELECT SUM(B_Preis)
    INTO v_BPreisSumme
    FROM buchung
   WHERE T_Nr=531;        -- Gesamtpreis für Termin
<<Block2>>
  DECLARE
   v_BPreisDurchschnitt v_BPreisSumme%TYPE NOT NULL :=
  v_BZahl/v_BPreisSumme;
  BEGIN
    DBMS_OUTPUT.PUT_LINE('Preis: ' || v_BPreisDurchschnitt);
```

```
EXCEPTION
  WHEN VALUE_ERROR
  THEN DBMS_OUTPUT.PUT_LINE('2: Keine Buchungen erfolgt.');
END;
  EXCEPTION
    WHEN VALUE_ERROR
    THEN DBMS_OUTPUT.PUT_LINE('1: Keine Buchungen erfolgt.');
END Block1;
```

624_01.sql: Ausnahme im Deklarationsabschnitt

Da eine Ausnahme im Deklarationsabschnitt nur im äußeren Block bzw. im PL/SQL-Bereich behandelt werden kann bzw. dorthin zurückgegeben wird, aktiviert diese Ausnahme im inneren Block die Ausnahmebehandlung im äußeren. Dies zeigt sowohl die Ausgabe des Programms als auch ein Experiment, bei dem Sie den äußeren Ausnahmeabschnitt entfernen und betrachten, wie der allgemeine Fehler ausgelöst wird.

```
1: Keine Buchungen erfolgt.
PL/SQL-Prozedur wurde erfolgreich abgeschlossen.
```

Entfernt man tatsächlich den Ausnahmeabschnitt des äußeren Blocks, erhält man die allgemeine Fehlermeldung des Wertefehlers (VALUE _ ERROR).

```
<<Block1>>
*
FEHLER in Zeile 1:
ORA-06502: PL/SQL: numerischer oder Wertefehler
ORA-06512: in Zeile 16
```

Im Ausnahmeabschnitt sind zwei Ausnahmephänomene zu berücksichtigen. Zum einen können Sie über die in den anderen Beispielen schon gezeigte Syntax WHEN bedingung THEN RAISE ausnahme; bzw. über eine vordefinierte Ausnahme auf eine Ausnahmebehandlung in einem anderen Block verzweigen (also ausdrücklich nicht im gleichen, auch wenn die Behandlung eine Zeile später erscheint!). Dies dient dazu, auch die Ausnahmebehandlung vor Fehlern zu schützen bzw. bei verschachtelten Blöcken auch aus Ausnahmen heraus auf allgemeine Ausnahmen zurückgreifen zu können, wenn die Lösung quasi eine »Ver-schlimmbesserung« des ursprünglichen Problems darstellt. Zum anderen können Sie – wie es das nächste Beispiel zeigt – eine hierarchische Struktur von Ausnah-men aufbauen. Dazu entwerfen Sie eine individuelle Lösung, speichern z. B. die Fehlerquelle und den Fehlerwert in eine Protokolltabelle, wofür Sie – da dies die allgemeine Behandlung bei allen Fehlern dieses Typs darstellt – den Fehler über ein einfaches RAISE; erneut auslösen und dadurch den aktuellen Block nach au-ßen hin verlassen.

Im folgenden Beispiel soll bei der Ausnahme TOO _ MANY _ ROWS immer die An-zahl der Reihen ausgegeben werden, die von der Abfrage gefunden wird. Dies ist ein allgemeiner Fall, der im äußeren Block liegt. Als spezielle Lösung des Problems soll lediglich der Ort (Blocknummer und Programmbereich) ausgegeben werden. Dies könnte also eine Information für eine Protokolltabelle sein.

```
<<Block1>>
DECLARE
 v_ReihenZahl NUMBER(3);
 v_UName       unternehmen.U_Name%TYPE;
 v_UBranche    unternehmen.U_Branche%TYPE;
 v_UStadt      unternehmen.U_Stadt%TYPE;
BEGIN
 SELECT COUNT(U_Nr)
   INTO v_ReihenZahl
   FROM unternehmen
  WHERE U_Stadt='Düsseldorf';
 <<Block2>>
 DECLARE
 BEGIN
 SELECT U_Name, U_Branche, U_Stadt
   INTO v_UName, v_UBranche, v_UStadt
   FROM unternehmen
  WHERE U_Stadt='Düsseldorf';
 EXCEPTION
 WHEN TOO_MANY_ROWS THEN
   DBMS_OUTPUT.PUT_LINE('Block2 - Kunden pro Stadt');
   RAISE;
 END Block2;
 EXCEPTION
```

```
WHEN TOO_MANY_ROWS
THEN DBMS_OUTPUT.PUT_LINE('Zu viele Reihen: '
                         || v_ReihenZahl);
END Block1;
```

624_02.sql: Ausnahmen im Deklarationsabschnitt

Als Ergebnis erhält man sowohl die spezielle Information, wo der Fehler aufgetreten ist (ein möglicher Eintrag in einer Fehlertabelle), als auch durch die erneute Auslösung der Ausnahme die allgemeinen Informationen bzw. die allgemeine Fehlerbehandlung im äußeren Block. Dadurch kann man die Abarbeitung von gleichen Fehlern innerhalb eines Programms bzw. innerhalb mehrerer Blöcke hierarchisch gestalten.

```
Block2 - Kunden pro Stadt
Zu viele Reihen: 42
PL/SQL-Prozedur wurde erfolgreich abgeschlossen.
*/
```

6. 2. 5. Verwendung von Ausnahmen bei Schleifen und Blöcken

Zum Abschluss der Ausnahmen und Fehler lösen wir ein Problem auf, das Sie eventuell schon seit einigen Seiten beschäftigt hat, wenn Sie das Beispiel kopiert oder selbst geschrieben haben. Es handelte sich um die automatische Buchung von zufällig ausgewählten Teilnehmern, wobei höchstens sechs Teilnehmer an einem Kurstermin teilnehmen können. Überschüssige (pardon) Teilnehmer konnten nicht gebucht werden bzw. fielen aus der Verarbeitung heraus, da der Cursor durch die Cursor-FOR-Schleife bereits geschlossen wurde, sobald die Ausnahme zum Zuge kam. Natürlich würde man gern in einer Tabelle wie WARTELISTE diejenigen Teilnehmer erfassen, die entweder bei Absage eines anderen Teilnehmers oder beim Erreichen eines bestimmten Schwellenwertes wie z. B. drei in einen neuen Kurs gehen können, der zeitgleich stattfindet. Dies sind Überlegungen, die strukturell das gesamte Datenmodell realistischer gestalten, aber auch das Erlernen etwas erschweren würden. Daher beschränken wir auch die Erweiterung des Beispiels auf die Struktur. Dass überall bei Pufferausgaben am besten Tabelleneinträge ständen, kann man sich leicht vorstellen.

Um das Problem aus dem vorherigen Beispiel zu lösen, gibt es also folgende Möglichkeit, die natürlich noch durch den Einsatz anderer syntaktischer Elemente wie Funktionen oder andere Prozeduren ergänzt wird. Zum einen wird der gesamte Eintragungsvorgang nebst Ausnahme in einen eigenen, inneren Block gepackt. Dies ermöglicht die Verwendung einer Ausnahme für den allgemeinen Fall, dass die Buchungszahl zu groß wird, ohne dass sofort das gesamte Programm beendet wird. Stattdessen werden so lediglich der Block und die Schleife beendet, mit der die einzelnen Buchungsdaten erfasst werden. Da das Öffnen und Schließen des Cursors im äußeren Block geschieht, ist der Cursor weiterhin geöffnet, wenn der innere Block durch die Ausnahme verlassen wird. Man kann dann einfach die noch fehlenden Teilnehmer über eine weitere Schleife und ein einfaches FETCH weiterverarbeiten, bis der gesamte Cursor durchlaufen ist.

```
<<Block1>>
DECLARE
  v_MaxBNr   buchung.B_Nr%TYPE;              -- Höchste Buchungsnr
  v_BDaten   buchung%ROWTYPE;                -- Buchungsdaten
  v_TNDaten  teilnehmer%ROWTYPE;            -- Teilnehmerdaten
  Zaehler    NUMBER(2);                      -- Schleifenzähler
  v_MaxTN    NUMBER(1)        := 6;          -- Höchste TN-Zahl
  e_KursVoll EXCEPTION;                       -- Ausnahme Kurs voll
  CURSOR c_Teilnehmer IS
      SELECT TN_Nr, TN_Vorname, TN_Nachname
        FROM teilnehmer SAMPLE (0.55);  -- Teilnehmerwahl
BEGIN
  -- Wähle höchste Buchungsnummer
  SELECT MAX(B_Nr)+1
    INTO v_MaxBNr
    FROM buchung;
  -- Setze v_MaxBNr bei leerer Tabelle auf 1
  IF v_MaxBNr IS NULL
    THEN v_MaxBNr := 1;
  END IF;
  -- Starte Cursor-Verarbeitung: Öffnung
  OPEN c_Teilnehmer;
  <<Block2>>
  DECLARE
  BEGIN
    -- Erfasse Teilnehmer bis v_MaxTN
```

```
LOOP
FETCH c_Teilnehmer
  INTO v_TNDaten.TN_Nr, v_TNDaten.TN_Vorname,
  v_TNDaten.TN_Nachname;
EXIT WHEN c_Teilnehmer%NOTFOUND;
  INSERT INTO buchung (B_Nr, TN_Nr, T_Nr, B_Datum)
      VALUES (v_MaxBNr, v_TNDaten.TN_Nr, 589, SYSDATE)
  RETURNING B_Nr INTO v_BDaten.B_Nr;
DBMS_OUTPUT.PUT(c_Teilnehmer%ROWCOUNT || ' - '
                || v_BDaten.B_Nr || ': ');
DBMS_OUTPUT.PUT_LINE(v_TNDaten.TN_Vorname || ' '
                    || v_TNDaten.TN_Nachname);
-- Prüfe auf Erreichen von v_MaxTN
IF c_Teilnehmer%ROWCOUNT = v_MaxTN
THEN RAISE e_KursVoll;                    -- Ausnahme
END IF;
-- Erhöhung der Zählervariablen
v_MaxBNr := v_MaxBNr + 1;
Zaehler := c_Teilnehmer%ROWCOUNT;
END LOOP;
EXCEPTION
WHEN e_KursVoll
THEN DBMS_OUTPUT.PUT_LINE ('Kurs voll.');    -- Anweisungen
END Block2;
-- Gebe nicht gebuchte Teilnehmer aus
LOOP
FETCH c_Teilnehmer
  INTO v_TNDaten.TN_Nr,
      v_TNDaten.TN_Vorname,
      v_TNDaten.TN_Nachname;
EXIT WHEN c_Teilnehmer%NOTFOUND;
DBMS_OUTPUT.PUT(c_Teilnehmer%ROWCOUNT || ' - '|| '-- : ');
DBMS_OUTPUT.PUT_LINE(v_TNDaten.TN_Vorname || ' '
                    || v_TNDaten.TN_Nachname);
END LOOP;
-- Beende Cursor-Verarbeitung: Schließung
CLOSE c_Teilnehmer;
END Block1;
```

625_01.sql: Verschachtelte Blöcke, Cursor und Ausnahmen

Das Ergebnis ist mit Blick auf die Pufferausgabe und die Tabelle BUCHUNG hervorragend. Wir haben so lange und voller Freude auf F5 für die erneute Durchführung gedrückt, bis endlich auch Frau Flotte Ecke zumindest in der Ausgabe erschien, wenn sie auch dieses Mal nicht am Kurs teilnehmen kann:

```
1 - 72: Johann Erdle
2 - 73: Markus Drinkhut
3 - 74: Marga Balsing
4 - 75: Alfons Rex
5 - 76: Axel Deptolla
6 - 77: Markus Sendel
Kurs voll.
7 - -- : Ursula Flotte Ecke
8 - -- : E. Balthasar
9 - -- : Manfred Besl
PL/SQL-Prozedur wurde erfolgreich abgeschlossen.
```

An diesem Programm sieht man auch sehr schön die Problematik der Ausnahmenbehandlung, wenn die Ausnahme nicht ein gesamtes Programm beenden, sondern lediglich eine typische Fehlerquelle berücksichtigen soll. Überall dort, wo eine einfache Fallunterscheidung ebenso gute Dienste leistet, ist der Einsatz einer Ausnahme sicherlich nicht geeignet. Man muss nämlich den korrigierten Programmablauf in die Ausnahmebehandlung übernehmen und weitere Programmstücke über andere Blöcke anschließen. Über verschachtelte Blöcke lässt sich allerdings die eigentliche Funktion von Ausnahmen wiederum sehr gut benutzen, sodass Programme tatsächlich robuster werden. Ihr Einsatzbereich liegt also – vereinfacht gesagt – überall dort, wo typische und keine individuellen Fehler liegen. Ihr Nutzen steigt zudem, wenn diese systematischen Fehlerquellen häufig auftreten und nicht nur ein einziges Mal.

```
<<Block1>>
DECLARE                                                              (1)
  v_MaxBNr  buchung.B_Nr%TYPE;          -- Höchste Buchungsnr
  v_BDaten  buchung%ROWTYPE;            -- Buchungsdaten
  v_TNDaten teilnehmer%ROWTYPE;         -- Teilnehmerdaten
  Zaehler   NUMBER(2);                  -- Schleifenzähler
  v_MaxTN   NUMBER(1)        := 6;      -- Höchste TN-Zahl
  e_KursVoll EXCEPTION;                 -- Ausnahme Kurs voll
  CURSOR c_Teilnehmer IS
    SELECT TN_Nr, TN_Vorname, TN_Nachname
      FROM teilnehmer SAMPLE (0.55);  -- Teilnehmerwahl
BEGIN
  SELECT MAX(B_Nr)+1
    INTO v_MaxBNr
    FROM buchung;
   IF v_MaxBNr IS NULL
   THEN v_MaxBNr := 1;
  END IF;
  OPEN c_Teilnehmer;

        <<Block2>>                                          (2)
        DECLARE
        BEGIN

        LOOP
        FETCH c_Teilnehmer
         INTO v_TNDaten.TN_Nr, v_TNDaten.TN_Vorname,
              v_TNDaten.TN_Nachname;
        EXIT WHEN c_Teilnehmer%NOTFOUND;
         INSERT INTO buchung (B_Nr, TN_Nr, T_Nr, B_Datum)
              VALUES (v_MaxBNr, v_TNDaten.TN_Nr, 589, SYSDATE)
              RETURNING B_Nr INTO v_BDaten.B_Nr;
        IF c_Teilnehmer%ROWCOUNT = v_MaxTN
        THEN RAISE e_KursVoll;
        END IF;
        v_MaxBNr := v_MaxBNr + 1;
        Zaehler := c_Teilnehmer%ROWCOUNT;
        END LOOP;

        EXCEPTION
          WHEN e_KursVoll
          THEN DBMS_OUTPUT.PUT_LINE ('Kurs voll.');
          END Block2;


   LOOP
    FETCH c_Teilnehmer
     INTO v_TNDaten.TN_Nr, v_TNDaten.TN_Vorname, v_TNDaten.TN_Nachname;
    EXIT WHEN c_Teilnehmer%NOTFOUND;
    DBMS_OUTPUT.PUT(c_Teilnehmer%ROWCOUNT || ' - '|| '-- : ');
    DBMS_OUTPUT.PUT_LINE(v_TNDaten.TN_Vorname || ' ' || v_TNDaten.TN_Nachname);
    END LOOP;

   CLOSE c_Teilnehmer;
  END Block1;
```

Blöcke, Cursor und Ausnahmen

Collections
und ihre Verarbeitung

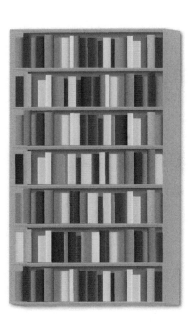

7. Collections und ihre Verarbeitung

Nicht nur bei der Softwareentwicklung, die ohne Datenbankverbindungen und SQL-Befehle auskommt, können Sammlungen von Variablen in Form von Arrays oder auch anderen Konstruktionen genutzt werden, um Datenstrukturen, die ähnlich, aber nicht gleich sind, sowie zusammenhängende Daten zu organisieren. Insbesondere bei der Softwareentwicklung mit Datenbanken bzw. sogar in einer Datenbank selbst erwartet man sicherlich eine große Anzahl an Möglichkeiten, diese Sammlungen zu verarbeiten. Dazu hatten wir bereits in einem früheren Abschnitt auf die Möglichkeiten der Mengenbindung und Mengenverarbeitung hingewiesen, als es um die Problematik der Netzwerkbelastung bei einer Datenverarbeitung in Schleifen-Iterationen ging. Diese Techniken beschreiben wir im nächsten Abschnitt gesondert.

7. 1. Collections

Eine Collection (Sammlung) repräsentiert eine geordnete Menge von Werten, die in einem strukturellen Zusammenhang stehen, wie es beispielsweise bei Tabellen üblich ist. Dabei lässt sich jedes einzelne Element individuell ansprechen und abrufen bzw. verarbeiten.

7. 1. 1. Typen

Folgende drei Sammlungstypen stehen Ihnen in PL/SQL zur Verfügung:

- **Assoziative Arrays** stellen typische Array-Strukturen dar, in denen Werte über eine Zahl oder eine Zeichenkette adressiert werden können. Diese Tabelle ist nur eindimensional, sodass alle Elemente den gleichen Datentyp haben, der in der Typdefinition für die Tabelle festgelegt ist. Die Elemente müssen nicht dicht gesetzt sein, d. h., zwischen einzelnen Elementen können freie Reihen existieren.

- **Nested Tables** stellen typische Array-Strukturen dar, in denen Werte über eine Zahl adressiert werden können. Nested Tables können mit SQL direkt in Datenbank-Tabellen gespeichert werden und stellen damit ein Konzept der Mengenverarbeitung dar. In verschachtelten Tabellen darf es leere Zeilen geben. Sie können durch das Entfernen von Werten entstehen.

- **Varrays** bieten im Gegensatz zu den anderen Sammlungen nur eine feste Anzahl an Elementen, die aber natürlich in ihrem Wert verändert werden können. In Arrays darf es keine leeren Zeilen geben; sie erfordern eine dichte Besetzung durch Werte, wohingegen Varrays die Fähigkeit besitzen, innerhalb der fix definierten Obergrenze auch leere Zeilen zu besitzen. Ihre Zusammenarbeit mit der Datenbank funktioniert ähnlich wie bei verschachtelten Tabellen, allerdings gibt es Geschwindigkeitsunterschiede.

7. 1. 2. Assoziative Arrays (Index-By-Tabellen)

Für die Definition einer Index-By-Tabelle bzw. eines assoziativen Arrays (was der neue offizielle und auch zukunftsträchtigere Name ist) verwenden Sie die folgende allgemeine Syntax. Sie erinnert Sie an andere Typ-Deklarationen, denn auch hier muss zunächst die Tabelle als Typ definiert und dann einer Variablen als Datentyp zugewiesen werden. Erst diese Variable nimmt dann die benötigten Werte bzw. den benötigten Wert auf.

```
TYPE typname IS TABLE OF datentyp [NOT NULL]
INDEX BY [BINARY_INTEGER | PLS_INTEGER | VARCHAR2(n)];
variable typname;
```

Im folgenden Beispiel definieren wir, wie unschwer zu erkennen ist, ein assoziatives Array und bauen auch sofort einige Fallstricke ein. Diese berücksichtigen wir dann mit den beiden typischen Ausnahmen, nämlich VALUE _ ERROR (bei einer Wertzuweisung mit falschem Datentyp) und NO _ DATA _ FOUND (bei einer Adressierung leerer Zeilen). Über den Kommentar können Sie regeln, welche Ausnahme und damit welcher Fehler aktiviert und gelöst werden soll. Neben der Definition sehen Sie auch, wie im Anweisungsabschnitt den einzelnen Zeilen der Tabelle über eine Klammer-Syntax Werte zugewiesen werden. In Schleifen oder Fallprüfungen können Sie anstatt der Ihnen bekannten Zeilen auch eine Variable mit v _

KNr(c _ Kurse%ROWCOUNT) oder v _ KNr(v _ TDaten.K _ Nr) verwenden. Im ersten Fall speichern Sie die Datensätze sequenziell von 1 ansteigend über die Reihennummer der Cursor-Verarbeitung. Im zweiten Beispiel hingegen nutzen Sie die Tatsache, dass die Kursnummer eine Zahl ist. Die Zahlen der Kursnummern bilden insgesamt zwar keine aufsteigende Zahlenfolge, können aber dennoch als Index für das assoziative Array verwendet werden.

Die maximale Länge der Tabelle richtet sich nach dem verwendeten Datentyp. Für BINARY _ INTEGER kann man also Zeilen von –/+2147483647 definieren.

Darüber hinaus testet das Beispiel auch, was geschieht, wenn ein Wert in einem anderen Datentyp (hier Zeichenkette statt Zahl) zugewiesen wird und wenn eine leere Zeile adressiert wird. Eine falsche Wertzuweisung löst die Ausnahme VALUE _ ERROR aus, während der Zugriff auf eine leere Zeile mit NO _ DATA _ FOUND geahndet wird.

```
DECLARE
  TYPE T_KNr IS TABLE of kurs.K_Nr%TYPE
    INDEX BY BINARY_INTEGER;
  v_KNr T_KNr;
BEGIN
  v_KNr(1)    := 1025051;
  v_KNr(2)    := 1025061;
  v_KNr(4)    := 1025073;
  --v_KNr(5) := 'Oracle';
  DBMS_OUTPUT.PUT_LINE('Anweisungsabschnitt: ' || v_KNr(1));
  DBMS_OUTPUT.PUT_LINE(v_KNr(3));
EXCEPTION
WHEN NO_DATA_FOUND
  THEN v_KNr(3) := 1025071;
  DBMS_OUTPUT.PUT_LINE('Ausnahmeabschnitt: ' || v_KNr(3));
WHEN VALUE_ERROR
  THEN v_KNr(5) := 1025063;
  DBMS_OUTPUT.PUT_LINE('Ausnahmeabschnitt: ' || v_KNr(5));
END;
```

712_01.sql: Definition eines assoziativen Arrays

Da im vorliegenden Fall mit einer auskommentierten falschen Wertzuweisung zunächst auf eine leere Zeile zurückgegriffen werden soll, aktiviert man auch zunächst diesen Fehler. Dies führt dazu, dass durch die geplante Ausgabe von v_KNr(3) die Ausnahme NO_DATA_FOUND aufgerufen wird. Sie sehen hier übrigens, dass sich das assoziative Array tatsächlich wie eine Tabelle verhält, denn diese Ausnahme war bisher nur Datenbanktabellen vorbehalten.

```
Anweisungsabschnitt: 1025051
Ausnahmeabschnitt: 1025071
PL/SQL-Prozedur wurde erfolgreich abgeschlossen.
```

Möchten Sie Datumsinformationen als ausgeschriebenes Datum und nicht als einfache Zahl im Index verwenden, so können Sie auf VARCHAR2 als Datentyp für den Index zurückgreifen. Dieser wandelt dann eingehende Informationen wie Zahlen oder auch eine Datumsinformation über die TO_CHAR-Funktion automatisch in einen Text um.

```
DECLARE
  TYPE T_Monat IS TABLE of VARCHAR2(10)
    INDEX BY VARCHAR2(8);
  v_Monat T_Monat;
BEGIN
  v_Monat(22032013)   := 'März';
  v_Monat(22-08-2013) := 'August';
  DBMS_OUTPUT.PUT_LINE(v_Monat(22032013));
END;
```

712_02.sql: Verwendung von VARCHAR2

Für die Definition eines Datentyps boten die zurückliegenden Beispiele bereits die Typableitung über %TYPE und die explizite Verwendung eines Datentyps an. Interessant ist auch, dass zusätzlich sowohl %ROWTYPE als auch Objekttypen als Datentypen eingesetzt werden können. Über diese Struktur, so könnte man meinen, entsteht dann eine mehrdimensionale Tabelle. Tatsächlich verhält es sich aber anders: Über das assoziative Array greifen Sie lediglich auf den Datensatz zu, in dem die einzelnen Felder mit Werten zu finden sind.

Folgendes Beispiel findet z. B. Kristina Gelddreh, da sie die Dozentennummer 15 besitzt. Beachten Sie sowohl beim Aufruf der einzelnen Felder als auch bei einer möglichen direkten Zuweisung die Syntax tabelle(index).spaltenname.

```
DECLARE
  TYPE T_Dozent IS TABLE of dozent%ROWTYPE
    INDEX BY BINARY_INTEGER;
  v_Dozent T_Dozent;
BEGIN
  SELECT *
    INTO v_Dozent(15)
    FROM dozent
    WHERE D_Nr=15;
  DBMS_OUTPUT.PUT(v_Dozent(15).D_Vorname || ' ');
  DBMS_OUTPUT.PUT_LINE(v_Dozent(15).D_Nachname);
END;
```

712_03.sql: Verwendung von %ROWTYPE

Sollten Sie nicht alle Felder, sondern nur eine Auswahl benötigen, dann verwenden Sie eine explizite Zuweisung in die einzelnen Felder des Datensatztyps. Dazu nennen Sie zunächst die Spalten, die Sie interessieren, und rufen diese dann über die Punktnotation bei der Zuweisung wieder auf.

```
SELECT D_Vorname, D_Nachname
  INTO v_Dozent(15).D_Vorname, v_Dozent(15).D_Nachname
  FROM dozent
  WHERE D_Nr=15;
```

7. 1. 3. Verschachtelte Tabellen (Nested Tables)

Nachdem wir die assoziativen Arrays so ausführlich behandelt haben, gibt es wenig Neues zu den verschachtelten Tabellen zu sagen. Es handelt sich auch um eine spärlich besetzte Tabelle mit Schlüsseln und Werten, wobei also in der einzelne Elemente leer sein können. Die Werte müssen auch nicht sequenziell aufeinander folgen, müssen allerdings einen positiven Wert aufweisen. Interessant ist bei der Verarbeitung, dass diese Konstruktion in einer Datenbank-Tabelle gespeichert werden kann. Für die Definition von verschachtelten Tabellen verwenden Sie die folgende allgemeine Syntax:

```
TYPE name IS TABLE OF datentyp [NOT NULL];
variable typname :=typname(werteliste);
```

Für die Datentypen gelten einige Einschränkungen. So ist in PL/SQL die Verwendung von REF CURSOR, NCHAR, NCLOB oder NVARCHAR2 nicht erlaubt.

Im Beispiel legen wir eine Tabelle für Dozentennachnamen an, die wir dann mit zwei Namen füllen. Dazu müssen Sie zunächst den Tabellentyp deklarieren und diesen dann einer Variablen zuweisen. Bereits im Deklarationsabschnitt muss mindestens eine leere Tabelle erzeugt werden, wenn man nicht komplett auf den Einsatz des deklarierten Typs verzichten möchte. Später lässt er sich aber auch nur noch in Deklarationsabschnitten definieren. Eine leere Tabelle würde man mit variable tabellentyp := () bzw. v_Dozent T_Dozent := T_Dozent(); deklarieren. Dies kann dann später auch in Fallunterscheidungen mit IS [NOT] NULL überprüft werden. Versucht man, in einer leeren NULL-Tabelle einen Wert einzutragen, löst man die Ausnahme COLLECTION_IS_NULL aus. Im Deklarationsabschnitt können Sie zudem auch nur einmal die Variable für die Tabelle verwenden und sie daher nicht sofort überschreiben (siehe Beispiel für gewöhnliche Variablen in *435_04.sql*).

```
DECLARE
  TYPE T_Dozent IS TABLE of dozent.D_Nachname%TYPE;
  v_Dozent T_Dozent := T_Dozent('Ebenhof', 'Gelddreh');
BEGIN
  FOR Zaehler IN 1..3 LOOP
  DBMS_OUTPUT.PUT_LINE(v_Dozent(Zaehler));
  END LOOP;
  EXCEPTION
  WHEN SUBSCRIPT_BEYOND_COUNT
    THEN DBMS_OUTPUT.PUT_LINE('Maximum erreicht.');
END;
```

713_01.sql: Deklaration einer verschachtelten Tabelle

Dies führt zu folgender Ausgabe, wobei zum einen die beiden Nachnamen aus-gegeben werden und zum anderen die Ausnahme SUBSCRIPT _ BEYOND _ COUNT (Indexwert zu groß) ausgelöst wird.

```
Ebenhof
Gelddreh
PL/SQL-Prozedur wurde erfolgreich abgeschlossen.
```

Wie schon zuvor bei den assoziativen Arrays können Sie auch eine Typablei-tung mit Hilfe von %ROWTYPE und auch Objekte als Typen verwenden. Auf diese Weise nutzen Sie die Fähigkeit, Inhalte von verschachtelten Tabellen in Daten-banktabellen zu übertragen.

Die Indizierung der einzelnen Werte erfolgt über aufsteigende Ganzzahlen, so-dass man natürlich relativ leicht auf den Gedanken kommen könnte, neue Werte auch im Ausführungsabschnitt über die nächsthöhere Nummer einzutragen. Dies ist aber verboten, denn die maximale Länge einer verschachtelten Tabelle legt man über die Deklaration und die anfänglichen Werte fest. Zur Erweiterung muss man auf die Methode EXPAND zurückgreifen. Im folgenden Beispiel wird dadurch sofort die schon bekannte Ausnahme SUBSCRIPT _ BEYOND _ COUNT ausgelöst.

```
DECLARE
  TYPE T_Dozent IS TABLE of dozent.D_Nachname%TYPE;
  v_Dozent T_Dozent := T_Dozent('Ebenhof', 'Gelddreh');
BEGIN
  v_Dozent(3) := 'Fingerflink';  -- Verboten!
  FOR Zaehler IN 1..3 LOOP
  DBMS_OUTPUT.PUT_LINE(v_Dozent(Zaehler));
  END LOOP;
EXCEPTION
WHEN SUBSCRIPT_BEYOND_COUNT
  THEN DBMS_OUTPUT.PUT_LINE('Erweiterung gescheitert.');
END;
```

713_02.sql: Unzulässige einfache Tabellenerweiterung

7. 1. 4. Varrays

Ein Array mit variabler Länge (also ein Varray) dürfte den Arrays entsprechen, die Sie bereits kennen. Das Varray hat damit eine maximale Größe, die allerdings nicht auch von Werten erreicht werden muss, sodass leere Zeilen entstehen können. Sie definieren ein Varray mit folgender allgemeiner Syntax, wobei `(n)` für die Angabe der maximalen Länge steht. Auch hier lassen sich wieder unterschiedliche Datentypdefinitionen wie `%TYPE`, `%ROWTYPE` und natürlich allgemeine Datentypen verwenden.

```
TYPE name IS {VARRAY | VARYING ARRAY} (n)
 OF datentyp [NOT NULL];
```

Im nächsten Beispiel definieren Sie für das zurückliegende Beispiel ein Varray und stellen fest, dass nicht initialisierte Elemente bei der Adressierung genauso eine Ausnahme auslösen wie die (auskommentierte) Erweiterung über die maximale Grenze wie auch schließlich eine einfache Erweiterung, da auch dies über eine Collection-Methode realisiert werden muss. Im Gegensatz zu Tabellen ist allerdings hier die maximale Grenze immer eine fixe Grenze, die nicht überschritten werden darf.

```
DECLARE
 TYPE T_Dozent IS VARRAY(3) OF dozent.D_Nachname%TYPE;
 v_Dozent T_Dozent := T_Dozent('Ebenhof', 'Gelddreh');
BEGIN
--v_Dozent(5) := 'Fingerflink'; -- SUBSCRIPT_OUTSIDE_LIMIT
--v_Dozent(3) := 'Ordinarius';  -- SUBSCRIPT_BEYOUND_COUNT
FOR Zaehler IN 1..4 LOOP
DBMS_OUTPUT.PUT_LINE(v_Dozent(Zaehler));
END LOOP;
EXCEPTION
WHEN SUBSCRIPT_BEYOND_COUNT
 THEN DBMS_OUTPUT.PUT_LINE('Maximum erreicht.');
WHEN SUBSCRIPT_OUTSIDE_LIMIT
 THEN DBMS_OUTPUT.PUT_LINE('Erweiterung gescheitert.');
END;
```

714_01.sql: Deklaration eines Varrays

7. 1. 5. Multidimensionale Strukturen

In den zurückliegenden Beispielen besaßen die Tabellen nur eine einzige Dimension bzw. eine einzige Spalte. Diese Einschränkung wird leider auch nicht durch den in diesem Abschnitt gezeigten Trick aufgehoben. Anscheinend dauert es noch ein wenig, bis auch »richtige« Tabellen in PL/SQL definiert werden können. Durch den Einsatz von mehrstufigen Sammlungen, also Sammlungen von Sammlungen und einer doppelten Adressierung lässt sich ein wenig Abhilfe schaffen. Wir zeigen dies an einem trivialen Beispiel, das allerdings vor allen Dingen dazu dient, die Struktur der Zellaufteilung sichtbar zu machen, die bei der Planung und späteren Adressierung berücksichtigt werden muss.

Im nächsten Beispiel erzeugt man eine mehrstufige Sammlung über ein verschachteltes assoziatives Array. Hier wären natürlich auch ein Varray oder eine verschachtelte Tabelle möglich gewesen. Für die Deklaration benutzt man ein Strickmuster, bei dem der zweite Tabellentyp für die zu erzeugende Variable verwendet wird und bei dem dieser zweite Tabellentyp als Datentyp den ersten Tabellentyp verwendet. Der Rest des Beispiels besteht nur noch daraus, über eine doppelte Klammernnotation `variablennamen(index1)(index2)` Werte in der Tabelle zu speichern und diese dann über eine verschachtelte Schleife in Tabellenform auszugeben.

```
DECLARE
  TYPE T_Werte1 IS TABLE OF VARCHAR2(1)
    INDEX BY BINARY_INTEGER;            -- 1. Tabelle
  TYPE T_Werte2 IS TABLE OF T_Werte1
    INDEX BY BINARY_INTEGER;            -- 2. Tabelle
  v_Alphabet T_Werte2;
BEGIN
  -- Füllen der mehrstufigen Sammlung
  v_Alphabet(1)(1) := 'a';
  v_Alphabet(1)(2) := 'b';
  v_Alphabet(1)(3) := 'c';
  v_Alphabet(2)(1) := 'd';
  v_Alphabet(2)(2) := 'e';
  v_Alphabet(2)(3) := 'f';
  -- Verarbeitung und Adressierung
  FOR x IN 1..2 LOOP
   FOR y IN 1..3 LOOP
```

```
    IF x = 1
    THEN DBMS_OUTPUT.PUT(x || y || v_Alphabet(x)(y)|| ' | ');
     IF y = 3
     THEN DBMS_OUTPUT.NEW_LINE;
     END IF;
    END IF;
    IF x = 2 THEN
     DBMS_OUTPUT.PUT(x || y || v_Alphabet(x)(y)|| ' | ');
     IF y = 3
     THEN DBMS_OUTPUT.NEW_LINE;
     END IF;
    END IF;
   END LOOP;
  END LOOP;
END;
```

715_01.sql: Mehrstufige Sammlung

Dieses raffinierte Beispiel mit besonderem inhaltlichen Flair liefert dann nicht nur die Ausgabe der einzelnen Buchstaben, sondern auch die Zelladressen, so wie sie in der mehrstufigen Sammlung vorliegen.

```
11a | 12b | 13c |
21d | 22e | 23f |
PL/SQL-Prozedur wurde erfolgreich abgeschlossen.
```

```
DECLARE
  TYPE T_Werte1 IS TABLE OF VARCHAR2(1)
   INDEX BY BINARY_INTEGER;          -- 1. Tabelle
  TYPE T_Werte2 IS TABLE OF T_Werte1
   INDEX BY BINARY_INTEGER;          -- 2. Tabelle
  v_Alphabet T_Werte2;
BEGIN
  -- Füllen der mehrstufigen Sammlung
  v_Alphabet(1)(1) := 'a';
  v_Alphabet(1)(2) := 'b';
  v_Alphabet(1)(3) := 'c';
  v_Alphabet(2)(1) := 'd';
  v_Alphabet(2)(2) := 'e';
  v_Alphabet(2)(3) := 'f';
END;
```

```
(1,1) a | (1,2) b | (1,3) c
(2,1) d | (2,2) e | (2,3) f
```

Mehrstufige Sammlungen

In der Abbildung sehen Sie noch einmal die Definition der mehrstufigen Sammlung und natürlich die Zuweisung der einzelnen Werte in der Tabelle sowie das virtuelle Ergebnis mit Adressen und den zugehörigen Werten.

Neben dieser Technik, bei der eine Tabelle auf einer Tabelle basiert, bietet sich natürlich auch der Einsatz von Datensatztypen an. Dies hatten wir ganz kurz bereits anhand einer automatischen Typableitung mit %ROWTYPE gezeigt. Folgendes Beispiel greift dieses Prinzip noch einmal auf, wobei der multidimensionale Anspruch deutlich erhöht wird, da nun nicht mehr nur eine komplette Tabelle für die Bildung eines Datensatztyps reicht, sondern vielmehr die beiden Tabellen DOZENT und THEMENVERTEILUNG miteinander verknüpft werden. Aus Platzgründen beschränken wir uns hier auf die interessanten Felder und berücksichtigen daher die Adressfelder in der Dozententabelle nicht.

Zunächst bildet man einen Datensatztyp, der die Datenstruktur für die gesamte Verarbeitung festlegt. In diesem Fall handelt es sich um die Namensfelder, den Tagessatz und die Kursnummer. Der Tabellentyp basiert dann wiederum auf diesem Datensatztyp, sodass die mit Hilfe des Tabellentyps erstellte Tabelle ebenfalls die gerade genannten Felder enthält. Dadurch wurde eine multidimensionale Datenstruktur in Form einer »richtigen« Tabelle mit Spalten –(adressierbar über die Indexnummern) und Feldern (adressierbar über die Feldnamen im Datensatztyp) erstellt. Zum Schluss erstellt man noch einen Cursor, der ebenfalls die genannten Felder sowie den Datensatztyp als Rückgabewert enthält. Alles andere ist dann ein Kinderspiel und funktioniert genauso wie zuvor: Ein Zeilenabruf über FETCH... INTO gelangt in das assoziative Array und wird dort über die automatische Zählervariable indiziert. Das Ansprechen und Verarbeiten der einzelnen Daten in der Tabelle wird im – im Vergleich zur Deklaration – wenig beeindruckenden Programm über die bekannte Punkt-Notation inklusive Indexnummer abgewickelt.

```
DECLARE
  -- Datensatztyp
  TYPE R_Dozent IS RECORD (
   D_Vorname     dozent.D_Vorname%TYPE,
   D_Nachname    dozent.D_Nachname%TYPE,
   TH_Tagessatz themenverteilung.TH_Tagessatz%TYPE,
   K_Nr          themenverteilung.K_Nr%TYPE
   );
  -- Tabellentyp
  TYPE T_Dozent IS TABLE of R_Dozent
```

```
      INDEX BY BINARY_INTEGER;
      -- Cursor
      CURSOR c_Dozent RETURN R_Dozent
       IS SELECT D_Vorname, D_Nachname, TH_Tagessatz, K_Nr
           FROM dozent NATURAL JOIN themenverteilung;
      -- Tabelle mit Datensatztyp
      v_DDaten T_Dozent;
      -- Zähler
      i NUMBER(3) := 1;
     BEGIN
      OPEN c_Dozent;
      LOOP
      EXIT WHEN c_Dozent%ROWCOUNT=5;
       FETCH c_Dozent INTO v_DDaten(i);
       DBMS_OUTPUT.PUT(v_DDaten(i).D_Vorname || ' ');
       DBMS_OUTPUT.PUT(v_DDaten(i).D_Nachname || ' : ');
       DBMS_OUTPUT.PUT(v_DDaten(i).K_Nr || ' Euro');
       DBMS_OUTPUT.PUT_LINE(v_DDaten(i).TH_Tagessatz);
       i := i+1;
      END LOOP;
      CLOSE c_Dozent;
     END;
```

715_02.sql: Multidimensionale Strukturen mit Datensätzen

Beide gerade vorgestellten Konzepte lassen sich schließlich auch miteinander kombinieren. Das heißt, es besteht (wie nicht anders zu erwarten) auch die Möglichkeit, mehrstufige Sammlungen mit Datensätzen und damit mit mehreren Feldern zu erstellen. Dies soll im Folgenden in Form einer Kreuztabelle dargestellt werden, die die Umsätze und die Teilnehmerzahlen für die Jahre und Bereiche speichert. Diese sollen zunächst aus einer Abfrage der Form

```
SELECT EXTRACT(YEAR FROM B_Datum) AS Jahr,
                K_Bereich                AS Bereich,
                COUNT(B_Nr)              AS TNZahl,
                SUM(B_Preis)             AS Umsatz
     FROM buchung NATURAL JOIN termin
                NATURAL JOIN kurs
```

```
GROUP BY EXTRACT(YEAR FROM B_Datum), K_Bereich
ORDER BY EXTRACT(YEAR FROM B_Datum), K_Bereich;
```

mit dem Ergebnis

```
  JAHR BEREICH                              TNZAHL      UMSATZ
------- ------------------------------- ---------- ----------
  2009 Programmierung                        24       16788
  2010 Datenbanken                          101       64254
  2010 Grafik                                84       53070
  2010 Office                                46       13210
...
```

in einen Cursor geladen und dann schrittweise in eine solche Kreuztabelle übertragen werden. Dabei werden die beiden Dimensionen Jahr und Bereich für die
beiden Erfolgsfaktoren Umsatz und Teilnehmer über numerische Zuordnungen
(x|y) wie zuvor bei der Einführung der mehrstufigen Sammlung erfasst. Hierbei
muss also eine Technik gefunden werden, um die Zahlen und Bereiche mit einem
Zahlwert zu belegen und dementsprechend zu kodieren.

Natürlich ließe sich für die Jahre auch direkt die Zahl verwenden, was aber andere Abfragen erschweren würde, in denen nicht schon von vornherein Zahlen als
Ergebniswerte auftreten und in denen die Zahlen eventuell auch nicht so einfach
angesprochen werden können wie aufstehende Jahresdaten. So ist das folgende
Beispiel also generell auch für Abfragen geeignet, deren Dimensionen Zeichenket-
tenwerte zurückliefern.

Eine Ordnung der Bereiche ergibt den Wert 4 für den Bereich Programmie-
rung und den Wert 1 für das Jahr 2009. Damit hätte das Wertepaar (2009 | Pro-
grammierung) die Kodierung (1 | 4) und gemäß der gerade abgedruckten Ab-
frageergebnisse die Werte 16788 | 24. In der Abbildung ist die zu erzeugende
Kreuztabelle bzw. die auf einem Datensatz basierende mehrstufige Sammlung
noch einmal mit den Werten für die Jahre, den Bereichen und den Umsatz- und
Teilnehmerzahlen des Jahres 2013 schematisch dargestellt.

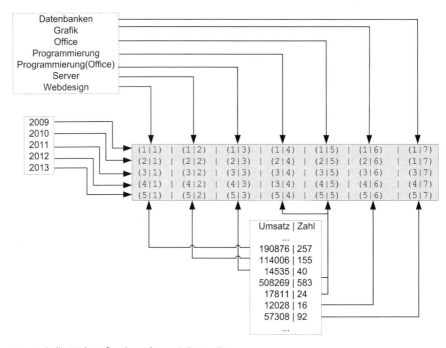

Kreuztabelle: Mehrstufige Sammlung mit Datensätzen

Im Programm wird zunächst ein Datensatztyp erzeugt, der aus den Feldern für Umsatz und Teilnehmerzahl besteht, und dann der mehrstufigen Sammlung zugewiesen. Dies geschieht, indem der Datensatztyp einer Sammlung, und die zunächst daraus resultierende Sammlungen einer weiteren Sammlung und schließlich als Typ einer Variable zugewiesen werden. Für die beiden Hilfssammlungen bzw. die Schlüssel zu den eigentlichen Werten in der Kreuztabelle verwendet man den gleichen Sammlungstyp, da sie beide aus numerischen Werten bestehen. Für die Ermittlung der Jahreszahlen bzw. die Extraktion derselben aus der Datumsspalte in der Buchungstabelle verwendet man zur Übernahme geeigneter Spaltennamen jeweils abgeleitete Tabellen, in denen ein geeigneter Spaltenname definiert und in die äußere Abfrage zurückgeliefert wird.

Die Programmausführung besteht zunächst aus dem Füllen der verschiedenen Sammlungstypen, wozu die einfachen Strukturen für Jahreszahlen und Bereichsnamen ebenso gehören wie die Initialisierung der Kreuztabelle. Hier greift man auf eine verschachtelte Schleifenkonstruktion in der Form »für jedes Jahr jeder

Bereich« zurück und setzt alle Werte auf 0. Dies ist wichtig, da im nächsten Schritt über das Schlüsselpaar Jahr/Bereich die entsprechenden Werte in die Kreuztabelle übernommen werden sollen. Dies gilt aber nur für diejenigen Werte, die tatsächlich in der Abfrage vorhanden sind bzw. die also ungleich 0 sind. Dabei entspricht einer NULL in der Abfrage auch eine tatsächliche 0 im Ergebnis, da natürlich nicht erwähnte Bereiche oder Jahreszahlen weder Umsatz noch Teilnehmerzahlen aufweisen können. Es mag auf den ersten Blick ein wenig verwunderlich wirken, dass man zunächst die gesamte Kreuztabelle durchläuft, um die Werte auf 0 zu setzen und damit vorzuinitialisieren. Dies hat aber den Hintergrund, dass bei einer Kombination aus Durchlaufen der beiden Schleifen und Füllen der Kreuztabelle mit Werten (sowohl 0-Werten als auch Werten aus der Abfrage) ein Durchlaufen des Cursors dazu führt, dass die gerade gesetzten Werte aus der Abfrage wieder auf 0 gesetzt werden und nur noch der letzte Wert erhalten bleibt. Dies liegt zum einen an der Konstruktion der Abfrage und an der Tatsache, dass stets der gesamte Cursor durchlaufen wird. (Hier könnte man auch durch eine andere Programmabfolge die Leistung und Geschwindigkeit verbessern.) Da jedoch der Cursor nach einem Durchlauf wieder auf seinen ersten Datensatz zurückgesetzt wird, entstünden bei einer ähnlichen Konstruktion in einem einzigen Schritt im Nachhinein überall bis auf die letzte Zelle 0-Werte.

Die Ausgabe bzw. die Zuordnung von Indexwerten in der Kreuztabelle und den zugehörigen Werten in den Nachschautabellen für Jahre und Bereich erfolgt dann über einen Wertvergleich für die beiden Komponenten des zusammengesetzten Schlüssels Jahr/Bereich. Für gefundene Paare und damit Werte ungleich 0 erstellt man in einer passenden Textvariable den Ausgabetext und schreibt ihn in die Textdatei.

```
DECLARE
  -- Kreuztabellendefinition
  TYPE r_Erfolg IS RECORD (
   Umsatz    NUMBER(6),
   TNZahl    NUMBER(4)
  );
  TYPE t1 IS TABLE OF r_Erfolg
   INDEX BY BINARY_INTEGER;
  TYPE t2 IS TABLE OF t1
    INDEX BY BINARY_INTEGER;
  v_Erfolg t2;
  -- Allgemeine Tabellentypen
```

```
TYPE Zahlen IS TABLE OF NUMBER(20)
 INDEX BY BINARY_INTEGER;
TYPE Texte IS TABLE OF VARCHAR2(30)
 INDEX BY BINARY_INTEGER;
-- Arrays
v_Jahre     Zahlen;
v_Bereiche Texte;
-- Cursor
CURSOR c_Bereiche IS
 SELECT DISTINCT K_Bereich
   FROM kurs;
CURSOR c_Jahre IS
 SELECT B_Jahr
   FROM (SELECT DISTINCT EXTRACT(YEAR FROM B_Datum)
                        AS B_Jahr
          FROM buchung
          ORDER BY EXTRACT(YEAR FROM B_Datum));
CURSOR c_Erfolg IS
SELECT Jahr, Bereich, TNZahl, Umsatz
  FROM (SELECT EXTRACT(YEAR FROM B_Datum) AS Jahr,
               K_Bereich                  AS Bereich,
               COUNT(B_Nr)                AS TNZahl,
               SUM(B_Preis)               AS Umsatz
          FROM buchung NATURAL JOIN termin
                       NATURAL JOIN kurs
         GROUP BY EXTRACT(YEAR FROM B_Datum), K_Bereich
         ORDER BY EXTRACT(YEAR FROM B_Datum), K_Bereich);
-- Bericht
Handle UTL_FILE.FILE_TYPE;
Text    VARCHAR2(32767);
BEGIN
  -- Füllen der Arrays
  FOR v_JDaten IN c_Jahre LOOP
    v_Jahre(c_Jahre%ROWCOUNT) := v_JDaten.B_Jahr;
  END LOOP;
  FOR v_BDaten IN c_Bereiche LOOP
    v_Bereiche(c_Bereiche%ROWCOUNT) := v_BDaten.K_Bereich;
  END LOOP;
  -- Kreuztabelle initialisieren
```

```
FOR i IN v_Jahre.FIRST..v_Jahre.LAST LOOP    -- Jahre
   FOR j IN v_Bereiche.FIRST..v_Bereiche.LAST LOOP
                                      -- Bereiche
           v_Erfolg(i)(j).Umsatz := 0;
           v_Erfolg(i)(j).TNZahl := 0;
   END LOOP;
END LOOP;
-- Füllen der Kreuztabelle
FOR i IN v_Jahre.FIRST..v_Jahre.LAST LOOP    -- Jahre
   FOR j IN v_Bereiche.FIRST..v_Bereiche.LAST LOOP
                                      -- Bereiche
       FOR v_EDaten IN c_Erfolg LOOP
        IF v_Jahre(i) = v_EDaten.Jahr
                    AND v_Bereiche(j) = v_EDaten.Bereich
          THEN v_Erfolg(i)(j).Umsatz := v_EDaten.Umsatz;
              v_Erfolg(i)(j).TNZahl := v_EDaten.TNZahl;
              DBMS_OUTPUT.PUT(' Erfasst:
                         (' || i || '|' || j || ') ');
              DBMS_OUTPUT.PUT_LINE(v_Erfolg(i)(j).Umsatz ||
                       ' | ' || v_Erfolg(i)(j).TNZahl);
         END IF;
        END LOOP;
       END LOOP;
END LOOP;
-- Berichtausgabe
Handle := UTL_FILE.FOPEN('TEXTAUSGABE', 'bericht.txt',
                       'w');
FOR i IN v_Jahre.FIRST..v_Jahre.LAST LOOP
 UTL_FILE.PUT_LINE(Handle, v_Jahre(i));
 UTL_FILE.PUT_LINE(Handle, '------------------------');
  FOR j IN v_Bereiche.FIRST..v_Bereiche.LAST LOOP
   IF v_Erfolg(i)(j).Umsatz!= 0
      AND v_Erfolg(i)(j).TNZahl != 0
    THEN Text := v_Bereiche(j) || ': ' ||
                v_Erfolg(i)(j).TNZahl || ' | ' ||
                v_Erfolg(i)(j).Umsatz;
         UTL_FILE.PUT_LINE(Handle, Text);
         DBMS_OUTPUT.PUT_LINE(Text);
    END IF;
```

259

```
      END LOOP;
      UTL_FILE.NEW_LINE(Handle, 2);
    END LOOP;
    UTL_FILE.FCLOSE(Handle);
END;
```

715_03.sql: Verwendung einer mehrstufigen Sammlung mit Datensatztyp

In der Ausgabe erhält man zum einen die Bestätigung, dass der Eintrag in der Kreuztabelle erfolgreich war, und zum anderen ein Kontrollergebnis der Textausgabe.

```
Erfasst: (1|4) 16788 | 24
Erfasst: (2|1) 64254 | 101
Erfasst: (2|2) 53070 | 84
...
Programmierung: 24 | 16788
Datenbanken: 101 | 64254
Grafik: 84 | 53070
...
PL/SQL-Prozedur wurde erfolgreich abgeschlossen.
```

Dies liefert dann folgendes Ergebnis in der im Programm angegebenen Textdatei, wobei nur die Bereiche für jedes Jahr ausgegeben werden, die auch tatsächlich Umsatz gebracht haben.

```
2009
------------------------
Programmierung: 24 | 16788


2010
------------------------
Datenbanken: 101 | 64254
Grafik: 84 | 53070
Office: 46 | 13210
Programmierung: 272 | 227280
Programmierung(Office): 25 | 14622
```

```
Server: 25 | 20236
Webdesign: 48 | 24189
```

bericht.txt

7. 1. 6. Collection-Methoden

Bei der Vorstellung einiger Collection-Ausnahmen haben Sie bereits gesehen, dass verschiedene Verarbeitungsanweisungen im Zusammenhang mit Sammlungen ausschließlich über die bereits erwähnten Collection-Methoden ausgeführt werden können. Dies sind einige eingebaute Funktionen, die ganz simpel mit der Punkt-Notation an die Collection-Namen angeschlossen und um Parameter in runden Klammern bereichert werden. Die folgende Tabelle fasst die wesentlichen Eigenschaften der vorhandenen Methoden zusammen:

Methode	Beschreibung	Gültigkeit
COUNT	Zählt die Anzahl der Elemente (NUMBER).	Assoziative Arrays, verschachtelte Tabellen, Varrays
DELETE	Entfernt Elemente aus einer Sammlung.	Assoziative Arrays, verschachtelte Tabellen
EXISTS	Prüft auf das Vorhandensein eines Elements anhand seines Indexwertes in einer Sammlung, Rückgabewert in diesem Fall: TRUE.	Assoziative Arrays, verschachtelte Tabellen, Varrays
EXTEND	Erweitert eine Sammlung um ein neues Element.	Assoziative Arrays, verschachtelte Tabellen, Varrays (solange durch Obergrenze möglich)
FIRST	Liefert den Indexwert des ersten Elements einer Sammlung (BINARY _ INTEGER).	Assoziative Arrays, verschachtelte Tabellen, Varrays
LAST	Liefert den Indexwert des letzten Elements einer Sammlung (BINARY _ INTEGER).	Assoziative Arrays, verschachtelte Tabellen, Varrays
LIMIT	Gibt die maximale Anzahl an Elementen für eine Sammlung an (NUMBER).	Verschachtelte Tabellen (stets NULL), Varrays

Methode	Beschreibung	Gültigkeit
NEXT	Liefert den nächsten Indexwert eines Elements (BINARY _ INTEGER).	Assoziative Arrays, verschachtelte Tabellen, Varrays
PRIOR	Liefert den vorherigen Indexwert eines Elements (BINARY _ INTEGER).	Assoziative Arrays, verschachtelte Tabellen, Varrays
TRIM	Entfernt Elemente am Ende einer Sammlung.	Verschachtelte Tabellen, Varrays

Collection-Methoden im Überblick

Wie Sie sehen, ist die Verwendung der einzelnen Methoden nicht schwierig. Ganz im Gegenteil, denn sie sollen ja gerade Arbeit über nützliche Helferfunktionen ersparen, sodass wir versuchen, die einzelnen Funktionen möglichst sinnvoll (so gut es Beispiele können) in einige kurze Programme zu integrieren. Im ersten Beispiel stellen wir die Methoden FIRST, LAST und COUNT vor. Wie auch LIMIT benötigen diese Methoden keine weiteren Parameter für ihre Verwendung und funktionieren damit syntaktisch wie die Ihnen schon bekannten Cursor-Attribute. Inhaltlich ermittelt das folgende Programm über die bereits bekannte Zufallsauswahl eine Hand voll Teilnehmer, die das Glück haben, an einem Kurs teilnehmen zu können. Dabei gilt eine Beschränkung auf sechs Teilnehmer pro Termin, sodass die ersten sechs der Zufallsauswahl in ein assoziatives Array t _ Teilnehmer1 gespeichert werden, während die letzten in ein anderes assoziatives Array t _ Teilnehmer2 gespeichert werden. Dies löst man über eine CASE-Anweisung innerhalb einer umschließenden Cursor-FOR-Schleife, mit deren Hilfe auch Wertzuweisungen an die Sammlungen vorgenommen werden. Diese berücksichtigt man nicht weiter, Sie könnten sie aber natürlich auch in Tabellen wie die Tabelle BUCHUNG und eine weitere Tabelle WARTELISTE eintragen. Für die Verwendung der hier präsentierten Methoden gilt nur, dass sie über eine Punktnotation an den Sammlungsnamen angeschlossen werden und auch in Fallunterscheidungen, Wertzuweisungen oder als Parameter wie Variablen fungieren.

```
DECLARE
  v_MaxBNr  buchung.B_Nr%TYPE;              -- Höchste Buchungsnr
  CURSOR c_Teilnehmer IS
        SELECT TN_Nr, TN_Vorname, TN_Nachname
```

```
           FROM teilnehmer SAMPLE (0.55);  -- Teilnehmerwahl
TYPE Teilnehmer IS TABLE OF c_teilnehmer%ROWTYPE
INDEX BY BINARY_INTEGER;
t_Teilnehmer1 Teilnehmer;
t_Teilnehmer2 Teilnehmer;
BEGIN
SELECT MAX(B_Nr)+1
  INTO v_MaxBNr
  FROM buchung;                         -- Höchste Buchungsnr
IF v_MaxBNr IS NULL
  THEN v_MaxBNr := 1;                   -- Bei leerer Tabelle
END IF;
FOR v_TNDaten IN c_Teilnehmer LOOP    -- Cursor-Schleife
  -- Test auf komplett gefüllten Kurstermin
  CASE
    -- Speichern der ersten 6 Anmeldungen
    WHEN c_Teilnehmer%ROWCOUNT <= 6 THEN
      t_Teilnehmer1(v_MaxBNr).TN_Nr        := v_TNDaten.TN_Nr;
      t_Teilnehmer1(v_MaxBNr).TN_Vorname  :=
                                    v_TNDaten.TN_Vorname;
      t_Teilnehmer1(v_MaxBNr).TN_Nachname :=
                                    v_TNDaten.TN_Nachname;
      v_MaxBNr := v_MaxBNr + 1;
      -- Speichern der überzähligen Anmeldungen
    ELSE
      t_Teilnehmer2(v_MaxBNr).TN_Nr        := v_TNDaten.TN_Nr;
      t_Teilnehmer2(v_MaxBNr).TN_Vorname  :=
                                    v_TNDaten.TN_Vorname;
      t_Teilnehmer2(v_MaxBNr).TN_Nachname :=
                                    v_TNDaten.TN_Nachname;
      v_MaxBNr := v_MaxBNr + 1;
  END CASE;
END LOOP;
-- Analyse der beiden Gruppen
DBMS_OUTPUT.PUT('Gebucht: '  || t_Teilnehmer1.FIRST);
DBMS_OUTPUT.PUT_LINE(' bis ' || t_Teilnehmer1.LAST);
IF t_Teilnehmer1.COUNT >= 6 THEN
  DBMS_OUTPUT.PUT('Zu viel: '  || t_Teilnehmer2.FIRST);
  DBMS_OUTPUT.PUT_LINE(' bis ' || t_Teilnehmer2.LAST);
```

7

```
END IF;
END;
```

716_01.sql: FIRST, LAST und COUNT

Dieses Programm liefert je nach Zufallsauswahl und in Abhängigkeit von eventuell vorhandenen Einträgen in Ihrer Tabelle BUCHUNG z. B. eine Ausgabe der folgenden Art. Da hier keine Daten in die Tabelle eingetragen werden, was später vorgestellt wird, beginnen die Buchungszahlen bei einer leeren Tabelle jedes Mal mit 1.

```
Gebucht: 1 bis 6
Zu viel: 7 bis 9
PL/SQL-Prozedur wurde erfolgreich abgeschlossen.
```

Wie schon kurz erwähnt, können Sie die Methoden (sofern sie Werte zurückliefern, wie sie auch von Variablen bereitgestellt werden könnten) überall dort verwenden, wo auch Variablen akzeptiert werden. Diese allgemeine Regel kann man also auch so anwenden, indem man über name.FIRST den Index-Wert ermittelt, den kompletten Aufruf selbst aber wieder als Index-Wert vorgibt. In der folgenden Abwandlung des obigen Beispiels wird noch eine Schleifenkonstruktion für die inneren Werte (nicht FIRST und nicht LAST) verwendet und die Adressierung auch noch mit der Methode NEXT bewerkstelligt, die relativ zum vorherigen Index-Wert in der Form NEXT(n) den nächsten Index-Wert abruft, wobei n diesen vorherigen Index-Wert darstellt. Sogar dieser Wert n lässt sich über eine Methode zuweisen, indem eine einfache Zählervariable, die im Deklarationsabschnitt neu eingeführt wurde, zum Index-Wert des ersten Elements addiert wird. Dass ganz am Schluss noch der Teilnehmername über TN _ Nachname ausgegeben wird, ist schon fast gar nicht mehr interessant.

Das Gegenstück zu NEXT stellt die Methode PRIOR dar, die ebenfalls über die Angabe des aktuellen Index-Wertes den Index-Wert des vorherigen Elements findet. Setzt man PRIOR(n) in der Form PRIOR(3) ein, so wird name(2) gefunden.

```
DBMS_OUTPUT.PUT_LINE(t_Teilnehmer1.COUNT);
DBMS_OUTPUT.PUT_LINE(t_Teilnehmer1(t_Teilnehmer1.FIRST)
                .TN_Nachname);
WHILE   Zaehler < t_Teilnehmer1.COUNT-2 LOOP
DBMS_OUTPUT.PUT_LINE(t_Teilnehmer1(t_Teilnehmer1.NEXT(t_Teilnehmer1.
```

```
FIRST+Zaehler)).TN_Nachname);
Zaehler := Zaehler+1;
END LOOP;
DBMS_OUTPUT.PUT_LINE(t_Teilnehmer1(t_Teilnehmer1.LAST).TN_Nachname);
```

716_02.sql: Adressierung über Methoden wie NEXT(n)

Dies ergibt z. B. eine Ausgabe in Form einer Namensliste:

```
6
Drewes
Czaplewski
Webelsiep
Dahmer
Reza
Besl
PL/SQL-Prozedur wurde erfolgreich abgeschlossen.
```

Um beliebige Elemente anhand ihres Index-Wertes aus der Sammlung zu entfernen, setzen Sie die Methode DELETE(n) ein, wobei auch hier der Parameter n wieder einen Index-Wert erwartet. Im einfachsten Fall ist dies ein direkt vorgegebener Wert wie z. B. t_Teilnehmer1.DELETE(2). In einem anspruchsvolleren Fall, den das folgende Beispiel zeigt, können Sie auch hier wieder eine Adressierung über andere Methoden oder weitere Variablen verwenden.

Das nächste Beispiel variiert wieder die obige Konstruktion, wobei hier ganz nonchalant überschüssige Teilnehmer aus der Sammlung entfernt werden, bis höchstens sechs Teilnehmer übrig bleiben. Dazu prüft man über eine Schleifenbedingung einfach nur, ob der gewünschte Wert durch Löschen des jeweils letzten Elements in der Sammlung erreicht wurde. Im Deklarationsabschnitt wurde nun Zaehler NUMBER(3) := 1; eingefügt.

```
FOR v_TNDaten IN c_Teilnehmer LOOP    -- Cursor-Schleife
  t_Teilnehmer1(v_MaxBNr).TN_Nr       := v_TNDaten.TN_Nr;
  t_Teilnehmer1(v_MaxBNr).TN_Vorname :=
                       v_TNDaten.TN_Vorname;
  t_Teilnehmer1(v_MaxBNr).TN_Nachname :=
                       v_TNDaten.TN_Nachname;
```

```
  v_MaxBNr := v_MaxBNr + 1;
END LOOP;
WHILE t_Teilnehmer1.COUNT != 6 LOOP
  EXIT WHEN t_Teilnehmer1.COUNT <=6;
  t_Teilnehmer1.DELETE(t_Teilnehmer1.LAST);
  DBMS_OUTPUT.PUT_LINE(Zaehler || ' --> '
                            || t_Teilnehmer1.COUNT);
  Zaehler := Zaehler+1;
END LOOP;
716_03.sql: Einsatz von DELETE(n)
Eine mögliche Löschaktion könnte wie folgt aussehen:
1 --> 8
2 --> 7
3 --> 6
PL/SQL-Prozedur wurde erfolgreich abgeschlossen.
```

Für DELETE lassen sich insgesamt folgende Einsatzbereiche abdecken:

- DELETE ohne weitere Parameter löscht/leert die gesamte Sammlung.

- DELETE(n) löscht das Element n.

- DELETE(m,n) löscht die Elemente von m bis n einschließlich der Grenzen.

Möchte man die überschüssigen Teilnehmer ohne Widerrede möglichst schnell und daher ohne Schleife löschen, bietet sich die letzte Möglichkeit besonders an. Da das sechste Element bzw. das Element mit dem Index-Wert 6 nicht entfernt werden soll, beginnt der zu löschende Bereich beim Index-Wert 7.

```
DBMS_OUTPUT.PUT_LINE('Vorher: ' || t_Teilnehmer1.COUNT);
 IF t_Teilnehmer1.COUNT > 6
   THEN t_Teilnehmer1.DELETE(7, t_Teilnehmer1.COUNT);
   DBMS_OUTPUT.PUT_LINE('Nachher: ' || t_Teilnehmer1.COUNT);
 END IF;
DBMS_OUTPUT.PUT_LINE('Erster: ' || t_Teilnehmer1.FIRST);
DBMS_OUTPUT.PUT_LINE('Letzter: ' || t_Teilnehmer1.LAST);
```

716_04.sql: Verwendung von DELETE(n,m)

Hat man auch hier das Glück, dass die Zufallsauswahl mehr Teilnehmer auswählt, als für einen Termin möglich sind, dann erhält man die folgende Ausgabe:

```
Vorher: 11
Nachher: 6
Erster: 1
Letzter: 6
PL/SQL-Prozedur wurde erfolgreich abgeschlossen.
```

Eine letzte Möglichkeit für die Dezimierung einer Sammlung (allerdings nur bei verschachtelten Tabellen und Varrays) bietet die Methode TRIM, die in zwei Ausprägungen aktiviert werden kann:

- TRIM ohne Parameter löscht das letzte Element einer Sammlung.

- TRIM(n) löscht die n letzten Elemente einer Sammlung.

Wenn man sehr oft löscht, ist es natürlich nur eine Frage der Zeit, wann Elemente zu einer verschachtelten Tabelle oder zu einem Varray hinzugefügt werden müssen. Dafür kann man sich komplett auf die Methode EXTEND verlassen, die in drei Erscheinungsformen vorkommt. Sie ist allerdings nicht allmächtig und muss etwaige Obergrenzen berücksichtigen.

- EXTEND ohne Parameter hängt ein NULL-Element an eine Sammlung an, wobei als Index-Werte LAST+1 verwendet werden.

- EXTEND(n) hängt am Ende einer Sammlung n NULL-Elemente an.

- EXTEND(n, i) hängt am Ende einer Sammlung n Kopien des Elements mit dem Index-Wert i an.

- Für Varrays steht noch die Methode LIMIT zur Verfügung, mit der die eingetragene Obergrenze ermittelt werden kann. Sie hat keine unterschiedlichen Ausprägungen.

Gleiches gilt für `EXISTS(n)`, die stets einen Parameter in Form eines Integer-Zahlwerts erwartet. Mit diesem referenziert und testet man die Existenz eines Elements innerhalb der Sammlung. Sollte man hier mit seiner Frage über das Ziel hinausschießen und eine Obergrenze verletzen, löst man damit keine Ausnahme aus, sondern erhält lediglich den Wert `FALSE` zurück.

7. 1. 7. Ausnahmen und Collections

Die Verwendung und Behandlung von Ausnahmen haben Sie schon im Abschnitt zu Ausnahmen kennen gelernt. In den zurückliegenden Beispielen hatten die hier in einer übersichtlichen Tabelle versammelten vordefinierten Ausnahmen bereits einige spektakuläre Auftritte.

Name	ORA-Nr. / SQL-Wert	Bescheibung
VALUE _ ERROR	ORA-06502 -6502	Versuch, einen vom Datentyp her nicht passenden Wert in einer Sammlung zu platzieren.
NO _ DATA _ FOUND	ORA-01403 +100	Versuch, nicht vorhandene Elemente eines assoziativen Arrays abzurufen.
COLLECTION _ IS _ NULL	ORA-6531 -6531	Versuch, in einer `NULL`-Tabelle Werte einzufügen.
SUBSCRIPT _ BEYOND _ COUNT	ORA-06533 -6533	Versuch, über eine einfache Zuweisung Werte in eine Tabelle einzufügen, oder Versuch, nicht vorhandene Elemente zu adressieren.
SUBSCRIPT _ OUTSIDE _ LIMIT	ORA-06532 -6532	Versuch, mit einer unzulässigen Index-Nummer (–1 bei verschachtelten Tabellen) einen Wert zu adressieren.

Ausnahmen bei Collections

7. 2. Mengenbindung und Mengenverarbeitung

Wir hatten oben bereits auf das Phänomen des Kontextwechsels hingewiesen. Dieser Begriff beschreibt den Umstand, dass bei der Verwendung von SQL in PL/SQL ein Wechsel von der *PL/SQL-Maschine* zum *SQL-Verarbeiter* ausgeführt wird. Dies ist normalerweise nicht tragisch bzw. auch in vielen Fällen unvermeidbar, wenn man Daten aus der Datenbank in Variablen oder andere Strukturen – wie die zuvor gezeigten Sammlungen – übertragen möchte. Allerdings sollte man darauf achten, nicht zu viele Kontextwechsel durchzuführen, da dies die Leistung und Geschwindigkeit eines Programms erheblich beeinflussen kann. Um die Kontextwechsel zu vermeiden, verwenden Sie die in diesem Abschnitt vorgestellten Konzepte der Mengenbindung und -verarbeitung. Ein typischer Kandidat für Optimierungsfälle stellt jedes Mal eine Programmstruktur dar, bei der über eine Schleifenkonstruktion Daten in die Datenbank eingetragen werden sollen. Für jedes INSERT einer Iteration führt man einen automatischen Kontextwechsel durch, was die Leistung ab einer bestimmten Grenze von Iterationen optimierungsbedürftig macht.

7. 2. 1. Bindungstypen

Die Wertzuweisung von PL/SQL-Variablen in SQL-Variablen bezeichnet man mit dem Begriff »Bindung« (*binding*), wobei Oracle hier drei verschiedene Fälle unterscheidet:

- **Innere Bindung (in-bind)**
  Eine PL/SQL-Variable wird mit Hilfe von INSERT oder UPDATE in einer Datenbank-Tabelle gespeichert. Dies ist ein typischer Kandidat für eine Mengenbindung.

- **Äußere Bindung (out-bind)**
  Ein Wert aus einer Datenbank-Tabelle wird mit der RETURNING-Klausel in eine PL/SQL-Variable übertragen, nachdem eine INSERT-, UPDATE- oder DELETE-Aktion durchgeführt wurde.

- **Definition (define)**
  Ein Wert aus einer Datenbank-Tabelle wird mit Hilfe von SELECT...INTO oder FETCH...INTO in eine PL/SQL-Variable übertragen.

Wie Sie sehen, bieten solche Fälle wie die der Definitionsbindung keine wirklichen Optimierungsmöglichkeiten, da normalerweise nicht tausend Tabellenwerte über eine einzelne Schleife in PL/SQL-Variablen übertragen werden. Da in diesem Fall eher explizite Cursor und nicht einzelne Abrufe über implizite Cursor stattfinden, ruft jede Schleifeniteration aus dem Cursor-Bereich Werte ab, was keine eigenen Abfragen an die Datenbank darstellt. Eine ähnliche Überlegung gilt für den Einsatz der RETURNING-Klausel, da auch hier keine zusätzliche Abfrage stattfindet. Stattdessen ruft man aus dem Kontextbereich der Abfrage die entsprechenden Informationen ab und benutzt sozusagen nur Werte, die ohnehin in der aktuellen Situation verfügbar sind und nur darauf warten, verarbeitet zu werden.

7. 2. 2. Leistungsunterschiede im Vergleich

Im folgenden kurzen Beispiel wollen wir noch einmal die grundlegenden Unterschiede im Programmaufbau und in der Leistung bei der iterativen Verarbeitung über eine Schleife und bei der Mengenverarbeitung zeigen. Das Programm fügt in beiden Varianten 2 000 Datensätze in die Tabelle TERMIN ein, wobei zusätzlich an drei Zeitpunkten die Zeit mit Hilfe der Methode GET _ TIME des DBMS _ UTILI-TY-Pakets gemessen wird. Es misst die Zeit in Hundertstel Sekunden und lässt sich daher gut für Zeitvergleiche verwenden. Für die Konstruktion ist lediglich zu sagen, dass man die benötigten Datensätze in einer Sammlung vorbereitet und dann komplett über die FORALL-Klausel, die strukturell mit einer FOR-Schleife übereinstimmt (auch hier muss die Zählervariable nicht vorher deklariert werden), in eine Datenbank-Tabelle einträgt.

```
DECLARE
  v_MaxTNr termin.T_Nr%TYPE; -- vorhandenes Maximum
  TYPE KursNummer IS TABLE OF termin.T_Nr%TYPE
    INDEX BY BINARY_INTEGER;
  v_TNr KursNummer;              -- Liste der Terminnummern
  TYPE t_Zeit IS VARRAY(3) OF NUMBER(7); -- Zeittyp
  Zeit t_Zeit := t_Zeit(1,2,3);         -- Messwerte
BEGIN
  -- Höchste Terminzahl für Schleife
  SELECT MAX(T_Nr) INTO v_MaxTNr FROM termin;
  -- Übergabe per Schleife
  Zeit(1) := DBMS_UTILITY.GET_TIME;
  FOR Zaehler IN 1..2000 LOOP
   INSERT INTO termin
    VALUES (v_MaxTNr+Zaehler,'1025096','17.07.13','19.07.13','Köln');
  END LOOP;
  -- Höchste Terminzahl für Übergabe
```

```
SELECT MAX(T_Nr) INTO v_MaxTNr  FROM termin;
-- Füllen der Zählertabelle
FOR Zaehler IN 1..2000 LOOP
 v_TNr(Zaehler) := v_MaxTNr+Zaehler;
END LOOP;
-- Übergabe der gesamten Sammlung
Zeit(2) := DBMS_UTILITY.GET_TIME;
FORALL Zaehler IN 1..2000
 INSERT INTO termin
 VALUES (v_TNr(Zaehler),'1025096','17.07.13','19.07.13','Köln');
-- Analyse der Messwerte
Zeit(3) := DBMS_UTILITY.GET_TIME;
DBMS_OUTPUT.PUT_LINE('Ausführung in Sekunden:');
DBMS_OUTPUT.PUT_LINE('Cursor-Schleife: ' || TO_CHAR(Zeit(2)
- Zeit(1)));
DBMS_OUTPUT.PUT_LINE('FORALL-Klausel: '  || TO_CHAR(Zeit(3)
- Zeit(2)));
DBMS_OUTPUT.PUT_LINE(Zeit(1) || ' ' || Zeit(2) || ' ' ||
Zeit(3));
END;
```

723_01.sql: Vergleich von iterativer Verarbeitung und Mengenverarbeitung

Sie erhalten in Abhängigkeit von Rundungsdifferenzen, also im Rahmen der Mess-
genauigkeit, leicht variierende Zeitangaben, die jedoch eindeutig machen, dass
eine Mengenverarbeitung in jedem Fall vorteilhafter ist.

```
Ausführung in Sekunden:
Cursor-Schleife: 26
FORALL-Klausel: 3
1802816 1802842 1802845
PL/SQL-Prozedur wurde erfolgreich abgeschlossen.
```

7. 2. 3. Mengenübertragung mit FORALL

Wie schon das letzte Beispiel gezeigt hat, verwenden Sie die FORALL-Klausel mit
folgender allgemeiner Syntax für die Übergabe eines geeigneten DML-Befehls (also

INSERT, UPDATE, DELETE). Oben haben wir diese Klausel mit der FOR-Schleife verglichen. Dies ist nur dann korrekt, wenn man sich auf die Tatsache bezieht, dass der Zähler quasi aus dem Nichts auftaucht und auch wieder verschwindet. Es ist allerdings nur möglich, ihn als Index-Wert für Sammlungen zu verwenden und nicht etwa in anderen Zusammenhängen. Der *SQL-Interpreter* organisiert die iterative Verarbeitung von allein, d. h. ohne die Hilfe der PL/SQL-Maschine, die lediglich den Befehl übermittelt. Daher muss hier die Schleife korrekt sein, was zur Folge hat, dass die angegebenen Grenzen auch tatsächlich existieren und eine aufsteigende Folge bilden. Dadurch ist es aber zum Beispiel auch möglich, innerhalb einer Sammlung einen Bereich zu verarbeiten und andere Index-Werte unberücksichtigt zu lassen.

```
FORALL index IN untergrenze..obergrenze
  sql_befehl;
```

Im folgenden Beispiel zeigen wir noch einmal ein einfaches FORALL-Beispiel und die Verwendung der beiden Transaktionsbefehle ROLLBACK und COMMIT, die im Ausnahmeabschnitt auftauchen. Es werden insgesamt zwei Terminnummern für die Sammlung erzeugt, aber bei der Übergabe vier benötigt. Dies löst den Fehler

```
DECLARE
*
FEHLER in Zeile 1:
ORA-22160: Element bei Index [3] nicht vorhanden
ORA-06512: in Zeile 15
```

aus, da ja kein Eintrag in der Sammlung vorhanden ist, der – sofern mit einer bis auf die ersten 655 Zeilen leeren Tabelle begonnen wird – auf 658 lauten müsste. Dies löst die Ausnahme OTHERS aus, die im ersten Fall sämtliche Eintragungen zurücksetzt und im zweiten Fall die gültigen Eintragungen bestätigt und das Programm beendet.

```
DECLARE
  v_MaxTNr termin.T_Nr%TYPE; -- vorhandenes Maximum
  TYPE KursNummer IS TABLE OF termin.T_Nr%TYPE
    INDEX BY BINARY_INTEGER;
  v_TNr KursNummer;              -- Liste der Terminnummern
```

```
BEGIN
  -- Höchste Terminzahl für Übergabe
  SELECT MAX(T_Nr) INTO v_MaxTNr  FROM termin;
  DBMS_OUTPUT.PUT_LINE('Max. vorher: ' || v_MaxTNr);
  -- Füllen der Zählertabelle
  FOR Zaehler IN 1..2 LOOP
    v_TNr(Zaehler) := v_MaxTNr+Zaehler;
  END LOOP;
  -- Übergabe der gesamten Sammlung
  FORALL Zaehler IN 1..4
    INSERT INTO termin
    VALUES (v_TNr(Zaehler),'1025096','17.07.13','19.07.13','Köln');
  EXCEPTION WHEN OTHERS THEN ROLLBACK;
  DBMS_OUTPUT.PUT_LINE('Änderungen rückgängig gemacht.');
  -- Höchste Terminzahl für Übergabe
  SELECT MAX(T_Nr) INTO v_MaxTNr  FROM termin;
  DBMS_OUTPUT.PUT_LINE('Max nachher: ' || v_MaxTNr);
  /*
  -- Alternative mit COMMIT
  EXCEPTION WHEN OTHERS THEN COMMIT;
  DBMS_OUTPUT.PUT_LINE('Änderungen rückgängig gemacht.');
  -- Höchste Terminzahl für Übergabe
  SELECT MAX(T_Nr) INTO v_MaxTNr  FROM termin;
  DBMS_OUTPUT.PUT_LINE('Max nachher: ' || v_MaxTNr);
  */
END;
```

723_01.sql: Transaktionssteuerung

Im ersten Fall soll die Transaktion mit ROLLBACK zurückgesetzt werden, sobald ein Fehler auftritt. Dies bedeutet, dass der Automatismus sämtliche vorherigen Operationen löscht, d. h. also auch die beiden Zeilen, die fehlerlos zunächst in die Tabelle übernommen wurden.

```
Max. vorher: 655
Änderungen rückgängig gemacht.
Max nachher: 655
PL/SQL-Prozedur wurde erfolgreich abgeschlossen.
```

Im zweiten Fall hingegen wird die Transaktion beendet, indem die erfolgreichen Sätze in die Tabelle geschrieben werden und nur die fehlerhafte Aktion sowie alle weiteren (durch die Ausnahmebehandlung) gar nicht erst begonnen werden. Über Sicherungspunkte kann man dies natürlich weiter ausbauen, sodass die Datenbank zu einem bestimmten Sicherungspunkt zurückkehrt.

```
Max. vorher: 655
Änderungen rückgängig gemacht.
Max nachher: 657
PL/SQL-Prozedur wurde erfolgreich abgeschlossen.
```

7. 2. 4. Verwendung von Cursor-Attributen

Wie schon kurz bei der Vorstellung der Cursor-Attribute angemerkt wurde, gibt es mindestens ein weiteres Attribut, nämlich %BULK _ ROWCOUNT, das speichert, ob die Eintragung einer n-ten Zeile erfolgreich war (Wert = 1) oder nicht.

Für die Abarbeitung

```
FORALL Zaehler IN 1..4
  INSERT INTO termin
  VALUES (v_TNr(Zaehler),'1025096','17.07.13','19.07.13','Köln');
EXCEPTION WHEN OTHERS THEN
IF SQL%BULK_ROWCOUNT(3)=0
  THEN DBMS_OUTPUT.PUT_LINE('Termineintrag fehlgeschlagen.');
END IF;
```

724_01.sql: Einsatz von %BULK_ROWCOUNT

Im Ergebnis erhalten Sie tatsächlich die Information, dass der Eintrag in der dritten Zeile fehlgeschlagen ist:

```
Max. vorher: 655
Termineintrag fehlgeschlagen.
PL/SQL-Prozedur wurde erfolgreich abgeschlossen.
```

Beachten Sie auch hier wieder, dass es nicht möglich ist, Informationen über jede Zeile automatisch auszuwerten. Dazu könnten Sie beispielsweise auf die Idee kommen, noch ein RETURNING einzuarbeiten oder auch mit Hilfe des gerade gelernten Attributs auf eine korrekte Übernahme zu achten. Dieses Vorgehen wäre aber falsch! Sie übergeben mit Hilfe der Mengenbindung tatsächlich das gesamte Paket der zu verarbeitenden Daten inklusive ihrer SQL-Verarbeitungsanweisung an den *SQL-Interpreter* und hören erst wieder etwas von diesem Helferlein, wenn ein Fehler auftritt oder es mit der Arbeit sonstwie fertig wurde. Syntaktisch wird Ihnen das auch bereits durch das Semikolon angezeigt, das dem DML-Befehl folgt. Da es keine Endanweisung für FORALL gibt, können Sie auch keine weiteren Befehle für diese Übergabe festlegen. Viel schlimmer noch als dies: Die Zählervariable, die normalerweise treue Dienste für die Referenzierung der aktuellen Zeile leistet, ist bereits ungültig, sobald das Semikolon gesetzt wird, da die SQL-Ausführung beendet wurde.

```
FORALL Zaehler IN 1..4
    INSERT INTO termin
    VALUES (v_TNr(Zaehler),'1025096','17.07.13','19.07.13','Köln');
    IF SQL%BULK_ROWCOUNT(Zaehler)=0
    THEN DBMS_OUTPUT.PUT_LINE('Termineintrag fehlgeschlagen.');
    END IF;
```

724_01.sql: Fehlerhafte Verwendung von Attributen

Die obige theoretische Erklärung finden Sie dann ganz praktisch in einer erschreckend langen Fehlermeldung umgesetzt, die Sie ausschließlich darauf hinweist, dass Sie den Gültigkeitsbereich der Zählervariablen bereits hinter sich gelassen haben. Seien Sie allerdings wieder teilweise unbesorgt: Für die sehr nützliche RETURNING-Klausel gibt es ein mengenspezifisches Pendant als Linderung:

```
    IF SQL%BULK_ROWCOUNT(Zaehler)=0
              *
FEHLER in Zeile 18:
ORA-06550: Zeile 18, Spalte 24:
PLS-00201: Bezeichner 'ZAEHLER' muss deklariert werden
ORA-06550: Zeile 18, Spalte 3:
PL/SQL: Statement ignored
```

In der Abbildung sehen Sie noch einmal eine Darstellung der Funktionsweise bei der Übergabe unter Einsatz der Mengenbindung, die Verwendung des Attributs `%BULK_ROWCOUNT` und die Problematik der Sichtbarkeit der Zählervariablen. Der gesamte `FORALL`-Befehl sowie der angeschlossene SQL-Ausdruck werden komplett in den SQL-Bereich übergeben, dort ausgewertet und ausgeführt, sodass ausschließlich über die Index-Werte (und die `RETURNING`-Klausel aus einem der folgenden Abschnitte) Daten zurückübermittelt werden.

Neben diesem speziellen Attribut haben Sie auch die Möglichkeit, die anderen Cursor-Attribute zu verwenden, die Sie für die expliziten Cursor bereits kennen gelernt haben. Als Erweiterung zum vorherigen Beispiel könnte man daher noch – in Abhängigkeit davon, ob überhaupt Einträge vorgenommen werden – die Anzahl dieser erfolgreichen Einträge herausfinden. Dazu setzt man `%FOUND` und `%ROW-COUNT` ein:

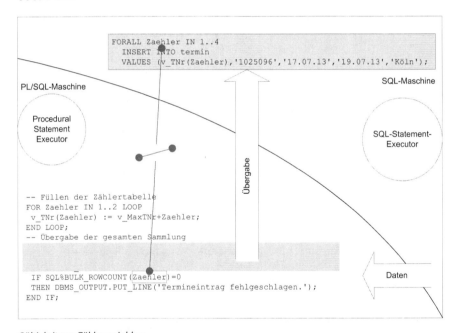

Gültigkeit von Zählervariablen

```
EXCEPTION WHEN OTHERS THEN
    IF SQL%BULK_ROWCOUNT(3)=0
```

```
THEN DBMS_OUTPUT.PUT_LINE('Termineintrag
                           fehlgeschlagen.');
  IF SQL%FOUND
  THEN DBMS_OUTPUT.PUT_LINE(SQL%ROWCOUNT
                           || ' Zeilen eingetragen.');
  END IF;
END IF;
```

724_03.sql: Verwendung weiterer Cursor-Attribute

Dies führt dann zu der erwarteten Ausgabe von:

```
Max. vorher: 655
Termineintrag fehlgeschlagen.
2 Zeilen eingetragen.
PL/SQL-Prozedur wurde erfolgreich abgeschlossen.
```

7. 2. 5. Ausnahmebehandlung bei der Mengenbindung

Die Fehlermeldungen können, wie Sie vielleicht schon selbst festgestellt haben, einen ungeheuren Reichtum und durch das Auslösen von Folgefehlern eine beeindruckende Pracht an Informationen im Ausgabefenster hervorrufen. Index-Werte können fehlen, Datentypen können inkompatibel sein, Werte können fehlen, Strukturen könnten falsch sein, Werte könnten ungültig sein ... Die Reihe ließe sich noch um einige weitere Fälle fortsetzen, in denen Fehler auf Seiten der Datenbank-Tabelle, der Sammlung oder der sonstigen Syntax mit ins Boot genommen würden. Da man in diesen Fällen nur schwer alle denkbaren Fälle abfangen kann und mit Sicherheit der vorher gezeigte Einsatz von OTHERS nicht gerade informativ und für alle Situation geeignet ist, gibt es in dem speziellen Attribut %BULK _ EX-CEPTION und der zusätzlichen Klausel SAVE EXCEPTIONS für die FORALL-Klausel die Möglichkeit, eine Fehlermeldung in der Sammlung des Attributs zu speichern.

Die komplette Syntax für das FORALL-Konstrukt lautet daher:

```
FORALL index IN untergrenze..obergrenze SAVE EXCEPTIONS
{INSERT | UPDATE | DELETE}
```

Im nächsten Beispiel kommen alle Varianten zum Zug, indem nämlich in der Tabelle DOZENT die Anreden auf Französisch erfolgen sollen, was natürlich misslingt. Nicht, weil die Übersetzung falsch wäre, sondern weil die Wörter »Monsieur« und »Madame« schlichtweg zu lang sind für die Spalte D_Anrede, die nur fünf Zeichen akzeptiert.

- %BULK_EXCEPTIONS.COUNT zählt die einzelnen Fehlermeldungen der letzten Mengenverarbeitung, beginnend bei 1 und enthält 0, wenn keine Fehler entstanden.

- %BULK_EXCEPTIONS(i).ERROR_CODE speichert die Oracle-Fehlernummer für den gespeicherten Fehler i. Um dann die eigentliche Fehlermeldung abzurufen, muss man die Funktion SQLERRM(n) mit der zurückgelieferten Nummer (also dem gesamten Ausdruck) als Parameter für n einsetzen.

- %BULK_EXCEPTIONS(i).ERROR_INDEX speichert die Iteration i der zu verarbeitenden Menge, in der der Fehler geschah.

Im kleinen (sehr kleinen und sehr fehlerhaften) Übersetzungsprogramm überträgt man in zwei verschachtelten Blöcken die Herren und Damen einzeln und mit eigenen Ausnahmeabschnitten in ihre französischen Varianten. Dabei benötigt man für den Einsatz der Mengenverarbeitung zuallererst eine Zusammenstellung der möglichen Dozentennummern. Man hätte, was allerdings das Programm noch weiter verlängern würde, auch die Herren- und Damen-Dozentennummern in einzelnen Sammlungen speichern und dann durchlaufen können. Sodann übergibt man diese Sammlung über FORALL der *SQL-Maschine* und lässt geschehen, was geschieht. Da der Fehler bei jeder Iteration geschieht, erhält man 20 einzelne Fehlermeldungen. Für diese ist man dank einer Ausnahmebehandlung gewappnet, die die Oracle-Fehlernummer, Iterationsnummern und Fehlernummern anzeigt.

```
DECLARE
  v_DZahl   dozent.D_Nr%TYPE;
  TYPE AnredeZahl IS TABLE OF dozent.D_Nr%TYPE
   INDEX BY BINARY_INTEGER;
  t_Anreden AnredeZahl;
  Fehler    NUMBER;
BEGIN
```

```
-- Erfassung der Dozentenzahl
SELECT COUNT(D_Nr)
  INTO v_DZahl
  FROM dozent;
-- Füllen der Anrede-Tabelle
FOR Zaehler IN 1..v_DZahl LOOP
  t_Anreden(Zaehler) := Zaehler;
END LOOP;
DECLARE
BEGIN
  -- Herren werden zu „Monsieur"
  FORALL i IN 1..v_DZahl SAVE EXCEPTIONS
   UPDATE dozent
     SET D_Anrede = 'Monsieur'
   WHERE D_Anrede = 'Herr'
     AND D_Nr = t_Anreden(i);
  EXCEPTION
   WHEN OTHERS THEN
    DBMS_OUTPUT.PUT('Herren->Monsieur: ');
    Fehler := SQL%BULK_EXCEPTIONS.COUNT;
    DBMS_OUTPUT.PUT_LINE(SQL%BULK_EXCEPTIONS.COUNT);
    FOR i IN 1..Fehler LOOP
     DBMS_OUTPUT.PUT('F ' || i || ' | '
                     || SQL%BULK_EXCEPTIONS(i).ERROR_INDEX || ' ');
     DBMS_OUTPUT.PUT_LINE(SQLERRM(-
                     SQL%BULK_EXCEPTIONS(i).ERROR_CODE));
    END LOOP;
END;
-- Damen werden zu „Madame"
  FORALL i IN 1..v_DZahl SAVE EXCEPTIONS
   UPDATE dozent
     SET D_Anrede = 'Madame'
   WHERE D_Anrede = 'Frau'
     AND D_Nr = t_Anreden(i);
  EXCEPTION
   WHEN OTHERS THEN
    DBMS_OUTPUT.PUT('Damen->Madame: ');
    Fehler := SQL%BULK_EXCEPTIONS.COUNT;
    DBMS_OUTPUT.PUT_LINE(SQL%BULK_EXCEPTIONS.COUNT);
```

7

```
FOR i IN 1..Fehler LOOP
  DBMS_OUTPUT.PUT('F ' || i || ' | '
                 || SQL%BULK_EXCEPTIONS(i).ERROR_INDEX || ' ');
  DBMS_OUTPUT.PUT_LINE(
                 SQLERRM(-SQL%BULK_EXCEPTIONS(i).ERROR_CODE));
  END LOOP;
END;
```

725_01.sql: Fehlererfassung mit %BULK_EXCEPTION

Ein langes Programm erzeugt im Grundstadium oftmals lange Fehlermeldungen, erst recht, wenn man sie erwartet. Dies ist hier der Fall, und da man auch immer den gleichen Fehler produziert hat, geben wir nun die Meldungen für die Damen aus, da nur fünf Damen als Dozentinnen arbeiten:

```
Damen->Madame: 5
F 1 | 1 ORA-01401: Eingefügter Wert zu groß für Spalte
F 2 | 2 ORA-01401: Eingefügter Wert zu groß für Spalte
F 3 | 8 ORA-01401: Eingefügter Wert zu groß für Spalte
F 4 | 11 ORA-01401: Eingefügter Wert zu groß für Spalte
F 5 | 15 ORA-01401: Eingefügter Wert zu groß für Spalte
PL/SQL-Prozedur wurde erfolgreich abgeschlossen.
```

7. 2. 6. Mengenabfrage mit BULK COLLECT

Als »Definition« bezeichnet man ja die Verknüpfung von Datenbank-Werten mit PL/SQL-Variablen. Dies haben Sie bereits in großer Zahl mit den beiden bewährten Klauseln `SELECT...INTO` und `FETCH...INTO` stets mit Erfolg durchgeführt. Über die zusätzliche Klausel `BULK COLLECT INTO` haben Sie sowohl für gewöhnliche Abfragen als auch für Cursor die Möglichkeit, die gefundenen Werte in Sammlungen zu transferieren. Letztendlich handelt es sich nur um eine Erweiterung des `SELECT`- und `FETCH`-Befehls um die gerade erwähnte Klausel und die Nennung der Sammlung(en).

Folgendes Beispiel lädt zunächst Daten aus einer einfachen Abfrage in zwei Sammlungen, was bisher auch noch nicht als Möglichkeit und Konstruktionsmuster verwendet wurde. Sie haben so die Möglichkeit, über die gleichen Indexnummern einfacher und ohne Punktnotation und `%ROWTYPE`-Typableitung zu Beginn auf verschiedene Felder zuzugreifen. Neben der Mengenübertragung ist also auch die Ausgabe für die Programmstruktur interessant, da Sie hier sehen, dass Sie auf passende Datensätze über den gemeinsamen Indexwert zugreifen können.

```
DECLARE
  TYPE DNummern IS TABLE OF dozent.D_Nr%TYPE;
  TYPE DName IS TABLE OF dozent.D_Nachname%TYPE;
  t_DNr    DNummern;    -- Dozentennummern
  t_DName DName;        -- Dozentennamen
BEGIN
  -- Abruf der Dozenten
  SELECT D_Nr, D_Anrede || ' ' || D_Nachname AS DName
    BULK COLLECT INTO t_DNr, t_DName
    FROM dozent NATURAL JOIN themenverteilung
   WHERE K_Nr=1040069;
  FOR i IN t_DNr.FIRST..t_DNr.LAST LOOP
    DBMS_OUTPUT.PUT_LINE(t_DNr(i) || ': ' || t_DName(i));
  END LOOP;
END;
```

726_01.sql: Mengenbindung in SELECT

Das Ergebnis und die Information, welche Dozenten den Kurs mit der angegebenen Nummer durchführen, sehen so aus:

```
1: Frau Sonnenschein
19: Herr Ordinarius
16: Herr Feder
PL/SQL-Prozedur wurde erfolgreich abgeschlossen.
```

Für einen Cursor ergibt sich eine ähnliche Struktur, wobei auch hier die Möglichkeit besteht, sofort in mehrere Sammlungen Daten zu übernehmen, indem die einzelnen Sammlungen mit ihrer Feldstruktur (hier jeweils nur eines) aufgelistet werden. Dabei müssen Sie lediglich darauf Acht geben, dass die Datentypen und die Feldanzahl sowie die Feldreihenfolge und -zuordnung der Struktur im Cursor bzw. in seiner Abfrage entsprechen.

```
DECLARE
  TYPE DNummern IS TABLE OF dozent.D_Nr%TYPE;
  TYPE DName IS TABLE OF dozent.D_Nachname%TYPE;
  t_DNr    DNummern;    -- Dozentennummern
  t_DName  DName;       -- Dozentennamen
  CURSOR c_DDaten IS
    SELECT D_Nr, D_Anrede || ' ' || D_Nachname AS DName
      FROM dozent NATURAL JOIN themenverteilung
     WHERE K_Nr=1040070;
BEGIN
  OPEN c_DDaten;
  FETCH c_DDaten BULK COLLECT INTO t_DNr, t_DName;
  FOR i IN t_DNr.FIRST..t_DNr.LAST LOOP
    DBMS_OUTPUT.PUT_LINE(t_DNr(i) || ': ' || t_DName(i));
  END LOOP;
  CLOSE c_DDaten;
END;
```

726_02.sql: Mengenbindung in FETCH

Für den neuen Kurs ergibt sich ein leicht anderes Bild, denn Herr Feder ist nicht mehr für dieses Thema anzusprechen.

```
1: Frau Sonnenschein
19: Herr Ordinarius
PL/SQL-Prozedur wurde erfolgreich abgeschlossen.
```

Falls Sie nur eine bestimmte Anzahl von Datensätzen aus dem Cursor in ihre Sammlung übernehmen möchten, gibt es zum Abschluss noch eine LIMIT-Klausel, die als Argument eine Zahl oder eine entsprechende Variable erwartet, die die zu übernehmenden Datensätze begrenzt. Hier können Sie auch kontrollieren, dass die maximale Obergrenze, die Sie dynamisch ja auch über die Collection-Methode LIMIT herausfinden können, nicht überschritten wird und damit keine unerwünschten Fehler ausgelöst werden.

Im Beispiel zu dieser weiteren nützlichen Erweiterungsklausel ruft ein Cursor alle Kurse ab, speichert diese Information in einer Sammlung, die mit %ROWTYPE erstellt wurde, und berücksichtigt die Obergrenze. Diese speichert man in einer eigenen Variable, was nur funktioniert, wenn das Varray bereits im Deklarations-abschnitt initialisiert wird. Dies geschieht ganz einfach über die Zuweisung eines NULL-Elements. Über die Methode LIMIT lässt sich dann die maximale Ober-grenze ermitteln (im Gegensatz zu COUNT, das in diesem Fall die vorhandene Ele-mentzahl feststellen würde) und als Grenze für die Übertragung in die Sammlung verwenden:

```
DECLARE
  v_Ausgabe  NUMBER(2);
  TYPE Kurse IS VARRAY(5) OF kurs%ROWTYPE;
  t_Kurse Kurse := Kurse(NULL);
  CURSOR c_KDaten IS
    SELECT *
      FROM kurs;
BEGIN
  v_Ausgabe := t_Kurse.LIMIT;
  OPEN c_KDaten;
  FETCH c_KDaten BULK COLLECT INTO t_Kurse LIMIT v_Ausgabe;
  FOR i IN t_Kurse.FIRST..t_Kurse.LAST LOOP
    DBMS_OUTPUT.PUT_LINE(t_Kurse(i).K_Titel || ': '
                    || t_Kurse(i).K_Untertitel);
  END LOOP;
  CLOSE c_KDaten;
END;
```

726_03.sql: Einsatz von LIMIT

Durch einen großen Zufall, der tatsächlich nicht beabsichtigt war, sondern durch die Tabellenstruktur bzw. die Anordnung der Datensätze hervorgerufen wurde, findet dieses Programm fünf Perl-Kurse aus dem Seminarplan:

```
Perl: Module programmieren in Perl
Perl: Programmierung von GUIs mit Perl/Tk
Perl: Netzwerkprogrammierung
Perl: Systemadministration
Perl: Datenbankprogrammierung
PL/SQL-Prozedur wurde erfolgreich abgeschlossen.
```

283

7. 2. 7. Einsatz von RETURNING

Ganz zum Schluss möchten wir Ihnen noch ein besonders interessantes Programm vorstellen und dabei die Mengenverarbeitung bei der RETURNING-Klausel vorstellen. Die DML-Befehle INSERT, UPDATE und DELETE liefern auch im Zusammenhang mit der Mengenbindung netzwerkschonend (also ohne eine weitere Abfrage) die Werte für gerade eingetragene, geänderte oder gelöschte Felder. Für den Einsatz im FORALL-Befehl benötigen Sie allerdings eine Sammlung, die diese einzelnen Werte komplett aufnimmt und wieder in den PL/SQL-Bereich zurückliefert. Die allgemeine Syntax dafür ist:

```
{INSERT | UPDATE | DELETE}
   RETURNING feldliste BULK COLLECT INTO sammlungsliste;
```

Bis auf das schon eingeführte BULK COLLECT INTO gibt es keine Unterschiede im Vergleich zu anderen Einsatzbereichen von RETURNING. Achten Sie allerdings darauf, dass Sie Sammlungen erstellen müssen, die die verschiedenen Werte aufnehmen. Allerdings benötigen Sie keine Referenzierung auf das i-te Element, wie man vielleicht zunächst erwarten würde. Dies liegt daran, dass die kompletten Werte übertragen werden und nicht jeder Wert einzeln.

Da dies so einfach ist und die Beispiele bisher wenig realistisch waren, schließen wir mit einem interessanten Programm, das automatisch ab dem 12. Januar 2004 jeden Monat einen Java-Kurs stattfinden lässt. Sie sehen in diesem langen Beispiel auch einen sinnvollen Einsatz von Mengen, der vielleicht in den zurückliegenden Beispielen nicht so deutlich zu Tage getreten war. Es wirkte dort vielleicht so, dass gerade bei der Datenmanipulation nur aus syntaktischen Gründen Sammlungen erstellt werden mussten, da beispielsweise die Zählervariable nicht an allen Stellen in der Werteliste verwendet werden darf, sondern tatsächlich nur als Index-Wert und dergleichen mehr. In Wirklichkeit handelt es sich aber um ein grundsätzliches Konstruktionsprinzip, das mit steigender Komplexität der Anwendungen viele Umsetzungen erst ermöglicht.

Im folgenden Programm also benötigen wir für das Kernstück, das durch die Mengenbindung ausgedrückt wird, eigene Sammlungen für Kursnummern, Kursdauern, aus denen sich der Endtermin errechnet, Monatsnummern, aus denen sich die Verschiebung über die Funktion ADD _ MONTHS(datum,verschiebung) errechnet, Terminnummern für die Terminerfassung und auch eine letzte Sammlung für die Terminergebnisnummern, die die erzeugten und von der RETURNING-Klausel erhaltenen Termine speichert. An dieser Stelle verkürzen wir ein bisschen und verzichten darauf, alle Werte über RETURNING und DMBS _ OUTPUT auszugeben, sondern prüfen über eine Abfrage. Der Cursor für die Kursermittlung setzt den ganzen unheilvollen Prozess in Bewegung und dient an verschiedenen Stelle über das Attribut %ROWCOUNT auch zur dynamischen Ermittlung von Schleifenlängen. Achten Sie auch hier darauf, einerseits möglichst kompakt zu programmieren (verwenden Sie einen einzigen Tabellentyp für mehrere Tabellen) und dynamisch zu arbeiten (verwenden Sie Attribute oder Typableitungen). So können Sie ganz einfach auch das Programm für Perl-Kurse laufen lassen und müssen dafür lediglich den Eintrag in der Einschränkung für den Cursor ändern.

Die Errechnung der Beginn- und Enddaten ist ein Sammelsurium an Möglichkeiten, mit SQL-Funktionen zu arbeiten. Im Druck haben wir die einzelnen Spaltenwerte in einzelne Zeilen gesetzt, denen Sie kurz Ihre Aufmerksamkeit widmen sollten.

```
DECLARE
  CURSOR c_Kurse IS
    SELECT K_Nr, K_Dauer FROM kurs
      WHERE K_Titel = 'Java';           -- Cursor Kurse
  v_MaxTNr termin.T_Nr%TYPE;            -- Termin-Nr
  TYPE t_NUMBER IS TABLE OF NUMBER(7)
    INDEX BY BINARY_INTEGER;            -- Kursnrtyp
  t_KNr    t_NUMBER;                    -- Tabelle Kurse
  t_KDauer t_NUMBER;                    -- Tabelle Dauern
  t_TNr    t_NUMBER;                    -- Tabelle TNr
  t_TNrErg t_NUMBER;                    -- Tabelle TNr Ergebnis
  t_MNr    t_NUMBER;                    -- Tabelle MonatsNr
BEGIN
  -- Höchste Buchungsnr
  SELECT MAX(T_Nr)
    INTO v_MaxTNr
    FROM termin;
  -- Übertragung von Cursor in Sammlungen
  OPEN c_Kurse;
  FETCH c_Kurse BULK COLLECT INTO t_KNr, t_KDauer;
  -- Erzeugung der Termin- und Monatsnummern
  FOR i IN 1..c_Kurse%ROWCOUNT LOOP
    t_TNr(i) := v_MaxTNr+i;
```

```
   t_MNr(i) := i;
END LOOP;
-- Verarbeitung der Sammlung
FORALL i IN 1..c_Kurse%ROWCOUNT
 INSERT INTO termin
 VALUES (t_TNr(i),
         t_KNr(i),
         ADD_MONTHS(TO_DATE('12-Jan-14'), t_MNr(i)),
         ADD_MONTHS(TO_DATE('12-Jan-14')+t_KDauer(i),
         t_MNr(i)),
         'Stuttgart')
 RETURNING T_Nr BULK COLLECT INTO t_TNrErg;
CLOSE c_Kurse;
-- Ausgabe der Kurstermine
FOR i IN t_TNrErg.FIRST..t_TNrErg.LAST LOOP
 DBMS_OUTPUT.PUT(t_TNrErg(i) || ' | ');
END LOOP;
DBMS_OUTPUT.NEW_LINE;
END;
```

727_01.sql: Verwendung von RETURNING

Um das Programm nicht durch unnütze DBMS _ OUTPUT-Aufrufe weiter zu verlängern, dienen die ausgegebenen Kursnummern

```
656 | 657 | 658 | 659 | 660 | 661 | 662 | 663 | 664 |
PL/SQL-Prozedur wurde erfolgreich abgeschlossen.
```

nur der Bestätigung, dass überhaupt etwas Sinnvolles geschehen ist. Das tatsächliche Ergebnis erhält man dagegen in schönster Formatierung ganz einfach über die Abfrage SELECT * FROM termin WHERE T _ Nr>655;, die einen wunderschönen Terminkalender für die Java-Kurse in den ersten 10 Monaten von 2014 ausspuckt. Besonderes Augenmerk sollte den Kursterminen gelten, die sich ja aus den Dauern und den verschiedenen Datumsarithmetikfunktionen zusammensetzen. Es ist natürlich auch noch möglich, auf die Wochenenden Rücksicht zu nehmen, wenn man die Terminerrechnung aus dem INSERT-Befehl in eine eigene Sammlung auslagert (ein weiteres Beispiel, wozu Sammlungen nützlich sind, nämlich zur Vorbereitung von Datenmengen für die kollektive bzw. kombinierte

Verarbeitung) und dort die einzelnen Anfänge immer nach sieben Tagen beginnen lässt. Da kein Kurs länger als fünf Tage dauert, bedeutet dies keine Schwierigkeit. Ansonsten müsste eine kleine Fallunterscheidung integriert werden, die dann den nachfolgenden Kurs um eine weitere Woche verschiebt.

```
     T_NR        K_NR T_BEGINN T_ENDE    T_ORT
---------- ---------- -------- -------- --------------------
       656    1015031 12.02.14 15.02.14 Stuttgart
       657    1015034 12.03.14 16.03.14 Stuttgart
       658    1015036 12.04.14 15.04.14 Stuttgart
       659    1015038 12.05.14 15.05.14 Stuttgart
       660    1015067 12.06.14 16.06.14 Stuttgart
       ...
9 Zeilen ausgewählt.
```

Dynamisches SQL

8. Dynamisches SQL

Bei der Erörterung, welche SQL-Befehle in PL/SQL erlaubt oder möglich sind, stellten wir einerseits bereits fest, dass einige Befehle wie z. B. DDL-Klauseln nicht zulässig sind, dass es aber andererseits dennoch Möglichkeiten gibt, Einschränkungen durch die Verarbeitung von PL/SQL-Anweisungen zu umgehen. Dieses Lösungskonzept heißt *natives dynamisches SQL* und soll Ihnen in diesem Kapitel als »dynamisches SQL« vertraut werden.

8. 1. Einführung

Das Grundproblem bei der Ausführung von SQL-Befehlen stellt die frühe Bindung von PL/SQL dar, was zur Folge hat, dass normalerweise nur DML-Befehle verwendet werden können, da sie auf bereits existierende Objekte (Tabellen, Spalten, Sichten usw.) zugreifen und nur Daten aus ihnen abrufen bzw. Datenänderungen vornehmen.

8. 1. 1. Grundproblem

In diesem Sinne ruft das folgende kurze, fehlerhafte Programm eine derart umfangreiche Fehlermeldung auf, dass wir sie schon aus Platzgründen gar nicht erst abdrucken wollen. Im Kern fordert sie allerdings nur die Verwendung eines anderen Befehles als CREATE – irgendeinen anderen Befehl, solange es nur nicht dieser ist.

```
DECLARE
BEGIN
  CREATE VIEW Kurse_Programmierung AS
    SELECT *
      FROM kurs
      WHERE K_Bereich='Programmierung';
```

8

```
/* Verwendung der Sicht für Verarbeitungen */
END;
```

811_01.sql: Fehlerhafte Verwendung von DDL-Befehlen

Tatsächlich gelingt die Verwendung der Sicht ohne die Verwendung von dynamischem SQL ausschließlich dann, wenn die Sicht bereits existiert – wenn man sie also außerhalb eines PL/SQL-Blocks angelegt hat. Dann wird auch ein Aufruf dieses existierenden Schema-Objekts genehmigt.

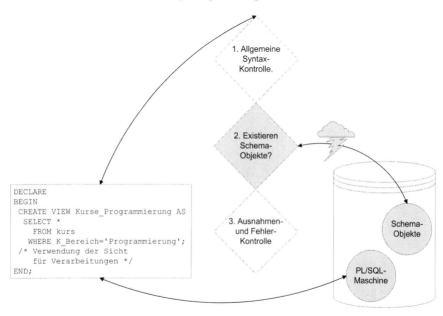

Auslösen von Fehlern bei DDL-Verwendung in PL/SQL

```
DECLARE
  CURSOR c_Kurse IS
   SELECT * FROM Kurse_Programmierung;
BEGIN
  FOR v_KDaten IN c_Kurse LOOP
   DBMS_OUTPUT.PUT(v_KDaten.K_Titel);
   DBMS_OUTPUT.PUT_LINE(' ' || v_KDaten.K_Untertitel);
```

```
END LOOP;
END;
```

811_01.sql: Korrekte Verwendung nach dem Anlegen der Sicht

8. 1. 2. Verwendungszweck und Einsatzbereiche

Vielleicht erscheint auf den ersten Blick der Nutzen von dynamischem SQL oder auch der Wunsch, solches Hexenwerk in seinen Programmen zu verwenden, nicht sofort verständlich. In folgenden Fällen ist der Einsatz von dynamischem SQL notwendig:

- Sie möchten *DDL-Klauseln* (CREATE, DROP, ALTER usw.) in Programmen verwenden, also Schema-Objekte anlegen, verändern und löschen.

- Sie möchten *DCL-Klauseln* zur Verwaltung und Organisation von Sicherheit, Sitzungen, Rechten und Benutzerstrukturen in seine Programme integrieren wie z. B. ALTER SESSION, GRANT, REVOKE usw.

- Sie möchten *SQL-Anweisungen* in DML-Klauseln (INSERT, UPDATE, DELETE und SELECT) zur Laufzeit in Form von *Variablen übergeben*, um Vorteile durch eine Modularisierung zu erhalten.

- Eine Quasi-*Vorgängerversion* des nativen dynamischen SQL war das Paket DBMS _ SQL, das allerdings nicht die *Geschwindigkeit* und Funktionalitäten bietet, die mit dem nativen dynamischen SQL möglich sind. Bei einem Wechsel erhält man also eine größere Flexibilität und mehr Leistung.

8. 2. SQL-Befehle mit EXECUTE IMMEDIATE ausführen

Nach all den Hinweisen auf grauenvolle Fehlermeldungen und die mysteriöse Wunderwaffe, die dynamisches SQL sein soll, sieht der wichtigste Befehl überaus einfach aus.

8. 2. 1. Allgemeine Syntax

In seiner einfachsten Form besteht er nur aus EXECUTE IMMEDIATE und der ansonsten verbotenen Anweisung, entweder in ausgeschriebener Form als Zeichenkette oder in Gestalt einer Variablen. Es folgen Ergänzungen, die Sie bereits in den vielen zurückliegenden SQL-Abfragen kennen gelernt haben und die hier aufgrund der dynamischen Ausführung syntaktisch leicht abgewandelt wurden:

- INTO define _ variable speichert Ergebnisse aus Tabellenabfragen in einzelne Variablen, die mit Feldanzahlen und Felddatentypen korrespondieren (define-Variablen gemäß der Bindungstypen).

- INTO datensatz speichert ebensolche Ergebnisse in Datensätzen, die mit %ROWTYPE oder durch explizite Nennung ihrer Feldstruktur erstellt wurden.

- USING kann die RETURNING- bzw. die RETURN-Klausel ersetzen, wobei der Parameter OUT ist. Dies gilt auch für bind-Variablen, die als Parameter in die Abfrage einfließen, wobei der Parameter hier IN ist.

- RETURNING oder RETURN INTO speichern bei geeigneten DDL-Anweisungen wie INSERT, UPDATE und DELETE die eingetragenen, gelöschten bzw. geänderten Werte ohne weiteren Netzwerkverkehr in Variablen (bind-Variablen gemäß der Bindungstypen).

Die allgemeine Syntax in all ihrer Ausführlichkeit und mit allen Variationen sieht wie folgt aus:

```
EXECUTE IMMEDIATE 'anweisung'
[INTO {define_variable[, define_variable]... | datensatz}]
[USING [IN | OUT | IN OUT] bind_argument
[, [IN | OUT | IN OUT] bind_argument]...]
[{RETURNING | RETURN} INTO bind_argument[, bind_argument]...];
```

8. 2. 2. Beispiel

Im folgenden Beispiel werden die einzelnen Regeln dieser umfangreichen Syntax erläutert. Es stecken einige Besonderheiten (man könnte auch »Schwierigkeiten« sagen) in mannigfaltigen Detail-Fragen. Inhaltlich prüft folgendes Beispiel darauf, ob für einen speziellen Kurs, der durch seine Kursnummer identifiziert wird, in einem bestimmten Monat und Jahr Kurstermine vorliegen. Diese werden gezählt und so ausgewertet, dass automatisch ein Kurstermin mit passender Dauer am 1. des Monats eingefügt wird, sobald die Terminzahl kleiner 2 ist, also die Terminanzahl 1 oder 0 beträgt.

Gleich vorweg: Das gesamte Beispiel lässt sich wegen seiner geringen Komplexität auch ohne dynamisches SQL gestalten. Sobald man allerdings den Bereich der automatischen Terminerstellung ausbaut, könnten sich verschiedene SQL-Abfragen ergeben, die sich durch unterschiedliche Beginn- und Endtermine auszeichnen. Dann lassen sich leicht verschiedene SQL-Befehle in Abhängigkeit von den Fallüberprüfungen erzeugen, wobei am Ende die ausgewählte Fallüberprüfung durch EXECUTE IMMEDIATE ausgeführt wird. Betrachten Sie daher das Beispiel (im Gegensatz zu den Beispielen in den anderen Abschnitten) als Vorstellung der Syntax.

Die erste dynamische Abfrage wird direkt an die Ausführungsklausel in einfachen Anführungszeichen angeschlossen. Die zweite hingegen speichert man in einer Variable (hier wären weitere Fallunterscheidungen möglich, die die Variable v _ TerminSQL dann mit unterschiedlichen Inhalten füllten) und ruft sie dann bei der Ausführung auf. In beiden Fällen werden eingehende gebundene Werte über Binde-Variablen referenziert. Sie können (und sollten auch bei umfangreichen Formulierungen) sinnvolle Namen vergeben. Sie können aber auch aufsteigende Zahlen- oder Buchstabenfolgen verwenden, da die Wertzuweisung von der Positionierung innerhalb der USING-Klausel abhängt. Wenn Sie andere Variablen als in gewöhnlichen Abfragen verwenden bzw. Sie innerhalb des Abfragetextes die Doppelpunkte zur Kennzeichnung der Binde-Variablen vergessen, erhalten Sie die Fehlermeldung 00904 (»Unbekannte Spalte«). Allerdings zwingt Sie natürlich niemand, andere Variablennamen zu verwenden. Sie können auch die schon vorhandenen nach folgendem Muster einbinden:

```
EXECUTE IMMEDIATE
 'SELECT COUNT(T_Nr), K_Dauer
   FROM kurs NATURAL JOIN termin
```

```
   WHERE EXTRACT(MONTH FROM T_Beginn)=:b_Monat
     AND EXTRACT(YEAR FROM T_Beginn)=:b_Jahr
     AND K_Nr= :b_KNr
   GROUP BY K_Dauer'
 INTO v_TerminAnzahl, v_TerminDauer
 USING IN  b_Monat, b_Jahr, b_KNr;
```

Allerdings – und das ist der Nachteil dieser Methode, weswegen wir sie auch nur hier als Option erwähnen – muss auch hier die Positionierungsregel erfüllt sein. Taucht die Kursnummer als erste Binde-Variable in der Abfrage auf, dann muss sie auch an erster Stelle in der Parameterliste erscheinen. Dies kann schon einmal zu falschen Ergebnissen führen, wenn Datentypen nicht miteinander kollidieren und die Abfrage dadurch syntaktisch korrekt, aber semantisch inkorrekt wird. Falls Sie in diesem Beispiel Monat und Jahr vertauschen

```
   WHERE EXTRACT(MONTH FROM T_Beginn)=:b_Jahr  -- 2012
     AND EXTRACT(YEAR FROM T_Beginn)=:b_Monat  -- 8
```

so erhalten Sie niemals eine Fehlermeldung, da die Datentypen zueinander passen und diese Abfrage kein Ergebnis liefert. Welcher Monat sollte schon die Nummer 2012 haben?

```
EXECUTE IMMEDIATE
'SELECT COUNT(T_Nr), K_Dauer
   FROM kurs NATURAL JOIN termin
   WHERE EXTRACT(MONTH FROM T_Beginn)=:1
     AND EXTRACT(YEAR FROM T_Beginn)=:2
     AND K_Nr= :3
   GROUP BY K_Dauer'
 INTO v_TerminAnzahl, v_TerminDauer
 USING IN  b_Monat, b_Jahr, b_KNr;
           1        2        3
```

Position von Bindevariablen

Sie sehen in der allgemeinen Syntax, dass die Verwendung der Richtungspara-
meter (IN, OUT, IN OUT) optional ist, solange Parameter in die Abfrage eingehen.
Lediglich bei RETURNING kann bei USING nur IN verwendet werden. Da Sie auch
im Zusammenhang mit Funktionen auf derartige Parameter stoßen, ist es eventuell doch empfehlenswert, sie stets der Ordnung halber anzugeben.

Im Gegensatz zur Erkenntnis, dass nun schon die Positionierung von Binde-Variablen für die Funktionsweise von Abfragen von Bedeutung ist, ist es sehr leicht zu
akzeptieren, dass die Variablen, die bei einzeiligen Ergebnismengen (implizite Cursor) mit Werten gefüllt werden sollen, nun nach der gesamten Abfrage mit INTO
aufgelistet werden. Auch hier gelten die gleichen Regelungen wie bei anderen Abfragen mit SELECT...INTO für die Berücksichtigung von einzeiligen und mehrzeiligen Ergebnismengen bzw. entsprechenden Fehlermeldungen und Ausnahmen.

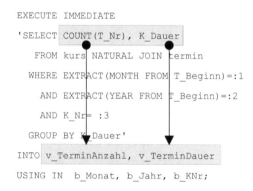

```
EXECUTE IMMEDIATE
'SELECT COUNT(T_Nr), K_Dauer
    FROM kurs NATURAL JOIN termin
    WHERE EXTRACT(MONTH FROM T_Beginn)=:1
    AND EXTRACT(YEAR FROM T_Beginn)=:2
    AND K_Nr= :3
    GROUP BY K_Dauer'
INTO v_TerminAnzahl, v_TerminDauer
USING IN  b_Monat, b_Jahr, b_KNr;
```

Positionierung von INTO-Adressen

Für die Verwendung von DML-Befehlen zur Datenänderung gelten die gleichen
Regelungen, was beim automatischen Termineintrag ersichtlich ist. Werte können
hier entweder wie der Ortsname direkt vorgegeben oder durch SQL-Funktionen
bestimmt werden, oder sie werden wiederum anhand ihrer Position im SQL-Befehl und in der USING-Klausel referenziert. Achten Sie bei der Verwendung von
SQL-Funktionen und direkten Werten auf doppelte Anführungszeichen, da diese
Werte ja bereits innerhalb von Anführungszeichen erscheinen. Dies lässt die Verwendung ein wenig unübersichtlich wirken.

```
v_TBeginn1 := '01-'||b_Monat||'-'||b_Jahr;

v_TEnde1   := v_TerminDauer||'-'||b_Monat||'-'||b_Jahr;

v_TerminSQL :='INSERT INTO termin

              VALUES (:1, :2, :3, :4, ''Essen'')

              RETURNING T_Beginn, T_Ende

              INTO :5, :6';
-- Terminerfassung
EXECUTE IMMEDIATE v_TerminSQL
USING v_MaxTNr, b_KNr, v_TBeginn1, v_TEnde1
RETURNING INTO v_TBeginn2, v_TEnde2;
```

Adressierung bei INSERT

Zur Kontrolle, ob die Werte tatsächlich in die Tabelle eingetragen worden sind, bietet sich auch hier die Verwendung einer RETURNING-Klausel an. Dabei ändert sich im SQL-Bereich zunächst gar nichts, da hier wiederum die benötigten Spalten und Zuweisungsvariablen erscheinen, wie Sie es bereits kennen. Neu ist lediglich, dass die Zuweisungsvariablen Binde-Variablen darstellen, die mit einem Doppelpunkt ausgezeichnet werden. Für die Ausführungsanweisung erfolgt eine erneute Verwendung der RETURNING INTO-Klausel, wobei hier wiederum die Position der tatsächlichen Variablen über die Werteaufnahme entscheidet.

Sollte Ihnen die vorgestellte Fassung nicht zusagen, da wir ja zuvor bereits gesehen haben, dass die USING-Klausel auch gleichzeitig die Ausgabe organisieren kann, können Sie auch die aufnehmenden Variablen der RETURNING-Klausel des SQL-Befehls mit dem Parameter OUT (Komma nicht vergessen!) anschließen. Oracle selbst empfiehlt die Verwendung der oben gezeigten Methode, weswegen wir sie auch ausführlich dargestellt haben.

```
EXECUTE IMMEDIATE v_TerminSQL
USING IN v_MaxTNr, b_KNr, v_TBeginn1, v_TEnde1,
      OUT v_TBeginn2, v_TEnde2;
```

```
v_TBeginn1 := '01-'||b_Monat||'-'||b_Jahr;

v_TEnde1   := v_TerminDauer||'-'||b_Monat||'-'||b_Jahr;

v_TerminSQL :='INSERT INTO termin

              VALUES (:1, :2, :3, :4, ''Essen'')

              RETURNING T_Beginn, T_Ende


              INTO :5, :6';
 -- Terminerfassung
EXECUTE IMMEDIATE v_TerminSQL

USING v_MaxTNr, b_KNr, v_TBeginn1, v_TEnde1

RETURNING INTO v_TBeginn2, v_TEnde2;
```

Kontrolle mit RETURNING INTO

Sollten Werte im Programm nicht parametrisiert, sondern direkt vorgegeben werden, dann ist dies selbstredend ebenfalls möglich. Würde man neben der Terminnummer auch noch den Ort vorgeben wollen und sollte dies gerade nicht über
Variablen, sondern über feste Werte erfolgen, dann trägt man diese statt der Variablen in die USING-Klausel ein. Achten Sie hier – wie immer – auf die Anführungszeichen bei Zeichenketten.

```
EXECUTE IMMEDIATE v_TerminSQL
 USING IN 667, b_KNr, v_TBeginn1, v_TEnde1, 'Essen'
       OUT v_TBeginn2, v_TEnde2;
```

Nach diesen Vorreden und Appetithappen folgt nun das Programm in ganzer Länge. Hier möchten wir noch kurz darauf hinweisen, dass es überaus wichtig ist, für
die Variablen, die die SQL-Abfragen aufnehmen sollen, genügend großen Platz zu
reservieren.

```
DECLARE
 v_TerminAnzahl NUMBER(2);
 v_TerminDauer  kurs.K_Dauer%TYPE;
 v_MaxTNr       termin.T_Nr%TYPE;
 b_KNr          kurs.K_Nr%TYPE := '1025061';
 b_Monat        NUMBER(2) := 8;
```

```
  b_Jahr          NUMBER(4) := 2012;
  v_TerminSQL     VARCHAR2(300);
  v_TBeginn1      termin.T_Beginn%TYPE;
  v_TEnde1        termin.T_Ende%TYPE;
  v_TBeginn2      termin.T_Beginn%TYPE;
  v_TEnde2        termin.T_Ende%TYPE;
BEGIN
  -- Zählt Kurstermine für Zeitraum, K_Nr
  -- Ermittelt Dauer für Terminerfassung
  EXECUTE IMMEDIATE
  'SELECT COUNT(T_Nr), K_Dauer
    FROM kurs NATURAL JOIN termin
   WHERE EXTRACT(MONTH FROM T_Beginn)=:1
     AND EXTRACT(YEAR FROM T_Beginn)=:2
     AND K_Nr= :3
   GROUP BY K_Dauer'
  INTO v_TerminAnzahl, v_TerminDauer
  USING IN  b_Monat, b_Jahr, b_KNr;
  DBMS_OUTPUT.PUT_LINE(v_TerminAnzahl);
  -- Einfügen eines Termins
  IF v_TerminAnzahl < 2
    THEN SELECT MAX(T_Nr)+1
           INTO v_MaxTNr
           FROM termin;
    v_TBeginn1 := '01-'||b_Monat||'-'||b_Jahr;
    v_TEnde1   := v_TerminDauer||'-'||b_Monat||'-'||b_Jahr;
    v_TerminSQL :='INSERT INTO termin
                     VALUES (:1, :2, :3, :4, ''Essen'')
                     RETURNING T_Beginn, T_Ende
                     INTO :5, :6';
    -- Terminerfassung
  EXECUTE IMMEDIATE v_TerminSQL
  USING v_MaxTNr, b_KNr, v_TBeginn1, v_TEnde1
  RETURNING INTO v_TBeginn2, v_TEnde2;
  DBMS_OUTPUT.PUT(v_MaxTNr || ': ');
  DBMS_OUTPUT.PUT_LINE(v_TBeginn2 || ' ' || v_TEnde2);
  END IF;
END;
```

822_01.sql: Dynamisches DML

Man erhält als Ergebnis:

```
1
656: 01.08.12 03.08.12
PL/SQL-Prozedur wurde erfolgreich abgeschlossen.
```

Achten Sie bei der Verwendung von dynamischem DDL darauf, dass Sie keine Variablen innerhalb der DDL-Anweisungen verwenden, denn dies ist verboten und vermutlich auch »ein wenig zu viel verlangt«. Man könnte sich beispielsweise überlegen, eine Sichterstellung in Abhängigkeit von Parametern zu erstellen, was in der einfachsten Form zu folgendem Programm führt:

```
DECLARE
  v_KBereich kurs.K_Bereich%TYPE := 'Programmierung';
BEGIN
  EXECUTE IMMEDIATE 'CREATE VIEW KursBereich AS
  SELECT *
    FROM kurs
   WHERE K_Bereich = :1'
  USING IN v_KBereich;
END;
```

822_02.sql: Fehlerhafte Verwendung von DDL-Operationen

Dies hat folgende eindeutige Fehlermeldung zur Folge:

```
FEHLER in Zeile 1:
ORA-01027: Bindevariablen nicht zulässig für Datendefinitionsopera-
tionen
ORA-06512: in Zeile 4
```

Stattdessen lässt sich DDL nur folgendermaßen ausführen:

```
DECLARE
BEGIN
  EXECUTE IMMEDIATE 'CREATE VIEW KursBereich AS
```

```
SELECT *
  FROM kurs
  WHERE K_Bereich = ''Programmierung''';
END;
```

822_02.sql: Korrekte Verwendung von DDL-Operationen

Über `SELECT * FROM KursBereich;` können Sie dann das Ergebnis der Definition begutachten.

8. 3. Dynamisches SQL im Kontext

Dynamisches SQL lässt sich auch mit Cursorn und Mengenbindung/-verarbeitung nutzen.

8. 3. 1. Verwendung von Cursor-Variablen

Um mehrzeilige Abfrageergebnisse zu verwenden, wie sie häufig in Erscheinung treten, wenn nicht explizit nach einer einzigen Zeile gefragt wird, haben Sie schon den Einsatz von Cursorn kennen gelernt. Sie lassen sich auch mit dynamischen SQL-Abfragen verwenden, wobei die Abfrage auch in einer Variablen gespeichert werden kann, welche auch Parameter enthalten kann. Die drei zu verwendenden Befehle lehnen sich an die Verarbeitungsstruktur von Cursorn an und haben folgende allgemeine Syntax:

1. Mit `OPEN FOR` öffnen Sie eine Cursor-Variable, um eine dynamische Abfrage auszuführen. Hier setzen Sie ebenfalls Werte über Variablen und direkte Vorgaben in einer `USING`-Klausel ein. Sie müssen gleichfalls wie andere dynamische Abfragen mit Binde-Variablen in der Abfrage übereinstimmen bzw. von den Positionen her kongruent sein.

```
OPEN {cursor_variable | :host_cursor_variable}
FOR dynamische_abfrage
[USING bind_argument[, bind_argument]...];
```

2. Mit `FETCH...INTO` übertragen Sie Werte aus der Cursor-Variable in Definitionsvariablen, also Variablen, die Werte aus Abfragen empfangen. Dies entspricht der Struktur von gewöhnlichen Cursorn. Alternativ können Sie

auch einen Datensatz verwenden, in dem sämtliche Werte komplett übertragen werden.

```
FETCH {cursor_variable | :host_cursor_variable}
INTO {define_variable[, define_variable]... | record};
```

3. Mit CLOSE schließen Sie den gesamten Cursor und beenden die Möglichkeit, auf seine Daten zuzugreifen.

```
CLOSE {cursor_variable | :host_cursor_variable};
```

Im folgenden Beispiel zählt man die Anzahl der Kurse pro Bereich. Dies wird über eine Cursor-Variable organisiert, die die bereits bekannten Parameter für Monat und Jahr verwendet. Diese gehen mit Hilfe der USING-Klausel in die Cursor-Variable ein. Die gefundenen Bereiche und Werte werden dann ganz schlicht ausgegeben. Bei der Verarbeitung speichert man zusätzlich die Bereiche, die weniger als zwei Termine aufweisen. So könnte man im weiteren Verlauf des Programms entsprechende Zeitraumerweiterungen wie schon in den anderen Beispielen vornehmen, um mehr Termine zu erhalten.

```
DECLARE
  TYPE TerminAnzahlTyp IS REF CURSOR;   -- Cursor-Typ
  c_TAnzahl TerminAnzahlTyp;            -- Cursor Variable
  b_Monat   NUMBER(2) := 6;             -- Monat
  b_Jahr    NUMBER(4) := 2012;          -- Jahr
  TYPE Termine IS RECORD (
    v_KBereich kurs.K_Bereich%TYPE,
    v_TAnzahl  NUMBER(2));              -- Datensatztyp
  v_TDaten  Termine;                    -- Datensatz
  TYPE Bereich IS TABLE OF kurs.K_Bereich%TYPE
    INDEX BY BINARY_INTEGER;            -- Tabellentyp
  t_TAnzahl Bereich;                    -- Bereiche
  i         NUMBER(2) := 1;             -- Zähler
BEGIN
  -- 1. Öffnen Cursor-Variable
  OPEN c_TAnzahl FOR
  'SELECT K_Bereich, COUNT(T_Nr) AS T_Anzahl
    FROM kurs NATURAL JOIN termin
    WHERE EXTRACT(MONTH FROM T_Beginn)=:Monat
      AND EXTRACT(YEAR FROM T_Beginn)=:Jahr
```

```
   GROUP BY K_Bereich
   ORDER BY T_Anzahl'
USING b_Monat, b_Jahr;
-- 2. Verarbeiten / Analyse der Ergebnismenge
LOOP
  FETCH c_TAnzahl INTO v_TDaten;
  EXIT WHEN c_TAnzahl%NOTFOUND;
  DBMS_OUTPUT.PUT(v_TDaten.v_KBereich || ': ');
  DBMS_OUTPUT.PUT_LINE(v_TDaten.V_TAnzahl);
  IF v_TDaten.v_TAnzahl <= 2
    THEN t_TAnzahl(i) := v_TDaten.v_KBereich;
  END IF;
  i := i+1;
END LOOP;
-- 3. Schließen der Cursor-Variable
CLOSE c_TAnzahl;
  -- Verarbeitung der Tabelle / Ergebnisse
IF t_TAnzahl.COUNT > 0 THEN
  FOR j IN t_TAnzahl.FIRST..t_TAnzahl.LAST LOOP
    DBMS_OUTPUT.PUT_LINE('Zu wenig: ' || t_TAnzahl(j));
  END LOOP;
END IF;
END;
```

831_01.sql: Verwendung von Cursorn

Das Ergebnis hat folgende Gestalt, wobei klar ist, dass nur der Office-Bereich die gestellte Bedingung erfüllt:

```
Office: 2
Webdesign: 4
Programmierung: 6
Zu wenig: Office
PL/SQL-Prozedur wurde erfolgreich abgeschlossen.
```

8. 3. 2. Mengenverarbeitung

Auch für dynamisches SQL bieten sich Möglichkeiten, Mengenbindung und Mengenverarbeitung mit dynamisch erstellten SQL-Anweisungen auszuführen. Dazu stellt PL/SQL verschiedene Konzepte zur Verfügung, die sich teilweise in einigen Klauseln überlagern.

- EXECUTE IMMEDIATE dient dazu, Abfragen auszuführen. Sie werden erst durch die Verwendung von BULK COLLECT zu mengenverarbeitenden Abfragen. Für die Übertragung von Feldwerten in Variablen steht die Klausel BULK COLLECT INTO sowohl für die RETURNING-Klausel als auch für die einfache INTO-Klausel der Abfrage (hier der Abfrage folgend) zur Verfügung.

```
EXECUTE IMMEDIATE dynamische_abfrage
[[BULK COLLECT] INTO define_variable[, define_variable ...]]
[USING bind_argument[, bind_argument ...]]
[{RETURNING | RETURN}
BULK COLLECT INTO bind_argument[, bind_argument ...]];
```

- Auch für die komplette Übertragung von Feldwerten aus einem Cursor ergänzt man die gewöhnliche FETCH...INTO-Klausel um die Schlüsselwörter BULK COLLECT.

```
FETCH dynamischer_cursor
BULK COLLECT INTO define_variable[, define_variable ...];
```

- Für die komplette Verarbeitung von Anweisungen für DML-Operationen bietet sich auch im dynamischen Fall eine FORALL-Klausel an. In ihr befindet sich statt der einfachen SQL-Anweisung eine dynamische, die durch EXECUTE IMMEDIATE eingeleitet wird. Ein- und ausgehende Werte bestimmt man strukturell wie im Standardfall der Ausführungsanweisung.

```
FORALL index IN untergrenze..obergrenze
EXECUTE IMMEDIATE dynamische_anweisung
USING bind_argument | bind_argument(index)
[, bind_argument | bind_argument(index)] ...
[{RETURNING | RETURN} BULK COLLECT
INTO bind_argument[, bind_argument ... ]];
```

Im folgenden Beispielprogramm wird erneut eine zufällig ausgewählte Gruppe von Teilnehmern aus der gleichnamigen Tabelle für den Termin Nr. 453 eingetragen.

Auf eine Preisermittlung wird dabei aus Platzgründen verzichtet. Wichtig ist die Struktur der einzelnen Syntax-Bereiche, in denen dynamisches SQL in Mengenverarbeitungsprozesse eingeflochten wird. Besonders schön kurz und übersichtlich gerät dabei die Übertragung der Tabellenwerte für die ermittelten Teilnehmernummern in die Sammlung t_TNNr, da hier nur eine einzige Zeile und nicht etwa eine umfangreiche Schleifenkonstruktion anfällt.

Bei der Verwendung von Befehlen zur Datenänderung müssen – wie zuvor auch schon – die Sammlungen, die die gerade manipulierten Daten aufnehmen, sowohl als Binde-Variable wie auch mit ihrer tatsächlichen Bezeichnung in der RETUR-NING-Klausel aufgeführt werden.

```
DECLARE
  v_TNr      termin.T_Nr%TYPE    := 453;      -- Terminnr
  v_MaxBNr   buchung.B_Nr%TYPE;               -- Höchste BNr
  TYPE c_TDaten IS REF CURSOR;                -- TN Cursor-Typ
  c_Teilnehmer c_TDaten;                      -- TN-Cursor
  TYPE Zahlen IS TABLE OF NUMBER(5)
    INDEX BY BINARY_INTEGER;                  -- Teilnehmertyp
  t_TNNr Zahlen;                              -- Tabelle TN
  t_BNr Zahlen;                               -- Tabelle BNr
  t_BNr2 Zahlen;                              -- Tabelle BNr2
BEGIN
  -- Öffnen des Cursors
  OPEN c_Teilnehmer FOR 'SELECT TN_Nr
          FROM teilnehmer SAMPLE (0.55)';
  -- Übertragung der Daten in Sammlung
  FETCH c_Teilnehmer BULK COLLECT INTO t_TNNr;
   -- Ermittlung der höchsten Buchungsnr
   -- Erzeugung der benötigten Buchungsnr
  SELECT MAX(B_Nr)
    INTO v_MaxBNr
    FROM buchung;
  IF v_MaxBNr IS NULL
    THEN v_MaxBNr := 1;
  END IF;
  FOR i IN t_TNNr.FIRST..t_TNNr.LAST LOOP
    t_BNr(i) := v_MaxBNr+i;
  END LOOP;
```

```
-- Schließen des Cursors
CLOSE c_Teilnehmer;
-- Buchung der Teilnehmer
FORALL i IN 1..t_TNNr.COUNT
 EXECUTE IMMEDIATE
 'INSERT INTO buchung
 VALUES (:1, :2, :3, SYSDATE, :4, NULL, :5, NULL, NULL)
 RETURNING B_Nr INTO :6'
 USING t_BNr(i), t_TNNr(i),v_TNr, t_BNr.COUNT, t_TNNr(1)
 RETURNING BULK COLLECT INTO t_BNr2;
-- Kontrollausgabe
DBMS_OUTPUT.PUT_LINE('Teilnehmernr: ' || t_TNNr.COUNT);
DBMS_OUTPUT.PUT_LINE('Buchungsnr: ' || t_BNr.COUNT);
DBMS_OUTPUT.PUT_LINE('BNr von ' || t_BNr2(1) || ' - '
                     || t_BNr2(t_BNr2.LAST));
FOR i IN t_TNNr.FIRST..t_TNNr.LAST LOOP
 DBMS_OUTPUT.PUT(t_TNNr(i) || ' | ');
END LOOP;
DBMS_OUTPUT.NEW_LINE;
END;
```

832_01.sql: Mengenbindung bei dynamischem SQL

Wenn Sie die Prozedur einige Male ausführen lassen, dann erhalten Sie durch Zufall vielleicht auch einmal diese Ausgabe: neun angemeldete Teilnehmer für den angegeben Kurstermin, die die Buchungsnummern 25 bis 32 erhalten.

```
Teilnehmernr: 9
Buchungsnr: 9
BNr von 24 - 32
78 | 225 | 266 | 339 | 540 | 967 | 983 | 1028 | 1184 |
PL/SQL-Prozedur wurde erfolgreich abgeschlossen.
```

8. 3. 3. Beispiele

In einem ersten Beispiel greifen wir auf die UNTERNEHMEN-Tabelle zu, wobei wir allerdings im ersten Fall eine Unternehmensnummer und im zweiten Fall einen

Namen vorgeben. Der Block erkennt dann automatisch, welcher Fall vorliegt und setzt eine geeignete Abfrage zusammen. Dies entspricht dann dem Fall, dass die gleiche Datenmenge mit gleicher Ergebnismenge (hier eine Sammlung) und unterschiedlichen Eingabedaten befragt wird.

```
DECLARE
  -- Bindevariablen
  b_UNr unternehmen.U_NR%TYPE ; --        := 72;
  b_UName unternehmen.U_Name%TYPE := 'Privatbank Essen';


  -- SQL-Variablen
  v_SQLCols VARCHAR2(500) := 'SELECT * FROM unternehmen ';
  v_SQLW1   VARCHAR2(500) := 'WHERE U_Nr = ' || b_UNr;
  v_SQLW2   VARCHAR2(500) := 'WHERE U_Name = '''
                             || b_UName || '''';

  -- Cursorvariable
  TYPE unternehmen_ref IS REF CURSOR;
  c_Unternehmen unternehmen_ref;

  -- Datensatz
  v_UDaten unternehmen%ROWTYPE;

  -- Collection
  TYPE t_Unternehmen IS TABLE OF unternehmen%ROWTYPE
   INDEX BY BINARY_INTEGER;
  v_UDaten_t t_Unternehmen;

BEGIN

  -- 1. Fall: b_UNr ist vorhanden
  IF b_UNr IS NOT NULL AND b_UName IS NULL
   THEN EXECUTE IMMEDIATE v_SQLCols
                    || v_SQLW1
                  INTO v_UDaten;
     -- Übernehme einzeilige Ergebnismenge in assozatives Array
-- erstelle Collection aus EINEM Datensatz
     v_UDaten_t(1) := v_UDaten;
  -- 2. Fall: b_UName ist vorhanden
```

```
  ELSIF b_UName IS NOT NULL AND b_UNr IS NULL
    THEN
      -- Übernehme Ergebnismenge komplett in assozatives Array
      OPEN c_Unternehmen FOR v_SQLCOls || v_SQLW2;
-- erstelle Collection aus
-- MEHREREN Datensätzen
      FETCH c_Unternehmen BULK COLLECT INTO v_UDaten_t;
      CLOSE c_Unternehmen;


  -- 3. Fall: Falsche Datenübergabe
  ELSE
    DBMS_OUTPUT.PUT_LINE('Nur einen Parameter mit Wert vorgeben!');


  END IF;


  -- Daten verarbeiten
  IF v_UDaten_t.COUNT > 0
    THEN FOR i IN v_UDaten_t.FIRST..v_UDaten_T.LAST LOOP
          DBMS_OUTPUT.PUT_LINE(v_UDaten_t(i).U_Name);
        END LOOP;
  ELSE
    DBMS_OUTPUT.PUT_LINE('Keine Daten übernommen.');
  END IF;
EXCEPTION
  WHEN NO_DATA_FOUND
    THEN DBMS_OUTPUT.PUT_LINE('Keine Daten gefunden.');
END;
```

833_01.sql: Gleiche Datenmenge mit unterschiedlichen Eingaben befragen

Im nächsten Beispiel greifen wir auf unterschiedliche Tabellen zu, erwarten aber
die gleiche Ergebnisdatenstruktur.

```
DECLARE
  -- Schaltvariable
  v_SQLTyp VARCHAR2(1) := 'd'; -- d für Dozent,
                                -- t für Teilnehmer


  -- SQL-Variablen
```

```
b_Nr NUMBER(4) := 15;

TYPE SQLCols_t IS VARRAY(2) OF VARCHAR2(500);
TYPE SQLWHERE_t IS VARRAY(2) OF VARCHAR2(500);

v_SQLCols SQLCOls_t :=
          SQLCols_t('SELECT D_Anrede,
                            D_Vorname, D_Nachname, D_Stadt
                    FROM dozent ',
                  'SELECT TN_Anrede,
                            TN_Vorname, TN_Nachname,
                            TN_Stadt
                    FROM teilnehmer '  );
v_SQLWHERE SQLWHERE_t :=
                    SQLWHERE_t('WHERE D_Nr = '  || b_Nr,
                              'WHERE TN_Nr = '  || b_Nr);
-- Datensatz
TYPE Person_ds IS RECORD (
 Anrede VARCHAR2(30),
 Vorname VARCHAR2(30),
 Nachname VARCHAR2(30),
 Stadt VARCHAR2(30)
);
v_Person Person_ds;
BEGIN
 -- Getrennte Beschaffung der Daten
 IF b_Nr IS NOT NULL
  THEN
   CASE v_SQLTyp
    -- 1. Fall: d
    WHEN 'd'
     THEN EXECUTE IMMEDIATE v_SQLCols(1) || v_SQLWHERE(1)
            INTO v_Person;
    -- 2. Fall: t
    WHEN 't'
     THEN EXECUTE IMMEDIATE v_SQLCols(2) || v_SQLWHERE(2)
            INTO v_Person;
    -- 3. Fall: falsch
    ELSE DBMS_OUTPUT.PUT_LINE('Kein Typ');
```

```
  END CASE;
-- Ausgabe
IF v_Person IS NOT NULL
  THEN DBMS_OUTPUT.PUT_LINE(v_Person.Anrede || ' ' ||
                            v_Person.Nachname);
END IF;
ELSE
  DBMS_OUTPUT.PUT_LINE('Keine Nr');
END IF;
END;
```

833_02.sql: Gleiche Ergebnisstruktur

Prozeduren und Funktionen

9. Prozeduren und Funktionen

In den zurückliegenden Kapiteln haben wir Ihnen relativ ausführlich die entscheidenden syntaktischen Bereiche von PL/SQL vorgestellt. Es fehlen nur noch zwei Bereiche, die für die Anwendungsentwicklung notwendig sind, damit Ihre Programme auch wirklich sinnvolle Tätigkeiten erfüllen.

9. 1. Modulare Strukturen in PL/SQL

Zum einen sind dies die unterschiedlichen Möglichkeiten, die PL/SQL Ihnen zur Modularisierung von komplexen Anwendungen bietet. Zum anderen sind dies die Pakete, die unterschiedliche Funktionalitäten bieten. Einige, wie DBMS_RANDOM oder UTL_FILE, haben Sie kurz kennen gelernt, andere sind Ihnen bestens vertraut (wie das legendäre DBMS_OUTPUT-Paket). Pakete stellen gleichzeitig auch eine Modularisierungsoption dar, da Sie selbst auch solche Pakete für Ihre eigene Arbeit entwickeln und abspeichern können. Die Vorteile der Modularisierung sind Ihnen sicherlich geläufig. Wenn Sie eine objektorientierte Programmiersprache verwenden, dann werden Sie die PL/SQL-Konzepte ohnehin nicht weiter berauschend finden, denn Objekte und alles, was mit der Objektorientierung in Zusammenhang steht, ist hier nicht verfügbar.

9. 1. 1. Typen von Modulen in PL/SQL

Funktionen und Prozeduren haben einige ähnliche Eigenschaften und stellen im Zusammenhang mit Paketen untergeordnete Einheiten dar, wenn man die Paketstruktur von PL/SQL nutzen möchte. Daher zeigen wir im folgenden Abschnitt zunächst alle Eigenschaften und Unterschiede auf, die für das Verständnis der Modulstruktur notwendig sind.

Es lassen sich daher vier Modulbereiche differenzieren, von denen Sie bisher aktiv nur die anonymen Blöcke verwendet haben:

- **Anonymer Block**
  Die bisherigen Beispielprogramme bildeten allesamt anonyme Blöcke, da sie keine Namensbezeichnung tragen und sich in der Form von Stapelverarbeitungen z. B. in SQP*Plus erzeugen und ausführen lassen. Sie können dabei auf alle anderen Module zugreifen. Diese anonymen Blöcke, so wie wir Sie in den zurückliegenden Abschnitten erzeugt haben, lassen sich genauso in den Anwendungsentwicklungsumgebungen wie Oracle Forms, Reports oder Developer integrieren und dann über entsprechende Benutzeraktionen (wie z. B. Schaltflächen) an die PL/SQL-Maschine weiterleiten. Die Namensgebung bzw. die Namenslosigkeit von anonymen Blöcken lässt sich auch nicht von den Labeln, die mit `<<name>>` vor dem Beginn des Deklarationsabschnitt angegeben werden beeinflussen, da dies nur ein Name ist, der zur Laufzeit gültig ist und auch zur Adressierung innerhalb von anonymen Blöcken verwendet wird. Die Anonymität bezieht sich schlichtweg auf die Tatsache, dass diese Blöcke nicht in der Datenbank gespeichert werden.

- **Funktionen**
  Eine Funktion ist ein benannter PL/SQL-Block, der einen oder mehrere Werte aufgrund seiner Programmstruktur an das umliegende Programm oder eine Variable zurückliefert. Sie gleichen damit Funktionen in anderen Programmen oder auch SQL-Funktionen, welche ja ebenfalls einen Wert an eine Abfrage zurückliefern, um Werte für Abfragebedingungen oder Datenänderungen vorzunehmen. Damit sind Funktionen von umgebenden Strukturen wie z. B. anonymen Blöcken oder Prozeduren abhängig. Sie lassen sich nicht selbstständig aufrufen, sondern nur überall dort, wo auch ein Wert des Datentyps erwartet würde, den die Funktion zurückliefert. Syntaktisch erwarten Funktionen Parameter, die zur Verarbeitung in die Funktion eingehen, und liefern RETURN-Werte, die die Funktion als Ergebnis wieder verlassen. Dieses Grundprinzip kennzeichnet auch die Syntax und ihre Verwendung.

- **Prozeduren**
  Sie stellen eigenständige Programme mit Ausführungsanweisungen dar, die für eine größere Umgebung oder auch einen klar abgeschlossenen Bereich in einem sinnvollen Zusammenhang stehen. Alle anonymen Blöcke, die wir in den vorherigen Abschnitten erstellt haben, könnten auch (vielleicht um einige Funktionalitäten erweitert) zu Prozeduren werden. Über einen Parameteraustausch an der Prozedur-Schnittstelle ist es möglich, Variablenwerte zur Verarbeitung oder für das Setzen bzw. die Vermittlung von Zuständen/Eigenschaften in die Prozedur zu übertragen und auch wieder von ihr zurückzuerhalten.

Sie können Sie als gespeicherte Prozeduren (die berühmten *stored procedures* aus diversen Werbekatalogen) direkt in der Datenbank speichern und immer wieder aufrufen, um von ihren nützlichen Eigenschaften zu profitieren.

- **Pakete**
  Pakete stellen die größten bzw. komplexesten Strukturen von PL/SQL dar. Wie Sie eventuell schon selbst in der Dokumentation gesehen haben, befinden sich weit über 80 Pakete mit mannigfaltigen Eigenschaften in Oracle selbst und bieten Ihre Dienste in der Form von Prozeduren und Funktionen (als Zusammenfassung zu größeren Einheiten, die die Funktionalitäten von bestimmten Programmbereichen abdecken) sowie Cursor, Ausnahmen, Datensatztypen, Datensätzen, Typen, Sammlungen und Variablen oder Konstanten.

Eine weitere Struktur möchten wir noch in diesen Reigen aufnehmen, wenn wir auch darauf hinweisen möchten, dass Oracle selbst in seinen Darstellungen darauf verzichtet. Es handelt sich um das Konzept der Trigger, die vermutlich deswegen im Zusammenhang mit PL/SQL nicht erwähnt werden, weil sie der Datenbank-Administration dienen und weniger der Anwendungsentwicklung. Da sie allerdings in PL/SQL geschrieben sind und einige Gemeinsamkeiten zu den anderen Strukturen aufweisen, nennen einige Autoren sie im Zusammenhang mit PL/SQL und andere wiederum nicht.

- **Trigger**
  Sie werden ebenfalls in der Datenbank gespeichert, können allerdings nicht wie Funktionen oder Prozeduren aufgerufen werden, sondern lauern im Hintergrund auf Zustände und sie auslösende Ereignisse (*triggering events*), die einen möglichen unerwünschten bzw. inkonsistenten Datenzustand hervorrufen könnten. Sobald sie ausgelöst werden, startet ihr Programm und versucht, die unerwünschten Zustände zu vermeiden. Oracle unterstützt zur Integritätskontrolle Trigger, die sowohl auf DML- als auch auf System-Operationen reagieren.

Die Abbildung verdeutlicht noch einmal die Position bzw. die Möglichkeit der Speicherung der einzelnen Module. Nur die anonymen Blöcke lassen sich nicht in der Datenbank direkt speichern, sondern sie werden durch andere Techniken aufgerufen, im einfachsten Fall so, wie Sie bisher in diesem Kapitel gearbeitet haben. Außerdem unterscheiden sie sich in der Fähigkeit, selbstständig aufgerufen zu werden. Dies haben wir mit den Begriffen *direkt* und *indirekt* gekennzeichnet, wobei ein indirekter Aufruf bedeutet, dass der Aufruf aus einem anderen Modul heraus erfolgt. Ein direkter Aufruf, der für Funktionen beispielsweise nicht möglich ist, bezeichnet dabei die Fähigkeit, unmittelbar aufgerufen zu werden. Eine Funktion muss immer in einem anderen Modul eingesetzt werden. Für die Trigger ergibt sich eine Sonderrolle, da sie nur darauf lauern, dass sie *überaus indirekt* (darauf haben wir dann in der Abbildung verzichtet) aufgerufen werden, indem nämlich die anderen Module Ereignisse durch DML- oder Systemoperationen auslösen, die den Trigger aktivieren.

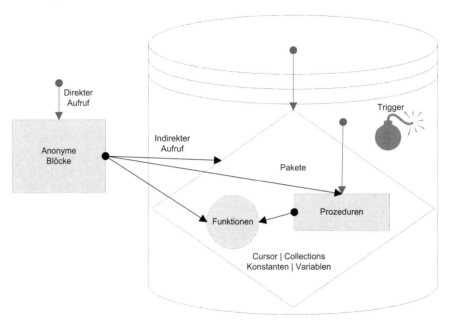

Position und Aufrufe von Modulen

9. 1. 2. Parameter und Parameter-Modi

Funktionen und Prozeduren erwarten oder benötigen für ihren Betrieb Parameter. Parameter stellen Werte dar, die verarbeitet werden sollen oder für die Verarbeitung notwendig sind. Während die erste Funktion relativ leicht zu verstehen ist, weil sie zunächst das nächstliegende Element darstellt, bedeutet die Abbildung von Zuständen oder Eigenschaften, dass gewisse Grundvoraussetzungen für die korrekte Verarbeitung von Werten nur dann gegeben sind, wenn weitere Informationen (wie Schaltvariablen) in den Programmablauf eingehen. Sie werden nicht verarbeitet, sondern nur verwendet, um bestimmte Fallunterscheidungen zu treffen und den Programmfluss zu bestimmen. Parameter beider syntaktischer Strukturen lassen sich in drei Bereiche unterteilen, die auch bei der Definition von Funktionen und Prozeduren beachtet werden müssen. Man verwendet den Begriff *Parameter-Modi* für die Unterteilung von Parametern in die drei erwähnten Bereiche.

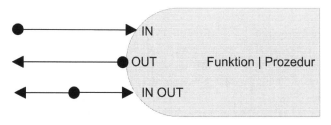

Parameter-Modi für Module

- **IN-Modus**
  Parameter in diesem Modus gehen ausschließlich lesend in das Modul ein. Sie wirken wie Konstanten und können nicht verändert werden. Dieser Modus repräsentiert auch den Standardmodus, wenn man keine Modusart explizit angibt.

- **OUT-Modus**
  Analog zum IN-Modus erlaubt dieser Modus nur schreibenden Zugriff auf den so gekennzeichneten Parameter. Bei erfolgreichem Abschluss des Programms (also ohne Auslösen einer Ausnahme) speichert das Modul einen Wert in den Parameter, der dann im aufrufenden Programm zur Verfügung steht. Strukturell stellt damit ein solcher Parameter eine uninitialisierte Variable dar, die auch keinen Standardwert enthalten darf und die auch nicht als Rechtswert bei der Zuweisung in Erscheinung treten darf. Er entspricht damit dem Rückgabewert einer Funktion, wobei eine Prozedur mehrere OUT-Parameter besitzen darf.

- **IN OUT-Modus**
  Parameter in dieser Modusart besitzen Eigenschaften aus beiden Richtungsangaben. Sie können also sowohl Werte des übergeordneten Programms

übernehmen als auch Werte an dieses Programm zurückliefern. Sie dürfen allerdings keine Standardwerte besitzen. Im Gegensatz zu OUT-Parametern ist eine Verwendung links- wie rechtsseitig bei der Wertzuweisung möglich.

Man unterscheidet im Zusammenhang mit Modulen und der Schnittstellenprogrammierung zwei Arten von Parametern, die Sie auch so im offiziellen Oracle-Sprachgebrauch wiederfinden:

- Als *Formalparameter* (formal parameters) bezeichnet man die Parameter in der Parameterliste, die bei der Deklaration eines Moduls im Modulkopf festgelegt werden. Hier befindet sich auch die Information, zu welchem Datentyp sie gehören, ein möglicher Standardwert und natürlich der Parametermodus. Typischerweise tragen diese Parameter Namen, die auf ihren Wert, ihre semantische Funktion im Programm oder ihre Aufgabe hinweisen.

- Mit *Aktualparametern* (actual parameters) sind dagegen die Variablen oder Werte gemeint, die beim Modulaufruf an die aufgerufene Funktion oder Prozedur übergeben werden.

Ein kurzes Beispiel verdeutlicht sowohl die Unterschiede beider Parametertypen als auch die Zuweisung. Hier gibt es keine Unterschiede zwischen Prozeduren und Funktionen, weswegen wir diese Punkte allgemein an einer Funktion behandeln. In den zurückliegenden Programmen tauchte immer mal wieder eine Abfrage auf, die die höchste Buchungs- oder Terminnummer ermittelte. Dies hatten wir mit einer schönen Konstruktion der Form SELECT MAX(B_NR)+1 INTO v_MaxB-Nr FROM buchung; gelöst. Teilweise war die Addition von 1 nicht notwendig, da dies innerhalb einer Schleife mit Hilfe der Zählervariablen in einer Sammlung geschah, sodass folgender anonymer Block ein typisches Programm sein könnte, das uns für eine beliebige Tabelle mit aufsteigenden Nummern als Primärschlüssel (also gerade nicht die Tabelle KURS) die benötigte maximale Primärschlüsselnummer liefert. Wir geben dabei die Tabelle und das Primärschlüsselfeld vor, für das der maximale Feldwert bestimmt werden soll. Zusätzlich ist dieses kleine Programm auch ein gutes Beispiel für den Sinn von dynamischem SQL, da es sonst keine andere Möglichkeit gäbe, per Wertübergabe Tabellen- und Spaltennamen in die Abfrage zu schleusen.

```
DECLARE
  v_MaxNr    NUMBER(5);                     --Höchster S-wert
  v_Tabelle VARCHAR2(20) := 'unternehmen'; -- Tabellenname
  v_Spalte  VARCHAR2(20) := 'U_Nr';        -- Schlüsselspalte
  v_SQL      VARCHAR2(300);                 -- Abfrage
BEGIN
  v_SQL := 'SELECT MAX('
          || v_Spalte
          || ') FROM '
          || v_Tabelle;
  EXECUTE IMMEDIATE v_SQL
  INTO v_MaxNr;
  DBMS_OUTPUT.PUT_LINE(v_MaxNr);
END;
```

912_01.sql: Abfrage des höchsten Primärschlüsselwertes

In Form einer Funktion sähe das gleiche Programm natürlich anders aus, wobei jetzt nicht die Darstellung der Funktionsprogrammierung wichtig ist, sondern ausschließlich auf die Parameter Wert gelegt wird. Beachten Sie insbesondere, dass ab nun der Einsatz von DBMS _ OUTPUT zur Funktionalitätsüberprüfung eines Programms nicht mehr so bedeutsam ist. Im vorliegenden Fall kann dies ganz typisch durch einen Rückgabewert ersetzt werden. In diesem Fall stellen die Formalparameter die IN- und OUT-Werte aus der Parameterliste der Funktionsdefinition dar.

```
CREATE OR REPLACE FUNCTION ZaehleReihen
  ( v_MaxNr   OUT NUMBER,
    v_Tabelle IN  VARCHAR2 := 'unternehmen',
    v_Spalte  IN  VARCHAR2 := 'U_Nr')
  RETURN NUMBER                              -- Return-Wert
IS
  v_SQL     VARCHAR2(300);
  v_Return NUMBER(5);                        -- Return-Wert
BEGIN
  v_SQL := 'SELECT MAX('
          || v_Spalte
          || ') FROM '
          || v_Tabelle;
```

```
EXECUTE IMMEDIATE v_SQL
INTO v_Return;
IF v_Return IS NULL
  THEN v_Return := 0;
END IF;
RETURN v_Return;                              -- Return-Wert
END ZaehleReihen;
```

912_02.sql: Funktion zur Ermittlung des höchsten Schlüsselwerts

Für den Aufruf der Funktion benötigt man, da es sich um keine Prozedur handelt, ein übergeordnetes Programm. Dies soll ein einfacher anonymer Block sein, in dem als Aktualparameter Werte für die Tabelle TEILNEHMER auftreten, die beim Aufruf der Funktion die vorhandenen Standardwerte für die Tabelle UNTERNEH-MEN überschreiben.

```
SET SERVEROUTPUT ON;
DECLARE
  v_MaxNr    NUMBER(5);
  b_Tabelle VARCHAR2(20) := 'teilnehmer';
  b_Spalte  VARCHAR2(20) := 'TN_Nr';
BEGIN
  -- Zuordnung über Position
  DBMS_OUTPUT.PUT_LINE(ZaehleReihen(v_MaxNr,    -- 1
                                    b_Tabelle,  -- 2
                                    b_Spalte)); -- 3
  -- Zuordnung über den Namen
  DBMS_OUTPUT.PUT_LINE(ZaehleReihen(v_MaxNr   => v_MaxNr,
                                    v_Tabelle => b_Tabelle,
                                    v_Spalte  => b_Spalte));
END;
```

912_02.sql: Aufruf der Funktion

Man erhält als Ausgabe die Anzahl der Teilnehmer bzw. die aktuell höchste Teilnehmernummer, die nun in einem passenden Programm für die Erstellung der nächsten Teilnehmernummer verwendet werden könnte:

```
1449
PL/SQL-Prozedur wurde erfolgreich abgeschlossen.
```

Die Zuordnung von Werten aus dem übergeordneten Programm oder – bei Prozeduren – aus dem einfachen Aufruf erfolgt über vier Methoden:

- **Positionsnotation**
  Wie schon bei der Zuweisung von Binde-Variablen im Zusammenhang mit dynamischem SQL kann die Zuweisung von Werten und Variablen zu Parametern über die Position gelingen. Dies entspricht dem letzten Beispiel, da hier die Reihenfolge ZaehleReihen(v _ MaxNr, b _ Tabelle, b _ Spalte) der internen Reihenfolge der Funktionsdefinition entspricht. Hätten Sie hier Spalten- und Tabellenwert vertauscht, würden Sie eine entsprechende Fehlermeldung erhalten, da es keine passenden Werte gibt und wir auch für diesen Fall keine Ausnahmebehandlung in der Funktionsdefinition vorgegeben haben.

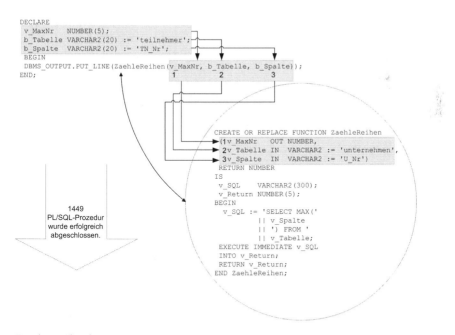

Zuordnung über die Position

323

- **Namensnotation**

  Möchte man besondes korrekt arbeiten und auch Fehler ausschließen, die unbemerkt bleiben, weil die übergebenen Werte für die Verarbeitung innerhalb der Funktion zu syntaktisch korrekten, aber inhaltlich falschen Ergebnissen führen, kann man die Zuordnung direkt über die vorhandenen Variablen und die in der Funktion existierenden Parameter ausführen. Dies ist die zweite Zeile im zurückliegenden anonymen Block, wobei die allgemeine Syntax die Form `formale_parameter => aktualer_parameter` besitzt. Neben einer größeren Robustheit der Anwendung und einer weiteren Technik, Fehlfunktionen zu vermeiden, wird diese Funktion in realistischen Anwendungen sehr bedeutsam, wenn man Dutzende von Werten übergeben muss. Anstatt wie im Beispiel aus Sicherheitsgründen die Nummer, also quasi die Adresse des aktualen Parameters zu verwenden, kann man auch gleich den formalen Parameternamen aufrufen, um die Zuordnung zu klären.

- **Verwendung von Standardwerten**

  Der Einsatz der Namenszuordnung eröffnet zusätzlich die Möglichkeit, Standardwerte zu akzeptieren, wie folgendes Beispiel zeigt. Dabei lässt man die nicht benötigten Parameter beim Funktionsaufruf einfach unerwähnt.

```
DECLARE
  v_MaxNr    NUMBER(5);
BEGIN
  DBMS_OUTPUT.PUT_LINE(ZaehleReihen(v_MaxNr    => v_MaxNr));
END;
```

912_03.sql: Verwendung von Standardparametern

Dieses Beispiel liefert die 280, die aus der Tabelle UNTERNEHMEN ermittelt wurden.

- **Direkte Wertvorgabe**

  Wie schon an anderen Stellen können Sie auch direkt Werte vorgeben, wobei Zeichenketten zusätzlich Anführungszeichen benötigen, um sie als Wert zu kennzeichnen.

```
DECLARE
  v_MaxNr    NUMBER(5);
BEGIN
  DBMS_OUTPUT.PUT_LINE(ZaehleReihen(v_MaxNr, 'teilnehmer',
```

```
'TN_Nr'));
END;
```

912_04.sql: Direkte Wertvorgabe

Dieses Beispiel liefert wieder die 1449, die schon aus der Tabelle TEILNEHMER bekannt sind.

9. 1. 3. Fehlersuche und Korrektur

Eine Funktion oder eine Prozedur, die Syntaxfehler enthält, kann dennoch kompiliert werden. Allerdings erscheint dann die Meldung, dass sie „mit Fehlern" kompiliert wurde (Warnung: Funktion wurde mit Kompilierungsfehlern erstellt.). Führt man sie aus, erscheint dann auch eine entsprechende Fehlermeldung. Sobald man diese Fehler korrigiert hat, sollte die Meldung Funktion wurde erstellt. erscheinen. Der nächste Aufruf zeigt, was bei einer ungültigen Funktion beim Aufruf geschieht:

```
ORA-06550: Zeile 7, Spalte 23:
PLS-00905: Objekt SCOTT.ZAEHLEREIHEN ist ungültig
ORA-06550: Zeile 7, Spalte 2:
PL/SQL: Statement ignored
```

Der SQL Developer unterstützt die Ausführung von Funktionen und Prozeduren und ermöglicht die Fehlersuche über seine Debugging-Funktionalitäten. Eine fehlerhafte und damit ungültige Funktion erkennt man an einer roten Markierung im Baum der DB-Objekte. In der Skriptausgabe steht die oben erwähnte Bestätigung, und im Protokoll erscheint die Fehlermeldung.

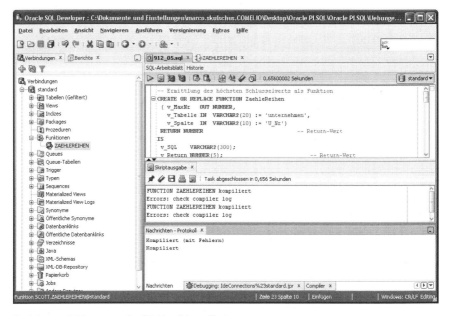

Funktion – mit Warnungen (und Fehlern) kompiliert

Öffnet man die Funktion, ist fehlerhafte Syntax rot unterschlängelt. Beim Überfahren mit dem Mauszeiger kann man dann eine Fehlermeldung lesen. Im Beispiel *912_05.sql* handelt es sich dabei um Funktionsparameter, welche bzgl. ihrer Länge eingeschränkt sind, was nicht erlaubt ist. Eine geänderte Funktion kann man dann über die gewöhnliche *SPEICHERN*-Schaltfläche erneut kompilieren.

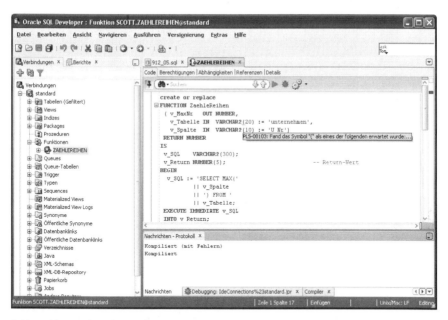

Fehlermeldung aufgrund Syntaxfehler in der Funktion

Eine gültige und damit wenigstens mit Blick auf die Syntax korrekte Funktion wird im Baum der DB-Objekte durch eine grüne Markierung hervorgehoben. Darüber hinaus erscheinen auch die Parameter und der Rückgabewert in der Parameterliste unterhalb des Funktionsnamens. Weitere Detailinformationen wie der Quelltext, die Berechtigungen oder Abhängigkeiten von anderen Objekten in der Datenbank erscheinen im Arbeitsbereich, wenn man die Funktion öffnet. Darüber hinaus gibt es eine Schaltfläche mit einem stilisierten roten Käfer, über den man den Debugger startet, und eine grüne Schaltfläche, mit der man die Funktion ausführt und ein Testskript generieren kann.

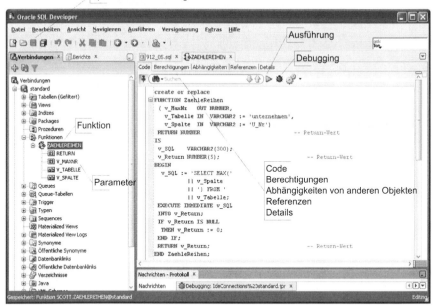

Ansicht bei erfolgreich kompilierter und gültiger Funktion

In der Abbildung zur Darstellung des Debuggers sieht man, welche verschiedenen Optionen vorhanden sind. Im Wesentlichen handelt es sich um die üblichen Debugging-Einstellungen wie Haltepunkte, ein Überwachungsfenster oder Variablen und ihre Werte sowie die Schaltflächen, für die schrittweise Durchführung des Quelltextes. Zusätzlich ist das Start-Fenster fotografiert, welches unter anderem Namen auch bei der Ausführung angezeigt wird. Hier ist ein generiertes Skript enthalten, in dem man in den meisten Fällen den Variablen, welche aus den Parametern abgeleitet werden, lediglich Werte zuweisen muss. Das Skript lässt sich dann auch speichern, bleibt aber während der Arbeit mit dem Programm für spätere Aufrufe mit der Funktion oder Prozedur verknüpft. So kann man wiederholt mit den gleichen Werten testen oder debuggen.

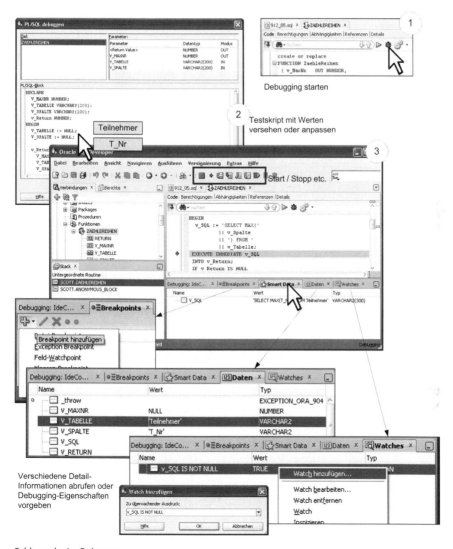

Debugging starten

Testskript mit Werten versehen oder anpassen

Start / Stopp etc.

Verschiedene Detail-Informationen abrufen oder Debugging-Eigenschaften vorgeben

Fehlersuche im Debugger

329

9. 1. 3. 1 Data-Dictionary-Abfragen

Die obigen Informationen erhalten Sie auch als SQL-Abfrageergebnisse direkt aus dem *Data Dictionary* in Tabellenform, wobei Sie folgende Abfragen einsetzen können:

```
SELECT * FROM user_objects
 WHERE object_type = 'FUNCTION';
SELECT * FROM user_objects
 WHERE object_type = 'PROCEDURE';
SELECT * FROM user_objects
 WHERE object_type = 'PACKAGE';
SELECT * FROM user_objects
 WHERE object_type = 'PACKAGE_BODY';
```

Sie erhalten eine Tabelle mit folgenden Spalteninformationen:

● OBJECT _ NAME : Name des Objekts

● OBJECT _ ID : Nummer des Objekts

● OBJECT _ TYPE : Typ (Funktion, Prozedur, Paket, Trigger)

● CREATED : Erstellungsdatum (erstmalig)

● LAST _ DDL _ TIME : letzte Änderung

● TIMESTAMP : Zeitstempel der letzten Änderung

● STATUS : Statusinformation (gültig, ungültig)

9. 1. 3. 2 Data-Dictionary-Sichten

Für weitere Informationen gibt es auch PL/SQL-spezifische Sichten im *Data Dictionary*, die sich in die folgenden Kategorien einordnen lassen:

- **Module**
Funktionen, Prozeduren, Pakete

  - all _ arguments: Parameter in Modulen

  - user _ arguments: Parameter in Modulen des
aktuellen Benutzers

- **Methoden**
Eigenschaften von Objekten und Objekttypen von objektrelationalen Strukturen

  - all _ method _ params: Parameter von aufrufbaren
Objekttypen

  - dba _ method _ params: Parameter von allen Objekttypen

  - user _ method _ params: Parameter von Objekttypen
des aktuellen Benutzers

  - all _ method _ results: Rückgabewerte von Methoden von
aufrufbaren Objekttypen

  - dba _ method _ results: Rückgabewerte von Methoden
aller Objektypen

  - user _ method _ results: Rückgabewerte von Methoden
von Objekttypen des aktuellen
Benutzers

- **Trigger**

  - all _ internal _ triggers: Trigger auf aufrufbaren
Tabellen

  - dba _ internal _ triggers: alle Trigger auf allen Tabellen

  - user _ internal _ triggers: benutzereigene Trigger

9

331

- all _ triggers: alle aufrufbaren Trigger

- dba _ triggers: alle Trigger

- user _ triggers: alle Benutzer-Trigger

- all _ trigger _ cols: alle Spalten von aufrufbaren
                             Triggern

- dba _ trigger _ cols: Spalten in allen Triggern

- user _ trigger _ cols: Spalten in Benutzer-Triggern

9. 2. Funktionen und Prozeduren erstellen

Das Erstellen einer Funktion ist ebenso wie die Definition einer Prozedur überaus simpel. Die allgemeine Syntax bietet zwar eine Menge an Möglichkeiten für die Einstellungen und Verhaltensweisen von Funktionen an, doch letztendlich handelt es sich um ein Programm, das nur einen einzigen Wert zurückliefert und um einige syntaktische Details ergänzt wurde, die es zu einer Funktion machen.

9. 2. 1. Allgemeine Syntax für Funktionen

Die allgemeine Syntax hat also folgende Form:

```
[CREATE [OR REPLACE ] ]
FUNCTION name [ ( parameter [modus] datentyp
            [ , parameter [modus] datentyp]... ) ]
 RETURN datentyp
[ AUTHID { DEFINER | CURRENT_USER } ]
[ PARALLEL_ENABLE
[ { [CLUSTER parameter BY (spaltenname [,spaltenname]... ) ] |
[ORDER parameter BY (spaltenname [ , spaltenname]... ) ] } ]
[ ( PARTITION parameter BY
{ [ {RANGE | HASH } (spaltenname [,spaltenname]...)] | ANY }
) ]
]
```

9

```
[DETERMINISTIC] [ PIPELINED [ USING implementationstyp ] ]
[ AGGREGATE [UPDATE VALUE] [WITH EXTERNAL CONTEXT]
USING implementationstyp] {IS | AS}
[ PRAGMA AUTONOMOUS_TRANSACTION; ]
[ lokale anweisungen ]
BEGIN
 anweisungen
[ EXCEPTION
 ausnahmebehandlung ]
END [ name ];
```

Da eine Funktion in der Datenbank als Schema-Objekt gespeichert wird, gilt auch hier für die Definition der CREATE- Befehl und für das Löschen der DROP-Befehl. Die Logik von Funktionen können Sie – wie zuvor beschrieben – im *Oracle SQL Developer* bearbeiten. In PL/SQL können Sie über die zusätzliche REPLACE-Klausel im CREATE-Befehl eine neue Funktion speichern, die die alte, gleichnamige Funktion überschreibt.

Für die dann folgende Parameterliste gilt, dass sie die einzelnen Parameter sowie Ihre Modi (Standardwert ist IN) und Datentypen durch Komma getrennt und in zwei runden Klammern zusammengefasst aufzählen. Der Rückgabewert wird lediglich mit dem Schlüsselwort RETURN und seinem Datentyp gekennzeichnet. Für alle diese Datentypen gilt die eherne Regel, dass keine Beschränkungen in Länge, Genauigkeit oder Größe vorgenommen werden dürfen. Innerhalb der Funktion wird zur Laufzeit die Beschränkung des übergebenen Parameters – falls vorhanden – berücksichtigt. Alternativ können Sie allerdings eine Typableitung mit %TYPE vornehmen. Dies impliziert eine Beschränkung, wobei diese allerdings auch erst zur Laufzeit ermittelt wird und daher analog zur Beschränkungsübernahme bei der Parameterübergabe abläuft.

Auf das Schlüsselwort IS (alternativ AS) folgt dann der Anweisungsblock, der durch BEGIN und END funktionsname umschlossen wird. (Der Funktionsname ist optional, dient allerdings einer schnelleren Fehlerüberprüfung.) Innerhalb des Anweisungsblocks befindet sich dann an letzter Stelle der Rückgabewert der gesamten Funktion, der erneut mit dem Schlüsselwort RETURN gekennzeichnet wird und der verschiedene Datentypen enthalten kann: skalare Datentypen wie VARCHAR2 oder NUMBER, natürlich auch BOOLEAN, dann auch Sammlungen (ver-

9

schachtelte Tabellen, Varrays), Datensätze, Objekttypen und große Objekte. Um einen Cursor zurückzugeben, muss man eine eine Cursor-Referenz nutzen.

Neben diesen Standard- oder Minimalanforderungen an eine Funktion finden Sie in der allgemeinen Syntax noch folgende Alternativen und Zusatzangaben wieder:

- AUTHID legt fest, ob die Funktion sich lediglich vom Besitzer (Standardwert) ausführen läst oder durch den aktuellen Benutzer (CURRENT _ USER).

- PARALLEL _ ENABLE kennzeichnet eine Funktion als sicher, wenn sie in Parallelanweisungen von DML-Befehlen verwendet wird.

- DETERMINISTIC ist ein Kompilierungshinweis, der nicht zwangsläufig berücksichtigt werden muss. Er unterstützt allerdings die Kompilierung insoweit, als dass frühere Funktionsaufrufe und ihre Ergebnisse verwendet werden können, bevor redundante bzw. wiederholte Aufrufe stattfinden.

- Das Pragma AUTONOMOUS _ TRANSACTION legt eine Funktion als unabhängig fest, sodass sie eine eigene Transaktion darstellt und solche Befehle wie COMMIT oder ROLLBACK verwenden kann und erst nach Abarbeitung die Kontrolle an das auslösende Programm zurückgibt.

- Als eigenständiger Bereich ist auch die Definition einer Ausnahmebehandlung optional, der mit dem Schlüsselwort EXCEPTION beginnt.

Sie finden in der allgemeinen Syntax noch verschiedene weitere Angaben, die den Speicherort der Funktion festlegen und eher in die Administration statt in die Programmierung gehören.

9. 2. 2. Blockstruktur von Funktionen

Im Oracle SQL Developer haben Sie bereits gesehen, dass die Parameter als eigene Objekte in der grafischen Oberfläche erscheinen und man den Definitionstext im Editierfenster bearbeiten kann. Daneben gibt es auch noch die Möglichkeit, ein Testskript zu erstellen, welches Parameter und Rückgabedatentyp der Funktion berücksichtigt.Theoretisch lässt sich die Blockstruktur von Funktionen noch weiter aufgliedern, was im folgenden Beispiel dargestellt werden soll.

9

Wir werden an diesem Beispiel verschiedene Themen erarbeiten, sodass wir nur an dieser Stelle kurz auf die Funktionalität eingehen. Bis jetzt haben wir nur in einem einzigen Beispiel auf die Problematik Rücksicht genommen, dass der Preis für einen Kurs von der Zahl der Teilnehmer abhängt, die ein Unternehmen anmeldet. Wenn also eine Firma oder ein Verein drei Teilnehmer für ein Seminar anmeldet, verringert sich der Preis um einige Prozentpunkte, was anhand von Preisstufen in der wenig benutzten Tabelle PREIS zu bewundern ist. Ohne dynamisches SQL ist es nicht möglich, nur einen einzigen Preis zu erhalten, ohne komplizierte Fallunterscheidungen für die Auswahl des passenden Feldes durchführen zu müssen. Natürlich ist für die Anmeldung von Teilnehmern wie auch für die Stornierung von Buchungen jedes Mal eine Ermittlung des passenden Preises für die Teilnehmer der Kleingruppe nötig, sodass dies – wie viele andere Dinge auch – ein hervorragender Kandidat für die Verwendung einer Funktion ist. Eine Funktion bietet sich deswegen an, weil genau ein Wert erwartet wird, der letztendlich nur über die Kursnummer und die Anzahl der Teilnehmer zu bestimmen ist.

Zunächst könnte man einen anonymen Block mit entsprechender Funktionalität in der folgenden Form verwenden. Für die Konstruktion sind zwei Dinge bedeutsam: Zum einen wird die gesamte Preisermittlung in zwei verschachtelten Blöcken untergebracht, damit Ausnahmen, die im Ausführungs- und Deklarationsabschnitt (des untergeordneten Blocks) auftreten, insoweit verarbeitet werden, als dass dem Preis in diesem Fall der Wert 0 zugewiesen wird. Alternativ könnte in diesem Zusammenhang (und das gilt auch für die Funktion weiter unten) eine Fehlernummer mit auf den Weg gegeben werden, die dann in der umliegenden Anwendung ausgewertet werden könnte. Zum anderen haben Sie hier noch einmal ein interessantes Beispiel für die Verwendung von nativem dynamischen SQL, da die Abfrage so in einer Zeichenketten-Variable zusammengesetzt wird, dass anhand der zugeordneten oder übermittelten Teilnehmeranzahl eine passende Spalte ausgewählt wird. (Auch hier werden schon mögliche Fehler oder unerwünschte Werte berücksichtigt.)

In diesem anonymen Block und in den zwei folgenden Funktionen, die auf dem anonymen Block aufbauen, finden Sie eine Fallunterscheidung für die Teilnehmerzahl. Diese soll nur sicherstellen, dass maximal fünf Teilnehmer mit einem speziellen Preisnachlass rechnen können und auch höhere Teilnehmerzahlen immer mit dem TN5-Preis berücksichtigt werden und nicht etwa mit weiteren Nachlässen. Andererseits soll auch bei Fehleingaben wie negativen Zahlen oder 0 mindestens der TN1-Preis ermittelt werden. Im Standardfall verwendet man einfach die vorhandene Teilnehmerzahl.

```
<<Berechnung>>
DECLARE
  v_KPreis preis.P_TN1%TYPE;      -- Kurspreis
  v_SQL    VARCHAR2(300);         -- Abfrage
BEGIN
<<Ermittlung>>
DECLARE
  b_KNr     kurs.K_Nr%TYPE := 1025051; -- Kursnr
  b_TNZahl buchung.B_TZahl%TYPE := 9; -- TN-Zahl
BEGIN
  IF b_TNZahl > 5
    THEN b_TNZahl := 5;
  ELSIF b_TNZahl <= 0
    THEN b_TNZahl := 1;
  END IF;
  v_SQL := 'SELECT P_TN'
          || b_TNZahl
          || ' FROM kurs NATURAL JOIN preis'
          || ' WHERE K_Nr='
          || b_KNr;
  EXECUTE IMMEDIATE v_SQL
   INTO v_KPreis;
   DBMS_OUTPUT.PUT_LINE(v_KPreis);
END Ermittlung;
EXCEPTION
WHEN VALUE_ERROR OR NO_DATA_FOUND
  THEN v_KPreis := 0;
END Berechnung;
```

922_01.sql: Ermittlung von Preisen

Die folgende Funktion ist eine von zwei möglichen Funktionen, die die obige Anwendung strukturell übernehmen. Sie bietet im Gegensatz zur nächsten Implementierung einen Parameter Teilnehmerzahl an, der mit dem Parametermodus IN OUT gekennzeichnet ist. So ist es möglich, dass gleichzeitig eine Teilnehmerzahl über diesen Parameter in die Funktion einfließt und dort sowohl gelesen als auch mit neuen Werten – wie in der Fallunterscheidung für die Wertuntersuchung – gefüllt werden kann.

```
CREATE OR REPLACE FUNCTION BerechnePreis (
Kursnummer      IN      kurs.K_Nr%TYPE,
Teilnehmerzahl IN OUT buchung.B_TZahl%TYPE)
RETURN NUMBER
IS
 v_KPreis preis.P_TN1%TYPE;       -- Kurspreis
 v_SQL    VARCHAR2(300);          -- Abfrage
BEGIN
  IF Teilnehmerzahl > 5
   THEN Teilnehmerzahl := 5;
  ELSIF Teilnehmerzahl <= 0
   THEN Teilnehmerzahl := 1;
  ELSE Teilnehmerzahl := Teilnehmerzahl;
  END IF;
  v_SQL := 'SELECT P_TN'
          || Teilnehmerzahl
          || ' FROM kurs NATURAL JOIN preis'
          || ' WHERE K_Nr='
          || Kursnummer;
 EXECUTE IMMEDIATE v_SQL
 INTO v_KPreis;
 RETURN v_KPreis;
 EXCEPTION
 WHEN VALUE_ERROR
   THEN v_KPreis := 0;
END BerechnePreis;
```

922_02.sql: BerechnePreis mit IN- und IN OUT-Parametern

In der Abbildung wurde für die in diesem Abschnitt erstellte Funktion die Blockstruktur herausgehoben:

- Der **Kopf-Abschnitt** enthält den Funktionsnamen, so wie er in der Datenbank gespeichert wird. Dieser enthält die Parameterliste und den Datentyp des RETURN-Werts.

- Der **Deklarationsabschnitt** enthält weitere Variablen oder andere syntaktische Konstrukte wie Cursor und Typen, die nur innerhalb der Funktion gültig und sichtbar sind. Dieser Abschnitt entspricht prinzipiell dem Deklarationsabschnitt in anonymen Blöcken.

- Der **Ausführungsabschnitt** enthält die eigentliche Funktionalität der Funktion wie in einem anonymen Block. Er umschließt einen möglichen Ausnahmenabschnitt und endet mit der Rückgabe durch die RETURN-Klausel.

- Der **Ausnahmeabschnitt** wird am Ende des Ausführungsabschnitts platziert. Er verarbeitet zunächst Ausnahmen, die innerhalb des Ausführungsabschnitts der aktuellen Funktion oder dann auch im Deklarationsabschnitt einer weiteren aufgerufenen (oder verschachtelt aufgerufenen) modularen Struktur aufgetreten sind.

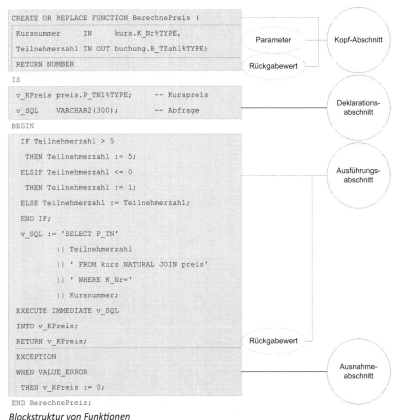

Blockstruktur von Funktionen

9. 2. 3. Entscheidungen für Parameter-Modi

Beschränkungen in Programmiersprachen dienen wenn ihre Struktur gut konzeptioniert ist dazu, dass Anwendungen leichter verständlich und besser wartbar bleiben. Manchmal sind Beschränkungen allerdings lästig, sodass man geneigt ist, Abkürzungen zu wählen, die sich über Standardwerte oder Joker-Elemente mit multifunktionalen Eigenschaften anbieten. In diesen Zusammenhang gehören auch die drei Parameter-Modi, deren Eigenschaften wir zuvor vorgestellt haben. Sobald man einen Parameter als IN deklariert hat, ist der Parameter nicht nur für den Eingang in eine Funktion zuständig und benutzbar, sondern ist auch automatisch für die Veränderung von Werten innerhalb höchst unzugänglich. Er wirkt also wie eine Konstante und löst bei Wertzuweisungen linksseitig eine Fehlermeldung aus, die ihn als unpassenden Zuweisungsort charakterisiert. Ein mit OUT deklarierter Parameter lässt sich dagegen erst innerhalb der Funktion ansprechen und kann keine Werte in die Funktion übernehmen. Sie werden bei der Vorstellung der Ausnahmebehandlung sogar sehen, dass eine unschöne Fehlermeldung ausgelöst werden kann, wenn man es dennoch versucht, nämlich der Hinweis auf den unpassenden Zuweisungsort.

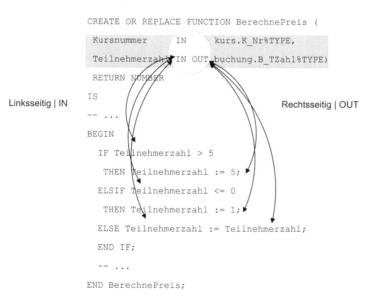

```
CREATE OR REPLACE FUNCTION BerechnePreis (

   Kursnummer        IN      kurs.K_Nr%TYPE,

   Teilnehmerzahl  IN OUT  buchung.B_TZahl%TYPE)

   RETURN NUMBER

   IS

   -- ...

   BEGIN

      IF Teilnehmerzahl > 5

         THEN Teilnehmerzahl := 5;

      ELSIF Teilnehmerzahl <= 0

         THEN Teilnehmerzahl := 1;

      ELSE Teilnehmerzahl := Teilnehmerzahl;

      END IF;

      -- ...

   END BerechnePreis;
```

Linksseitig | IN   Rechtsseitig | OUT

Parameter-Modi und Verhaltensweisen im Vergleich

Im aktuellen Beispiel ist rein zufällig der Parameter `Teilnehmerzahl` ein typischer Kandidat, der für einen kürzeren Quelltext am besten mit `IN OUT` deklariert wird, da in Abhängigkeit von wünschenswerten (1 bis 5) und nicht wünschenswerten Werten (kleiner 1 und größer 5) erneut Wertzuweisungen anfallen, damit die Abfrage auch ein sinnvolles Ergebnis zurückliefert – und nicht Fehlermeldungen wie `NO _ DATA _ FOUND` oder dass keine passende Spalte gefunden wurde.

Selbstverständlich arbeitet man am ordentlichsten, wenn man gerade keine Joker oder Standardwerte (in diesem Fall `IN`) benutzt, sondern lieber – wie in der folgenden Variante der Preisermittlungsfunktion – eine eigene Variable im Deklarationsabschnitt versteckt, die dann passende Werte aus dem `IN`-Parameter übernimmt und ggf. neue Werte aufgrund von Fallunterscheidungen annimmt.

Der dritte Parameter-Modus ist im Zusammenhang mit Funktionen nicht so nützlich, wie das folgende Beispiel zeigt. Sie können ihn für Fälle einsetzen, in denen Sie speziell den Ausgabeparameter innerhalb des Programms nur schreibend ansprechen wollen und dadurch den `RETURN`-Wert erzeugen möchten. Dies werden Sie auch im folgenden Beispiel sehen. Allerdings wird über ihn kein Wert zurückgeliefert, wie es für Prozeduren der Fall ist, sondern tatsächlich nur über den `RETURN`-Wert. Bei Prozeduren stellen die Ausgabewerte die Rückgabewerte dar, entsprechen also quasi dem `RETURN`-Wert von Funktionen, wobei keine Einschränkung für ihre Zahl gilt.

Im folgenden Beispiel variieren wir die obige Funktion so, dass an erster Stelle noch ein Ausgabeparameter bzw. ein Parameter mit dem Parametermodus `OUT` verzeichnet ist. Ansonsten entspricht sie der vorherigen Version dieser Funktion.

```
CREATE OR REPLACE FUNCTION BerechnePreis3  (
  Preis          OUT     buchung.B_Preis%TYPE,
  Kursnummer     IN      kurs.K_Nr%TYPE,
  Teilnehmerzahl IN  OUT buchung.B_TZahl%TYPE )
RETURN NUMBER
IS
  v_SQL    VARCHAR2(300);          -- Abfrage
BEGIN
  IF Teilnehmerzahl > 5
    THEN Teilnehmerzahl := 5;
  ELSIF Teilnehmerzahl <= 0
```

```
  THEN Teilnehmerzahl := 1;
  ELSE Teilnehmerzahl := Teilnehmerzahl;
  END IF;
  v_SQL := 'SELECT P_TN'
          || Teilnehmerzahl
          || ' FROM kurs NATURAL JOIN preis'
          || ' WHERE K_Nr='
          || Kursnummer;
  EXECUTE IMMEDIATE v_SQL
  INTO Preis;
  RETURN Preis;
EXCEPTION
WHEN VALUE_ERROR
  THEN Preis := 0;
END BerechnePreis;
```

923_01.sql: Preisberechnung

Beim Aufruf soll nun ein Eintrag in die Tabelle BUCHUNG anhand diverser Parameter wie Kursnummer, Teilnehmernummer und Terminnummer erfolgen. Dabei ermitteln die Funktionen BerechnePreis3() und ZaehleReihen() automatisch die benötigten Werte für den Preis und die Buchungsnummer. Achten Sie hierbei darauf, dass Sie auch bei verwendetem OUT-Parameter die Funktion als Ausdruck einer Variablen zuweisen müssen und dass Sie die Funktion nicht wie eine Prozedur quasi aus dem Nichts aufrufen können. Dies sind Fähigkeiten, die nur von Prozeduren bereitgestellt werden.

```
DECLARE
  v_BPreis buchung.B_Preis%TYPE;
  v_KNr    kurs.K_Nr%TYPE      := 1015067;
  v_MaxBNr buchung.B_Nr%TYPE;
  v_TNNr   teilnehmer.TN_Nr%TYPE := 521;
  v_TNr    termin.T_Nr%TYPE    := 321;
  v_TZahl  buchung.B_TZahl%TYPE := 1;
BEGIN
  -- Ermittlung der Buchungsnummer
  v_MaxBNr := ZaehleReihen(v_MaxBNr, 'buchung', 'B_Nr');
  -- Preisermittlung
  v_BPreis := BerechnePreis3(v_BPreis, v_KNr, v_TZahl);
```

```
-- Erfassung der Buchung
INSERT INTO buchung
VALUES (v_MaxBNr+1, v_TNNr, v_TNr, SYSDATE,
        v_TZahl, v_BPreis, NULL, NULL, NULL);
END;
```

923_01.sql: Erfasssung einer Buchung

Mit der Abfrage

```
SELECT B_Nr, TN_Nr, T_Nr, B_Datum, B_TZahl,
B_Preis FROM buchung;
```

erhalten Sie dann folgendes Ergebnis, das den erfolgreichen Eintrag in der Tabelle dokumentiert.

```
      B_NR       TN_NR       T_NR    B_TZAHL    B_PREIS
---------- ---------- ---------- ---------- ----------
         1         521        321          1       1430
1 Zeile wurde ausgewählt.
```

Sie können PL/SQL-Funktionen auch in SQL verwenden, sodass Sie gewissermaßen dennoch Funktionen – wie oben formuliert – aus dem Nichts heraus aufrufen können. Dies entspricht aber vielmehr dem Umstand, dass in SQL-Befehlen überall dort Funktionen eingesetzt werden können, wo genau ein Wert benötigt wird. In der Datei *624_01.sql* finden Sie eine weitere und letzte Variante dieser Preisermittlungsfunktion, BerechnePreis2(). In dieser Variante gibt es nur IN-Parameter. Eine solche Funktion eignet sich z. B. auch für den Einsatz in einem SQL-Befehl als quasi selbst geschaffene (PL/)SQL-Funktion. Sowohl Parameter mit dem Modus OUT als auch Parameter mit dem Modus IN OUT liefern folgende Fehlermeldung zurück, was Sie mit Hilfe des anonymen Blocks in der Datei *523_02. sql* verifizieren können.

```
        BerechnePreis(v_KNr, v_TZahl), NULL, NULL, NULL);
    *
FEHLER in Zeile 14:
ORA-06550: Zeile 14, Spalte 9:
```

```
PL/SQL: ORA-06572: Funktion BERECHNEPREIS hat Out-Argumente
ORA-06550: Zeile 12, Spalte 2:
PL/SQL: SQL Statement ignored
```

Eine SQL-taugliche Funktion hat dagegen – neben anderen Erfordernissen, die später noch dargestellt werden – folgendes Format im Kopf-Abschnitt:

```
CREATE OR REPLACE FUNCTION BerechnePreis2 (
  Kursnummer      IN kurs.K_Nr%TYPE,
  Teilnehmerzahl IN buchung.B_TZahl%TYPE)
```

Diese Funktion lässt sich dann leicht in einem SQL-Befehl aufrufen. Den kompletten anonymen Block finden Sie dazu in der Datei *532_03.sql*, die zusätzlich die Variablendeklaration aus dem letzten Aufruf besitzt.

```
BEGIN
  -- Ermittlung der Buchungsnummer
  v_MaxBNr := ZaehleReihen(v_MaxBNr, 'buchung', 'B_Nr');
  -- Erfassung der Buchung
  INSERT INTO buchung
  VALUES (v_MaxBNr+1, v_TNNr, v_TNr, SYSDATE, v_TZahl,
          BerechnePreis2(v_KNr, v_TZahl), NULL, NULL, NULL);
END;
```

Da eine Funktion nur einen einzigen Wert zurückliefert und da der Mindeststandard der IN-Parameter erfüllt ist, trägt auch dieser sehr einfache und elegante Aufruf einen neuen Datensatz in die Tabelle BUCHUNG ein.

9. 2. 4. Ausnahmebehandlung

Die Aussage sein, dass auch eine Ausnahmebehandlung in Funktionen möglich ist, dürfte nach den vorherigen Ausführungen zur allgemeinen Syntax und zur Blockstruktur von Modulen (bzw. in diesem Fall von Funktionen) relativ unspektakulär sein. Die Regeln der Ausnahmebehandlung und die Struktur ihres Einsatzes entsprechen komplett denen der üblichen Syntax, d. h., die Ausführungen im Abschnitt zur Ausnahmebehandlung in anonymen Blöcken gelten hier ebenso.

Bei Funktionen ist die Tatsache interessant, dass man innerhalb der Ausnahmebehandlung einen passenden Rückgabewert kreieren muss, damit die Funktion auch eine Rückgabe durchführt, sobald es Komplikationen mit der Ausführung gibt. Dies wird in der Variation für die Preisermittlung dadurch gewährleistet, dass bei fehlenden Werten (NO _ DATA _ FOUND) oder zu vielen Treffern (TOO _ MANY _ ROWS) der Preis auf 0 gesetzt und diese Information dann über die Rückgabe an das aufrufende Programm zurückgegeben wird.

```
CREATE OR REPLACE FUNCTION BerechnePreis2   (
   Kursnummer      IN kurs.K_Nr%TYPE,
   Teilnehmerzahl IN buchung.B_TZahl%TYPE)
RETURN NUMBER
IS
   v_KPreis preis.P_TN1%TYPE;      -- Kurspreis
   v_SQL     VARCHAR2(300);        -- Abfrage
   v_TNZahl buchung.B_TZahl%TYPE; -- TN-Zahl
BEGIN
   IF Teilnehmerzahl > 5
     THEN v_TNZahl := 5;
   ELSIF Teilnehmerzahl <= 0
     THEN v_TNZahl := 1;
   ELSE v_TNZahl := Teilnehmerzahl;
   END IF;
   v_SQL := 'SELECT P_TN'
            || v_TNZahl
            || ' FROM kurs NATURAL JOIN preis'
            || ' WHERE K_Nr='
            || Kursnummer;
   EXECUTE IMMEDIATE v_SQL
   INTO v_KPreis;
   RETURN v_KPreis;
   EXCEPTION
   WHEN NO_DATA_FOUND OR TOO_MANY_ROWS
     THEN v_KPreis := 0;        RETURN v_KPreis;
END BerechnePreis2;
```

924_01.sql: Ausnahmebehandlung in Modulen

Die Regelungen der Ausnahmebehandlung werden bei einem Aufruf von Modulen um eine Variation der dritten Regel erweitert, sodass folgendes Regelwerk entsteht:

1. Ausnahmen im Ausführungsabschnitt des Moduls und des aufrufenden Programms werden im jeweiligen Ausnahmeabschnitt behandelt. Wird dort keine passende Behandlung gefunden, wird Regel 2 angewandt.

2. Ausnahmen im Ausführungsabschnitt des Moduls und des aufrufenden Programms, die keine passende Behandlung im jeweiligen Ausnahmeabschnitt finden, werden an die Umgebung abgegeben. Damit gibt das Modul seine Ausnahme an das aufrufende Programm weiter.

3. Ausnahmen im Deklarationsabschnitt und/oder Kopf-Abschnitt des aufrufenden Programms oder des Moduls werden stets an die Umgebung weitergegeben. Damit geben Module ihre Ausnahmen in den beiden ersten Abschnitten stets an das aufrufende Programm weiter.

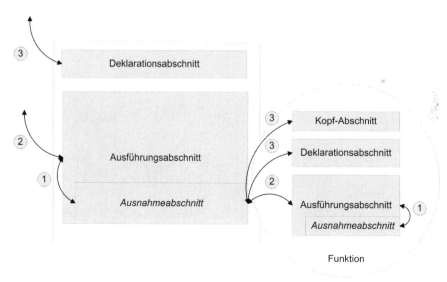

Ausnahmebehandlung in Modulen

Die Funktionsweise dieser Regelungen lässt sich sehr schön anhand eines einfachen anonymen Blocks zeigen, der mit unterschiedlichen Werten die gerade erstellten Funktionen falsch aufruft. Im nicht auskommentierten, ersten Fall übergibt man eine Zeichenkette statt der erwarteten Teilnehmerzahl, was einen VALUE _ ERROR im Kopf-Abschnitt auslöst, da dieser Wert nicht erwartet wird. Hier tritt sofort Regel 3 in Kraft, und die Ausnahme des anonymen Blocks als aufrufendes Programm setzt den Preis auf 0. Im zweiten, auskommentierten Fall gibt man eine nicht existierende Kursnummer vor. Dies löst für die SQL-Abfrage die Ausnahme NO _ DATA _ FOUND aus. Da dies im Ausführungsabschnitt der Funktion geschieht, kann dort bereits der Preis auf 0 gesetzt und an die aufrufende Umgebung zurückgeliefert werden. Würde hier eine Ausnahmebehandlung fehlen, dann müsste spätestens in der aufrufenden Umgebung diese Ausnahme berücksichtigt sein, damit keine endgültige Fehlermeldung entsteht.

```
SET SERVEROUTPUT ON;
DECLARE
  v_TNZahl buchung.B_TZahl%TYPE := 3;
  v_KPreis buchung.B_Preis%TYPE;
BEGIN
  -- Ausnahme im Kopf-Abschnitt: VALUE_ERROR
  DBMS_OUTPUT.PUT_LINE(BerechnePreis2(1025051,'a'));
  -- Ausnahme im Ausführungsabschnitt Funktion: NO_DATA_FOUND
  --DBMS_OUTPUT.PUT_LINE(BerechnePreis2(0025051, 3));
EXCEPTION
  -- Kopfabschnitt der Funktion
  WHEN VALUE_ERROR
    THEN v_KPreis := 0;
        DBMS_OUTPUT.PUT_LINE('Kopf-Abschnitt: ' || v_KPreis);
END;
```

924_02.sql: Ausnahmebehandlung und Regelungsstruktur

9. 2. 5. Übergabe von Werten bei IN und IN OUT

Wie Parameter überhaupt an Module übergeben werden, haben Sie bereits in den einleitenden Absätzen zur Kenntnis genommen und auch schon sicherlich mit der ähnlich strukturierten Übergabe in anderen Sprachen verglichen. An dieser Stelle soll noch einmal auf diesen Punkt eingegangen werden, wobei dieses Mal die beiden unterschiedlichen Übergabekonzepte bei den Parameter-Modi IN und IN OUT untersucht werden.

Standardmäßig erfolgt die Zuweisung über die Namens- oder Positionsnotation per Referenz in die Funktion. Dabei können nur IN-Parameter direkt Wertzugaben akzeptieren. Dies ist der Fall bei BerechnePreis2() im folgenden einfachen anonymen Block, wo die Anzahl der Teilnehmer direkt als Zahl beim Funktionsaufruf an die passende Position eingetragen wird. Bei einem IN OUT-Parameter, wie er in BerechnePreis() vorliegt, verhält es sich dagegen etwas anders. Hier ist nur eine Übergabe mit Hilfe von Variablen möglich.

```
DECLARE
   v_TNZahl buchung.B_TZahl%TYPE := 3;
   v_KPreis buchung.B_Preis%TYPE;
BEGIN
   -- Verwendung von IN OUT-Parametern nur über Variablen
   DBMS_OUTPUT.PUT_LINE(BerechnePreis(1025051,v_TNZahl));
   -- DBMS_OUTPUT.PUT_LINE(BerechnePreis(1025051,3)); -- Falsch!
   -- Verwendung von IN-Parametern auch über direkten Wert
   DBMS_OUTPUT.PUT_LINE(BerechnePreis2(1025051, v_TNZahl));
   DBMS_OUTPUT.PUT_LINE(BerechnePreis2(1025051, 3));
END;
```

925_01.sql: Aufruf von Funktionen und Wertübergabe

Im korrekten Fall erhält man folgende wenig interessante Ausgabe:

```
880
880
880
PL/SQL-Prozedur wurde erfolgreich abgeschlossen.
```

Dagegen taucht unmittelbar eine Fehlermeldung auf, sobald man versucht, dem IN OUT-Parameter einen Wert direkt zuzuweisen.

```
   DBMS_OUTPUT.PUT_LINE(BerechnePreis(1025051,3)); -- Falsch!
                                    *
```

```
FEHLER in Zeile 7:
ORA-06550: Zeile 7, Spalte 46:
PLS-00363: Ausdruck '3' kann nicht als Zuweisungsziel be-
nutzt werden
ORA-06550: Zeile 7, Spalte 3:
PL/SQL: Statement ignored
```

9. 2. 6. Rückgaben mit RETURN

Eine Funktion macht nur Sinn, wenn sie auch eine RETURN-Anweisung beinhaltet. Sie kann nur eine einzige Einschränkung zurückgeben, allerdings ist dies nur auf die tatsächliche Rückgabe bezogen und hängt nicht davon ab, wie oft die RETURN-Klausel in einer Funktion steht. Wie Sie oben bereits bei der allgemeinen Syntax gesehen haben, muss zunächst im Kopf-Abschnitt einer Funktion der unbeschränkte Datentyp einer Funktion definiert werden. Der eigentliche Aufruf erfolgt dann über die RETURN-Klausel, die einen Ausdruck anschließt. In den zurückliegenden Beispielen bestand diese Klausel aus Variablenwerten, was eventuell den Eindruck erzeugt hat, dass nur die Variablen als Rückgabewert fungieren können. Tatsächlich aber wird ja nicht die Variable zurückgegeben, sondern ihr Wert, da eine Variable genauso ein Ausdruck ist wie eine Zeichenkette. In diesem Abschnitt wollen wir uns die Rückgabewerte von Funktionen genauer ansehen.

Beachten Sie zusätzlich die Hinweise zu Anfang des Kapitels bezüglich der Parameter-Modi, die z. B. für den Einsatz von PL/SQL-Funktionen direkt in SQL-Befehlen von Bedeutung sind.

9. 2. 6. 1 Gültige Rückgabewerte bzw. -ausdrücke

RETURN ausdruck meint, dass man sämtliche gültigen Ausdrücke mit Hilfe einer RETURN-Klausel zurückliefern kann. Dies beschränkt sich gerade nicht auf Variablen, sondern erlaubt auch die Verwendung von Zeichenketten oder sogar den Einsatz von SQL-Funktionen. Dies zeigt das nächste Beispiel, in dem der Tagessatz des teuersten Dozenten zurückgeliefert wird. Sollte ein Thema nicht vergeben sein oder auch eine Kursnummer falsch eingegeben werden, so erhält man natürlich keinen passenden Tagessatz zurück, sondern den Wert NULL. Dies wird in einer Ausnahme vermerkt, die dann eine Fehlermeldung zurückgibt. Da der Rückgabewert den Datentyp VARCHAR2 hat, können sowohl Zahlen als auch Zeichenketten übermittelt werden. Darauf muss das aufrufende Programm dann natürlich in jedem Fall vorbereitet sein, um keine Wertefehler zu erzeugen.

```
CREATE OR REPLACE FUNCTION FindeTeuerstenDozenten   (
 Kursnummer IN kurs.K_Nr%TYPE )
RETURN VARCHAR2
IS
 Tagessatz NUMBER;
 e_KeinDozent EXCEPTION;
BEGIN
 SELECT MAX(TH_Tagessatz)
   INTO Tagessatz
   FROM dozent NATURAL JOIN themenverteilung
  WHERE K_Nr= Kursnummer;
 IF Tagessatz IS NULL
   THEN RAISE e_KeinDozent;
  END IF;
  RETURN Tagessatz;
EXCEPTION
 WHEN e_KeinDozent
   THEN RETURN UPPER('Kein') || ' Dozent vorhanden!';
END FindeTeuerstenDozenten;
```

926_01.sql: Mögliche Ausdrücke in der RETURN-Klausel

Ein Aufruf mit einem gültigen und einem ungültigen Kurs liefert dann folgende Ausgabe. Für den gültigen Kurs liefert die Funktion den passenden Tagessatz zurück, während sie bei einem ungültigen Kurs auf den Wert NULL stößt und dadurch die Ausnahme auslöst, die folgende Warnung anzeigt:

```
400
KEIN Dozent vorhanden!
PL/SQL-Prozedur wurde erfolgreich abgeschlossen.
```

349

9. 2. 6. 2 Mehrere Rückgabewerte durch Fallunterscheidungen

Insbesondere bei der Verwendung von Ausnahmen haben Sie bereits gesehen, dass nicht die genaue Anzahl von RETURN-Klauseln für die Bestimmung wichtig ist, ob die Funktion korrekt oder nicht korrekt geschrieben ist. Vielmehr ist wichtig, dass nur eine einzige RETURN-Klausel möglich ist. Sobald eine Ausnahme ausgelöst wird bzw. sobald eine Funktion überhaupt eine Ausnahme inklusive RETURN-Klausel besitzt, besteht kein Zweifel daran, dass tatsächlich nur eine von beiden ausgewählt wird, wenn sowohl im Ausführungsabschnitt als auch im Ausnahmeabschnitt sichergestellt ist, dass durch die Fallkonstruktionen nur immer genau ein Pfad zu einer Rückgabeanweisung möglich ist. Innerhalb von beiden Abschnitten kann es dann über geeignete Fallunterscheidungen jeweils mehrere Rückgaben geben, wie folgendes Beispiel für den Ausführungsabschnitt zeigt.

Das Beispiel zählt die Dozenten, die einen Kurs unterrichten, wobei hier nicht die Zahl interessant ist (dies wäre ja auch nur eine einzige Rückgabe über die Zahl inklusive 0), sondern eine Klassifizierung der Themenverteilung in drei Gruppen.

```
CREATE OR REPLACE FUNCTION ZaehleDozenten  (
  Kursnummer IN kurs.K_Nr%TYPE )
RETURN VARCHAR2
IS
  TYPE DNummern
    IS TABLE OF dozent.D_Nr%TYPE;        -- Typ D-Nr
  t_DNr   DNummern;                      -- Tabelle D-Nr
  CURSOR c_DDaten IS
    SELECT D_Nr
      FROM dozent NATURAL JOIN themenverteilung
      WHERE K_Nr= Kursnummer;
BEGIN
  OPEN c_DDaten;
  FETCH c_DDaten BULK COLLECT INTO t_DNr;
    -- Fallunterscheidung und Rückgabe
  CASE
    WHEN t_DNr.COUNT = 0
      THEN RETURN '0';
    WHEN t_DNr.COUNT BETWEEN 1 AND 3
      THEN RETURN 'Wenig';
    WHEN t_DNr.COUNT > 3
```

```
      THEN RETURN 'Genug';
    END CASE;
  CLOSE c_DDaten;
END ZaehleDOzenten;
```

926_02.sql: Mehrere Rückgaben mit Hilfe einer Fallunterscheidung

Für drei geeignete Kurse erhält man z. B. bei dreifachem Aufruf dieser Funktion folgendes Ergebnis:

```
0
Wenig
Genug
PL/SQL-Prozedur wurde erfolgreich abgeschlossen.
```

9. 2. 6. 3 Mehrere Rückgabewerte als fehlerhafte Deklaration

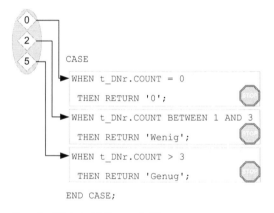

Singuläre Pfade bei Fallunterscheidungen

Unter Umständen merkt man es gar nicht, wenn man trotz aller Warnungen dennoch mehrere Rückgabewerte konstruiert oder Fallunterscheidungen trifft, die sich überschneidende Fälle haben und daher nur in einer bestimmten Reihenfolge komplett funktionstüchtig sind. Beim Speichervorgang einer Funktion überprüft niemand außer Ihnen selbst, ob eine Funktion eventuell mehrere Rückgabewerte hat. Dies hat auch ein gewisses System, denn die Rückgabe bezieht sich immer auf das erste passende Vorkommen einer RETURN-Klausel. In einer korrekten Fallunterscheidung wird – wie ansonsten beim Erreichen einer RETURN-Klausel auch – die Abarbeitung des Ausführungsabschnitts beendet. Sollte also im vorherigen Beispiel mit der Dozentenanzahl noch ein bedeutsamer Arbeitsprozess ablaufen, so wird dieser niemals ausgeführt, wenn dieser Bearbeitungsprozess nach der CASE-Anweisung platziert wurde. Funktionen können praktisch gar nicht schnell genug mit ihrer Arbeit zu Ende sein. Sie sind in diesem Sinne also sehr faul und arbeitsscheu, was bei der Anwendungsentwicklung natürlich berücksichtigt werden muss. Daher sollte auch – sofern keine Fallunterscheidungen integriert werden – eine RETURN-Anweisung die letzte Anweisung in einer Funktion sein.

Die folgenden zwei kurzen Beispiele sollen zeigen, wie mit Situationen umgegangen wird, in denen theoretisch oder auf den ersten Blick im Quelltext mehrere Rückgabeanweisungen verzeichnet sind. Dazu konstruiert man zunächst eine Schleife, die zwar nicht unendlich läuft, die aber die Funktion schon kräftig durcheinander wirbeln sollte.

```
CREATE OR REPLACE FUNCTION EndlosRETURN
RETURN NUMBER
IS
BEGIN
  FOR i IN 1..10 LOOP
    RETURN i;
  END LOOP;
END EndlosRETURN;
```

926_03.sql: Mehrere RETURN-Anweisungen durch Schleife

Im zweiten Beispiel ist man besonders dreist und setzt eiskalt zwei Rückgabeanweisungen auf gleicher Verschachtelungshöhe im Quelltext fest.

```
CREATE OR REPLACE FUNCTION MehrereRETURN
RETURN NUMBER
IS
BEGIN
  RETURN '1';
```

```
RETURN '2';
END MehrereRETURN;
```

926_04.sql: Mehrere Rückgaben auf gleicher Höhe

Da im Zusammenhang mit Rückgabeanweisungen der alte Spruch »Wer zuerst kommt, mahlt zuerst« gilt, erhält man – zunächst interessanterweise, dann logischerweise – jedes Mal die gleiche Ausgabe. Da die Funktion sofort bei der ersten Iteration (siehe *626_03.sql*) bzw. beim ersten Auftreten der Rückgabeanweisung (siehe *626_04.sql*), die beide jeweils eine 1 auswerfen, verlassen wird, erhält man das gleiche Ergebnis:

```
1

PL/SQL-Prozedur wurde erfolgreich abgeschlossen.
```

9. 2. 6. 4 Fehlender Rückgabewert

Typischerweise ist man während der Arbeit nicht so dusselig, eine Funktion zu planen und dann ihren Rückgabewert zu vergessen. Aber es kann durchaus der Fall eintreten, dass kein Fall eintritt, nämlich keiner aus der entscheidenden Fallunterscheidung. In diesem Fall, der dann eintritt, handelt es sich nämlich um einen ohne Fall und damit ohne Rückgabeanweisung. Im Beispiel wollen wir es gar nicht so kompliziert machen, sondern verzichten komplett auf die RETURN-Anweisung, was definitiv verhindert, dass sie einen Wert zurückliefern kann.

```
CREATE OR REPLACE FUNCTION KeinRETURN
RETURN NUMBER
IS
BEGIN
 NULL;
END KeinRETURN;
```

926_05.sql: Fehlende RETURN-Anweisung

Wenn auch diese unnütze Funktion ohne Schwierigkeiten in der Datenbank gespeichert wird, erhält man doch bei ihrem Aufruf eine von den Fehlermeldungen, die länger sind als das fehlerhafte, kurze Programm. Es handelt sich dabei um den Fehlerwert 06503, der genau für diesen Fall – kein Rückgabewert vorhanden – ausgeworfen wird.

```
DECLARE
*
FEHLER in Zeile 1:
ORA-06503: PL/SQL: Funktion hat keinen Wert zurückgegeben
ORA-06512: in „SCOTT.KEINRETURN", Zeile 5
ORA-06512: in Zeile 3
```

9. 2. 7. PL/SQL-Funktionen in SQL

Ganz zu Anfang des Kapitels haben wir im Zusammenhang mit den Parameter-Modi für Funktionen herausgefunden, dass in SQL die Möglichkeit besteht, PL/SQL-Funktionen aufrufen, wenn sie gewissen Bedingungen genügen. Eine der ersten Bedingungen stellte die Wahl der Parameter-Modi dar. Es waren nur IN-Parameter erlaubt, um eine Fehlermeldung zu vermeiden, die auf die OUT-Parameter verwies. Dies ist eine relativ neue Eigenschaft von Oracle, die es ermöglicht, Geschäftsregeln direkt in Funktionen unterzubringen und diese dann in SQL aufzurufen. Bisher hatten wir uns stets damit gequält, für den Eintrag in eine Tabelle zunächst den höchsten Wert der Primärschlüsselspalte zu ermitteln (nur bei aufsteigenden, durchnummerierten Schlüsselwerten möglich) und dann passend über Zählervariablen oder PL/SQL-Tabellen neue, sich an den höchsten Wert anschließende Schlüsselwerte zu errechnen. Alternativ kann man hier auch eine Sequenz benutzen, doch lässt sich dieses Problem ebenso einfach über eine Funktion durchführen, die jeweils den höchsten Schlüsselwert ermittelt. Der Vorteil dieser Technik besteht also ganz einfach darin, dass man sich Arbeit in SQL spart, da man sie bereits in PL/SQL hinter sich gebracht hat.

9. 2. 7. 1 Bedingungen für verwendbare PL/SQL-Funktionen

Folgende Eigenschaften müssen PL/SQL-Funktionen erfüllen, damit sie in SQL zum Einsatz kommen können:

- Die Funktion muss in der Datenbank und nicht in anderen Oracle-Produkten gespeichert sein. Sie können also nicht auf Funktionen speichern, die Sie nur in Anwendungen von *Oracle Forms* verwenden und die nur dort gespeichert sind.

- Die Parameter-Modi können nur IN sein.

- Die Datentypen, die von der Funktion zurückgeliefert werden, müssen den Datenbank-Datentypen entsprechen und dürfen nicht (wie z. B. BOOLEAN, BINARY _ INTEGER, Datensätze, Sammlungen oder spezielle Subtypen) nur in PL/SQL existieren.

- Die Ergebnisse der Funktion müssen sich auf Zeilen und nicht auf ganze Spalten oder Aggregate auswirken. Es kann sich also nicht um gruppenbezogene Funktionen handeln.

9. 2. 7. 2 Einschränkungen und Gefahren

Aus den Erfahrungen des letzten Kapitels haben Sie sicherlich auch schon gesehen, dass nahezu alle Aktivitäten der autonomen Blöcke, mit denen wir die Syntax von PL/SQL vorgestellt haben, auch in Module umsetzbar sind. Dies ist ja auch logisch bzw. sinnvoll, da sie nur ständig und für größere Anwendungen zur Verfügung stehen. Dies bedeutet allerdings auch, dass innerhalb einer Funktion eine Menge Quelltext platziert werden kann, der für die Rückgabe eines Wertes neben diversen Abfragen auch Datenänderungen vornimmt.

So könnte eine Funktion, die innerhalb einer Schleife aufgerufen wird und für die Verarbeitung eines Cursors Daten verändern, die in der Abfrage auftauchen und damit entsprechende Inkonsistenzen, Anomalien oder Schwierigkeiten bei der Transaktionsverwaltung entstehen lassen. Um solche, so genannte »Seiteneffekte« zu vermeiden, lassen sich folgende Einschränkungen für die Aktivitäten von Funktionen festlegen:

- Es dürfen keine Datenänderungen über INSERT, UPDATE oder DELETE ausgeführt werden.

- Package-Variablen dürfen nicht angesprochen werden, solange dies nicht über die Befehle und Klauseln SELECT, VALUES oder SET geschieht.

- Nicht alle mitgelieferten Pakete lassen sich für die Anweisungen eine Funktion verwenden.

- Die Funktion kann nur andere Funktionen aufrufen, die die Einschränkungen berücksichtigen.

9. 2. 7. 3 Geeignete Funktionen und Anwendungsgebiete

Die Verwendung von PL/SQL-Funktionen ist – soweit die obigen Hinweise bei der Planung der Funktion und ihrer Einbettung in SQL Berücksichtigung finden – nicht schwerer als bei herkömmlichen SQL-Funktionen auch. Einige Beispiele sollen dies verdeutlichen, wobei auch unterschiedliche Anwendungsgebiete dieses Themas gezeigt werden.

➜ *Berechnung von Aggregatwerten*

Mit gewöhnlichem SQL kommt man schnell an die Grenzen des Machbaren, sobald aggregierte Werte in Abfragen verwendet werden sollen oder sobald Übersichtsergebnisse ausgegeben werden sollen. Dazu gibt es zwar auch in vielen Fällen die Möglichkeit, sich mit den Analyse-Befehlen aus dem Data-Warehouse-Bereich zu behelfen, aber man kann auch eigene Funktionen verwenden und leichtere Abfragen erstellen. Nehmen wir an, wir möchten (müssen) herausfinden, welche Kurse eigentlich über- oder unterdurchschnittlich lange dauern. Dabei möchten wir nicht nur; wegen »sondern auch gleich« weiter unten wissen, welche Kurse überhaupt die AVG(K _ Dauer)-Grenze über- oder unterschreiten, sondern auch gleich noch eine Berechnung der Differenz erhalten. Während die gerade ausgeschlossene Abfrage einfach mit Hilfe einer einfachen WHERE-Bedingung die Durchschnittsdauer mit den diversen Vergleichsoperatoren zu formulieren ist, ermittelt eine Abfrage der Form

```
SELECT K_Titel, K_Untertitel, K_Dauer-AVG(K_Dauer)
  FROM kurs
  GROUP BY K_Titel, K_Untertitel, K_Dauer;
```

keine akzeptablen Ergebnisse, da durch die Gruppierung und die Bildung des Aggregats leider für jede Zeile die durchschnittliche Kursdauer mit ihrer eigenen ermittelt wird und dadurch im Ergebnis

```
K_TITEL            K_UNTERTITEL                    K_DAUER-AVG(K_DAUER)
-------------      --------------------------------  ---------------
ASP                XML-Konzepte                             0
C++                COM/ATL                                  0
C++                Multithreading                           0
C++                Syntax + Konzepte                        0
C++                MFC (Windows-Programmierung)             0
```

927.01.sql: Abfrage und Ergebnis

überall der Wert 0 für die angebliche Abweichung zwischen allgemeinem Durchschnitt und spezieller Kursdauer auftritt.

Eine allgemeine Funktion für die Berechnung des Durchschnitts für alle möglichen Tabellen und Spalten könnte hier über dynamisches SQL als Eingangsparameter eine Zeichenkette für Tabellen- und Spaltennamen erwarten. Diese setzt man dann in einer geeigneten Verkettung zu einer einfachen Durchschnittsermittlung zusammen und ermittelt mit ihr für die gegebenen Parameter den gesuchten Durchschnittswert.

```
CREATE OR REPLACE FUNCTION BerechneDurchschnitt
 ( Tabelle IN  VARCHAR2,
   Spalte  IN  VARCHAR2 )
 RETURN NUMBER
IS
 v_SQL    VARCHAR2(300);
 v_Return NUMBER(5);

BEGIN
  v_SQL := 'SELECT AVG('
         || Spalte
         || ') FROM '
         || Tabelle;
 EXECUTE IMMEDIATE v_SQL
```

```
INTO v_Return;
RETURN v_Return;
END BerechneDurchschnitt;
```

927_01.sql: Funktion zur Berechnung von Durchschnitten

Diese Funktion webt man nun in die entsprechende Abfrage ein, wobei in *SQL*Plus* nicht einmal ein anonymer Block erwartet wird, da ja auch alle anderen (SQL-) Funktionen in Ad-hoc-Abfragen hervorragend funktionieren.

```
SELECT K_Titel,
       K_Untertitel,
       K_Dauer-BerechneDurchschnitt('kurs','K_Dauer') AS AVG
  FROM kurs;
Dadurch erhält man dann die benötigte, interessante Übersicht:
K_TITEL            K_UNTERTITEL                         AVG
----------------   -----------------------------------  ------
Perl               Module programmieren in Perl          -1
Perl               Programmierung von GUIs mit Perl/Tk   -2
Perl               Netzwerkprogrammierung                -1
Perl               Systemadministration                  -1
Perl               Datenbankprogrammierung               -2
Photoshop          Bildbearbeitung                        1
Photoshop          Korrektur + Verfremdung                0
PHP                Syntax + Konzepte                      0
```

927_01.sql: Abfrage mit einer PL/SQL-Funktion in SQL und Ergebnis

➡ *Wiederholende Berechnungen*

Zwar ändert sich die Mehrwertsteuer (aus dem Schulbeispiel zur Demonstration der Rechenkünste von SQL auf Preisspalten) nur selten innerhalb eines Landes, aber in Anwendungen mit internationaler Ausrichtung können verschiedene Mehrwertsteuersätze auftreten, die landestypisch inklusive der passenden Wechselkurse als Abfrageergebnis in verschiedenen Anwendungen benötigt werden. Wenn man sich die Mühe macht, eine Anwendung so weit aufzubauen, dass Größen vorkommen, die sich irgendwann (bzw. beim Wechselkurs täglich), sollte man sie in Variablen auslagern, um sie nur an einem Ort pflegen zu müssen. In solchen

Fällen lohnt es sich, gleich die gesamte Berechnung in eine Funktion auszulagern und nicht in SQL doppelt zu implementieren.

Eine solche Abfrage könnte daraus bestehen, aus vorhandenen Dollar-Preisen richtig gerundete Euro-Preise zu machen – inklusive der Berücksichtigung des tagesaktuellen Wechselkurses und der deutschen Mehrwertsteuer. Zusätzlich (es soll ja als Beispiel eine abschreckende Wirkung auf Sie haben) sollen noch Dezimalzahlen, Dezimalkommas und die Währungsbezeichnungen ausgegeben werden. Dies schafft SQL für die fünf Preisspalten in der Tabelle PREIS über eine verschachtelte Funktion, die für jede einzelne Spalte aufgerufen werden muss:

```
SELECT K_Nr,
       TO_CHAR(ROUND(P_TN1*0.95*1.16,0),'C99999.99') AS TN1,
       TO_CHAR(ROUND(P_TN2*0.95*1.16,0),'C99999.99') AS TN2,
       TO_CHAR(ROUND(P_TN3*0.95*1.16,0),'C99999.99') AS TN3,
       TO_CHAR(ROUND(P_TN4*0.95*1.16,0),'C99999.99') AS TN4,
       TO_CHAR(ROUND(P_TN5*0.95*1.16,0),'C99999.99') AS TN5
  FROM kurs NATURAL JOIN preis
 WHERE K_Titel = 'PHP';
```

Dies ergibt folgendes Ergebnis für die ersten vier Spalten, da leider die fünfte nicht mehr korrekt in eine Zeile passte:

```
   K_NR       TN1          TN2          TN3          TN4
--------- ------------ ------------ ------------ ------------
 1015024  EUR1014.00   EUR963.00    EUR915.00    EUR869.00
 1015043  EUR992.00    EUR942.00    EUR895.00    EUR850.00
 1015044  EUR992.00    EUR942.00    EUR895.00    EUR850.00
 1015068  EUR1295.00   EUR1230.00   EUR1168.00   EUR1110.00
```

927_02.sql: Abfrage und Ergebnis einer Berechnung

Eine gleichartige Funktion, die für eine eingehende Spalte den umgerechneten Währungsbetrag zurückliefert und diesen in die Ergebnismenge überträgt, sähe z. B. folgendermaßen aus. Dabei sind die eingehenden Parameter der Wechselkurs, die Mehrwertsteuer (alternativ auch nur als Prozentsatz, wobei dann innerhalb der Funktion eine passende Berücksichtigung der Prozentzahl erfolgt) und natürlich der Spaltenname.

```
CREATE OR REPLACE FUNCTION BerechnePreisMWST
(
Wechselkurs      IN NUMBER,
Mehrwertsteuer   IN NUMBER,
Originalwert     IN NUMBER )
RETURN VARCHAR2
IS
BEGIN
RETURN TO_CHAR(
       ROUND(Originalwert*Wechselkurs*Mehrwertsteuer,0)
             ,'C99999.99');
END BerechnePreisMWST;
```

927_02.sql: Berechnung von Preisen innerhalb einer Funktion

Der Aufruf erfolgt dann mit einer kleinen Variation im Gegensatz zum ersten Beispiel, da man hier die Spalte direkt vorgibt. Dies sieht auf den ersten Blick fehlerträchtig aus, da ja hier eine Zeichenkette im Funktionsaufruf zu finden ist, diese aber weder wegen des unpassenden Datentyps erwartet wird noch durch Anführungszeichen als solche gekennzeichnet wird. Dies ist allerdings nicht notwendig, da sie hier als Bezeichner für eine tatsächlich vorhandene Spalte fungiert und damit nur die entsprechenden Werte im passenden Datentyp referenziert und in die Funktion übermittelt. Zwar haben Sie nun beim Funktionsaufruf die beiden Werte für Wechselkurs und Mehrwertsteuer von Hand eingetragen, aber Sie können sich vorstellen, dass Sie stattdessen innerhalb eines Cursors solche Werte über Binde-Variablen vorgeben, die für die gesamte Anwendung global zur Verfügung stehen.

```
SELECT K_Nr,
       BerechnePreisMWST(0.95, 1.16, P_TN1) AS TN1,
       BerechnePreisMWST(0.95, 1.16, P_TN2) AS TN2,
       BerechnePreisMWST(0.95, 1.16, P_TN3) AS TN3,
       BerechnePreisMWST(0.95, 1.16, P_TN4) AS TN4,
       BerechnePreisMWST(0.95, 1.16, P_TN5) AS TN5
  FROM kurs NATURAL JOIN preis
 WHERE K_Titel = 'PHP';
```

927_02.sql: Aufruf der Berechnungsfunktion

→ *Korrelierte Unterabfragen*

SQL ist eine durchaus komplexe Sprache, und man kann wirklich beeindruckende Ergebnisse und Abfragen ausdrücken. Dazu kann man sich entweder auf diverse Funktionen verlassen, die im jeweiligen System vorhanden sind, oder man setzt die Sprachkonstrukte von SQL umfassend ein. Eine Möglichkeit dieser Sprachkonstrukte ist die korrelierte Unterabfrage, die Mengenvergleiche über eine umschließende und eingeschlossene Abfragemenge ausführt. Dies steht im Gegensatz zur gewöhnlichen Unterabfrage, die z. B. eine Reihe von Werten (Kursnummern, Namen etc.) für eine IN-Klausel besorgt und keine Rücksicht auf umgebende Werte hat, sondern lediglich dynamisch passende und aktuelle Werte in die Klausel zurückliefert.

Möchte man allerdings wissen, welche Dozenten für jeden Kurs den geringsten Tagespreis haben, beschafft man sich eine Liste der günstigsten Dozenten. Dies läuft darauf hinaus, dass die Abfrage pro Kursnummer eine eigene Abfrage absenden muss, die den günstigsten Dozenten anhand des geringsten Tagessatzes pro Kursnummer berücksichtigt. Die Formulierung »pro Kursnummer« meint nun die Korrelation zwischen beiden Abfragen, was man auch mit zwei verschachtelten Schleifen beschreiben kann.

Die Abfrage für diese interessante Liste, die auch gleichzeitig die Frage beantwortet, welche Kurse überhaupt mit Dozenten versorgt sind, lautet daher mit der Korrelationsbedingung d.K _ Nr=a.K _ Nr:

```
SELECT K_Titel, K_Untertitel, D_Nachname, TH_Tagessatz
  FROM kurs a, dozent b , themenverteilung c
 WHERE a.K_Nr=c.K_Nr
   AND b.D_Nr=c.D_Nr
   AND TH_Tagessatz = (SELECT MIN(d.TH_Tagessatz)
                         FROM themenverteilung d,
                              themenverteilung  e
                        WHERE d.TH_Nr=e.TH_Nr
                          AND d.K_Nr=e.K_Nr
                          AND d.K_Nr=a.K_Nr)
  ORDER BY D_Nachname, K_Titel;
```

Sie liefert für die ersten drei Datensätze von insgesamt 86 folgende Werte:

K_TITEL	K_UNTERTITEL	D_NACHNAME	H_TAGESSATZ

```
----------  --------------------  ----------------  --------------
Acrobat     Satztechnik           Bärchen                      350
Freehand    Grafikerstellung      Bärchen                      350
Illustrator Grafikerstellung      Bärchen                      350
```

927_03.sql: Korrelierte Unterabfrage und Ergebnis zu dem günstigsten Dozenten

Eine solche Abfrage mit weiteren Primärschlüsselfeldern, weiteren Tabellen und – im schlimmsten Fall – weiteren Korrelationen kann man auch in einer allgemeinen oder einer speziellen Funktion verbergen, die passend für die Korrelationsbedingung d.K _ Nr=a.K _ Nr als IN-Parameter den benötigten Wert beschafft. Eine solche Funktion erwartet also einfach nur den passenden Wert, den man – wie im vorherigen Beispiel – als qualifizierten Spaltenwert beim Funktionsaufruf vorgibt.

```
CREATE OR REPLACE FUNCTION MINTagessatz (
  Kursnummer IN kurs.K_Nr%TYPE)
  RETURN themenverteilung.TH_Tagessatz%TYPE
IS
  v_MINTagessatz themenverteilung.TH_Tagessatz%TYPE;
BEGIN
  SELECT MIN(a.TH_Tagessatz)
    INTO v_MINTagessatz
    FROM themenverteilung a, themenverteilung b
   WHERE a.TH_Nr=b.TH_Nr
     AND a.K_Nr=b.K_Nr
     AND a.K_Nr=Kursnummer;
  RETURN v_MINTagessatz;
END MINTagessatz;
```

927_03.sql: Funktion für korrelierte Werte

Der Aufruf gestaltet sich dann folgendermaßen, wobei wie zuvor der Wert für jede Zeile mit dem Spaltenwert übergeben wird:

```
SELECT K_Titel, K_Untertitel, D_Nachname, TH_Tagessatz
  FROM kurs a, dozent b , themenverteilung c
 WHERE a.K_Nr=c.K_Nr
```

```
  AND b.D_Nr=c.D_Nr
  AND TH_Tagessatz = MINTagessatz(a.K_Nr)
ORDER BY D_Nachname, K_Titel;
```

9. 2. 7. 4 Aufruf von Spalten in PL/SQL-Funktionen

Im Beispiel *927_02.sql* haben Sie gesehen, wie schön man auch Spaltennamen in einem Funktionsaufruf unterbringen kann, um den benötigten Wert aus der Spalte zu erhalten. Dies funktioniert, weil der SQL-Statement-Executor zunächst in den Schema-Objekten sucht, die von einem SQL-Befehl angesprochen werden können bzw. die über den Tabellenaufruf in der FROM-Klausel angesprochen werden.

Folgende Fehlermeldungen geben einen Einblick in diesen Mechanismus:

- Falscher Spaltenname einer aufgerufenen Tabelle:

```
BerechnePreisMWST(0.95, 1.16, P_TN0) AS TN1,
                                  *
```

```
FEHLER in Zeile 2:
ORA-00904: Ungültiger Spaltenname
```

- Falsche Kennzeichnung als Zeichenkette bei erwarteter Zahl:

```
BerechnePreisMWST(0.95, 1.16, 'P_TN1') AS TN1,
                                  *
```

```
FEHLER in Zeile 2:
ORA-01722: Ungültige Zahl
```

- Eventuell falsche Berechnung bei hartkodiertem Wert, sofern nicht nur dieser als Wert ermittelt werden sollte. Im Rahmen einer Abfrage ergibt dies in jeder Ergebnisspalte den gleichen berechneten Wert.

```
BerechnePreisMWST(0.95, 1.16, 1000) AS TN1
```

- Sollten Sie zufällig in die Situation geraten, dass ein Funktionsname mit einem Spaltennamen übereinstimmt, so wird immer der Spaltenname für die Verarbeitung der Abfrage verwendet. Wenn Sie allerdings genau die Funktion ausführen wollen, dann verwenden Sie den qualifizierten Namen der Funktion, die sich zusätzlich aus dem Schema-Namen bildet, in dem die Funktion erstellt wurde: `schema.funktionsname()`.

- Für den Fall, dass – was eventuell häufiger vorkommt als die letzte Fehlerquelle – Parameternamen und Spaltennamen gleich sind, können Sie sich ebenfalls mit einem qualifizierten Namen behelfen wie z. B.: `schema.prozedurname.parameter`.

Das folgende Beispiel zeigt den gerade erwähnten Fall für eine Prozedur mit einem Ausnahmeabschnitt. Sobald ein unqualifizierter Name für den Parameter `D _ Nr` verwendet wird, ist die Bedingung für alle Zeilen der Tabelle erfüllt. Dies erfordert einen Cursor und löst zunächst einmal die Ausnahme `TOO _ MANY _ ROWS` aus:

```
CREATE OR REPLACE PROCEDURE Dozentendaten (
  D_Nr    IN dozent.D_Nr%TYPE) -- ungünstig!
IS
  v_DDaten dozent%ROWTYPE;
BEGIN
 SELECT *
   INTO v_DDaten
   FROM dozent
   WHERE D_Nr = Scott.Dozentendaten.D_Nr; -- qualifiziert
   DBMS_OUTPUT.PUT(v_DDaten.D_Nr || ': ');
   DBMS_OUTPUT.PUT(v_DDaten.D_Anrede || ' ');
   DBMS_OUTPUT.PUT_LINE(v_DDaten.D_Nachname);
EXCEPTION
  WHEN TOO_MANY_ROWS          -- knapp vorbei
  THEN DBMS_OUTPUT.PUT_LINE('D_Nr missverständlich.');
END Dozentendaten;
```

927_04.sql: Ungünstige Parameternamen und Auswirkungen

Beim Aufruf des korrekten Programms (für den Test des inkorrekten testen Sie einfach die Abfrage mit `WHERE D _ Nr = D _ Nr` oder löschen die Namensqualifikation) mit

```
DECLARE
BEGIN
 Dozentendaten(12);
END;
```

927_04.sql: Aufruf der Prozedur mit qualifiziertem Namen

erhält man dann tatsächlich:

```
12: Herr Still
PL/SQL-Prozedur wurde erfolgreich abgeschlossen.
```

9. 3. Eigene Prozeduren verwenden

Eine weitere Modulkonstruktion stellen Prozeduren dar, die einige Gemeinsamkeiten mit Funktionen haben, was z. B. die Parameterübergabe betrifft, die
aber auch vollkommen andere Strukturen aufweisen. Während Funktionen im
Rahmen eines Ausdrucks angesprochen werden, wie wir es auch gerade sehr
deutlich über SQL-Befehle gesehen haben, so lassen sich Prozeduren direkt aufrufen bzw. in dynamischem SQL mit einer eigenen CALL-Anweisung starten. Des
Weiteren führt eine Prozedur im Wesentlichen eine oder mehrere Aktionen durch
und liefert einen oder mehrere »Rückgabewerte« an das aufrufende Programm
zurück. Damit stellen Prozeduren im Vergleich zu Funktionen Unterprogramme im
engeren Sinne des Wortes dar, weil sie einen kompletten Teil der Anwendungs-
logik übernehmen können. Teilweise lassen sich Funktionen und Prozeduren mit
ähnlichen Eigenschaften bauen, doch bieten Prozeduren für komplexe Anweisungen eindeutig umfangreichere Möglichkeiten.

9. 3. 1. Die allgemeine Syntax von Prozeduren

Die allgemeine Syntax für die Definition einer Prozedur lautet:

```
[CREATE [OR REPLACE]]
PROCEDURE name[(parameter[, parameter]...)]
[AUTHID {DEFINER | CURRENT_USER}] {IS | AS}
[PRAGMA AUTONOMOUS_TRANSACTION;]
[lokale deklarationen]
```

```
BEGIN
 anweisungen
[EXCEPTION
 anweisungen für ausnahmen]
END [name];
```

Als Parameter kommt dabei die nächste Syntax zum Einsatz:

```
name [IN | OUT [NOCOPY] | IN OUT [NOCOPY]] datentyp
[{:= | DEFAULT} ausdruck]
```

Da eine Prozedur in der Datenbank als Schema-Objekt gespeichert wird, gilt auch hier für die Definition der CREATE-Befehl und für das Löschen der DROP-Befehl. Die Funktionsweise von Prozeduren können Sie (wie für Funktionen) in der *Oracle Enterprise Manager Konsole* bearbeiten, allerdings nicht in SQL*Plus. Hier können Sie nur eine komplett neue Prozedur durch die Zusatzklausel REPLACE speichern, die die alte, gleichnamige Funktion überschreibt.

Für die dann folgende Parameterliste gilt, dass sie die einzelnen Parameter sowie Ihre Modi (Standardwert ist IN) und Datentypen durch Komma getrennt und in zwei runden Klammern zusammengefasst aufzählen. Für alle diese Datentypen gilt die eherne Regel, dass keine Beschränkungen in Länge, Genauigkeit oder Größe vorgenommen werden dürfen. Innerhalb der Funktion wird zur Laufzeit die Beschränkung des übergebenen Parameters – falls vorhanden – berücksichtigt. Alternativ können Sie allerdings eine Typableitung mit %TYPE vornehmen. Dies impliziert eine Beschränkung, wobei diese allerdings auch erst zur Laufzeit ermittelt wird und daher analog zur Beschränkungsübernahme bei der Parameterübergabe abläuft.

Auf das Schlüsselwort IS (alternativ AS) folgt dann der Anweisungsblock, der durch BEGIN und END prozedurname umschlossen wird. (Der Prozedurname ist optional, dient allerdings zur schnelleren Fehlerüberprüfung.)

Neben diesen Standard- oder Minimalanforderungen an eine Prozedur finden Sie in der allgemeinen Syntax noch folgende Alternativen und Zusatzangaben:

- AUTHID legt fest, ob die Prozedur sich lediglich vom Besitzer (Standardwert) ausführen lässt oder durch den aktuellen Benutzer (CURRENT _ USER).

- Das Pragma AUTONOMOUS _ TRANSACTION legt eine Prozedur als unabhängig fest, sodass sie eine eigene Transaktion darstellt und solche Befehle wie COMMIT oder ROLLBACK verwenden kann und erst nach der Abarbeitung die Kontrolle dem auslösenden Programm zurückgibt.

- Als eigenständiger Bereich ist auch die Definition einer Ausnahmebehandlung optional. Sie beginnt mit dem Schlüsselwort EXCEPTION.

9. 3. 2. Blockstruktur von Prozeduren

Prozeduren besitzen eine Blockstruktur, die bis auf die fehlende RETURN-Klausel mit der Struktur von Funktionen übereinstimmt. In einem einfachen Beispiel sollen die einzelnen Bereiche dargestellt werden. Hierbei soll eine Prozedur erstellt werden, die die Kursnummer, den Beginn und den Ort für einen Kurstermin erwartet. Dabei ermittelt die Prozedur selbstständig mit Hilfe der Funktion ZaehleReihen aus *912_02.sql* die passende höchste Terminnummer, um eine neue Terminnummer in die Tabelle einzutragen. Hier können Sie auch sehr schön einen grundlegenden Unterschied zwischen Funktionen und Prozeduren feststellen. Während beim Prozeduraufruf einfach die Prozedur aufgerufen wird, ohne dass eventuell von ihr ermittelte Werte einer Variable zugewiesen werden müssen, ist dies bei Funktionen gar nicht anders möglich. Sie müssen stets als Teil eines Ausdrucks (Variablenwert, Spaltenwert) verwendet werden, sodass also auch in der Prozedur einer Variablen v _ MaxTNr mit Hilfe der Funktion ZaehleReihen die aktuell höchste Terminnummer zugewiesen wird.

```
CREATE OR REPLACE PROCEDURE Terminerfassung (
  Kursnummer IN kurs.K_Nr%TYPE,
  Beginn     IN termin.T_Beginn%TYPE,
  Ort        IN VARCHAR2 )
IS
  v_MaxTNr   termin.T_Nr%TYPE;
  v_KDauer   kurs.K_Dauer%TYPE;
BEGIN
  v_MaxTNr := ZaehleReihen(v_MaxTNr,'termin', 'T_Nr');
```

9

```
SELECT K_Dauer
  INTO v_KDauer
  FROM kurs
 WHERE K_Nr=Kursnummer;
 INSERT INTO termin
 VALUES (v_MaxTNr+1, Kursnummer, Beginn,
         Beginn+v_KDauer, Ort);
EXCEPTION
 WHEN NO_DATA_FOUND
 THEN DBMS_OUTPUT.PUT_LINE('Kursnummer nicht vorhanden.');
END Terminerfassung;
```

932_01.sql: Terminerfassung als Prozedur

```
CREATE OR REPLACE PROCEDURE Terminerfassung (

Kursnummer IN kurs.K_Nr%TYPE,

Beginn     IN termin.T_Beginn%TYPE,         Parameter

Ort        IN VARCHAR2 )

IS

v_MaxTNr   termin.T_Nr%TYPE;

v_KDauer   kurs.K_Dauer%TYPE;

BEGIN

v_MaxTNr := ZaehleReihen(v_MaxTNr,'termin','T_Nr');

SELECT K_Dauer

  INTO v_KDauer

  FROM kurs

 WHERE K_Nr=Kursnummer;

 INSERT INTO termin

 VALUES (v_MaxTNr+1, Kursnummer, Beginn,

         Beginn+v_KDauer, Ort);

EXCEPTION

 WHEN NO_DATA_FOUND

 THEN DBMS_OUTPUT.PUT_LINE('Kursnummer nicht vorhanden.');

END Terminerfassung;
```

Kopf-Abschnitt

Deklarations-
abschnitt

Ausführungs-
abschnitt

Ausnahme-
abschnitt

Blockstruktur von Prozeduren

Folgende Abschnitte lassen sich als Blockstruktur unterscheiden:

- der **Kopf-Abschnitt** mit dem Prozedurnamen, so wie er in der Datenbank gespeichert wird. Dieser enthält die Parameterliste und ihre Modi.

- der **Deklarationsabschnitt** mit weiteren Variablen oder anderen syntaktischen Konstrukten wie Cursor und Typen, die nur innerhalb der Prozedur gültig und sichtbar sind. Dieser Abschnitt entspricht prinzipiell dem Deklarationsabschnitt in anonymen Blöcken.

- der **Ausführungsabschnitt** mit der eigentlichen Funktionalität der Prozedur wie in einem anonymen Block. Er umschließt einen möglichen Ausnahmenabschnitt.

- der **Ausnahmeabschnitt,** der am Ende des Ausführungsabschnitts platziert wird. Er verarbeitet zunächst Ausnahmen, die innerhalb des Ausführungsabschnitts der aktuellen Prozedur oder dann auch im Deklarationsabschnitt einer weiteren aufgerufenen (verschachtelt aufgerufenen) modularen Struktur aufgetreten sind.

9. 3. 3. Speicherort von Prozeduren

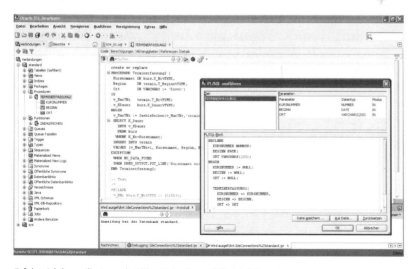

Erfolgreich kompilierte und gültige Prozedur und Testskript

Da die Prozeduren genauso wie Funktionen direkt in der Datenbank gespeichert werden, können Sie Ihre Arbeitsergebnisse auch innerhalb der grafischen Oberfläche von SQL Developer wiederfinden und dort – wie schon bei den Funktionen beschrieben – Fehlerkorrekturen und Veränderungen vornehmen.

9. 3. 4. Wahl der Parameter-Modi und Wertübergabe

Da die einzelnen Parameter einer Prozedur die Schnittstellen zu anderen Anwendungen bilden und ihre Parameter-Modi darüber entscheiden, auf welche Weise die Parameter in die Prozedur übernommen werden können, ist eine Planung der Parameter und ihrer Modi von großer Bedeutung für die Anwendungsentwicklung.

9. 3. 4. 1 Aufruf von Prozeduren und Parameterübergabe

Im ersten Beispiel für Prozeduren (siehe *932_01.sql*) gab es nur IN-Parameter. Eine solche Prozedur rufen Sie entweder über die Namensnotation oder die Positionsnotation auf. Bei IN-Parametern ist zudem wie bei Funktionen die Zuweisung über eine Variable, also einen gültigen Bezeichner, wie auch über direkte Wertvorgaben möglich. Beim nächsten Aufruf wird also zunächst die Positionsnotation für die Zuweisung der einzelnen Werte verwendet, wobei zusätzlich eine gemischte Wertzuweisung eingesetzt wird. Während die Kursnummer über eine Variable indirekt in die Prozedur eingeht, setzt man für den Termin und den Ort direkte Wertvorgaben ein. Danach verwendet man die Namensnotation, wobei die Reihenfolge der Parameter hier unbedeutend ist, da sie ja die einzelnen Parameter namentlich erwähnen.

Beachten Sie auch hier, dass Prozeduren tatsächlich wie ein Unterprogramm im engeren Sinne aufgerufen werden können, also ohne eine mögliche Wertzuweisung wie bei Funktionen.

```
DECLARE
  v_KNr kurs.K_Nr%TYPE := 1015031;
BEGIN
  -- Positionsnotation
  Terminerfassung(v_KNr, '04.01.2014', 'Essen');
  -- Namensnotation
  Terminerfassung(Kursnummer => v_KNr,
```

```
            Beginn      => '04.01.2014',
            Ort         => 'Essen');

END;
```

932_01.sql: Aufruf einer Prozedur mit IN-Parametern

Neben der allgemeinen Bestätigung in SQL*Plus können Sie für diese Prozedur auch eine Überprüfung für den letzten Eintrag mit der schönen Abfrage

```
SELECT *
  FROM termin
 WHERE T_Nr = (SELECT MAX(T_Nr)
                 FROM termin);
```

durchführen. Hierbei ließe sich natürlich auch eine nette Prozedur mit dynamischem SQL entwickeln. Im aktuellen Beispiel liefert diese Abfrage dann die gewünschten Werte:

```
     T_NR       K_NR T_BEGINN T_ENDE    T_ORT
---------- ---------- -------- -------- --------------------
       655    1015031 04.01.04 07.01.04 Essen
1 Zeile wurde ausgewählt.
```

Insbesondere die Zuordnung von Parameterwerten über die Namensnotation ist hilfreich, wenn sehr viele Parameter bei der Übergabe notwendig sind und sie sich nicht alle grundsätzlich in ihren Datentypen oder möglichen Verarbeitungswegen unterscheiden. Ist es also wichtig, dass verschiedene Zahlwerte übergeben werden, so könnte im Rahmen der Anwendung weder die eine noch die andere falsche Zahl, die durch die Positionsnotation fälschlich übergeben wird, eine Ausnahme oder eine Fehlermeldung auslösen, obwohl an den Werten ungewünschte Operationen durchgeführt werden. Bei steigender Parameteranzahl ist dies ein häufiges Problem, sodass die Namensnotation hier auch für eine selbstdokumentierende Verwendung ein wenig Abhilfe schaffen kann.

Als zweiter Grund lässt sich natürlich dann die Verwendung von Standardwerten erwähnen, die dafür sorgt, dass gewisse Parameter gar nicht übergeben werden müssen, sondern bereits im Kopf-Abschnitt der Prozedur einen Wert besitzen. So könnten z. B. zunächst einmal die meisten Kurse in Essen stattfinden, was über einen Standardwert ausgedrückt werden könnte.

```
CREATE OR REPLACE PROCEDURE Terminerfassung2 (
  Kursnummer IN kurs.K_Nr%TYPE,
  Beginn     IN termin.T_Beginn%TYPE,
  Ort        IN VARCHAR2 := 'Essen')
```

934_01.sql: Kopf-Abschnitt mit Standardwert

Ein solcher Standardwert lässt sich nur über die Namensnotation nutzen, da keine Freistellen für unbenutzte Parameter bei der Positionsnotation erlaubt sind. Daher würde folgender Aufruf einen weiteren Kurs eintragen:

```
Terminerfassung2(Kursnummer => v_KNr,
                 Beginn     => '04.01.2004');
```

934_01.sql: Aufruf eines Standardwerts mittels Namensnotation

9. 3. 4. 2 Entscheidungen für Parameter-Modi

Es ist sicherlich überaus deutlich geworden, dass der IN-Modus für die Übertragung von Werten in die Prozedur zuständig ist und für diesen Umstand auch bitter benötigt wird, um die Prozedur zur einer gewissen Aktivitätsorientierung anzuregen. Da eine Prozedur – im Gegensatz zu Funktionen – keinen Rückgabewert in Form eines RETURN-Werts bzw. einer entsprechenden Klausel kennt, aber dennoch Werte zurückliefern soll, bedient man sich hier ausschließlich des OUT-Parameters, wobei folgende allgemeinen Bedingungen bei der Entscheidung für einen Parameter zu berücksichtigen sind:

- Stellt ein Parameter ausschließlich einen Eingangswert dar und soll/muss er nicht verändert werden oder ist eine Zwischenspeicherung etwaiger Änderungswerte auch in einer weiteren Variable problemlos möglich, bietet sich der IN-Modus an. Nur in diesem Modus lassen sich auch Standardwerte einsetzen, weswegen stets zu überlegen ist, ob man bei Wertänderungen (typischer `IN OUT`-Fall) nicht lieber eine weitere Variable verwendet, anstatt auf die Vorteile eines Standardwerts zu verzichten.

- Dient ein Parameter ausschließlich dazu, einen Wert aus einer Funktion zurück an die aufrufende Umgebung zu übergeben, kann man den `OUT`-Modus einsetzen. Hier ist kein Standardwert als Standardrückgabe möglich, sodass ein solches Vorgehen (wenn es wirklich sinnvoll ist und aus Gründen der Softwareplanung eventuell nicht über Ausnahmen geregelt werden sollte) nur über eine explizite Wertzuweisung z. B. in einem Standardfall einer Fallunterscheidung möglich ist.

- Mit dem Modus `IN OUT` hat man die Möglichkeit, sowohl einen Eingangs- als auch einen Ausgangskanal für die Prozedur bereitzustellen. Zusätzlich können mit Hilfe dieses Modus auch Wertänderungen an einem Parameter vorgenommen werden. Für den Einsatz als Eingangskanal gilt hier allerdings die Einschränkung, dass durch den gleichzeitigen Ausgangscharakter keine Standardwerte vorgegeben werden können.

In dieser letzten Variation der zuvor erstellten Prozedur für die Terminerfassung existieren nun Parameter, und man verwendet alle drei Parameter-Modi. Sie können an diesem Beispiel bereits sehen, dass es auch für eine solch kleine Aufgabe wie die Erfassung eines Termins unterschiedliche Möglichkeiten der Implementierung gibt. In diesem Fall nun möchte man die `RETURNING`-Klausel im `INSERT`-Befehl nutzen und benötigt als Ausgangskanäle für die aufrufende Umgebung entsprechende Parameter-Modi für den `Beginn` und das `Ende`, wobei hier der Endtermin eindeutig `OUT` ist, weil er ja im Rahmen des `INSERT`-Befehls mit Hilfe des Beginns und der Kursdauer errechnet wird. Für die Kursnummer kann hier der `IN`-Modus beibehalten werden, da sie nicht erneut abgefragt und natürlich auch nicht verändert wird.

```
CREATE OR REPLACE PROCEDURE Terminerfassung3 (
  Kursnummer IN   kurs.K_Nr%TYPE,
  Beginn     IN OUT termin.T_Beginn%TYPE,
  Ort        IN OUT termin.T_Ort%TYPE,
  Ende       OUT termin.T_Ende%TYPE)
IS
  v_MaxTNr   termin.T_Nr%TYPE;
  v_KDauer   kurs.K_Dauer%TYPE;
```

```
BEGIN
  v_MaxTNr := ZaehleReihen(v_MaxTNr,'termin', 'T_Nr');
  SELECT K_Dauer
    INTO v_KDauer
    FROM kurs
   WHERE K_Nr=Kursnummer;
  INSERT INTO termin
  VALUES (v_MaxTNr+1, Kursnummer, Beginn,
          Beginn+v_KDauer, Ort)
  RETURNING T_Beginn, T_Ende, T_Ort INTO Beginn, Ende, Ort;
EXCEPTION
  WHEN NO_DATA_FOUND
  THEN DBMS_OUTPUT.PUT_LINE('Kursnummer nicht vorhanden.');
  END Terminerfassung3;
```

934_02.sql: Einsatz verschiedener Parameter-Modi

Für den Aufruf ergeben sich dann einige weitere Regelungen, die die Wahl zwischen direkter und indirekter Wertzuweisung über Variablen als Bezeichner beeinflussen. Da IN- und IN OUT-Parameter (auch) Ausgangskanäle darstellen, erwarten sie einen Bezeichner, der eine gültige Variable (Zuweisungsziel) darstellt. Dies können natürlich gerade keine Zeichenkette für eine Ortsangabe oder ein Datum sein, sondern ausschließlich passenden Variablen. Daher geben wir beim folgenden Aufruf nur die Kursnummer als direkte Wertvorgabe vor, während die anderen Parameter über Variablen gefüllt und abgeholt werden.

```
DECLARE
  v_TBeginn termin.T_Beginn%TYPE := '04.02.2014';
  v_TEnde   termin.T_Ende%TYPE;
  v_TOrt    termin.T_Ort%TYPE    := 'Essen';
BEGIN
  Terminerfassung3(Kursnummer => 1015031,
                   Beginn      => v_TBeginn,
                   Ende        => v_TEnde,
                   Ort         => v_TOrt);
  DBMS_OUTPUT.PUT_LINE(v_TBeginn || '-' || v_TEnde);
  DBMS_OUTPUT.PUT_LINE(v_TOrt);
END;
```

934_02.sql: Aufruf und Einsatz verschiedener Parameter-Modi

Dies liefert die folgende Ausgabe, an der Sie z. B. im Fall der in der aufrufenden Anwendung nachweisbar nicht mit einem Wert belegten Variable v _ TEnde eindeutig erkennen, dass die Wertübertragung tatsächlich so einfach funktioniert.

```
04.02.14-07.02.14
Essen
PL/SQL-Prozedur wurde erfolgreich abgeschlossen.
```

```
DECLARE
  v_TBeginn termin.T_Beginn%TYPE := '04.02.2014';
  v_TEnde   termin.T_Ende%TYPE;
  v_TOrt    termin.T_Ort%TYPE    := 'Essen';
BEGIN
  Terminerfassung3(Kursnummer => 1015031,
                   Beginn      => v_TBeginn,
                   Ende        => v_TEnde,
                   Ort         => v_TOrt);
  DBMS_OUTPUT.PUT_LINE(v_TBeginn || '-' || v_TEnde);
  DBMS_OUTPUT.PUT_LINE(v_TOrt);
END;
```

```
CREATE OR REPLACE PROCEDURE Terminerfassung3 (
  Kursnummer IN   kurs.K_Nr%TYPE,
  Beginn     IN   OUT termin.T_Beginn%TYPE,
  Ort        IN   OUT termin.T_Ort%TYPE,
  Ende            OUT termin.T_Ende%TYPE)
  IS
  ...
```

Parameter-Modi bei Prozeduren

9. 3. 5. Ausnahmebehandlung für Prozeduren

Die Regelungen der Ausnahmebehandlung werden bei einem Aufruf von Modulen um eine Variation der dritten Regel erweitert, sodass folgendes Regelwerk entsteht:

1. Ausnahmen im Ausführungsabschnitt des Moduls und des aufrufenden Programms werden im jeweiligen Ausnahmeabschnitt behandelt. Wird dort keine passende Behandlung gefunden, wird Regel 2 aktiviert.

2. Ausnahmen im Ausführungsabschnitt des Moduls und des aufrufenden Programms, die keine passende Behandlung im jeweiligen Ausnahmeabschnitt

finden, werden an die Umgebung abgegeben. Damit gibt das Modul seine Ausnahme an das aufrufende Programm weiter.

3. Ausnahmen im Deklarationsabschnitt und/oder Kopf-Abschnitt des aufrufenden Programms oder des Moduls werden stets an die Umgebung weitergegeben. Damit geben Module ihre Ausnahme in den beiden ersten Abschnitten stets an das aufrufende Programm weiter.

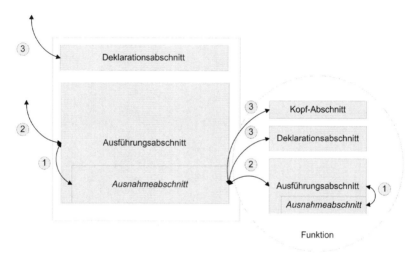

Ausnahmebehandlung bei Prozeduren

Die folgende Prozedur fragt den nächsten Termin zu einem gegebenen Kurs und für ein gegebenes Datum ab. Das Datum könnte man natürlich auch durch SYSDATE ersetzen, doch da der Terminkalender in der Beispieldatenbank nicht ewig reicht, geben wir ein Datum vor. Da es natürlich schon einmal vorkommen kann, dass gar kein nächster Termin in der Datenbank gefunden wird (insofern wäre hier auch SYSDATE irgendwann ein realistischer Test), prüfen wir dies über die bekannte Ausnahme NO_DATA_FOUND. Diese speichert in den Bereich v_TDaten.T_Nr den Wert 0, sodass man diese Zahl außerhalb abfragen kann. Sobald innerhalb der Prozedur kein Ausnahmebereich existiert, müsste man dies in der äußeren Umgebung vorsehen.

```
CREATE OR REPLACE PROCEDURE NaechsterTermin  (
  Kursnummer IN  termin.K_Nr%TYPE,
```

```
Datum      IN  termin.T_Beginn%TYPE,
NaechsterT OUT termin%ROWTYPE)
IS
BEGIN
SELECT *
  INTO NaechsterT
  FROM termin
 WHERE K_Nr = Kursnummer
   AND T_Beginn = (SELECT MIN(T_Beginn)
                     FROM termin
                    WHERE K_Nr = Kursnummer
                      AND T_Beginn >= Datum);
EXCEPTION
  WHEN NO_DATA_FOUND
  THEN NaechsterT.T_Nr := 0;
END NaechsterTermin;
```

935_01.sql: Ausnahmeabschnitt für Ausnahmen im Ausführungsabschnitt

Beim Aufruf können Sie zum einen die vorgegebenen Werte testen, die tatsächlich einen nächsten Termin finden. Wenn Sie aber die Jahreszahl auf 2005 erhöhen, löst dies die Ausnahme innerhalb der Prozedur aus, sodass als Terminnummer der Wert 0 gespeichert wird.

Wäre innerhalb der Prozedur kein Ausnahmebereich integriert, so müsste man diesen in der aufrufenden Umgebung einbauen, was die Fallunterscheidung überflüssig machen würde.

```
DECLARE
  b_KNr    termin.K_Nr%TYPE     := 1025039;
  b_Datum  termin.T_Beginn%TYPE := '15.08.2013';
  v_TDaten termin%ROWTYPE;
BEGIN
  NaechsterTermin(b_KNr, b_Datum, v_TDaten);
  IF v_TDaten.T_Nr != 0 THEN
    DBMS_OUTPUT.PUT_LINE(v_TDaten.T_Nr);
    DBMS_OUTPUT.PUT(v_TDaten.T_Beginn||'-'||v_TDaten.T_Ende);
    DBMS_OUTPUT.PUT_LINE(' in ' || v_TDaten.T_Ort);
  ELSE
```

```
  DBMS_OUTPUT.PUT_LINE('Keine Daten.');
 END IF;
END;
```

935_01.sql: Aufruf und Berücksichtigung von Ausnahmen

9. 3. 6. Übergabe per Referenz und Wert

Bei der allgemeinen Syntax für Funktionen und Prozeduren haben Sie vielleicht schon gesehen, dass wir bisher nicht alle Klauseln erklärt haben. So findet sich neben den Parameter-Modi noch jeweils ein weiterer Parameter in der Parameterliste. Mit NOCOPY hat man einen Kompilierungshinweis, also eine Klausel, die beim Kompilierungsprozess nicht ausgeführt werden muss, sondern eine Empfehlung oder einen Wunsch an den Compiler darstellt, er möge sie berücksichtigen. Soweit es möglich ist, versucht dann der Compiler, den Parameterwert per Referenz und nicht per Wert zu übergeben.

```
name [IN | OUT [NOCOPY] | IN OUT [NOCOPY]] datentyp
 [{:= | DEFAULT} ausdruck]
```

Die Übergabe per Referenz oder per Wert stellt eine letzte Dimension dar, die bei der Wertübergabe zu berücksichtigen ist. Sie ist eine Ergänzung zur direkten bzw. indirekten Wertübergabe (Variable oder Zeichenkette bzw. Zahl) und natürlich zur Namens- und Positionsnotation. Dabei bezeichnen die beiden Konzepte folgende Dimensionen:

- Bei der Übergabe per Referenz (Standard für IN-Parameter) wird dem formalen Parameter in der Parameterliste beim Modulaufruf intern nur ein Zeiger auf den aktualen Parameter, also die Variable, übergeben.

- Bei der Übergabe per Wert (Standard für OUT- und IN OUT-Parameter) wird dem formalen Parameter in der Parameterliste beim Modulaufruf der Wert aus dem aktualen Parameter in den formalen Parameter kopiert.

Wie man sich vorstellen kann, ist die Zeigerkonstruktion grundsätzlich schneller als die Übergabe per Wert, sodass diese Einstellung sich bei der Übergabe großer Datenmengen lohnt. Möchte man hier eingreifen, so kann man mit NOCOPY versuchen, den Compiler dazu bewegen, die Wertübertragung per Referenz vorzunehmen.

Um die ganze Angelegenheit noch ein wenig schwieriger zu gestalten, gibt es weitere Einschränkungen, die den Einsatz von NOCOPY nicht erlauben:

- Bei assoziativen Arrays ist der Einsatz nicht möglich. Wichtig ist hier, dass die Sammlung nicht spärlich besetzt ist.

- Bei der Verwendung von Datensätzen mit ungleichen Feldbeschränkungen kann nur per Wert übergeben werden.

- Implizite Datentypkonversionen vereiteln jede Referenzübertragung.

- Beschränkungen auf Länge, Genauigkeit oder NOT NULL des aktualen Parameters, da die Überprüfung der Integrität nur gelingen kann, wenn der originäre Parameter unverändert vorliegt.

- Beim Aufruf von Funktionen per entferntem Aufruf mittels eines Datenbank-Links kann ebenfalls nur per Wert übergeben werden.

9. 4. Modul-Spezialitäten

Da Funktionen und Prozeduren sehr viele Gemeinsamkeiten haben, kann man sie entweder gleichzeitig vorstellen und dadurch für Verwirrung sorgen, oder sie nacheinander vorstellen und dadurch mit Wiederholungen kämpfen. Wie Sie gesehen haben, haben wir gleich beide Wege gewählt und wollen nun die allgemeine Syntax-Darstellung mit einem allgemeinen Thema abschließen. Es beschäftigt sich mit quasi fortgeschrittenen Techniken der Anwendungsentwicklung, die für beide Modularten gelten.

9. 4. 1. Überladen von Modulen

Manchmal tritt der Fall auf, dass man in der einen Situation einen Parameter a und in der anderen Situation einen Parameter b an ein Modul übergeben möchte. Von der eigentlichen Anwendungsfunktionalität her unterscheiden sich beide

Funktionen manchmal zu sehr oder auch zu wenig, um mit beiden Parametern umgehen zu können. Ihr Rückgabewert – bei Funktionen – ist in jedem Fall gleichwertig zu benutzen, also unabhängig vom eingehenden Parameter. Für Prozeduren könnten die Arbeitsergebnisse und Rückgabewerte diese Eigenschaft erfüllen. In diesen Situation wäre es schön, wenn man eine Möglichkeit besäße, ein Modul mit dem gleichen Namen in der Datenbank abzuspeichern, die passenden bzw. geeigneten Parameter(werte) zu übergeben und das Modul selbst herausfinden zu lassen, welches Programm nun gestartet werden soll. Diese Möglichkeit nennt man »Überladen«. Sie dient zur Verhinderung von zu viel Arbeit, die sich bei der Entwicklung von ähnlichen, aber dann doch anders benannten Modulen ergibt.

9. 4. 1. 1 Grundvoraussetzungen für das Überladen

Neben diesen Vorteilen gibt es einige Einschränkungen und Bedingungen, die berücksichtigt werden müssen, damit man das Überladen sinnvoll nutzen kann. Es gibt folgende Einschränkungen:

- Unabhängige Module, die mit CREATE OR REPLACE in der Datenbank gespeichert werden, können nicht einfach um Brüder und Schwestern ergänzt werden. Sie überschreiben entweder das vorhandene Modul oder erhalten eine informative Fehlermeldung.

- Die überladenen Module lassen sich nur in einem eigenen Kontext erstellen. Dazu gehören der Deklarationsabschnitt von PL/SQL-Blöcken in Form von lokalen Modulen (siehe später) oder in Paketen (siehe später).

- Die übergebenen Parameter müssen einen Mindestunterschied in Form von Zahl, Familiendatentyp oder Reihenfolge besitzen. Für die Datentypen gilt ganz einfach, dass man nicht zwei Zeichenkettendatentypen oder zwei gleiche Zahldatentypen als Übergabeparameter verwenden kann, wenn man die Überladung einrichten möchte. Die Unterschiedlichkeit der Daten muss also auf der oberen und nicht der Subtypebene vorhanden sein. Es reicht also ganz konkret nicht aus, wenn die Parameter nur einen anderen Namen oder einen anderen Parametermodus aufweisen. Auch ein anderer Charakter des Rückgabewerts reicht nicht aus.

- Bei der Verwendung von numerischen Werten ist es möglich, Module zu überladen, die sich nur innerhalb der numerischen Datentypen unterscheiden.

Dabei arbeitet PL/SQL folgende Reihenfolge ab und stoppt beim ersten gefundenen Parameter: PLS _ INTEGER oder BINARY _ INTEGER, dann NUMBER, dann BINARY _ FLOAT und dann BINARY _ DOUBLE. Es muss also zusätzlich überlegt werden, welcher Zahlwert erkannt wird, wenn das Modul genutzt wird. Ein VARCHAR2-Wert kann einen NUMBER-, BINARY _ FLOAT- oder BINARY _ DOUBLE-Wert ersetzen.

9. 4. 1. 2 Einsatzbereiche des Überladens

Sie dürften bisher bereits sehr viele Module gesehen haben, die sich der Technik des Überladens bedienen. Dazu gehört eine große Anzahl an SQL-Funktionen, die in Abhängigkeit von unterschiedlichen Parametern ebenso unterschiedliche und manchmal auch gleiche Ergebnisse produzieren. Funktionen wie TO _ DATE lassen sich optional mit speziellen Formathinweisen aufpeppen und erbringen dann etwas andere Leistungen, obschon der Funktionsname der gleiche ist. Gleiches gilt für TO _ CHAR, TO _ NUMBER oder ROUND. Sie alle erwarten eine variable Anzahl von Parametern, die darüber entscheiden, welche Eigenschaften der Funktion benutzt werden sollen bzw. welches der verschiedenen Module zum Einsatz kommen soll.

Im nächsten Beispiel erzeugt man als zwei lokale Module jeweils zwei verschiedene Versionen der Prozedur Dozentendaten, die sämtliche Informationen zu den Dozenten aus der entsprechenden Tabelle besorgt. Die erste Version erwartet als eingehenden Parameter die Dozentennummer, während die andere den Dozentennamen für ihre Abfrage benötigt. Die beiden Fassungen unterscheiden sich im Datentyp ihrer Parameter und in der Art der Abfrage, aber nicht in den Anweisungen, da beide die gleiche Ausgabe tätigen. Hier hätte man diese auch über einen gleichen OUT-Parameter an die aufrufende Umgebung übergeben können.

```
DECLARE
  -- Dozentendaten für D_Nr
  PROCEDURE Dozentendaten (
   Nummer   IN dozent.D_Nr%TYPE)
  IS
   v_DDaten dozent%ROWTYPE;
  BEGIN
   SELECT *
    INTO v_DDaten
```

```
       FROM dozent
     WHERE D_Nr = Nummer;
     DBMS_OUTPUT.PUT_LINE(v_DDaten.D_Nr);
     DBMS_OUTPUT.PUT(v_DDaten.D_Anrede || ' ');
     DBMS_OUTPUT.PUT_LINE(v_DDaten.D_Nachname);
   END Dozentendaten;
   -- Dozentendaten für D_Name
   PROCEDURE Dozentendaten (
    D_Name IN dozent.D_Nachname%TYPE)
   IS
    v_DDaten dozent%ROWTYPE;
   BEGIN
    SELECT *
      INTO v_DDaten
      FROM dozent
     WHERE D_Nachname = D_Name;
     DBMS_OUTPUT.PUT_LINE(v_DDaten.D_Nr);
     DBMS_OUTPUT.PUT(v_DDaten.D_Anrede || ' ');
     DBMS_OUTPUT.PUT_LINE(v_DDaten.D_Nachname);
   END Dozentendaten;
 BEGIN
   -- 1. Aufruf: D_Nr
   Dozentendaten(15);


   -- 2. Aufruf: D_Name
   Dozentendaten('Schnellschuss');
 EXCEPTION
   WHEN TOO_MANY_ROWS
   THEN DBMS_OUTPUT.PUT_LINE('D_Nr oder Name missverständlich.');
 END;
```

941_01.sql: Verwendung von überladenen Modulen

Da es sich hierbei um zwei lokale Module handelt, damit die Bedingung erfüllt ist, dass solche überladenen Module nur im Deklarationsabschnitt deklariert werden können, folgt die eigentliche Anwendung im Ausführungsblock des anonymen Blocks und ergibt:

```
15
Frau Gelddreh
4
Herr Schnellschuss
PL/SQL-Prozedur wurde erfolgreich abgeschlossen.
```

9. 4. 2. Vorwärtsdeklaration und Rekursion

Früher oder später werden Sie durch irgendwelche Umstände ein Modul aufrufen wollen oder müssen, das zu diesem Zeitpunkt noch nicht deklariert ist. Ein möglicher Grund für eine solche Situation könnte sein, dass man Funktionen in einer alphabetischen Ordnung in einer Prozedur aufreihen möchte. Ein anderer Grund kann sich schon ganz leicht bei rekursiv aufrufenden Modulen einstellen. PL/SQL unterstützt die Vorwärtsdeklaration, was Sie schon daran erkennen können, dass wir ihr einen eigenen Abschnitt widmen. In den meisten Fällen jedoch dürfte man eine Lösung dafür finden, die extra Zeilen, die sie hervorruft, durch andere Strukturen zu vermeiden. Bei der Rekursion jedoch sind die zusätzlichen Zeilen kaum zu vermeiden.

9. 4. 2. 1 Rekursion von Funktionen

Bei einer Rekursion ruft sich eine Funktion selbst auf. Dies ist z. B. bei der Bildung der Fakultät der Fall, die in der Oracle-Dokumentation erläutert wird. Dies ist nicht immer die schönste Form von Algorithmen, da spätestens beim Testen die Gefahr besteht, eine Endlos-Schleife hervorzurufen, die bei fehlender Pufferausgabe auch nicht durch einen Puffer-Fehler, sondern erst durch z. B. STORAGE _ ERROR beendet wird. Im schlimmsten Fall muss man die Datenbank herunterfahren und einen weiteren (dann hoffentlich erfolgreichen) Testlauf starten. Eine solche Funktion muss mindestens einen Weg bieten, um aus der Schleife herauszufinden.

Für die Entwicklung einer Zufallsfunktion, die eine reproduzierbare Folge von Zufallszahlen auswirft, kann man die lineare Kongruenzmethode mit der allgemeinen Formel $r_{i+1}=(ar_i + c)(mod\ m)$ verwenden. Sie enthält als Obergrenze (Iterationsanzahl) den Wert m. Der Parameter c bildet die Zykluslänge, d. h. die Anzahl der Zufallszahlen, bis sich der Zyklus wiederholt bzw. die erste Zufallszahl wieder erscheint. Die einzelnen Werte von r gehen sofort wieder in die Formel ein, was die Rekursion abbildet. Für die Erzeugung von Testdaten sind solche Zufallszahlenfolgen insofern interessant, als dass sie eine wiederholbare Zufallszahlenfolge abbilden, die überall gleich ist, wobei ihre Werte dennoch zufällig verteilt sind. Normalerweise wählt man die größte Zahl in einem System wie z. B. 231, um eine möglichst lange Zufallszahlenfolge zu erhalten.

Als anonymen Block könnte man einen solchen Generator wie folgt programmieren, wobei dies auch als Test für die Funktionsweise dient.

```
DECLARE
  a NUMBER := 2;
  r NUMBER := 3;
  c NUMBER := 4;
  m NUMBER := 15;
BEGIN
  FOR i IN 1..m LOOP
    DBMS_OUTPUT.PUT(r || ' | ');
    r := (a*r + c)mod m;
  END LOOP;
  DBMS_OUTPUT.NEW_LINE;
END;
```

942_01.sql: Zufallszahlen nach der linearen Kongruenzmethode

Man erhält als Zufallszahlenfolge durch die gegebenen Werte insgesamt 15 Zahlen, wobei sich bei jeder vierten Iteration die Zahlen wiederholen:

```
3 | 10 | 9 | 7 | 3 | 10 | 9 | 7 | 3 | 10 | 9 | 7 | 3 | 10 | 9 |
PL/SQL-Prozedur wurde erfolgreich abgeschlossen.
```

Eine mögliche Funktion als Lösung für dieses Problem prüft zunächst, ob das Ende der Zahlenreihe erreicht ist, indem auf Gleichheit zwischen i und m geprüft wird. Ist dies der Fall, soll die Funktion den Wert 0 zurückgeben. Im gegenteiligen Fall erhöht man die Zählervariable um 1, ermittelt den aktuellen Wert für r und ruft dann innerhalb der RETURN-Klausel die Funktion mit den bereits eingegebenen Werten wieder auf. Als einzige neue Werte gehen nun i und r in diesen internen Funktionsaufruf ein, wobei beide neue Werte enthalten. An diesem Beispiel ist auch interessant, wie man zwei Werte aus einer Funktion zurückliefert, nämlich zum einen über die RETURN-Klauseln und zum anderen über die IN OUT-Modi. In einfachen rekursiven Formeln muss man lediglich einen Wert berücksichtigen. Hier ist allerdings die Obergrenze als Abbruchkriterium einzusetzen, das allerdings komplett in die Formeln eingeht und daher eine einfache Zählervariable nötig macht.

```
CREATE OR REPLACE FUNCTION LinkonZufall (
  a IN     NUMBER,
  r IN OUT NUMBER,
  c IN     NUMBER,
  m IN     NUMBER,
  i IN OUT NUMBER )
  RETURN NUMBER
IS
BEGIN
  IF i <= m
    THEN i := i+1;
         r := (a*r + c)mod m;
         DBMS_OUTPUT.PUT_LINE(r);
         RETURN LinkonZufall(a,r,c,m,i);
  ELSE RETURN 0;
  END IF;
END LinkonZufall;
```

942_02.sql: Rekursion bei einer Funktion

Beim Aufruf dieser Funktion benötigt man gerade keine Schleife zur Verarbeitung der Zählervariable i, da dies ja durch die Rekursion innerhalb der Funktion eingerichtet wird. Daher gehen lediglich die benötigten Parameter in die Funktion ein, und man ruft sie in einer DBMS _ OUTPUT-Anweisung auf.

```
DECLARE
  a NUMBER := 2;
  r NUMBER := 3;
  c NUMBER := 4;
  m NUMBER := 15;
  i NUMBER := 1;
BEGIN
  DBMS_OUTPUT.PUT_LINE(LinkonZufall (a, r, c, m, i));
```

```
DBMS_OUTPUT.PUT_LINE('Ende: ' || i);
END;
```

942_02.sql: Aufruf einer rekursiven Funktion

Da dieses Mal jeweils einzelne Zeilen ausgegeben wurden, drucken wir nur die letzten Werte und das Ende der Zufallszahlenfolge ab. Hier sieht man zum einen den zurückgelieferten Wert 0 und den Wert 16 für die Zählervariable i, der dazu führte, dass die Rekursion abgebrochen wurde.

```
... 10
9
7
0
Ende: 16
PL/SQL-Prozedur wurde erfolgreich abgeschlossen.
```

9. 4. 2. 2 Vorwärtsdeklaration

Mit dem Konzept der Vorwärtsdeklaration lassen sich Schwierigkeiten lösen, die auftreten, wenn man auf ein Modul zugreifen möchte, das zum Zeitpunkt des Aufrufs noch überhaupt nicht deklariert ist. Wie der Name schon sagt, deklariert man es anscheinend durchaus, wenn auch auf eine besondere Weise.

Im folgenden Beispiel möchte man in einem lokalen Modul eine Funktion ErmittleTEnde definieren, die für eine beliebige Kursnummer und ein gegebenes Datum das Terminende auswirft. Für die Berechnung des Terminendes benötigt man die Kursdauer, die zum Beginn addiert wird. Da der erste Tag bereits zählt, muss man stets einen Tag von dieser einfachen Summe wieder abziehen. Dies ist nicht schwierig, kann aber schon mal vergessen werden, sodass man daher lieber eine Funktion für diese Berechnung erstellt. Innerhalb dieser Funktion wiederum benutzt man eine weitere Funktion, ErmittleKursdauer, die für eine gegebene Kursnummer die Länge aus der Tabelle KURS ermittelt. Diese wird aus sonstigen, hier nicht näher zu erklärenden Gründen (vermutlich liegt es nur daran, dass wir die Vorwärtsdeklaration illustrieren wollen), erst später deklariert, also demzufolge schon vor ihrer Deklaration aufgerufen. Dies würde normalerweise eine erschreckende Fehlermeldung auslösen, die wir durch eine Vorwärtsdeklaration der

Funktion `ErmittleKursdauer` verhindern. Diese besteht einfach nur aus dem Kopf-Abschnitt und informiert daher das aufrufende Programm über Schnittstellen und den Rückgabewert.

```
DECLARE
 -- Vorwärtsdeklaration
 FUNCTION ErmittleKursdauer (
  Kursnummer IN kurs.K_Nr%TYPE)
 RETURN NUMBER;
 FUNCTION ErmittleTEnde (
  Kursnummer IN kurs.K_Nr%TYPE,
  Beginn     IN termin.T_Beginn%TYPE)
 RETURN DATE
 IS
 BEGIN
  RETURN ErmittleKursdauer(Kursnummer)+Beginn-1;
 END ErmittleTEnde;
 -- Eigentliche Deklaration
 FUNCTION ErmittleKursdauer (
  Kursnummer IN kurs.K_Nr%TYPE)
 RETURN NUMBER
 IS
  v_KDauer kurs.K_Dauer%TYPE;
 BEGIN
  SELECT K_Dauer
    INTO v_KDauer
    FROM kurs
   WHERE K_Nr = Kursnummer;
  RETURN v_KDauer;
 END ErmittleKursdauer;
BEGIN
 DBMS_OUTPUT.PUT_LINE(ErmittleKursdauer(1025039));
 DBMS_OUTPUT.PUT_LINE(ErmittleTEnde(1025039, '10-02-14'));
END;
```

943_03.sql: Vorwärtsdeklaration bei lokalen Modulen

Nach dem Aufruf des gesamten Programms erhält man dann für den zweitägigen Kurs den richtigen Endtermin am nächsten Tag, da ja der erste Tag bereits als Kursdauer zählt.

```
2

11.02.04

PL/SQL-Prozedur wurde erfolgreich abgeschlossen.
```

```
DECLARE
  FUNCTION ErmittleKursdauer (
    Kursnummer IN kurs.K_Nr%TYPE)
  RETURN NUMBER;
  FUNCTION ErmittleTEnde (
    Kursnummer IN kurs.K_Nr%TYPE,
    Beginn     IN termin.T_Beginn%TYPE)
  RETURN DATE
  IS
  BEGIN
    RETURN ErmittleKursdauer(Kursnummer)+Beginn;
  END ErmittleTEnde;
  FUNCTION ErmittleKursdauer (
    Kursnummer IN kurs.K_Nr%TYPE)
  RETURN NUMBER
  IS
    v_KDauer kurs.K_Dauer%TYPE;
  BEGIN
    SELECT K_Dauer
      INTO v_KDauer
      FROM kurs
     WHERE K_Nr = Kursnummer;
    RETURN v_KDauer;
  END ErmittleKursdauer;
BEGIN
  DBMS_OUTPUT.PUT_LINE(ErmittleKursdauer(1025039));
  DBMS_OUTPUT.PUT_LINE(ErmittleTEnde(1025039, '10-02-14'));
END;
```

Vorwärtsdeklaration

Die Abbildung greift das gesamte Beispiel noch einmal auf und illustriert die Funktions- und Wirkungsweise der Vorwärtsdeklaration. Da der Kopf-Abschnitt bereits vor der ersten Verwendung der Funktion bekannt ist und damit diese Funktion »vorwärtsdeklariert« wurde, kann sie überhaupt erst aufgerufen werden. Später folgt dann die vollständige Funktionsdefinition inklusive des bereits bekannten Kopf-Abschnitts, wobei die vorwärtsdeklarierte Version jetzt ein alter Hut ist.

Wann man eine Vorwärtsdeklaration oder eine Umstellung von Quelltext vorzunehmen hat, erfährt man automatisch und überaus deutlich anhand folgender Fehlermeldung. Wir haben dafür einfach die Vorwärtsdeklaration bei der Programmausführung entfernt.

```
   RETURN ErmittleKursdauer(Kursnummer)+Beginn-1;
        *
FEHLER in Zeile 9:
ORA-06550: Zeile 9, Spalte 10:
PLS-00313: 'ERMITTLEKURSDAUER' ist für diesen Geltungsbe-
reich nicht deklariert
ORA-06550: Zeile 9, Spalte 3:
PL/SQL: Statement ignored
```

9. 4. 3. Einsatz von lokalen Modulen

Vielleicht haben Sie schon bei einigen Beispielen gesehen, dass es problematisch wurde, wenn wir eine Funktion aufgerufen haben, die einige Seiten zuvor erstellt worden war. Als Sie das Beispiel abrufen wollten, hatten Sie eventuell das andere Beispiel noch überhaupt nicht in der Datenbank gespeichert, sodass dadurch diverse Fehlermeldungen ausgelöst wurden. Dies kann sich auf angeblich unpassende Spalten beziehen, wenn Sie PL/SQL-Funktionen in SQL einsetzen. Dies konnten aber auch die typischen Bezeichner-Warnungen sein, die schon bei Tippfehlern entstehen. Die Verwendung von lokalen Modulen ist eine Möglichkeit, Funktionen und Prozeduren – also beide Formen von Modulen – zusammen mit anonymen oder benannten Blocks zu speichern und damit eine Komplettanwendung zu erstellen, die dennoch die Vorteile der Modularität besitzt. Dabei befinden sich die Prozedur- und Funktionsdefinitionen im Deklarationsabschnitt eines Blocks und gelten dort über die gesamte Sichtbarkeit des Blocks. Sie lassen sich nicht von außerhalb ansprechen oder in der Datenbank speichern. Die letzte Eigenschaft verändert – neben der ungewöhnlichen Platzierung – ein wenig ihre allgemeine Syntax, da die CREATE-Klausel entfällt.

Ein weiterer Vorteil ist die Einsatzmöglichkeit von Sammlungen. Wir hatten ganz zu Anfang im Rahmen der Einführung von Modulen darauf hingewiesen, dass man auch Datentypen verwenden kann, die mehr als einen Wert speichern. Dazu zählen alle Arten von Sammlungen. Anhand des Einsatzes von %ROWTYPE haben Sie in einem der letzten Beispiele (siehe *935_01.sql*) schon gesehen, wie man mit einem gesamten Datensatz, der sich auf eine ganze Tabelle bezieht, ebenfalls mehrere Werte an die aufrufende Umgebung zurückgegeben kann, ohne dafür mehrere Variablen verwenden zu müssen. Bei Sammlungen benötigen Sie für ihren Einsatz einen Tabellendatentyp, der vorher deklariert werden muss. Genau dies ist mit lokalen Modulen ohne Schwierigkeiten möglich, indem Sie zunächst die benötigen Sammlungstypen definieren und dann als Datentypen für den OUT- oder den IN OUT-Parameter einsetzen.

In den nächsten beiden Abschnitten zeigen wir für Funktionen und Prozeduren jeweils ein Beispiel, in dem eine Funktion und eine Prozedur als lokales Modul definiert wird. Danach kümmern wir uns mit sehr einfachen Beispielen in verschachtelten Blöcken um die Gültigkeit und Sichtbarkeit dieser Konstruktionen.

9. 4. 3. 1 Funktionen als lokale Module

Um eine Funktion als lokales Modul zu definieren, platzieren Sie die Funktionsdeklaration in den Deklarationsabschnitt des übergeordneten Blocks und verzichten auf die CREATE [OR REPLACE]-Klausel, die bisher für die Speicherung immer notwendig war. Da es sich zusätzlich um eine parameterlose Funktion handelt (was allerdings keine Bedingung für den Einsatz von lokalen Modulen ist), fehlt auch die gesamte Parameterliste. Für den Aufruf gilt daher nachher, dass die Funktion nur über funktionsname() und natürlich ohne Parameterliste aufgerufen wird.

Inhaltlich bietet das Beispiel nichts wirklich Interessantes, damit die Syntax etwas deutlicher nach vorne tritt. So wählt die Funktion WaehleTN zufallsgeneriert über die bereits bekannte SAMPLE-Klausel eine Hand voll Teilnehmer aus, mit denen im übergeordneten Programm »etwas« geschieht. Sie werden der Einfachheit halber nur ausgegeben, wobei für den Datenaustausch von Bedeutung ist, dass die gesamte Menge an Teilnehmernummern in Form eines assoziativen Arrays übergeben wird. Im Rahmen der Datenübertragung aus dem Cursor in die Sammlung macht man sich zusätzlich die Fähigkeit der Mengenübertragung zunutze, sodass man auch Arbeit und Zeilen spart.

Beachten Sie für das Thema Sichtbarkeit von Variablen bereits hier, dass die Variable t _ Teilnehmer, die als Tabelle für die Aufnahme der Teilnehmernummern bereitsteht, in beiden Blockbereichen definiert werden muss, da sie nach Abschluss der Funktionsdefinition nicht mehr für eine Verarbeitung zur Verfügung steht. Sie können dies testen, indem Sie ganz einfach die Zeile im Deklarationsabschnitt oberhalb der Funktionsdefinition auskommentieren und somit t _ Teilnehmer für den Ausführungsabschnitt des anonymen Blocks unerreichbar machen.

```
DECLARE
  TYPE NUMMERN IS TABLE OF teilnehmer.TN_Nr%TYPE
  INDEX BY BINARY_INTEGER;
  t_Teilnehmer NUMMERN;
FUNCTION WaehleTN
RETURN NUMMERN
IS
  CURSOR c_Teilnehmer IS
        SELECT TN_Nr
          FROM teilnehmer SAMPLE (0.55);   -- Teilnehmerwahl
  t_Teilnehmer NUMMERN;
BEGIN
  OPEN c_Teilnehmer;
  FETCH c_Teilnehmer BULK COLLECT INTO t_Teilnehmer;
  CLOSE c_Teilnehmer;
  RETURN t_Teilnehmer;
END WaehleTN;
BEGIN
  t_Teilnehmer := WaehleTN();
  FOR i IN t_Teilnehmer.FIRST..t_Teilnehmer.LAST LOOP
   DBMS_OUTPUT.PUT_LINE(t_Teilnehmer(i));
  END LOOP;
END;
```

943_01.sql: Ermittlung von zufälligen Teilnehmern als lokales Modul

Wir ersparen Ihnen die Ausgabe einer unsinnigen Liste von Teilnehmernummern, aber das ist genau das Ergebnis, das man erhält: eine Kolonne zufällig ausgewählter Werte der Spalte T _ Nr.

9. 4. 3. 2 Prozeduren als lokale Module

Um eine Prozedur als lokales Modul zu definieren, platzieren Sie die Prozedur-deklaration in den Deklarationsabschnitt des übergeordneten Blocks und ver-zichten auf die CREATE [OR REPLACE]-Klausel, die bisher für die Speicherung immer notwendig war.

Inhaltlich ermittelt die Prozedur den günstigsten Dozenten für einen Termin. Da-bei können auch mehrere Dozenten mit dem gleichen Tagessatz gefunden wer-den, sodass die mögliche Dozentenliste in jedem Fall über ein assoziatives Array an die aufrufende Umgebung gesendet wird. Sie können dies auch testen, indem Sie den Aufruf der Funktion MINTagessatz() entfernen, denn dadurch sollten in den meisten Fällen mehrere Dozenten gefunden werden.

```
DECLARE
  TYPE DNummern IS TABLE OF dozent.D_Nr%TYPE
    INDEX BY BINARY_INTEGER;
  t_DNr DNummern;
  v_TNr termin.T_Nr%TYPE := 555;
  PROCEDURE Dozentensuche (
    Terminnummer IN  termin.T_Nr%TYPE,
    Dozenten     OUT DNummern)
IS
  b_KNr termin.K_Nr%TYPE;
  CURSOR c_Dozenten IS
    SELECT D_Nr
      FROM dozent NATURAL JOIN themenverteilung
    WHERE K_Nr = b_KNr
      AND TH_Tagessatz = MINTagessatz(b_KNr);
BEGIN
  -- Ermittlung der Kursnummer
  SELECT K_Nr
    INTO b_KNr
    FROM termin
    WHERE T_Nr = Terminnummer;
  -- Abrufen der Dozentennummern
  OPEN c_Dozenten;
  FETCH c_Dozenten BULK COLLECT INTO Dozenten;
  CLOSE c_Dozenten;
```

```
END Dozentensuche;
BEGIN
  Dozentensuche(v_TNr, t_DNr);
  FOR i IN t_DNr.FIRST..t_DNr.LAST LOOP
    DBMS_OUTPUT.PUT_LINE(t_DNr(i));
  END LOOP;
END;
```

943_02.sql: Ermittlung von geeigneten Dozenten

9. 4. 3. 3 Sichtbarkeit und Gültigkeit bei lokalen Modulen

In dem Beispiel zu Anfang dieses Abschnitts ermittelte ein lokales Modul zufällige Teilnehmer und speicherte ihre Teilnehmernummern in ein assoziatives Array, das dann an die aufrufende Umgebung zurückgegeben wurde. Dieses Beispiel zeigte verschiedene Dinge: wie lokale Module überhaupt funktionieren (Deklaration im Deklarationsabschnitt), wie man Sammlungen übergibt (Verwendung eines passenden Tabellentyps als Datentyp des Rückgabewerts) und nun auch noch, welche Bedingungen für die Gültigkeit und Sichtbarkeit von Variablen gelten. Während Datentypen wie der Tabellentyp in lokalen Modulen durchaus sichtbar ist, handelt es sich bei Variablen um zwei getrennte Gültigkeitsbereiche. Wenn wir also eine Tabelle t _ Teilnehmer mit dem Datentyp NUMMERN definieren, welche eine Tabelle darstellt, dann können wir zwar den Datentyp im lokalen Modul verwenden, aber gerade nicht die Variable. Dies hat auch Sinn, weil man sonst an Übergabe- und Rückgabeparametern vorbei Werte zwischen Modulen und aufrufenden Programmen austauschen könnte. Dies würde uns zwar keineswegs missfallen, könnte aber vielleicht doch einige Schwierigkeiten bereiten und würde sich nicht mit der Systematik der modularen Strukturen von PL/SQL vertragen. Die Schnittstellen zwischen Modulen und anderen Modulen werden ausschließlich von den Schnittstellen gebildet, was zu klaren Übergaberegeln führt, die weder absichtlich noch unabsichtlich auf anderen Wegen überlistet werden können. Daher ist die Variable t _ Teilnehmer in beiden Bereichen gültig und sichtbar – allerdings nur dort und nur mit ihrem Wert, den sie in diesem Bereich besitzt.

Die Abbildung visualisiert dies durch die schon bekannte Blockstruktur, wobei wir zusätzlich die beiden Sichtbarkeitsbereiche und die Wertflüsse eingezeichnet haben. Beachten Sie auch hier, dass man den Datentyp gerade im lokalen Modul verwenden kann.

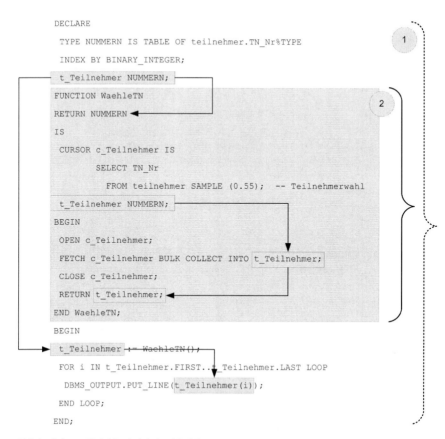

```
DECLARE

    TYPE NUMMERN IS TABLE OF teilnehmer.TN_Nr%TYPE

    INDEX BY BINARY_INTEGER;

    t_Teilnehmer NUMMERN;

    FUNCTION WaehleTN

    RETURN NUMMERN

    IS

        CURSOR c_Teilnehmer IS

            SELECT TN_Nr

                FROM teilnehmer SAMPLE (0.55);   -- Teilnehmerwahl

        t_Teilnehmer NUMMERN;

    BEGIN

        OPEN c_Teilnehmer;

        FETCH c_Teilnehmer BULK COLLECT INTO t_Teilnehmer;

        CLOSE c_Teilnehmer;

        RETURN t_Teilnehmer;

    END WaehleTN;

BEGIN

    t_Teilnehmer := WaehleTN();

    FOR i IN t_Teilnehmer.FIRST..t_Teilnehmer.LAST LOOP

        DBMS_OUTPUT.PUT_LINE(t_Teilnehmer(i));

    END LOOP;

END;
```

Sichtbarkeit von Variablen in lokalen Modulen

Pakete

10. Pakete

Mit Hilfe der PL/SQL-Pakete (*Packages*) führt man Funktionen und Prozeduren sowie weitere PL/SQL-Elemente zu großen modularen Strukturen zusammen.

10. 1. Einführung

Einige der vorhandenen PL/SQL-Pakete sind Ihnen bereits in den zurückliegenden Erläuterungen begegnet. Sie haben dabei gesehen, dass sie Prozeduren genauso wie Funktionen enthalten und dass man diesen Modulen Werte übergeben kann, um überaus interessante und nützliche Ergebnisse schnell und unkompliziert zu erhalten. Dies ist das Grundprinzip des objektorientierten Designs und der modernen Software-Entwicklung, wenn auch PL/SQL selbst nicht vollständig objektorientiert ist. Dies mag sich irgendwann ändern, aber bis jetzt und auch noch in der nächsten Zeit kann man ähnliche Entwicklungsmuster über den Einsatz von Paketen erreichen.

10. 1. 1. Definition und Strukturen

Ein Paket ist also eine abgeschlossene Einheit von Prozeduren und Funktionen, die unter einem gemeinsamen Namen zusammengefasst werden. Dabei bieten sie in ihrer Gesamtheit Werkzeuge für unterschiedliche Einsätze innerhalb eines durch die Paket-Struktur bzw. seinen Namen und/oder eine Bedeutung abgegrenzten Bereichs innerhalb der Software an. In dem Ihnen schon bekannten Paket UTL_FILE befinden sich verschiedene Werkzeuge für das Erzeugen von Dateihandles, das Öffnen und Schließen sowie natürlich das Verarbeiten (Lesen und Schreiben) von Textdateien. Neben den gerade erwähnten Prozeduren und Funktionen lassen sich allerdings auch Cursor, Variablen, Ausnahmen, Sammlungen und Datensatztypen innerhalb von Paketen speichern. Dies eröffnet beispielsweise die Möglichkeit, Sammlungen zwischen Modulen und der aufrufenden Umgebung auszutauschen, wie wir es in einem der zurückliegenden Abschnitte mit Hilfe eines anonymen Blocks realisiert hatten, indem wir in seinem Deklarationsabschnitt den benötigten Sammlungstyp deklarierten.

Die Syntax für die Erstellung eigener Pakete und die Notation, um fremde bzw. eingebaute Pakete in Anwendungen einzusetzen, ist relativ simpel und im Gegensatz zu vielen anderen Strukturen überaus leicht verständlich. Letztendlich fassen Pakete tatsächlich nur andere Sprachelemente zu einer Gruppe zusammen und bieten sie unter einem gemeinsamen Namen an. Interessant dagegen und lohnenswert für Diskussionen und Planungsgedanken ist die korrekte Umsetzung von Software-Anforderungen und die Lösung von Schnittstellenproblemen bei der Entwicklung eigener Pakete. Dies hat allerdings wenig mit der Syntax gemein, sondern lässt sich nur durch allgemeine Regeln der Software-Technik und der eigenen Erfahrung meistern.

10. 1. 2. Vorteile durch die Verwendung von Paketen

Die Vorteile, die sich durch einen konsequenten Einsatz der Pakete (sowie aller weiteren modularen Strukturen) für die Entwicklung, Wartung und Bereitstellung von Software(-Komponenten) bieten, lassen sich im direkten Vergleich zum OOP-Ansatz folgendermaßen darstellen:

- **Quasi-Objektorientierung**
  Mit OOP verbindet man gemeinhin andere Elemente und Strukturen als die, die eine prozedurale Sprache wie PL/SQL bietet. Sie werden auch nicht die gleichen Bedingungen vorfinden, die die Beschreibung als objektorientiert verdienten. Allerdings steht in PL/SQL dennoch durch die Pakete eine Methode zur Verfügung, mit der eine Modularisierung von Software-Komponenten, die Entwicklung von Schnittstellen sowie eine leichte Wartbarkeit und Wiederverwendbarkeit umgesetzt werden können. Dies sind die Vorteile von Objektorientierung, die mit Hilfe der Pakete auch in PL/SQL zur Verfügung stehen.

- **Klare Schnittstellen**
  Durch die Entwicklung von modularen Elementen in einer größeren Software-Umgebung realisiert man gleichzeitig eine klare Schnittstellenstruktur, die einheitlich für alle anderen Entwickler bzw. Benutzer vorliegt. Dies erfordert einen größeren Planungsaufwand, bietet allerdings bei einer guten Umsetzung den Vorteil, dass sich Programmänderungen aufgrund von Änderungen

in der Datenstruktur einer Datenbank etc. nicht automatisch auf die Schnittstellen auswirken, sondern in den meisten Fällen zunächst nur die Ausführungsabschnitte der nicht sichtbaren (siehe Kapselung) Elemente betreffen. Für die anderen Entwickler bzw. Benutzer ändert sich in diesen Fällen nichts, da sie weiterhin nur die Schnittstellen und deren Datenstrukturen zu berücksichtigen haben.

- **Kapselung**
  Die Paketstruktur selbst teilt sich in öffentliche und private Elemente. Die öffentlichen Elemente sind außerhalb des Pakets sichtbar, während die privaten nur innerhalb des Pakets angesprochen werden können. Dadurch lassen sich nformationen über Entwicklungsmuster, Datenstrukturen und Programmtechniken verstecken und nur diejenigen Elemente freilegen, die tatsächlich auch für alle anderen Entwickler/Benutzer sichtbar sein sollen.

- **Klare Datenstrukturen**
  Pakete sorgen nicht nur für klare Schnittstellen, die Schwierigkeiten bei der Änderung von internen Datenstrukturen zu vermeiden helfen. Mit Paketen können Sie auch globale Variablen bzw. globale Datenstrukturen für alle Anwendungen bereitstellen, die mit der gesamten Software arbeiten. Dies verhindert, dass globale und sich angeblich nie ändernde Werte z. B. direkt in Programme eingearbeitet werden. Solche Werte führen automatisch dazu, dass bei Änderungen an allen Orten, an denen diese globalen Daten vorkommen, Wartungsarbeiten notwendig werden. Stattdessen kann man sie (wie auch Cursor) in einem Paket unterbringen und so von allen Seiten aus benutzbar machen.

10. 1. 3. Aufbau von Paketen

Ein Paket besteht aus zwei Bereichen, die bei der Erstellung eines gesamten Pakets unabhängig voneinander programmiert und kompiliert werden müssen. Dies ist ein deutlich anderes Vorgehen als bei den modularen Strukturen von Funktionen und Prozeduren.

10

Es handelt sich dabei um folgende zwei Bereiche:

1. **Spezifikation**

   Mit der Spezfikation erstellt man einen Kopf-Bereich eines Pakets. Hier befinden sich alle öffentlichen Elemente, also alle diejenigen Inhalte eines Pakets, auf die von außen zugegriffen werden kann. Man definiert hier alle Elemente, die im Paket selbst dann auch wieder erscheinen müssen. Vor Prozeduren und Funktionen platziert man z. B. den Namen und die Schnittstellen, also ihre Parameter nebst Parameter-Modi.

   Da nicht alle Elemente, die in der Spezifikation eines Pakets beherbergt werden können, auch einen Körper haben, kann es in gewissen Fällen auch körperlose Pakete geben. Dies ist beispielsweise bei Datentypen, Konstanten, Variablen und Ausnahmen der Fall. In der Einleitung erwähnten wir als möglichen Einsatzbereich von Paketen die Speicherung von globalen Variablen für die gesamte Anwendung. Entwickelt man für einen solchen Zweck ein Paket, ist dies tatsächlich wenig Aufwand, da nur die globalen Datenstrukturen gespeichert werden. Beim Aufruf kann man dann sehr gut durch die Punktnotation und am Paketnamen erkennen, welche Variablen(-werte) aus dem globalen Datenstrukturbereich einer Anwendung stammen. Dies fördert also zusätzlich neben den anderen erwähnten Aspekten die Lesbarkeit und die Verständlichkeit des Quelltextes.

2. Die folgende allgemeine Syntax zeigt zum einen, welche Elemente überhaupt in einer Paket-Spezifikation erscheinen können, und fasst zum anderen kurz zusammen, mit welchen Inhalten sie deklariert werden müssen:

```
CREATE [OR REPLACE] PACKAGE package_name
[AUTHID {CURRENT_USER | DEFINER}]
{IS | AS}
 [PRAGMA SERIALLY_REUSABLE;]
 [collection_typ_definition ...]
 [record_typ_definition ...]
 [subtype_definition ...]
 [collection_deklaration...]
 [constant_deklaration...]
 [exception_deklaration...]
 [object_deklaration...]
 [record_deklaration...]
 [variable_deklaration...]
```

```
[cursor_spezifikation ...]
[function_spezifikation...]
[procedure_spezifikation...]
[call_spec ...]
[PRAGMA RESTRICT_REFERENCES(assertions) ...]
END [package_name];
```

3. **Körper/Rumpf**

Für jedes Element, das in der Spezifikation untergebracht wurde, folgt im Paket-Körper schließlich die eigentliche komplette Deklaration. Zusätzlich kann
der Körper aber auch weitere Elemente enthalten, die privat und damit von
außen nicht zugänglich sind. Sie lassen sich allerdings innerhalb der Deklaration der öffentlichen und privaten Paket-Elemente verwenden. Die folgende
allgemeine Syntax zeigt, welche Elemente alle in einem Paket-Körper erscheinen können:

```
[CREATE [OR REPLACE] PACKAGE BODY package_name
{IS | AS}
[PRAGMA SERIALLY_REUSABLE;]
[collection_typ_definition ...]
[record_typ_definition ...]
[subtype_definition ...]
[collection_deklaration...]
[constant_deklaration...]
[exception_deklaration...]
[object_deklaration ...]
[record_deklaration...]
[variable_deklaration ...]
[cursor_body ...]
[function_spezifikation...]
[procedure_spezifikation...]
[call_ spezifikation...]
[BEGIN
anweisungen]
END [package_name];]
```

Die Abbildung illustriert die zuvor erwähnte Struktur von Paketen noch einmal, wobei auf zwei Punkte Wert gelegt wurde: Zum einen erkennt man, dass
eine Anwendung, die ebenfalls wie das gesamte Paket in der Datenbank gespeichert ist, lediglich den öffentlichen Teil und damit die Paket-Spezifikation

aufruft. Zum anderen erkennt man, dass beide Bereiche des Pakets unabhängig voneinander in der Datenbank gespeichert sind.

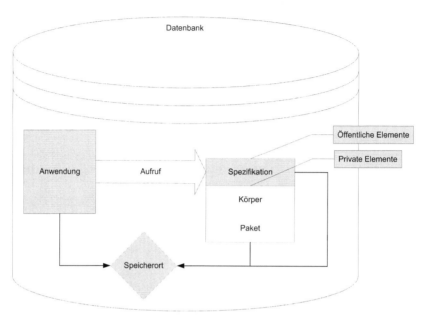

Private und öffentliche Elemente von Paketen

10. 1. 4. Sichtbarkeit und Gültigkeit

Aus der Separation der Paketstruktur in die beiden Bereiche *Spezifikation* und *Körper* ergibt sich gleichermaßen die Aufteilung in die beiden Dimensionen öffentlich (Spezifikation) und privat (Körper). Elemente in der Spezifikation lassen sich also von außerhalb aufrufen. Dies gilt für Module genauso wie für Variablen oder Konstanten. Aus Sicht der aufrufenden Umgebung endet die Sichtbarkeit also bei den Elementen der Spezifikation. Es ist daher nicht möglich (Kapselung), auf Module oder Variablen innerhalb des Pakets bzw. im Körper zuzugreifen. Für die Elemente innerhalb der Spezifikation ergibt sich ein anderer Sichtbarkeitsbereich. Sie können sehr wohl auf Elemente zurückgreifen, die lediglich im Paket-Körper definiert wurden. Dies geschieht dann entweder über Wertzuweisungen oder in den Deklarationsabschnitten von Modulen im Körper. Dass die Elemente innerhalb des

Körpers ohnehin gegenseitig sichtbar sind bzw. den allgemeinen Sichtbarkeitsregelungen für Blöcke unterworfen sind, versteht sich vermutlich von selbst.

Die Abbildung stellt dies noch einmal bildhaft dar. Auf der einen Seite erfolgt ein Aufruf durch eine Umgebung, und auf der anderen Seite liegen unterschiedliche Elemente sowohl in der Spezifikation als öffentliche Elemente wie auch im Körper als private Elemente vor. Während die aufrufende Umgebung sehr wohl auf die Elemente mit dem Suffix 1 zugreifen kann, so kann sie keinesfalls auf die Elemente mit dem Suffix 2 zugreifen. Dies ist nur den Elementen selbst gestattet sowie natürlich auch den Elementen im Körper. Die beiden Suffixe kennzeichnen dabei die beiden Sichtbarkeitsbereiche, die sich durch die Paketstruktur ergeben.

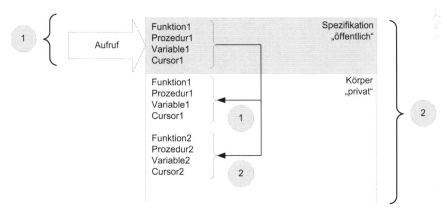

Sichtbarkeit und Gültigkeit in Paketen

Somit bildet die Spezifikation mit ihren Elementen die Schnittstelle zwischen der aufrufenden Anwendung und dem Paket. Dieser Bereich der Schnittstellenplanung bezieht sich ausschließlich auf die Zugriffserlaubnis der im Paket vorhandenen Elemente. Für die Hemisphäre der Datenstrukturen jedoch gelten die Schnittstellen der einzelnen Elemente, da sie wiederum Werte empfangen oder auswerfen, die für die Verarbeitung innerhalb der Module (im Körper des Pakets) erforderlich sind oder die für die Verarbeitung außerhalb des Pakets in der aufrufenden Umgebung benötigt werden.

10. 2. Eigene Pakete

Nach der allgemeinen Einführung in die Paketstruktur von PL/SQL wollen wir Sie zunächst mit eigenen Paketen konfrontieren, ehe wir Ihnen einige der vorhandenen Pakete mit ihren Funktionen und Prozeduren vorstellen.

10. 2. 1. Ein Beispielpaket

Ein einfaches Beispiel soll zunächst die oben definierten allgemeinen Grundsätze näher verdeutlichen. Dabei konzentrieren wir uns auf einige Module und Abfragen in Cursor-Form, die wir bereits in den zurückliegenden Beispielen erstellt haben. Ein mögliches Paket für die Anwendung, die die *Kurse NRW GmbH* für den Betrieb ihrer Oracle-Datenbank benötigen könnte, wäre das Paket DOZ, das sämtliche Software-Komponenten bereitstellt, die im Zusammenhang mit der Dozentenverwaltung stehen. Natürlich werden wir uns hüten, die nächsten fünf Seiten mit Quelltext zu füllen, aber Sie können sich vorstellen, dass eine Menge Funktionalitäten gewünscht werden könnten: Man möchte neue Dozenten eintragen, Dozenten löschen und Datensätze aktualisieren, um das Datenmaterial aktuell und vollständig zu halten. Dies sind alles Tätigkeiten, die über entsprechende Formulare abgewickelt werden könnten. Für die tägliche Arbeit im Seminargeschäft dagegen wären Funktionalitäten wie das Finden eines günstigsten Dozenten, eines freien Dozenten oder auch die Buchung eines Dozenten für einen Kurs sinnvoll. Manchmal möchte man vielleicht einfach auch nur einen Überblick gewinnen, welche Dozenten überhaupt für einen Kurs in Frage kommen könnten.

Von diesen vielen Möglichkeiten, die mit dem Paket DOZ sehr schön ordentlich zusammengefasst werden würden, picken wir uns einige wenige heraus und lassen auch bei ihnen die meisten Parameter weg. In einer realistischen Umgebung müsste man natürlich für die Erfassung eines neuen Dozenten sämtliche Felder füllen, was bedeutet, dass man dementsprechend viele Eingangsparameter aufführen müsste. Daher beschränken wir uns zunächst nur auf den Nachnamen und seine Dozentennummer.

In folgender *Spezifikation* befindet sich ein Datensatztyp, der für den Cursor als Rückgabewert von Bedeutung ist. Er umfasst genau die beiden genannten Felder, sodass wohl auch die Abfrage im Cursor später im Körper diese Felder umfassen dürfte. Cursor müssen im Zusammenhang mit Paketen stets auch einen Rückgabewert besitzen, den Sie mit dem Schlüsselwort RETURN kennzeichnen. Für das Auffinden von allgemeinen Dozentendaten lohnt sich die Tagessatzinformation nicht sonderlich, weswegen wir darauf in einem weiteren Datensatztyp verzichten. Dieser wird in den beiden überladenen Prozeduren `Daten` verwendet, die sowohl anhand der Dozentennummer als auch anhand des Nachnamens den passenden Dozenten herausfinden. Dabei ist es für das Ergebnis uninteressant, welchen eingehenden Parameter der Benutzer vorgibt, da sich das Paket die passende Prozedur vornimmt, um sie mit der übergebenen Information zu füllen.

```
CREATE OR REPLACE PACKAGE DOZ AS
  TYPE DozRecTyp1
  IS RECORD (D_Nr        dozent.D_Nr%TYPE,
             D_Nachname   dozent.D_Nachname%TYPE,
             TH_Tagessatz themenverteilung.TH_Tagessatz%TYPE);
  TYPE DozRecTyp2
    IS RECORD (D_Nr         dozent.D_Nr%TYPE,
               D_Nachname    dozent.D_Nachname%TYPE);
  CURSOR c_Dozenten RETURN DozRecTyp1;
  PROCEDURE Daten (
    Nummer   IN  dozent.D_Nr%TYPE,
    Daten    OUT DozRecTyp2);
  PROCEDURE Daten (
    D_Name IN  dozent.D_Nachname%TYPE,
    Daten   OUT DozRecTyp2);
END DOZ;
```

1021_01.sql: Spezifikation von DOZ

In folgendem *Körper* befinden sich nun die einzelnen Elemente, die bereits in der Spezifikation vorhanden waren – mit Ausnahme der Typen. Sie waren ja bereits abgeschlossen und können bzw. brauchen nicht noch einmal im Körper aufzutauchen. Aber der Cursor und die beiden Prozeduren benötigen nun ihren eigentlichen Inhalt: Während der Cursor seine Abfrage erhält, die nach sämtlichen Dozenten und ihren Tagessätzen fragt, schreibt man für die beiden Prozeduren ihren Deklarations- und Ausführungsabschnitt.

Prinzipiell ergibt sich so das Bild, das wird zu Anfang dieses Abschnitts auch von den Paketen gezeichnet haben: Bereits fertige Module werden in Paketen zu neuen Strukturen bzw. Einheiten zusammengefasst und können dann als Ganzes einen bestimmen Anwendungsbereich einer Software abdecken. In diesem Fall handelt es sich um »sämtliche« Bearbeitungen, die im Zusammenhang mit der Entität DOZENT in der Datenbank ausgeführt werden können.

```
CREATE PACKAGE BODY DOZ AS
 CURSOR c_Dozenten RETURN DozRecTyp1
 IS SELECT D_Nr, D_Nachname, TH_Tagessatz
      FROM dozent NATURAL JOIN themenverteilung;
 PROCEDURE Daten (
  Nummer    IN   dozent.D_Nr%TYPE,
  Daten     OUT DozRecTyp2) IS
  v_DDaten dozent%ROWTYPE;
 BEGIN
  SELECT *
    INTO v_DDaten
    FROM dozent
   WHERE D_Nr = Nummer;
   DBMS_OUTPUT.PUT_LINE(v_DDaten.D_Nr);
   DBMS_OUTPUT.PUT(v_DDaten.D_Anrede || ' ');
   DBMS_OUTPUT.PUT_LINE(v_DDaten.D_Nachname);
 END Daten;
 PROCEDURE Daten (
  D_Name IN   dozent.D_Nachname%TYPE,
  Daten   OUT DozRecTyp2)
 IS
  v_DDaten dozent%ROWTYPE;
 BEGIN
  SELECT *
    INTO v_DDaten
    FROM dozent
   WHERE D_Nachname = D_Name;
   DBMS_OUTPUT.PUT_LINE(v_DDaten.D_Nr);
   DBMS_OUTPUT.PUT(v_DDaten.D_Anrede || ' ');
   DBMS_OUTPUT.PUT_LINE(v_DDaten.D_Nachname);
 END Daten;
END DOZ;
```

1021_01.sql: Paket-Körper von DOZ

10. 2. 2. Speicherort von Paketen und ihre Bearbeitung

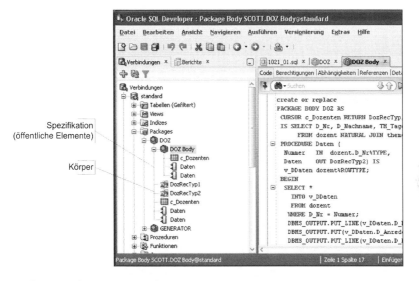

Struktur von Paketen im SQL Developer

Ausführen von Prozeduren eines Pakets

Pakete werden (wie Prozeduren und Funktionen auch) direkt in der Datenbank gespeichert.

10. 2. 3. Abhängigkeiten zwischen Körpern und Spezifikationen

Wie Sie gerade gesehen haben, unterscheidet Oracle auch bei Paketen zwischen gültigen und ungültigen Paket-Bereichen. Dass natürlich ein Syntaxfehler zu einem ungültigen Paketbereich führt, ist logisch und braucht nicht näher erklärt zu werden. Derartige Informationen erhält man schon durch entsprechende Warnmeldungen bei der Erstellung oder durch Fehlermeldungen innerhalb der grafischen Oberfläche. Ändert man jedoch die Struktur eines Bereichs so, dass die Datenstruktur modifiziert wird, muss man sich immer fragen, in welchen Abhängigkeiten die einzelnen Paket-Bereiche zueinander stehen. Dies erstreckt sich allerdings auch auf andere Objekte wie z. B. Tabellen, die mit der Erstellung von Modulen direkt nichts gemein haben. Normalerweise ist ein Fehler, der durch nicht beachtete Abhängigkeiten hervorgerufen wird, relativ schnell zu finden, da die inkompatiblen Datenstrukturen (fehlender oder falscher Spalten- bzw. Objektname, unpassende Zugriffsobjekte oder Zuweisungsziele etc.) zu entsprechend deutlichen Fehlermeldungen führen. Wichtiger dagegen ist, von vorneherein solche Fehler zu vermeiden.

Würde man bei der stolzen Präsentation des Pakets DOZ von Kollegen darauf aufmerksam gemacht werden, dass die Datenstruktur des ersten Datensatzes nicht gerade optimal sei, da man nicht herausfinden könne, für welchen Kurs der Dozent welchen Tagessatz erhält, müsste man kurz innehalten und überlegen, welche Auswirkungen eine solche Änderung auf das gesamte Paket hat. Kurz und gut: Man ändert den Datensatz so, dass zusätzlich auch die Kursnummer zu sehen ist.

```
CREATE OR REPLACE PACKAGE DOZ AS
  TYPE DozRecTyp1
    IS RECORD (D_Nr          dozent.D_Nr%TYPE,
               D_Nachname    dozent.D_Nachname%TYPE,
               TH_Tagessatz  themenverteilung.TH_Tagessatz%TYPE,
               K_Nr          themenverteilung.K_Nr%TYPE); -- neu!
...
```

1023_01.sql: Veränderung des Datensatzes in der Spezifikation

Dies führt dann allerdings dazu, dass man auf jeden Fall auch im Körper den Cursor, der diesen Datensatz als Rückgabetyp besitzt, bei der Abfrage um die gleiche Spalte ergänzen muss. Ganz einfach gesagt, müssen hier die beiden Datenstrukturen gleich sein. Gleiches gilt natürlich ebenso für die Situation, wenn Sie andere Elemente ändern, die genauso im Körper und in der Spezifikation erscheinen. So muss sich eine Änderung an den Parametern eines Moduls in der Spezifikation genauso wie im Körper widerspiegeln. Genauso muss sich auch ein anderer RETURN-Datentyp im Kopfabschnitt einer Funktion im Körper im angepassten Rückgabedatentyp im Kopfabschnitt derselben Funktion in der Spezifikation widerspiegeln muss.

```
CREATE PACKAGE BODY DOZ AS
  CURSOR c_Dozenten RETURN DozRecTyp1
  IS SELECT D_Nr, D_Nachname, TH_Tagessatz, K_Nr    -- neu!
    FROM dozent NATURAL JOIN themenverteilung;
```

1032_01.sql: Berücksichtigung des abhängigen Körpers

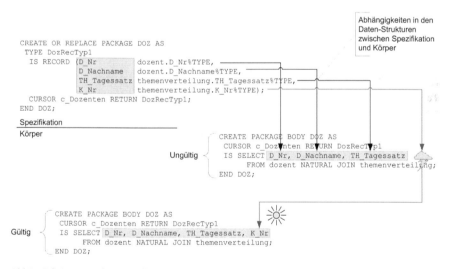

Abhängigkeiten zwischen Spezifikation und Körper

Die Abbildung verdeutlicht dies, indem wir beide Körper-Varianten gleichzeitig zeigen. Dadurch sieht man sofort, dass der Datensatz, der als Rückgabewert für den Cursor konstruiert wird, in der ungültigen Variante keine Entsprechung in der Spaltenliste der Abfrage findet. Stattdessen bietet die gültige Variante die vermisste Spalte an, sodass der Rückgabewert tatsächlich dem Datensatztyp entspricht.

Wenn Sie unsicher sind, welche Abhängigkeiten zwischen Objekten existieren, oder Sie ein allgemeines Interesse daran haben, sämtliche Abhängigkeiten eines Objekts zu untersuchen, dann gehen Sie wie folgt vor.

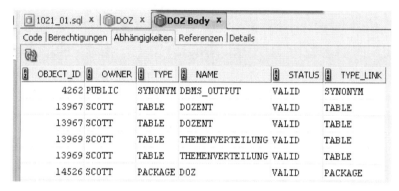

Auflistung der Abhängigkeiten (Körper)

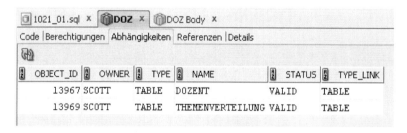

Auflistung der Abhängigkeiten (Spezifikation)

10. 2. 4. Aufruf von Paketen

Zwar verhält sich der Aufruf von eigenen Paketen genauso wie der Einsatz von fremden bzw. Oracle-eigenen Paketen, die Sie ja schon ein wenig kennen gelernt haben, doch wir wollen ihn dennoch im Detail vorstellen. Da ja eigene Pakete wesentlich aufregender als fremde sind, wird es Sie sicherlich interessieren, wie definierte Typen, Cursor und Module aus einem Paket gelesen werden können.

Wir beziehen uns mit folgendem Programm auf das kleine Paket, das wir zu Anfang erstellt haben, und rufen nun die einzelnen Elemente der Reihe nach in einem anonymen Block auf. Die allgemeine Syntax für den Aufruf von Elementen hat folgende einfache Gestalt mit der ansonsten auch verwendeten Punkt-Notation:

- **Datentypen**
  ```
  package _ name.typ _ name
  ```

- **Elemente**
  ```
  package _ name.element _ name
  ```

- **Unterprogramme**
  ```
  package _ name.unterprogramm _ name
  ```

Im folgenden Beispiel rufen wir die überladene Prozedur `Daten` einmal mit einer Dozentennummer und einmal mit einem Dozentennamen auf. Dabei sprechen wir diese ganz einfach nach obiger Regelung mit `DOZ.Daten()` an und fügen die passenden Parameter ein. Da sie für den Ausgabeparameter einen bestimmten Datentyp erwarten (den wir allerdings im Programm nicht weiter verwenden, sodass die Daten quasi umsonst übergeben werden), müssen wir auch diesen Datentyp für die aufnehmende Variable mit der Notation `DOZ.DozRecTyp2` verwenden. Zum Schluss möchten wir noch den Cursor verwenden, der uns sämtliche Dozenteninformationen plus ihre Themen und Preise verrät. Dabei funktioniert der Aufruf fast genauso wie bei jedem anderen Cursor auch. Der einzige Unterschied besteht hier darin, dass der im Paket befindliche Cursor mit `DOZ.c _ Dozenten` angesprochen wird. Für die Ausgabe der Daten kann man weiterhin die Cursor-`FOR`-Schleifen-Variable einsetzen.

```
DECLARE
  b_DNr dozent.D_Nr%TYPE := 13;
  b_DNachname dozent.D_Nachname%TYPE := 'Fingerflink';
  v_Dozent DOZ.DozRecTyp2;
BEGIN
  DOZ.Daten(b_DNr, v_Dozent);
  DOZ.Daten(b_DNachname, v_Dozent);
```

10

413

```
FOR v_DDaten IN DOZ.c_Dozenten LOOP
  DBMS_OUTPUT.PUT(v_DDaten.D_Nr);
  DBMS_OUTPUT.PUT(': ' || v_DDaten.D_Nachname);
  DBMS_OUTPUT.PUT(' ' || v_DDaten.TH_Tagessatz);
  DBMS_OUTPUT.PUT_LINE(' Euro ' || v_DDaten.K_Nr);
  EXIT WHEN DOZ.c_Dozenten%ROWCOUNT = 5;
END LOOP;
END;
```

1024_01.sql: Aufruf von eigenen Paketen

Als Ergebnis erhält man die Ausgaben, wie sie in der Prozedur bzw. in dem anonymen Block, der das Paket aufgerufen hat, vorgegeben waren.

```
13
Herr Bärchen
18
Herr Fingerflink
6: Hostell 350 Euro 1010004
18: Fingerflink 360 Euro 1010004
7: Klapp 400 Euro 1010005
2: Rollstein 350 Euro 1010006
18: Fingerflink 370 Euro 1010006
PL/SQL-Prozedur wurde erfolgreich abgeschlossen.
```

10. 2. 5. Öffentliche und private Elemente

Bis jetzt haben wir uns ausschließlich mit öffentlichen Elementen beschäftigt. Interessant ist dagegen besonders, wie man private Elemente einsetzt, um Informationen und Verarbeitungsweisen zu verbergen. Neben diesem Aspekt gibt es natürlich auch eine Menge anderer Gründe, warum man innerhalb eines Paket-Körpers zusätzliche Funktionalitäten in Form von Modulen unterbringen möchte, um Verarbeitungen und Wartungsarbeiten zu vereinfachen. Wie Sie gesehen haben, ist die überladene Prozedur Daten im Ausführungsabschnitt gleich aufgebaut. Die ermittelten Informationen zum Dozenten werden in einer bestimmten Weise ausgegeben, die in beiden Fällen identisch ist. Dies bedeutet, dass man doch eigentlich ein lokales Modul schreiben könnte, das diese Ausgabe einmal darstellt und dann passend an jeder benötigten Stelle wieder ausführt. Gerade wenn man sich überlegt, dass man eventuell alle Spalten der Tabelle DOZENT abfragen möchte, erscheinen solche Überlegungen tatsächlich Arbeit sparen zu können.

Private Elemente (in diesem Fall ein lokales Modul) werden wie alle anderen Elemente auch deklariert. Letztendlich entscheiden nur die Position und die Nennung in der Spezifikation darüber, ob ein Element privat oder öffentlich ist, nicht seine Definitionsweise im Paket-Körper.

Um die ganze Angelegenheit noch ein wenig interessanter zu gestalten, verwenden wir eine Vorwärtsdeklaration, um die privaten Elemente mit ihrer Funktionalität am Ende des gesamten Körpers zu platzieren:

```
CREATE PACKAGE BODY DOZ AS
  -- Vorwärtsdeklaration
   PROCEDURE Ausgabe (
   a IN VARCHAR2,
   b IN VARCHAR2,
   c IN VARCHAR2 );
  -- Öffentliche Elemente
   CURSOR c_Dozenten RETURN DozRecTyp1
   IS SELECT D_Nr, D_Nachname, TH_Tagessatz, K_Nr
         FROM dozent NATURAL JOIN themenverteilung;
   PROCEDURE Daten (
   Nummer    IN   dozent.D_Nr%TYPE,
   Daten     OUT DozRecTyp2) IS
   v_DDaten dozent%ROWTYPE;
   BEGIN
    SELECT *
      INTO v_DDaten
      FROM dozent
     WHERE D_Nr = Nummer;
    Ausgabe (v_DDaten.D_Nr,
             v_DDaten.D_Anrede,
             v_DDaten.D_Nachname);
   END Daten;
   PROCEDURE Daten (
   D_Name IN   dozent.D_Nachname%TYPE,
   Daten   OUT DozRecTyp2)
```

```
IS
 v_DDaten dozent%ROWTYPE;
BEGIN
 SELECT *
   INTO v_DDaten
   FROM dozent
   WHERE D_Nachname = D_Name;
 Ausgabe (v_DDaten.D_Nr,
          v_DDaten.D_Anrede,
          v_DDaten.D_Nachname);
 END Daten;
 -- Private Elemente
 PROCEDURE Ausgabe (
 a IN VARCHAR2,
 b IN VARCHAR2,
 c IN VARCHAR2 ) IS
BEGIN
 DBMS_OUTPUT.PUT_LINE(a);
 DBMS_OUTPUT.PUT(b || ' ');
 DBMS_OUTPUT.PUT_LINE(c);
 END Ausgabe;
END DOZ;
```

1025_01.sql: Private Elemente und Vorwärtsdeklaration

Um die Funktionalität der `Ausgabe`-Prozedur einmal zu testen, könnte man auf die Idee kommen, sie direkt, wie andere Prozeduren des Pakets `DOZ` auch, aufzurufen und ihr drei wertvolle Werte zu übergeben:

```
DECLARE
BEGIN
 DOZ.Ausgabe('Hallo ', 'Welt ', '!');
END;
```

Dies führt zu einer Fehlermeldung, die nicht einmal darauf hinweist, dass überhaupt eine solche Prozedur vorhanden ist. Statt dessen verhält sich die PL/SQL-Maschine so, dass man denken könnte, man hätte sich einfach vertippt, als hätte es niemals eine Prozedur `Ausgabe` gegeben und als würde man auch beim

10

nächsten Mal besser daran tun, sich nicht mehr zu überlegen, was wohl Geheimnisvolles innerhalb des Paket-Körpers verborgen sei. Sie sehen also, dass private Elemente tatsächlich ganz privat bleiben.

```
DOZ.Ausgabe('Hallo ', 'Welt ', '!');
     *
FEHLER in Zeile 3:
ORA-06550: Zeile 3, Spalte 6:
PLS-00302: Komponente 'AUSGABE' muss deklariert werden
ORA-06550: Zeile 3, Spalte 2:
PL/SQL: Statement ignored
```

10. 2. 6. Berechtigungskonzepte bei gespeicherten Unterprogrammen

Bisher haben Sie die gespeicherten Module entweder unter Ihrem eigenen Namen erstellt und gespeichert, oder – wie wir es zurzeit vorführen – unter dem Namen des Benutzers Scott. Dies ist für einige Fälle sicherlich ausreichend, aber manchmal ist man so stolz auf ein Werkzeug, das man sich selbst erstellt hat, dass man es anderen zugänglich machen möchte.

➜ *Berechtigungen erteilen und entziehen*

Während ein Benutzer wie System durchaus ein Unterprogramm von Scott mit der einfachen Syntax

```
DECLARE
BEGIN
  SCOTT.DOZENTENDATEN(7);
END;
```

1026_01.sql: Verwendung einer fremden Prozedur

ausführen kann, weil er die nötigen Berechtigungen besitzt, so ist es für einen Benutzer wie Frau Hülzemann mit dem Benutzernamen Huelzemann gerade nicht möglich. Sie erhält – im schlimmsten Fall mitten in Scotts Urlaubszeit – folgende »motivierende« Fehlermeldung:

```
SCOTT.DOZENTENDATEN(7);
    *
FEHLER in Zeile 3:
ORA-06550: Zeile 3, Spalte 2:
PLS-00201: Bezeichner 'SCOTT.DOZENTENDATEN' muss deklariert werden
ORA-06550: Zeile 3, Spalte 2:
PL/SQL: Statement ignored
```

Man erfährt wie immer nicht einmal, ob Scott seine ach so nützlichen Prozeduren einfach gelöscht hat oder ob man nur keine Berechtigungen für sie besitzt, da das System in diesem Fall immer so tut, als hätte es dieses Objekt eines anderen Benutzers nie gegeben.

Um Frau Hülzemann Zugriff auf die Daten zu gewähren, muss der Objekt-Besitzer eine entsprechende Berechtigung für seinen Kollegen oder die Rolle, die der Kollege besitzt, erteilen. Dies geschieht für das aktuelle Beispiel mit dem Befehl:

```
GRANT EXECUTE ON dozentendaten TO huelzemann;
```

Sollten sich die beiden einmal streiten und sollte Scott aus mannigfaltigen persönlichen Gründen verhindern wollen, dass Frau Hülzemann seine Prozedur weiterhin benutzt, kann er die Rechte folgendermaßen entziehen, was seine Kollegin spätestens durch die oben abgedruckte Fehlermeldung erfährt.

```
REVOKE EXECUTE ON dozentendaten FROM huelzemann;
```

➜ *Probleme bei abhängigen Datenbank-Objekten*

Folgende Situation soll dieses Problem beleuchten und auch seine Lösung darstellen. Scott erteilt mit

```
GRANT EXECUTE ON terminerfassung TO huelzemann;
```

Frau Hülzemann die Berechtigung, mit Hilfe der Prozedur `Terminerfassung` Termine anhand der Kursnummer, eines Beginns und einer Ortsangabe in der Tabelle `SCOTT.TERMIN` zu erstellen. Sobald sie dies mit der Syntax

```
DECLARE
BEGIN
  SCOTT.TERMINERFASSUNG(1025039, '15.03.2004', 'Essen');
  COMMIT;
END;
```

ausführen möchte, erhält sie die erfreuliche Meldung:

```
PL/SQL-Prozedur wurde erfolgreich abgeschlossen.
```

Sobald Scott die Arbeit seiner Kollegin mit der Abfrage

```
SELECT *
  FROM termin
 WHERE T_Nr = (SELECT MAX(T_NR) FROM termin);
```

überprüfen möchte, findet er diesen letzten Termin. Möchte Frau Hülzemann allerdings auch überprüfen, ob der Termin korrekt eingetragen wurde, so erhält sie – trotz der korrekten Syntax – bei Zugriff auf Scotts Tabellen mit

```
SELECT *
  FROM scott.termin
 WHERE T_Nr = (SELECT MAX(T_NR) FROM scott.termin);
nur die unangenehme Fehlermeldung:
  FROM scott.termin
       *
FEHLER in Zeile 2:
ORA-00942: Tabelle oder View nicht vorhanden
```

Sollten Sie sich nun wundern, warum Frau Hülzemann nicht auf diese Tabelle zugreifen kann, obwohl sie doch gerade nachweislich einen Eintrag in ihr ausgeführt hat, dann sollten Sie sich wiederum wundern, warum Sie sich gerade nicht gewundert haben, dass Sie einfach mit Scotts Prozedur auf Scotts Tabellen arbeiten kann, ohne dafür eigene Berechtigungen zu besitzen. Diese ganze Konstruktion beruht auf der Berechtigungsstruktur von Modulen, die zum einen mit dem Erteilen von Berechtigungen – wie gerade gesehen – und der Definition von Modulen zusammenhängt. Bei der allgemeinen Syntax von Modulen haben wir stets die optionale Klausel [AUTHID {CURRENT_USER | DEFINER}] erwähnt, aber bisher noch nicht verwendet. Sie beschreibt die folgenden beiden Rechtedimensionen:

- DEFINER legt als Standardwert (braucht also nicht erwähnt zu werden) fest, dass ein berechtigter Benutzer das Modul unter der Berechtigungsmenge des Objekt-Besitzers ausführt. Sollte also ein Benutzer keine Berechtigung an Tabellen des Objekt-Besitzers haben, so löst dies keine Fehlermeldung bei der Verwendung des Moduls aus, da die Berechtigungsmenge des Besitzers für den Aufruf gilt. Damit greifen andere Benutzer über das Modul auf die Schema-Objekte des Besitzers zu, indem sie an seiner statt tätig werden.

- CURRENT_USER legt dagegen fest, dass auch bei der Ausführung der Modulanweisungen die Berechtigungen des Benutzers zu berücksichtigen sind. Dies bedeutet, dass dieser Benutzer neben der Berechtigung, das Modul auszuführen, auch Berechtigungen an weiteren Schema-Objekten braucht, die im Modul aufgerufen werden.

Im aktuellen Beispiel fehlt die AUTHID-Klausel, sodass im Standardfall folgende Situation vorhanden ist:

```
CREATE OR REPLACE PROCEDURE Terminerfassung
( Kursnummer IN kurs.K_Nr%TYPE,
  Beginn     IN termin.T_Beginn%TYPE,
  Ort        IN VARCHAR2 )
AUTHID DEFINER -- Standard
IS
...
```

Sobald allerdings AUTHID CURRENT_USER zum Einsatz kommt, ist es für einen Benutzer, der nur Berechtigungen am Modul, nicht aber an den im Modul aufgerufenen weiteren Schema-Objekten besitzt, nicht mehr möglich, das Modul auszuführen. So würde also Frau Hülzemann in diesem Fall diese Fehlermeldung erhalten:

```
DECLARE
*
FEHLER in Zeile 1:
ORA-00942: Tabelle oder View nicht vorhanden
ORA-06512: in „SCOTT.TERMINERFASSUNG", Zeile 11
ORA-06512: in Zeile 3
```

Damit sie in diesem Fall weiterhin die Prozedur nutzen kann, benötigt sie noch weitere Berechtigungen an Scotts BUCHUNG-Tabelle, was mit folgenden Befehlen bewerkstelligt werden kann. Beachten Sie hierbei, dass nicht nur die Tabelle TER-MIN betroffen ist, sondern auch die Tabelle KURS, aus der die Kursdauer ermittelt wird, und die Funktion ZaehleReihen, die für die Ermittlung des aktuellen höchsten Schlüsselwerts zuständig ist.

```
GRANT SELECT, INSERT ON termin TO huelzemann;
GRANT SELECT ON kurs TO huelzemann;
GRANT EXECUTE ON ZaehleReihen TO huelzemann;
```

10. 2. 6. 1 Benutzerrechte bei einzelnen Modulen

Während Funktionen und Prozeduren, sofern sie unabhängig von Paketen in der Datenbank gespeichert werden, jeweils individuelle Berechtigungen haben können, lassen sich Berechtigungen in Paketen nur global vergeben:

- **Für Funktionen gilt**

```
[CREATE [OR REPLACE ] ] FUNCTION name [parameterliste]
 RETURN datentyp
[ AUTHID { DEFINER | CURRENT_USER } ]
{IS | AS}
koerper;
```

- **Für Prozeduren gilt**:

```
[CREATE [OR REPLACE ] ] PROCEDURE name [parameterliste]
[ AUTHID { DEFINER | CURRENT_USER } ]
{IS | AS}
koerper;
```

- **Für Pakete gilt** dagegen, dass nur die Gesamtheit des Pakets – und nicht einzelne Bestandteile – Benutzerrechte erhalten können:

```
[CREATE [OR REPLACE ] ] PACKAGE spezifikationsname
[ AUTHID { DEFINER | CURRENT_USER } ]
{IS | AS}
spezifikation;
```

10. 2. 7. Beispiel-Programm: Testdaten-Erzeugung

Die Thematik der zurückliegenden Abschnitte soll nun anhand einer größeren Anwendung, die Testdaten für die vorhandene Datenbank erstellt, noch einmal an einem realistischen Beispiel dargestellt werden. Danach stellen wir Ihnen einige ausgewählte Pakete und damit bereitstehende Funktionalitäten aus dem reichhaltigen Paketumfang von PL/SQL vor. Diese Anwendung besitzt einen größeren Stil und wird in diesem Abschnitt so programmiert, dass sie in jedem Fall leicht verständlich und auch schon beim Lesen nachvollziehbar sein wird. Später werden wir die Module dann auf ihre Geschwindigkeit hin untersuchen und den Versuch unternehmen, mit den allgemeinen Regeln zur Anwendungsoptimierung diese Geschwindigkeit zu verbessern. Im Gegensatz zu den vielen kleinen Programmen, mit denen wir die Syntax vorgestellt haben, handelt es sich bei unserer Anwendung wegen ihrer Größe tatsächlich um einen realistischen Anwendungsfall, bei dem auch die Leistungsoptimierung nicht zu kurz kommen sollte.

10. 2. 7. 1 Sinn und Zweck der Testdaten-Erzeugung

Nicht immer liegt eine Datenbank bereits mit Tausenden oder Millionen von Datensätzen vor. Ist dies der Fall, wird man dem Entwicklungsteam einen gewissen Datenbestand für Test- und Entwicklungszwecke als Beispielbasis zur Verfügung stellen, der nicht mit den zurzeit laufenden realen Anwendungen in direktem Bezug steht. In den Fällen, in denen noch keine Datenbank implementiert wurde

10

oder noch keine Daten in realistischer Umgebung erfasst worden sind, bestehen jedoch ebenfalls das Bedürfnis und die Notwendigkeit, mit einer realistischen und einer inhaltlich logischen Datenmenge zu operieren. Gerade in Umgebungen, die neu programmiert werden, ergeben sich unterschiedliche Einsatzbereiche für diese Dummy-Datenmengen:

- (Vor-)letzter **Test des Datenmodells** auf Konsistenz, Benutzbarkeit und korrekte Umsetzung der gestellten Anforderungen,

- **Entwicklung von Systemkomponenten** wie von Programmen, Formularen, Ein- und Ausgabemasken ode Ergebnislisten mit beispielhaften Einträgen z. B. zur Layout-Kontrolle, Benutzbarkeit, Ergonomie oder Struktur-Überprüfung und

- **Leistungs-Tests** bei umfangreichem Datenbestand und der Erarbeitung von geschwindigkeits- und verarbeitungsoptimalen Abfragen für die Datenerfassung, Änderung und Löschung sowie natürlich für die Verarbeitung von Ergebnismengen.

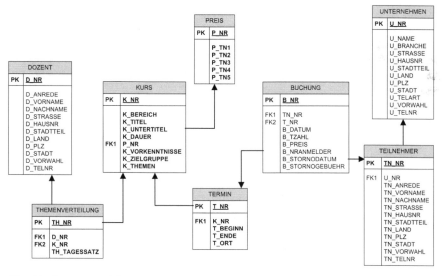

Übersicht des Datenmodells

Da die hier vorgestellte Beispielanwendung auf keinen realen Daten beruht, standen wir natürlich auch vor dem Problem, Daten entweder manuell oder über geeignete Programme automatisch zu erzeugen. Auf Oracles Beispieldatenbank mochten wir auch nicht zurückgreifen. Sofern es sich um zahlenbasierte Datenmengen wie z. B. Buchungen handelt, ist es sehr einfach, geeignete Datensätze zu erzeugen. Schwieriger wird es dagegen bei eher textbasierten Inhalten, sofern man eine Wiederholung von einer Hand voll Blindtext-Textbausteinen verhindern möchte. Aus diesem Grund soll das folgende Programmbeispiel ausschließlich die Buchungsdaten für die Seminaranmeldungen automatisch erzeugen, während alle anderen Informationen wie die Kurs- oder Kundendaten tatsächlich von Hand erfasst wurden. Für Ihre eigene Arbeit sollten Sie nun für alle Zeit Kundendaten vorrätig haben, die Sie in anderen Umgebungen auch einsetzen können.

Unser Ziel soll also eine automatische Auffüllung der Tabelle BUCHUNG sein, wozu sich zunächst zwei Prozeduren und eine Funktion sehr leicht identifizieren lassen unklar. Da diese Tabelle eine Hybridform zwischen einer reinen Anmeldungserfassung und einem Quasi-Buchhaltungsmodell bildet, werden die eingehenden Anmeldungen und Stornierungen nicht mit einem SQL-Befehl wie UPDATE verrechnet, sondern tatsächlich nacheinander erfasst. Somit ist nachher auch für dokumentarische Zwecke sehr leicht nachvollziehbar, welche Teilnehmer storniert haben oder welche Kurse bzw. Termine besonders stornierungsanfällig sind. Für beide Vorgänge wird jeweils ein neuer Preis benötigt, da sich ja der einzelne Teilnehmerpreis mit Hilfe der Rabattierung berechnet, die wiederum von der Anzahl der Teilnehmer abhängt, die sich in einer Gruppe anmelden. Daher ergibt sich schon einmal folgende Roh-Struktur:

- **Prozedur BUCHEN**
  Ein Teilnehmer bucht für sich oder mehrere weitere Teilnehmer (Kollegen, Freunde, Bekannte) aus der Tabelle TEILNEHMER ein Seminar. Handelt es sich um ein Firmenseminar, bezieht sich die Buchung auf einen Termin, der zwischen dem Unternehmen bzw. den Anrufenden und dem Schulungsunternehmen auszuhandeln ist. Der Einfachhheit halber sind diese Termine ebenfalls bereits in der Tabelle TERMIN vorgegeben. Im gegenteiligen Fall handelt es sich bei dem Buchungsvorgang um die Anmeldung für einen Standardkurs, dessen Termin von vornherein vorgegeben war. Hier liegt also eine Vereinfachung vor.

- **Prozedur STORNIEREN**

  Es soll und muss die Möglichkeit bestehen, dass eine bestimmte Prozentzahl der Buchungen (z. B. weniger als 5 %) storniert wird. Damit diese Information nicht verloren geht und weil nur über eine eigene Erfassung ein buchhaltungsähnliches Modell entsteht, werden die Stornierungen extra erfasst und erhalten zusätzlich ein Datum und eine Gebühr. Diese Datensätze unterscheiden sich also lediglich durch diese beiden speziellen Felder von den übrigen Anmeldedaten. Im Grundmodell, das wir Ihnen vorstellen, wird die gesamte Stornierung nicht extra berücksichtigt. Sie lässt sich agedanklich zwar leicht mit einer weiteren Zufallsvariable berücksichtigen, löst allerdings erhebliche Änderungen aus.

- **Funktion PREIS_FINDEN**

  Die Preisgestaltung der Seminare richtet sich sowohl nach dem Schwierigkeitsgrad des Seminars als auch nach unterschiedlichen weiteren Faktoren wie nach der Teilnehmeranzahl einer Gruppenbuchung bei einem Standardseminar oder nach dem Typ des Firmenseminars. Im letzten Fall beläuft sich der Preis auf den mit der Seminardauer in Tagen multiplizierten Dozententagessatz und einen Multiplikator als Firmengewinn. Im anderen Fall verringert sich der Teilnehmerpreis prozentual bis hin zu sechs Teilnehmern, je mehr Teilnehmer sich gleichzeitig in Form einer Kleingruppe für einen Termin amelden. Beide Fallunterscheidungen lassen sich in Form einer Funktion programmieren, da natürlich der Preis auch bei einer Stornierung erneut berechnet werden muss, da die Anzahl der Teilnehmer sinkt. Die Funktion soll in Abhängigkeit von unterschiedlichen Parametern wie Seminartyp oder Teilnehmeranzahl den entsprechenden Gesamt- oder Einzelteilnehmerpreis zurückliefern. In der endgültigen Lösung soll nicht zwischen beiden Seminartypen unterschieden werden. Der Einfachheit halber ermittelt diese Funktion stets den Preis gemäß der Tabelle PREIS.

Am einfachsten ist eine geordnete Aufstellung der einzelnen Spalten mit Hinweisen, wie die entsprechenden Spaltenwerte pro Buchung ermittelt werden sollen. Dabei soll es auch um Plausibilitäten zur logischen Absicherung des Datenmaterials gehen:

- B_Nr

  Die Buchungsnummer wird im einfachsten Fall über eine Abfrage der aktuell größten Buchungsnummer und Addition von 1, und im elegantesten Fall durch Einsatz einer Sequenz ermittelt. Dabei würde eine Sequenz für jeden neuen Buchungssatz automatisch eine ähnliche oder die gleiche Rechnung ausführen und das Ergebnis zurückliefern.

- TN _ Nr
  Die Teilnehmernummer ermittelt sich zufällig aus dem vorhandenen Daten-material (Einlesen der Kundennummer in eine verschachtelte Tabelle entlang der Tabelle TEILNEHMER und Berücksichtigung von Kollegen anhand der Firmennummer bzw. Freunden anhand der Postleitzahl). Sie liefert somit ebenfalls zufällig Unternehmenskunden oder Einzelteilnehmer. Die Existenz einer Unternehmensnummer kann über eine entsprechende Schaltvariable abgefragt werden, die dann den weiteren Verlauf der Daten regelt. In einer anderen Programmstruktur ließe sich dieses Problem auch insoweit vereinfachen, als dass eine Prozedur für die Buchung von Einzelteilnehmern und eine Prozedur für die Buchung von Firmenseminaren erstellt wird und in der Abfrage zur Erzeugung des Arrays auf einen NULL-Wert in der Spalte U _ Nr geprüft wird.

- T _ Nr
  Damit die Buchungen chronologisch erfolgen, hangelt sich das Programm an den sequenziell angeordneten Datensätzen in der Tabelle TERMIN entlang. Dies führt dazu, dass gewisse Kurse anhand einer Gewichtung auch schon einmal nicht stattfinden können und daher bereits vor ihrer Verarbeitung ausgeschlossen werden.

- B _ Datum
  Die einzige Bedingung, die für diese Spalte stets erfüllt sein muss, ist die zeitliche Reihenfolge in Bezug auf den Beginn des Seminars. Innerhalb einer zufälligen Spanne von ca. 10 Wochen vor dem Beginn muss die Buchung (oder natürlich auch eine Stornierung) erfolgen. Diese Spalte wird dann in umgekehrter Reihenfolge als vordere Intervallgrenze auch für die Spalte B _ Stornodatum bedeutsam, da eine Stornierung nur zwischen B _ Datum und T _ Beginn eingehen kann.

- B _ TZahl
  Die Teilnehmerzahl kann zwischen einer und sechs gleichzeitigen Anmeldungen schwanken. Diese Zahl geht dann später wiederum in die Preisberechnung ein. Da die Gruppe zu Anfang bei der Teilnehmerauswahl gebildet wird, muss hier bereits berücksichtigt werden, dass eine maximale Grenze vorhanden ist, die für den Buchungsvorgang nicht überschritten werden darf. Im einfachsten

Fall kürzt man die entstehende Sammlung; im elegantesten Fall erzeugt man noch eine Wartelistenverarbeitung.

- B _ Preis

  In dieser Spalte ermittelt man automatisch anhand der Teilnehmerzahl und der Kursnummer den passenden Kleingruppenpreis aus der Tabelle PREIS. Würde man zusätzlich auch Stornierungen berücksichtigen, müssten hier genauso Änderungen vorgenommen werden wie in der Spalte B _ TZahl.

- B _ NrAnmelder

  Die Anmeldung erfolgt stets von einer realen Person über beliebige Kommunikationsmittel, wobei der Anmelder selbst auch Teilnehmer ist und eine bestimmte Menge an Kollegen anmeldet. In jedem Buchungsfall wird zusätzlich für jede Buchung auch die Kundennummer des Haupt-Anmelders festgehalten. Im Fall einer Gruppenanmeldung ist damit nämlich über diese Nummer und das gemeinsame B _ Datum die gesamte Gruppe erkennbar, So lassen sich auch Stornierungen ausführen.

- B _ Stornodatum

  In ungefähr 10 % aller Anmeldungsfälle sollten die Buchungen auch wieder gelöscht werden. Dies kann über eine Modulo-Berechnung und entsprechende Abfrage dieses Falls für jeden zehnten Buchungsfall geschehen. Um eine solche einfache Lösung mit allzu systematischer Ordnung zu vermeiden, könnte man auch nach dem Durchlauf der Buchungsschleife die Buchungsnummer in eine Sammlung einlesen, diese zufällig sortieren und jedes zehnte Element auswählen, um die Buchung für diese Buchungsnummer rückgängig zu machen. Dies würde dann zunächst die Spalte B _ Nr betreffen. Für das Storno-Datum existiert lediglich die Einschränkung, dass die Stornierung zeitlich zwischen dem B _ Datum und dem Beginn des Termins erfolgen muss. Im Beispiel verzichten wir auf eine Berücksichtigung der Stornierungen.

- B _ Stornogebuehr

  Im einfachsten Fall gibt es natürlich keine Storno-Gebür, d. h., jeder Teilnehmer kann sich ohne Schwierigkeiten vom Kurs abmelden. Allerdings besteht finanziell ein Problem für die Bezahlung des Dozenten, da dieser natürlich unmittelbar vor dem vielleicht sogar ausfallenden Seminar keinen weiteren Auftrag annehmen kann. Daher werden bei einer Abmeldung, die weniger als sieben Tage vor dem Seminarbeginn erfolgt (was über das B _ Stornodatum ermittelt wird) 50 % der Seminargebühren als Storno-Gebühr in Rechnung

10

gestellt. Zusätzlich verändern sich `B _ TZahl` und der `B _ Preis` durch eine erneute Preisberechnung. Wollte sich ein Teilnehmer für einen anderen Kurs anmelden (was nicht passiert bzw. auch nicht nachzuvollziehen ist), wird er storniert und wieder neu angemeldet. Ob dafür eine Storno-Gebühr anfallen würde, wäre zu überlegen, spielt für unser Beispiel aber keine Rolle.

Die Auflistung der Spalten sowie die Überlegungen und Bedingungen, wie prinzipiell die Daten zu ermitteln sind, die die Spaltem füllen, ist eine einfache Technik, die insbesondere bei Tabellen ohne inhaltliche Informationshierarchie leicht von der Hand geht. Sie kann im Regelfall als Grundgerüst für ein Programm zur Testdatenerzeugung dienen. Im vorliegenden Fall hingegen gibt es einige Beziehungen zwischen Spalten, die nur in speziellen Fällen wie bei der Abfrage von Schaltvariablen oder gewöhnlichen Spaltenwerten sichtbar werden oder in Erscheinung treten.

10. 2. 7. 2 Modularisierung der Anforderungen

Das Endergebnis befindet sich in verschiedenen Dateien. Mit der in diesem Abschnitt vorgestellten Datei haben Sie eine Variante vorliegen, mit der Sie die einzelnen Funktionen auf Ihre Funktionstüchtigkeit hin überprüfen können. Diese Funktionen sollten allerdings im Paket `GENERATOR` allesamt privater Natur sein, da sie in der Verwendung keinen selbstständigen Nutzen bringen. Sie repräsentieren vielmehr die Anforderungen, die im Rahmen des `INSERT`-Befehls an diejenigen Spalten zu stellen sind, die ihre Werte nicht direkt aus Variablen (wie z. B. die Terminnummer), sondern aus einer Berechnung beziehen, die sich hervorragend durch eine Funktion abbilden lässt. In der Datei *653_01.sql* finden Sie also eine Paket-Spezifikation, mit der Sie selbst die Funktionsweise einer solchen Funktion über die Vorgabe der passenden Werte und den Aufruf in `DBMS _ OUTPUT.` `PUT _ LINE` testen können. Dies könnte – und ist vermutlich auch in anderen Zusammenhängen Ihre Vorgehensweise – ein mögliches Prozedere sein, um schrittweise modulare Anwendungen zu konstruieren. Solange man das Gesamtkonzept vor Augen hat, kann man einzelne Bereiche programmieren, testen und nachher in größeren Zusammenhängen aufrufen. Das einzige Problem, das sich dann noch stellen kann, liegt im Bereich der Parameterübergabe.

Die nächsten Funktionen stellen also zunächst die Gruppe von Funktionen dar, die als Spaltenfunktion in SQL zum Einsatz kommen sollen. Hierbei ist darauf zu achten, die Reinheitsgrade nicht zu verletzen, wobei die wichtigste Forderung darin besteht, nur IN-Parameter anzubieten. Der Rückgabewert solcher Funktionen sollte bzw. muss mit dem Felddatentyp kompatibel sein bzw. übereinstimmen. Am einfachsten ist hier immer die automatische Typableitung, da sogar eine Einschränkung möglich ist:

- ErmittlePreis ermittelt einen Gruppenpreis anhand der Terminnummer, die zur Ermittlung der Kursnummer verwendet wird, und anhand der Teilnehmerzahl, die für die Wahl der passenden Preisstufe benutzt wird.

```
FUNCTION ErmittlePreis (
  Terminnummer   IN termin.T_Nr%TYPE,
  Teilnehmerzahl IN buchung.B_TZahl%TYPE)
RETURN buchung.B_Preis%TYPE;
```

- ErmittleBereich ermittelt K _ Bereich für eine gegebene T _ Nr, wobei diese – wie schon zuvor – dazu verwendet wird, die Kursnummer ausfindig zu machen.

```
FUNCTION ErmittleBereich (
  Terminnummer   IN termin.T_Nr%TYPE)
RETURN kurs.K_Bereich%TYPE;
```

- ErmittleDatum ermittelt für einen gegebenen Termin ein Anmeldedatum, das, zufällig verschoben, vor dem Beginn des Kurses liegt. Hier wird berücksichtigt, dass mehrere Teilnehmer eine größere Vorlaufzeit benötigen.

```
FUNCTION ErmittleDatum (
  Terminnummer   IN termin.T_Nr%TYPE,
  Teilnehmerzahl IN buchung.B_TZahl%TYPE)
RETURN buchung.B_Datum%TYPE;
```

- BerechneNr ermittelt die passende Buchungsnummer anhand der bereits vorhandenen Reihen. Hier könnte auch eine Sequenz zum Einsatz kommen.

```
FUNCTION ZaehleReihen  (
   Tabelle IN  VARCHAR2 := 'buchung',
   Spalte  IN  VARCHAR2 := 'B_Nr')
RETURN buchung.B_Nr%TYPE;
```

1027_01.sql: SQL-Funktionen und ihre Schnittstellen

Neben den SQL-Funktionen gibt es eine weitere Funktion, die für die Erzeugung einer Sammlung mit Zufallszahlen zuständig ist. Dies lässt sich nur als lokales Modul bzw. im Rahmen einer Paketstruktur implementieren, da als Rückgabewert der Datentyp NUMMERN zum Einsatz kommt. Alternativ könnte man auch hier einen eigenen Datentyp anlegen und in der Datenbank speichern, was allerdings zu Folge hätte, dass man diesen auf anderen Systemen ebenfalls speichern müsste. In der Datei *653_05.sql* finden Sie auch eine Variante als anonymen Block mit der gleichen Funktionalität.

```
t_Zufall NUMMERN;
FUNCTION BerechneZufall (
    a       IN NUMBER,
    r       IN NUMBER,
    c       IN NUMBER,
    m       IN NUMBER )
RETURN NUMMERN;
```

1027_01.sql: Zufallsfunktion für die Erzeugung von Zufallszahlen

Mit Blick auf die Modulstruktur ergibt sich dann natürlich eine Prozedur für die eigentliche Buchung, die eine Vielzahl der SQL-Funktionen aufruft. Als einzige öffentliche Prozedur bzw. als einziges sinnvoll öffentliches Modul jedoch benötigt man eine Start-Prozedur, die den gesamten Prozess in Bewegung setzt.

- BucheTeilnehmer erfasst einzelne Anmeldungen anhand der in den einzelnen Funktionen ermittelten Werte für Terminnummern und Teilnehmernummern. Als OUT-Parameter wird hier zur Kontrolle die erzeugte Buchungsnummer ausgegeben. Hier hätte man auch für eine umfassende Kontrolle mit %ROWTYPE sämtliche Daten der Tabelle BUCHUNG ableiten können. In der Datei *653_06.sql* finden Sie einen einfachen Test dieser Prozedur in einem anonymen Block.

```
PROCEDURE BucheTeilnehmer (
    Teilnehmernr    IN  buchung.TN_Nr%TYPE,
    Terminnummer    IN  buchung.T_Nr%TYPE,
    Teilnehmerzahl  IN  buchung.B_TZahl%TYPE,
    Anmelder        IN  buchung.B_NrAnmelder%TYPE,
    Buchungsnr      OUT buchung.B_Nr%TYPE);
```

- `Ausfuehrung` führt den Generator aus und stellt die einzige öffentliche Schnittstelle dar, die im späteren Paket in der Spezifikation vorhanden sein wird. Sie erwartet eine Anzahl an Kleingruppen, die erzeugt und für die Buchungen ausgeführt werden sollen.

```
PROCEDURE Ausfuehrung (
  Anzahl IN NUMBER );
```

1027_01.sql: Prozeduren für die Buchung und die Ausführung

Neben all den Funktionen und Prozeduren, die bereits durch ihre Schnittstellen und ihre verheißungsvollen Namen eine beeindruckende Aktivität verspüren lassen, benötigt das gesamte Programm – der Generator – Datenstrukturen, die als globale Parameter eingehen. Dazu haben wir zum einen den bereits verwendeten Datentyp NUMMERN konstruiert, der überall dort zum Einsatz kommen soll, wo eine Sammlung mit Zahlen erzeugt werden soll. Dies ist für die Teilnehmer- und die Terminnummer sowie für die Zufallszahlen von Bedeutung.

- NUMMERN repräsentiert den an vielen Stellen in der Anwendung verwendeten Datentyp für verschachtelte Tabellen, wobei durch seine Definition diese auch als Funktionsrückgabewerte möglich werden.

```
TYPE NUMMERN IS TABLE OF NUMBER
  INDEX BY BINARY_INTEGER;
```

- Die Gewichtungsparameter dienen dazu, die Anwendung über die einfachen Zufallszahlen hinaus auch mit Wahrscheinlichkeiten zu belegen, die über die Zufallszahlen nur noch gesteuert werden. Anstatt also so vorzugehen, dass über eine Zufallszahl eine Terminnummer beliebig zufällig vergeben wird oder auch nicht vergeben wird, entwickelt man Gewichtungen für die Kursbereiche und den Monat des Seminars. Tendenziell würde sich also ein Programmierkurs im Mai und Juni am besten verkaufen lassen, wohingegen Office-Kurse im Januar nur eine ganz geringe Gewichtung haben. Über die Zufallszahlen lässt sich dann mit einem Schwellenwert und einer Produktbildung eine Hürde festsetzen, an der sich entscheidet, ob Kurse stattfinden oder nicht.

```
TYPE GEWICHT IS TABLE OF NUMBER(4,2);
  -- Programmierung, Datenbanken, Programmierung(Office), Office,
Server, Webdesign, Grafik
```

```
t_Kurse  GEWICHT := GEWICHT(0.9, 0.8, 0.7, 0.5, 0.8, 0.6, 0.6);
-- Jan, Feb, März...
t_Monate GEWICHT := GEWICHT(0.4, 0.5, 0.7, 0.8, 0.9, 0.9, 0.8,
0.6, 0.7, 0.8, 0.6, 0.4);
```

1027_01.sql: Datenstrukturen

Bei den aktuellen Gewichtungen ergibt sich der Zustand, dass ca. 15 % der angebotenen Seminare nicht stattfinden. Eine sehr komplexe Abfrage ermittelt diese Zahl sowie die absoluten Zahlen der angebotenen, durchgeführten und ausgefallenen Seminare. Diese Abfrage basiert allerdings weniger auf Zauberei als auf dem regen Einsatz von Unterabfragen in der Spaltenliste, die teilweise auch durch Berechnungen verknüpft und mit sprechenden Spaltennamen ausgegeben werden.

```
SELECT DISTINCT (SELECT COUNT(*)
                FROM buchung RIGHT OUTER JOIN termin
                ON buchung.T_Nr = termin.T_Nr
                WHERE buchung.T_Nr IS NULL) /
                (SELECT COUNT(*) FROM termin)*100
                                        AS Prozent,
                (SELECT COUNT(*) FROM termin) AS Angebot,
                (SELECT COUNT(*)
                FROM buchung RIGHT OUTER JOIN termin
                ON buchung.T_Nr = termin.T_Nr
                WHERE buchung.T_Nr IS NULL)
                                        AS Ausgefallen,
                (SELECT COUNT(*) FROM termin) -
                (SELECT COUNT(*)
                FROM buchung RIGHT OUTER JOIN termin
                ON buchung.T_Nr = termin.T_Nr
                WHERE buchung.T_Nr IS NULL)
                                        AS Stattgefunden
    FROM termin
```

1027_03.sql: Analyse der Termine, die stattgefunden haben bzw. ausgefallen sind

Als Ergebnis erhält man folgende Übersicht, die tatsächlich im Vergleich zur zu Grunde liegenden Abfrage wohltuend übersichtlich ist. Weitere Analysen der Buchungsstruktur werden im SQL-Kapitel durchgeführt. Wichtig ist hier nur, das Ergebnis und die Wirkung der Gewichtungen zu verstehen.

```
  PROZENT    ANGEBOT AUSGEFALLEN STATTGEFUNDEN
---------- ---------- ----------- -------------
15,7814871        659         104           555
1 Zeile wurde ausgewählt.
```

Nach diesen einleitenden Ausführungen fügen wir nun noch einmal die gesamte Spezifikation ein, wie sie tatsächlich sinnvoll und endgültig in der Datenbank gespeichert werden sollte. Die Gewichtungen, der Datentyp und die Prozedur Ausfuehrung bleiben übrig. Die SQL-Funktionen bleiben ebenfalls übrig, da sie nur so in Paket-Körper verwendet werden können. Um dies zu testen, sollten Sie später bei der Ausführung einmal eine Funktion löschen und die Fehlermeldung abwarten.

```
CREATE OR REPLACE  PACKAGE „SCOTT"."GENERATOR" as
TYPE NUMMERN IS TABLE OF NUMBER
 INDEX BY BINARY_INTEGER;
------------------Parameter
TYPE GEWICHT IS TABLE OF NUMBER(4,2);
 -- Programmierung, Datenbanken, Programmierung(Office), Office,
Server, Webdesign, Grafik
t_Kurse  GEWICHT := GEWICHT(0.9, 0.8, 0.7, 0.5, 0.8, 0.6, 0.6);
 -- Jan, Feb, März...
t_Monate GEWICHT := GEWICHT(0.4, 0.5, 0.7, 0.8, 0.9, 0.9, 0.8, 0.6,
0.7, 0.8, 0.6, 0.4);
------------------SQL-Funktionen
-- ErmittlePreis ermittelt Gruppenpreis
FUNCTION ErmittlePreis (
 Terminnummer   IN termin.T_Nr%TYPE,
 Teilnehmerzahl IN buchung.B_TZahl%TYPE)
RETURN buchung.B_Preis%TYPE;
-- ErmittleBereich ermittelt K_Bereich für T_Nr
FUNCTION ErmittleBereich (
 Terminnummer   IN termin.T_Nr%TYPE)
RETURN kurs.K_Bereich%TYPE;
-- ErmittleDatum ermittelt für Termin ein Anmeldedatum
```

```
FUNCTION ErmittleDatum (
  Terminnummer    IN termin.T_Nr%TYPE,
  Teilnehmerzahl IN buchung.B_TZahl%TYPE)
RETURN buchung.B_Datum%TYPE;
-- BerechneNr ermittelt die passende Buchungsnummer
FUNCTION ZaehleReihen (
    Tabelle IN  VARCHAR2 := 'buchung',
    Spalte  IN  VARCHAR2 := 'B_Nr')
  RETURN buchung.B_Nr%TYPE;
-----------------------------------------------
-- Ausfuehrung führt den Generator aus
PROCEDURE Ausfuehrung (
  Anzahl IN NUMBER );
end GENERATOR;
```

1027_02.sql: Spezifikation von GENERATOR

Sobald Sie das Paket selbst programmieren, verändern oder testen, werden Sie feststellen, dass bei Änderungen im Paketinhalt und einem erneuten Aufruf durch einen z. B. anonymen Block folgende Fehlermeldung erscheint:

```
DECLARE
*
FEHLER in Zeile 1:
ORA-04068: Der bestehende Status der Pakete  wurde aufgehoben
ORA-04061: Bestehender Status von package body „SCOTT.GENERATOR"
wurde annulliert
ORA-04065: Ausführung nicht erfolgreich, package body „SCOTT.GEN-
ERATOR" wurde geändert oder gelöscht
ORA-06508: PL/SQL: aufgerufene Programm-Einheit ist nicht zu finden
ORA-06512: in Zeile 3
```

Dies sieht zunächst unglaublich dramatisch aus und wirkt fast so, als hätte man durch eine winzige (Parameter-)Änderung gleich das gesamte Paket ungültig oder fehlerhaft gemacht. Tatsächlich aber handelt es sich nur um eine Information, die darauf hinweist, dass der Paketzustand in der *Shared Global Area* (SGA) nicht mehr zum tatsächlich gespeicherten bzw. kompilierten Paket passt. Erst beim nächsten Aufruf wird es daher erneut in die SGA gerufen und steht dann mit jeder noch so kleinen Änderung bereit. Sie werden später, wenn wir die in PL/SQL per Default enthaltenen Pakete vorstellen, auch direkt auf diese Eigenschaft zugreifen und sie manipulieren können.

10. 2. 7. 3 Umsetzung der Anforderungen

Einerseits ist es sicherlich für Sie ganz interessant, eine größere Anwendung in PL/SQL kennen zu lernen, aber andererseits werden Sie sicherlich wenig Interesse haben, zehn Seiten Quelltext zu verschlingen. Daher haben wir auch einige Funktionalitäten wie die Stornierungen und die Unterscheidung in Firmen- und Standardseminare aus der Umsetzung herausgenommen, um das Programm in seiner Grundkonstruktion zu zeigen. Den gesamten Quelltext dieses Abschnitts finden Sie in der Datei *653_04.sql*. Der Übersichtlichkeit halber zerreißen wir die Struktur und fügen zwischen die einzelnen Module Kommentare und Hinweise ein, um das Verständnis zu erleichtern.

→ *Ermittlung des Zufalls*

Ein sehr einfacher Buchungsgenerator hätte die SAMPLE-Klausel von SQL verwenden und beliebige Teilnehmer auswählen können. Diese hätte man auf zufällige Gemeinsamkeiten wie z. B. eine gemeinsame Unternehmensnummer hin untersuchen können, um kleine Gruppen zu bilden. Dies hätte aber weitere Programmbereiche notwendig und die Anwendung zu zufällig gemacht. Da ja gerade bei der linearen Kongruenzmethode eine feste und damit reproduzierbare Zufallszahlenfolge entsteht, die die gesamte Anwendung steuert, sind die Ergebnisse stets dieselben. In dieser Version der schon zuvor im Rahmen der Rekursivität gezeigten Funktion erzeugt sie eine fertige Zufallszahlenfolge in einer verschachtelten Tabelle über den Datentyp NUMMERN. Der Zahlwert 0 wird ausgeschlossen und zu 1 umgewandelt, sobald er auftritt, da 0 in keiner Tabelle nützliche Werte hervorruft. Da nur IN-Parameter auftreten, wird auch keine Rekursion benötigt, sondern lediglich der eingehende Wert r in eine neue Variable $r2$ (sehr einfallsreich, wissen wir) gespeichert, sodass die Sammlung über eine Schleife gefüllt wird:

```
CREATE OR REPLACE  PACKAGE BODY „SCOTT". "GENERATOR" as
------------------Zufall
FUNCTION BerechneZufall (
  a        IN NUMBER,
```

```
r          IN NUMBER,
c          IN NUMBER,
m          IN NUMBER )
RETURN NUMMERN
IS
t_Zufall NUMMERN;
r2 NUMBER := r;
BEGIN
 FOR i IN 1..m LOOP
  r2 := (a*r2 + c)mod m;
  IF r2 = 0 THEN r2 := 1; END IF;
  t_Zufall(i) := r2;
 END LOOP;
 RETURN t_Zufall;
END BerechneZufall;
```

1027_04.sql: Zufallszahlenerzeugung

➜ *Preisermittlung*

Für alle SQL-Funktionen gilt, dass sie nur IN-Parameter aufweisen dürfen, sodass diese Restriktion in jedem Fall zu berücksichtigen ist. Sie kann im Programmablauf ggf. zu Änderungen in Form von Wertübernahmen in andere Variablen führen. Die Preisermittlungsfunktion entspricht der in einem früheren Abschnitt vorgestellten Funktion und basiert komplett darauf, die Teilnehmerzahl zu untersuchen, die Obergrenze bei 5 zu setzen und diese Zahl dann in einen SQL-Text einzubauen, der dynamisch ausgeführt wird. Es wird dann stets für eine Terminnummer, die die zugehörige Kursnummer ermittelt, der korrekte Kleingruppenpreis berechnet:

```
-------------------SQL-Funktionen
-- ErmittlePreis ermittelt Gruppenpreis
FUNCTION ErmittlePreis (
 Terminnummer   IN termin.T_Nr%TYPE,
 Teilnehmerzahl IN buchung.B_TZahl%TYPE)
RETURN buchung.B_Preis%TYPE
IS
 v_KPreis preis.P_TN1%TYPE;      -- Kurspreis
 v_SQL    VARCHAR2(300);         -- Abfrage
```

```
v_TNZahl buchung.B_TZahl%TYPE; -- TN-Zahl
v_KNr    kurs.K_Nr%TYPE;       -- Kursnr
BEGIN
-- Untersuchung der Eingaben
IF    Teilnehmerzahl > 5  THEN v_TNZahl := 5;
ELSIF Teilnehmerzahl <= 0 THEN v_TNZahl := 1;
ELSE v_TNZahl := Teilnehmerzahl;
END IF;
-- Ermittlung der Kursnummer
SELECT K_Nr
  INTO v_KNr
  FROM kurs NATURAL JOIN termin
 WHERE T_Nr = Terminnummer;
-- Abfrage für Preisbestimmung
v_SQL := 'SELECT P_TN'
        || v_TNZahl
        || ' FROM kurs NATURAL JOIN preis'
        || ' WHERE K_Nr='
        || v_Knr;
EXECUTE IMMEDIATE v_SQL
INTO v_KPreis;
RETURN v_KPreis;
EXCEPTION
WHEN NO_DATA_FOUND OR TOO_MANY_ROWS  OR VALUE_ERROR
  THEN v_KPreis := 0; RETURN v_KPreis;
END ErmittlePreis;
```

1027_04.sql: Preisermittlung

→ *Bereichsermittlung*

Für die Berechnung des Schwellenwerts benötigt man neben den Parametern, die direkt in der Paket-Spezifikation vorgegeben sind, noch den Bereich. Im Gegensatz zum Monat, in dem der Kurs stattfindet, lässt sich der Bereich nicht direkt aus dem Termin ermitteln, sondern nur indirekt über die Kursnummer. Dies alles ist kein Problem, da nur eine einzige Abfrage benötigt wird, deren einzeiliges und simples Ergebnis zurückgeliefert wird.

10

```
-- ErmittleBereich ermittelt K_Bereich für T_Nr
FUNCTION ErmittleBereich (
 Terminnummer    IN termin.T_Nr%TYPE)
RETURN kurs.K_Bereich%TYPE
IS
 v_KBereich kurs.K_Bereich%TYPE;
BEGIN
 SELECT K_Bereich
    INTO v_KBereich
    FROM termin NATURAL JOIN kurs
   WHERE T_Nr = Terminnummer;
   RETURN v_KBereich;
 EXCEPTION
 WHEN NO_DATA_FOUND OR TOO_MANY_ROWS  OR VALUE_ERROR
    THEN v_KBereich := 'NULL'; RETURN v_KBereich;
END ErmittleBereich;
```

1027_04.sql: Bereichsermittlung eines Termins

→ *Ermittlung eines Buchungsdatums*

Der Algorithmus für die Gewichtungsproblematik ist zwar mathematisch simpel, aber von der Konzeption doch ein wenig gehaltvoller. Das muss er auch sein, da diese Elemente öffentlicher Natur sind. Für die Berechnung eines Buchungstermins, der zeitlich vor dem Kursbeginn liegen muss, könnte man sich auch mit Zufallszahlen und dergleichen behelfen. Da aber diese Funktion im Verborgenen des Paket-Körpers liegt, muss man sich hier keinesfalls aus Marketing-Gründen Mühe geben, einen komplizierten Berechnungsmodus zu entwickeln. Wir multiplizieren einfach die Teilnehmeranzahl mit 10 und ziehen diesen Tageswert vom Kursbeginn ab. Dies entspricht ungefähr der Erfahrung, dass Kurse mit vielen Teilnehmern bzw. große Kleingruppen sich wegen Abstimmungs- und Planungsherausforderungen deutlich früher anmelden als einzelne Teilnehmer.

```
-- ErmittleDatum ermittelt für Termin ein Anmeldedatum
FUNCTION ErmittleDatum (
 Terminnummer    IN termin.T_Nr%TYPE,
 Teilnehmerzahl IN buchung.B_TZahl%TYPE)
RETURN buchung.B_Datum%TYPE
```

```
IS
  v_BDatum buchung.B_Datum%TYPE;
BEGIN
  SELECT T_Beginn-10*Teilnehmerzahl
    INTO v_BDatum
    FROM termin
    WHERE T_Nr = Terminnummer;
    RETURN v_BDatum;
  EXCEPTION
  WHEN NO_DATA_FOUND OR TOO_MANY_ROWS  OR VALUE_ERROR
    THEN v_BDatum := 'NULL'; RETURN v_BDatum;
END ErmittleDatum;
```

1027_04.sql: Ermittlung eines Buchungsdatums

➜ *Zuweisung von Buchungsnummern*

Zum wiederholten Mal folgt hier der Hinweis, dass man natürlich eine solche
Funktion nicht benutzen muss, wenn man eine Sequenz einsetzt. Da man diese
– wie auch schon ein anderer Datentyp als der, der mit dem Namen NUMMERN im
Paket vorhanden ist – in der Datenbank speichern muss, würde ihr Einsatz das Paket nicht transportabel machen. Ein Ausweg könnte hier nur eine eigene Funktion
sein, die mit dynamischem SQL die Sequenz erstellt. Aus diesen Gründen erscheint
es einfacher, wie immer die größte B _ Nr zu ermitteln und um 1 zu erhöhen:

```
-- ZaehleReihen ermittelt die passende Buchungsnummer
  FUNCTION ZaehleReihen(
    Tabelle IN  VARCHAR2 := 'buchung',
    Spalte  IN  VARCHAR2 := 'B_Nr')
  RETURN buchung.B_Nr%TYPE
IS
  v_SQL     VARCHAR2(300);
  v_Return buchung.B_Nr%TYPE;
BEGIN
  v_SQL := 'SELECT MAX('
          || Spalte
          || ') FROM '
          || Tabelle;
```

```
EXECUTE IMMEDIATE v_SQL
INTO v_Return;
IF v_Return IS NULL
  THEN v_Return := 1;
END IF;
RETURN v_Return+1;
END ZaehleReihen;
```

1027_04.sql: Zuweisung von höchsten Primärschlüsselwerten

➜ *Bildung der Kleingruppen*

Die zuvor gezeigten Funktionen stellten keine größere Schwierigkeit dar. Bei der Bildung der Kleingruppen, die dann kollektiv als Seminarteilnehmer gebucht werden, ist dies ein wenig anders. Für die Schnittstellen bedeutet dies, dass eine beliebige Teilnehmernummer in die Funktion eingeht und dass anhand dieser in zwei Strängen (mit Hilfe der Unternehmensnummer oder mit Hilfe der Postleitzahl) Kollegen bzw. Freunde ermittelt werden. Diese speichert die Funktion in die schon so oft verwendete Sammlung, die auf dem Datentyp NUMMERN basiert. Während die Zuweisung zur Kleingruppe über die im ersten Teilnehmerdatensatz gefundene Unternehmensnummer sehr einfach ist, kann man nicht davon ausgehen, dass jede Stadt mehrfach in der Tabelle erscheint, um genug Nachbarn zu liefern. Daher schaffen wir einen Postleitzahlenraum von minus/plus 1 000, um aus einem größeren Einzugsgebiet Teilnehmer zu Freundeskreisen zusammenzuführen.

Eine Übersicht über die Verteilung der Kleingruppengrößen liefert Ihnen die Abfrage:

```
SELECT COUNT(DISTINCT T_Nr) AS Terminanzahl,
       B_TZahl             AS Gruppenstärke
  FROM buchung
 GROUP BY B_TZahl
Sie erzeugt folgendes Ergebnis:
TERMINANZAHL GRUPPENSTÄRKE
------------ -------------
           2             1
          23             2
          48             3
```

```
        99              4
        92              5
       291              6
6 Zeilen ausgewählt.
```

In der Anwendung finden Sie zum Schluss eine hartkodierte Beschränkung der Teilnehmerzahlen pro Kurs auf sechs, indem die Elemente in der Sammlung mit einem Indexwert größer als sechs gelöscht werden. Hier könnte man natürlich noch über eine WARTELISTE-Tabelle entsprechende Funktionalitäten einbauen und bei Wartelistenwerten, die größer als ein bestimmter Schwellenwert sind, den Kurs doppelt stattfinden lassen:

```
-- FindeGruppe findet weitere Anmelder
FUNCTION FindeGruppe (
 Teilnehmernr IN teilnehmer.TN_Nr%TYPE)
RETURN NUMMERN
IS
 t_TNNr NUMMERN;
 v_UNr  teilnehmer.U_Nr%TYPE;
BEGIN
 -- Test auf Unternehmenskunde
 SELECT U_Nr
   INTO v_UNr
   FROM teilnehmer
  WHERE TN_Nr = Teilnehmernr;
 -- Fallunterscheidung
 -- 1. Unternehmenskunde
 IF v_UNr IS NOT NULL THEN
  SELECT TN_Nr
    BULK COLLECT INTO t_TNNr
     FROM teilnehmer
    WHERE U_Nr = (SELECT U_Nr
                    FROM teilnehmer
                   WHERE TN_Nr = Teilnehmernr);
 -- 2. Privatkunde
 ELSE
   SELECT TN_Nr
```

```
    BULK COLLECT INTO t_TNNr
    FROM teilnehmer
  WHERE TN_PLZ BETWEEN (SELECT TN_PLZ-1000
                          FROM teilnehmer
                          WHERE TN_Nr = Teilnehmernr)
              AND (SELECT TN_PLZ+1000
                      FROM teilnehmer
                      WHERE TN_Nr = Teilnehmernr);
  END IF;
  -- Test auf zu große Gruppe (max 6)
  IF t_TNNr.COUNT >6
    THEN t_TNNr.DELETE(7, t_TNNr.COUNT);
  END IF;
  RETURN t_TNNr;
  EXCEPTION
  WHEN NO_DATA_FOUND
    THEN t_TNNr(1) := Teilnehmernr; RETURN t_TNNr;
END FindeGruppe;
```

1027_04.sql: Bildung von Kleingruppen

Durch Zufall werden allerdings gar keine Kleingruppen aufgrund von privaten Anmeldungen belegt, was eine Aufstellung der Form

```
SELECT DISTINCT
     (SELECT COUNT(B_NrAnmelder)
        FROM buchung INNER JOIN teilnehmer
          ON buchung.B_NrAnmelder = teilnehmer.TN_Nr
      WHERE U_Nr IS NOT NULL)
                        AS Firmenanmeldungen,
     (SELECT COUNT(B_NrAnmelder)
        FROM buchung INNER JOIN teilnehmer
          ON buchung.B_NrAnmelder = teilnehmer.TN_Nr
      WHERE U_Nr IS NULL)
                        AS Privatanmeldungen
FROM buchung
mit folgendem Ergebnis belegt:
FIRMENANMELDUNGEN PRIVATANMELDUNGEN
----------------- -----------------
```

```
            2794                    0
1 Zeile wurde ausgewählt.
```

1027_08.sql: Analyse der Kleingruppen

→ *Buchung von Teilnehmern*

Im Hauptprogramm wird – wie Sie schon erwartet haben – eine Stelle auftauchen, an der aus den bereitgestellten Daten ein Buchungssatz in Form einer INSERT-Anweisung benötigt wird. Diese Anweisung platzieren wir ebenfalls in eine Prozedur, in der die einwertigen Daten aus den Sammlungen eingehen und dann über die INSERT-Anweisung unter Aufruf der unterschiedlichen SQL-Funktionen endgültig in die Datenbank eingetragen werden. Dies stellt die wohl kritischste Stelle im Entwicklungsprozess dar, da nun alle Daten und Funktionen gleichzeitig zum Einsatz kommen und in einer SQL-Anweisung auftreten. Hier können Fehler im Bereich der Datentypen etc. zu Tage treten, die man am ehesten durch eine Textausgabe des INSERT-Befehls herausfindet.

```
--BucheTeilnehmer erfasst einzelne Anmeldung
PROCEDURE BucheTeilnehmer (
 Teilnehmernr   IN  buchung.TN_Nr%TYPE,
 Terminnummer   IN  buchung.T_Nr%TYPE,
 Teilnehmerzahl IN  buchung.B_TZahl%TYPE,
 Anmelder       IN  buchung.B_NrAnmelder%TYPE,
 Buchungsnr     OUT buchung.B_Nr%TYPE)
IS
 v_SQL VARCHAR2(500);
BEGIN
 INSERT INTO buchung
 VALUES (ZaehleReihen(),
        Teilnehmernr,
        Terminnummer,
        TO_DATE(
              ErmittleDatum(Terminnummer, Teilnehmerzahl)),
        Teilnehmerzahl,
        ErmittlePreis(Terminnummer, Teilnehmerzahl),
        Anmelder,
        NULL,
```

```
        NULL)
   RETURNING B_Nr INTO Buchungsnr;
END BucheTeilnehmer;
```

1027_04.sql: Buchung eines Teilnehmers

➔ **Ausführung des gesamten Generators**

Damit ist die Vorstellung der einzelnen Teilmodule beendet. Die eigentliche Programmlogik des Buchungsgenerators befindet sich nun in der öffentlichen Prozedur Ausfuehrung:

1. Im Deklarationsabschnitt befinden sich für die Termin- und Teilnehmerdaten zwei Datensätze, die diese Datenstrukturen binden. Für die Erzeugung und Haltung der Zufallszahlen für jeden Termin ist eine Sammlung verantwortlich, die auf den beliebten Datentyp NUMMERN verweist. Sie erzeugt eine Zufallszahlenfolge, die eine Zufallszahl für jeden Termin bereithält und der Gewichtungsberechnung zur Verfügung stellt.

2. Das Programm folgt den sequenziell aufsteigenden Terminen von 1 bis zum Tabellende und berechnet für jeden Termin den Gewichtungsfaktor. Diese Berechnung geschieht über eine Bereichs- und Monatsbewertung, wobei den gefundenen Daten im Termindatensatz die passenden Werte aus den Gewichtungssammlungen zugewiesen werden. Dazu benutzt man zwei große CASE-Anweisungen. Das gesamte Verarbeitungsprogramm startet nur, wenn das Produkt aus den Gewichtungsfaktoren und der Zufallszahl größer als 50 ist.

3. Über die Zählervariable, die der Termintabelle folgt, wird nun ein Datensatz aus der Teilnehmertabelle gewählt. So steigen die Hauptanmelder ebenso chronologisch auf wie die Termine. Für den gefundenen Teilnehmerdatensatz stellt man dann eine passende Kleingruppe anhand der Unternehmensnummer oder der Postleitzahl zusammen.

4. Die erzeugte Sammlung für den zustande gekommenen Termin wird der Reihe nach als Anmeldungen gebucht.

5. Da die Prozedur als Eingangsparameter eine Obergrenze an zu untersuchenden Terminen verlangt, wird die Prozedur beendet, sobald die Zählervariable gleich diesem Parameter ist.

```
PROCEDURE Ausfuehrung (
 Anzahl IN NUMBER)
IS
 t_Zufall NUMMERN := BerechneZufall(2,211,482,ZaehleReihen('term
in', 'T_Nr')-1);
 -- Termindatenstruktur
 TYPE RecTermin IS RECORD (
  Monat    VARCHAR2(2),
  Bereich kurs.K_Bereich%TYPE
  );
 v_TDaten RecTermin;
 v_TGewicht NUMBER(4,2);
 v_KGewicht NUMBER(4,2);
 t_TGewicht NUMMERN;
 -- Teilnehmerdatenstruktur
 TYPE RecTeilnehmer IS RECORD (
  Nr           teilnehmer.TN_Nr%TYPE,
  UNr          teilnehmer.U_Nr%TYPE,
  PLZ          teilnehmer.TN_PLZ%TYPE
  );
 v_TNDaten    RecTeilnehmer;
 t_Teilnehmer NUMMERN;
 -- Buchungsergebnis
 v_BNr        buchung.B_Nr%TYPE;
BEGIN
 -- Gewichtungsberechnung: Termine
 FOR i IN 1..ZaehleReihen('termin', 'T_Nr')-1 LOOP
 ------------------
  -- Terminbewertung
  SELECT ErmittleBereich(T_Nr), TO_CHAR(T_Beginn, 'MM')
    INTO v_TDaten.Bereich, v_TDaten.Monat
    FROM termin
   WHERE T_Nr = i;
  -- Monat
  <<Monatsbewertung>>
  CASE v_TDaten.Monat
   WHEN '01' THEN v_TGewicht := t_Monate(1);
   WHEN '02' THEN v_TGewicht := t_Monate(2);
   WHEN '03' THEN v_TGewicht := t_Monate(3);
```

10

```
WHEN '04' THEN v_TGewicht := t_Monate(4);
WHEN '05' THEN v_TGewicht := t_Monate(5);
WHEN '06' THEN v_TGewicht := t_Monate(6);
WHEN '07' THEN v_TGewicht := t_Monate(7);
WHEN '08' THEN v_TGewicht := t_Monate(8);
WHEN '09' THEN v_TGewicht := t_Monate(9);
WHEN '10' THEN v_TGewicht := t_Monate(10);
WHEN '11' THEN v_TGewicht := t_Monate(11);
WHEN '12' THEN v_TGewicht := t_Monate(12);
END CASE Monatsbewertung;
-- Bereich
<<Bereichsbewertung>>
CASE v_TDaten.Bereich
 WHEN 'Programmierung'        THEN v_KGewicht := t_Kurse(1);
 WHEN 'Datenbanken'          THEN v_KGewicht := t_Kurse(2);
 WHEN 'Programmierung(Office)'
                             THEN v_KGewicht := t_Kurse(3);
 WHEN 'Office'              THEN v_KGewicht := t_Kurse(4);
 WHEN 'Server'             THEN v_KGewicht := t_Kurse(5);
 WHEN 'Webdesign'          THEN v_KGewicht := t_Kurse(6);
 WHEN 'Grafik'             THEN v_KGewicht := t_Kurse(7);
END CASE Bereichsbewertung;
-- Gewichtungsberechnung
t_TGewicht(i) := v_TGewicht*v_KGewicht*t_Zufall(i);
-- Regel: Verarbeitung nur, wenn Gewicht > Schwellenwert
IF t_TGewicht(i) >= 50 THEN
 SELECT TN_Nr, U_Nr, TN_PLZ
   INTO v_TNDaten
   FROM teilnehmer
  WHERE TN_Nr = i;
 -- Gruppenbildung
 t_Teilnehmer := (FindeGruppe(i));
 FOR j IN t_Teilnehmer.FIRST..t_Teilnehmer.LAST LOOP
  BucheTeilnehmer (
      Teilnehmernr   => t_Teilnehmer(j),
      Terminnummer   => i,
      Teilnehmerzahl => t_Teilnehmer.COUNT,
      Anmelder       => t_Teilnehmer(t_Teilnehmer.FIRST),
      Buchungsnr     => v_BNr);
```

10

```
   COMMIT;
  END LOOP;
  -- Eintrag pro Gruppenmitglied
  END IF;
  EXIT WHEN i = Anzahl;
  END LOOP;
END Ausfuehrung;
end;
```

1027_04.sql: Start-Prozedur des Pakets

10. 2. 7. 4 Ausführung und Test des Generators

Nach all diesen Planungen stellt sich das Ergebnis für die Tabelle sehr beeindruckend, aber bei der eigentlichen Verwendung überaus karg dar. Man benötigt im einfachsten Fall nicht eine einzige Variable, um die maximale Anzahl von 2 794 Buchungen auszuführen. Diese ist von den Zufallszahlen abhängig und kann sowohl dort als auch durch das Senken des Schwellenwertes gesteigert werden. Die angegebene 5 000 stellt damit eine Zahl dar, die so nicht erreicht wird. Möchte man mehr Buchungen erzeugen, sollte man das gesamte Programm in einer Schleife ablaufen lassen und kann so auch beliebig viele Kurse erzeugen. Die im Normalfall erstellte Zahl ist dabei allerdings halbwegs realistisch, da so im Schnitt jeder Teilnehmer etwas mehr als einen Kurs besucht hat.

```
DECLARE
BEGIN
  GENERATOR.AUSFUEHRUNG(5000);
END;
```

1027_09.sql: Ausführung des Ausführers

10. 2. 8. Quelltextschutz und Verschlüsselung

Während die Testdatenerzeugung ein Programm für Ihren eigenen Hausgebrauch darstellt, werden Sie normalerweise bzw. in Zukunft eher Anwendungen für Kunden oder Kollegen schreiben. Nicht immer möchte man hier seine Fähigkeiten

447

oder die Fähigkeiten des Programms offen legen. Zwar haben wir weiter oben damit geprahlt, dass PL/SQL über die Paketstruktur auch das Konzept der Kapselung unterstützt, doch ist dies natürlich nur softwaretechnisch und nicht praktisch wahr. Sobald Sie einen Auftrag abgeschlossen haben, werden Sie Ihren Quelltext in einem anderen System aufspielen und vielleicht nicht unbedingt wollen, dass man Ihren Quelltext sieht. Solche Probleme dürften Ihnen aus allen Programmiersprachen bekannt sein, die zur Laufzeit kompiliert werden (z. B. bei Skriptsprachen wie PHP). Für diesen Fall kann man über das so genannte *Wrap Utility* den PL/SQL-Quelltext verschlüsseln, sodass eine weitere Datei entsteht, die letztendlich die gleiche Funktionalität besitzt, nur vollkommen unleserlich ist und genauso wie alle anderen Dateien mit PL/SQL-Quelltext aufgespielt werden kann.

Die Verschlüsselung können Sie auf Textdateien anwenden, die folgende Objekte erstellen:

- CREATE [OR REPLACE] FUNCTION funktionsname

- CREATE [OR REPLACE] PROCEDURE prozedurname

- CREATE [OR REPLACE] PACKAGE paketname

- CREATE [OR REPLACE] PACKAGE BODY paketname

- CREATE [OR REPLACE] TYPE typname ... OBJECT

- CREATE [OR REPLACE] TYPE BODY typname

Sie benötigen nur einen einzigen Befehl für die Verschlüsselung, der verschiedene Argumente erhält. Die Standardvariante benötigt nur folgende Zeile, wobei der Befehl in der Eingabeaufforderung wirklich nur eine Zeile bzw. keine Zeilenumbrüche umfassen darf:

```
wrap
  iname=F:\...\1028_01.sql
```

Da standardmäßig eine neue Datei mit dem Suffix *plb* (für *PL/SQL binary*) erzeugt wird, können Sie sich normalerweise auch die Angabe der Ausgabedatei sparen. Dies würde folgendermaßen aussehen:

```
oname= F:\...\1028_01v.sql
```

Beide Dateien finden Sie als Beispieldatei. Standardmäßig erscheinen verschlüsselte Pakete mit dem Schlüsselwort `wrapped` in der Funktionsdefinition, sodass aus der Funktionsdefinition folgender Text wird, der im allgemeinen Fall die Form `<Kopf>` `wrapped` `<Körper>` besitzt.

```
CREATE OR REPLACE FUNCTION ErmittleDatum wrapped
```

1028_01v.sql: Verschlüsselte Version von 1028_01.sql

Das letzte Argument ist `edebug=wrap _ new _ sql`. Es sorgt dafür, dass auch neue SQL-Funktionen übernommen und verschlüsselt werden. Für eine Verschlüsselung des im zurückliegenden Abschnitt erstellten Paket-Körpers ist dies z. B. wegen der verwendeten `NATURAL JOIN`-Klausel notwendig, da diese unter Oracle 8i noch nicht erlaubt war. Doch bei Angabe dieses Arguments funktioniert die Übertragung problemlos. Sie erhalten also keine Fehlermeldung, die genau diese Klausel kritisch beäugt.

```
wrap
  iname=F:\...\553_04.sql
  edebug=wrap_new_sql
```

Die Fehlermeldungen sind relativ leicht zu verstehen und beeindrucken in einigen Fällen nur durch ihre Länge, da das gesamte Dokument durchsucht und die Verarbeitung beim ersten Fehler nicht unterbrochen wird. In der Datei *1028_02. sql* finden Sie die komplette Fehlermeldung für das Paket, das ohne das optionale SQL-Argument verschlüsselt wurde. Hier sehen Sie die interessante Stelle aus dieser umfassenden Meldung:

```
PSU(103,1,40,22)":Fand das Symbol „JOIN" als eines der folgenden er-
wartet wurde:
   , ; for group having intersect minus order start union where
Das Symbol „," ersetzte „JOIN", um fortzufahren.
PL/SQL Wrapper error: Compilation error(s) for:
CREATE OR REPLACE  PACKAGE BODY „SCOTT"."GENERATOR"
```

1028_02.sql: Auszug einer Fehlermeldung bei unbekannten SQL-Klauseln

Während also solche unbekannten SQL-Klauseln genauso wie syntaktische Fehler angemerkt werden, bleiben semantische Fehler wie z. B. fehlende Berechtigungen oder unbekannte Schema-Objekte unberücksichtigt und führen daher erst bei der Ausführung des Moduls zu einer Fehlermeldung.

Während der Quelltext besonders einfach ist und daher mit Blick auf die große Einsatzfähigkeit extrem effizient ist, wollen wir uns den Luxus gönnen, diese Fähigkeiten mit einem spektakulären Beweisfoto abzubilden. Es stellt in diesem Sinne wohl einen Höhepunkt dar. In der *MS DOS-Eingabeaufforderung* rufen Sie das Verschlüsselungsprogramm auf und erhalten dann im angegebenen Zielverzeichnis (hier direkt in **C:**) die verschlüsselte Datei. Dort finden Sie nur die von Ihnen vorgegebenen Bezeichner wie Variablen- und Ausnahmennamen sowie die Erstellungsanweisung in Klartext, während alles andere unleserlich bzw. verschlüsselt dargestellt wird. Dies können Sie – wie andere Moduldefinitionen auch – in *SQL*Plus* einfügen und von dort aus kompilieren lassen. Sie erhalten dann eine Bestätigungsinformation, als hätten Sie eine Moduldefinition in Klartext eingefügt. Wenn Sie dieses Modul dann im Oracle SQL Developer aufrufen, können Sie den SQL-Quelltext dort ebenfalls nicht in der Editier-Anzeige sehen. Er sollte also definitiv noch an einem anderen Ort zur späteren Bearbeitung gespeichert sein und nicht nur in der Datenbank.

Verschlüsselung von PL/SQL-Modulen

Verständlicherweise können inhaltliche Änderungen an verschlüsselten Dateien nicht direkt vorgenommen werden. Stattdessen muss man die Klarschrift- bzw. Originaldatei modifizieren, neu verschlüsseln und ebenfalls neu einspielen.

10. 3. Eingebaute PL/SQL-Pakete

In diesem Abschnitt wollen wir einige eingebaute Pakete herausheben und mit ihren Modulen darstellen. Einige Pakete haben Sie bereits in diesem und im letzten Kapitel kennen gelernt. Eine genaue Auflistung der einzelnen Strukturen finden Sie nur in der Oracle-Dokumentation zu den PL/SQL-Paketen. Wir werden auch darauf verzichten, eine Liste in diesem Buch abzudrucken, da letztendlich nicht viel mehr als der Titel und eine kurze Beschreibung abgedruckt werden könnte. In der Dokumentation jedoch finden Sie auch Ausnahmen und Fehlermeldungen, die mit dem Paket »verfügbar« sind und welche Datenstruktur bei der Parameterübergabe notwendig sind. Beispiele sind leider rar gesät, sodass man ohne Experimente nicht weit kommt. So finden Sie in der Dokumentation überall Hinweise auf die Datenstruktur, die mit dem Modul des Pakets zu benutzen ist. Dies bezieht sich ausschließlich auf die Parameter, die als IN-Parameter in das Modul hineingehen, und die OUT-Parameter, die Werte aus dem Modul empfangen können.

10. 3. 1. Systemüberwachung mit DBMS_UTILITY

Ein wahrer Alleskönner ist das DBMS _ UTILITY-Paket, mit dem sich Systemeigenschaften und Funktionen verwalten lassen. Wir hatten es bereits bei der Messung der Zeit kennen gelernt und werden nun einige spezielle Funktionen explizit herausgreifen.

10. 3. 1. 1 Datenbank-Version herausfinden

Mit der Prozedur DB _ VERSION können Sie, wie der Name schon vermuten lässt, die Datenbank-Version herausfinden. Die Datenstruktur sieht folgendermaßen aus:

```
DBMS_UTILITY.DB_VERSION (
  version OUT VARCHAR2,
  compatibility OUT VARCHAR2);
```

451

Diese Prozedur erwartet zwei Variablen, in denen sie Werte für die Datenbank-Version und die Kompatibilität speichern kann, die in der *init.ora*-Datei angegeben ist. Diese Werte können dann weiter durchsucht und verarbeitet werden. Für diese Prozedur sind keine Ausnahmen oder speziellen Fehlermeldungen reserviert.

```
DECLARE
  v_version        VARCHAR2(10);
  v_compatibility VARCHAR2(10);
BEGIN
  DBMS_UTILITY.DB_VERSION(v_version, v_compatibility);
  DBMS_OUTPUT.PUT_LINE(v_version);
  DBMS_OUTPUT.PUT_LINE(v_compatibility);
END;
```

555_01.sql: Verwendung von DB_VERSION

10. 3. 1. 2 Verarbeitung von kommagetrennten Werten

Die zwei Prozeduren lassen sich auch für die Verarbeitung von kommagetrennten Werten verwenden. COMMA _ TO _ TABLE transformiert dabei eine Liste von kommagetrennten Werten in eine verschachtelte Tabelle, während TABLE _ TO _ COMMA genau das Gegenteil bewirkt, nämlich die Umwandlung von Sammlungswerten in eine verschachtelte Tabelle. Dabei kann dies unter Verwendung des UTL _ FILE-Pakets auch auf Textdateien angewandt werden. Dies eröffnet sehr interessante Verarbeitungsmöglichkeiten für den Datenaustausch über Textdateien und das Allzweckformat CSV. Die Einschränkung besteht allerdings darin, dass keine Zahlen gespeichert werden können, da die eigentliche Verwendung dieser beiden Prozeduren für spezielle Zeichenkettenfolgen reserviert ist, die sich aus den Typdefinitionen für dieses Paket ergeben.

- type uncl _ array IS TABLE OF VARCHAR2(227) INDEX BY BINARY _ INTEGER;
  Dieser Datentyp speichert Inhalte der Form "USER"."NAME". "COLUMN"@ LINK.

- `type name _ array IS TABLE OF VARCHAR2(30) INDEX BY BINA-RY _ INTEGER;`
  Dieser Datentyp speichert Listen von NAME.

- `type dblink _ array IS TABLE OF VARCHAR2(128) INDEX BY BI-NARY _ INTEGER;`
  Dieser Datentyp speichert Datenbank-Links.

- `TYPE index _ table _ type IS TABLE OF BINARY _ INTEGER INDEX BY BINARY _ INTEGER;`
  Dieser Datentyp speichert die Reihenfolge, in der Objekte generiert werden sollten.

- `TYPE number _ array IS TABLE OF NUMBER INDEX BY BINARY _ INTEGER;` Dieser Datentyp speichert die Reihenfolge für Benutzer, in der Objekte generiert werden sollten.

- `TYPE instance _ record IS RECORD (inst _ number NUMBER, inst _ name VARCHAR2(60));` und `TYPE instance _ table IS TABLE OF instance _ record INDEX BY BINARY _ INTEGER;`
  Diese Datentypen speichern Listen von aktiven Instanznummern und Instanznamen beginnend bei 1, wobei die Werte dicht gesetzt sind.

Die beiden Funktionen für die Umwandlung von kommagetrennten Werten mit obigen Inhalten stellen wir kurz anhand von zwei Beispielen vor. Dabei verwenden wir hier allerdings andere Inhalte als das erwartete 'Scott.buchung.b _ nr'.

- `COMMA _ TO _ TABLE` erwartet CSV-Werte in Form von VARCHAR2 ohne Sonderzeichen (wie Bindestriche oder Schrägstriche) sowie zwei Ausgabevariablen für die Anzahl der gefundenen Werte und eine Tabelle.

  ```
  DBMS_UTILITY.COMMA_TO_TABLE (
    list IN VARCHAR2,
    tablen OUT BINARY_INTEGER,
    tab OUT UNCL_ARRAY);
  ```

- `TABLE _ TO _ COMMA` erwartet für das Ergebnis eine einfache Variable, eine Tabelle mit Werten, die umgewandelt werden sollen, und eine Variable für die Speicherung der gefundenen Werte.

```
DBMS_UTILITY.TABLE_TO_COMMA (
  tab IN UNCL_ARRAY,
  tablen OUT BINARY_INTEGER,
  list OUT VARCHAR2);
```

Im folgenden Beispiel lesen wir eine kurze CSV-Liste in eine Sammlung ein, geben sie aus und kopieren sie wieder in diese CSV-Liste zurück. Achten Sie dabei darauf, keine Sonderzeichen zu verwenden. Wie Sie sehen, ist das letzte Element der entstehenden Tabelle leer und enthält NULL.

```
DECLARE
  v_Anzahl  BINARY_INTEGER;
  t_Tabelle DBMS_UTILITY.UNCL_ARRAY;
  v_CSV     VARCHAR2(40) := 'Oracle,SQL,PLSQL,XML';
BEGIN
  DBMS_OUTPUT.PUT_LINE('Vorher: ' || v_CSV);
  -- CSV --> Tabelle
  DBMS_UTILITY.COMMA_TO_TABLE(v_CSV, v_Anzahl, t_Tabelle);
  DBMS_OUTPUT.PUT_LINE('Anzahl: ' || v_Anzahl);
  FOR i IN t_Tabelle.FIRST..t_Tabelle.LAST LOOP
    IF t_Tabelle(i) IS NULL
      THEN t_Tabelle(i) := 'NULL';
    END IF;
    DBMS_OUTPUT.PUT_LINE('Wert ' || i || ': ' ||
t_Tabelle(i));
  END LOOP;
  -- Tabelle --> CSV
  DBMS_UTILITY.TABLE_TO_COMMA(t_Tabelle, v_Anzahl, v_CSV);
  DBMS_OUTPUT.PUT_LINE('Nachher: ' || v_CSV);
END;
```

555_02.sql: Einsatz von TABLE_TO_COMMA und COMMA_TO_TABLE

Das Ergebnis zeigt, wie die beiden Prozeduren arbeiten.

```
Vorher: Oracle,SQL,PLSQL,XML
Anzahl: 4
Wert 1: Oracle
```

10

```
Wert 2: SQL
Wert 3: PLSQL
Wert 4: XML
Wert 5: NULL
Nachher: Oracle,SQL,PLSQL,XML,NULL
PL/SQL-Prozedur wurde erfolgreich abgeschlossen.
```

10. 3. 1. 3 Aktive Instanzen auszählen

Für Informationen über die aktiven Instanzen gibt es eine Funktion und eine Prozedur:

- Die Funktion CURRENT _ INSTANCE liefert als Rückgabewert die Nummer der
  aktuell verbundenen Instanz.

  ```
  DBMS_UTILITY.CURRENT_INSTANCE
  RETURN NUMBER;
  ```

- Die Prozedur ACTIVE _ INSTANCES liefert in der Sammlung mit den beiden
  Feldern inst _ number und inst _ name die Nummer und den Namen der
  aktuellen Instanzen in Datensatzform. In einer Variable erhält man dann die
  Anzahl der aktiven Instanzen.

  ```
  DBMS_UTILITY.ACTIVE_INSTANCE (
    instance_table OUT INSTANCE_TABLE,
    instance_count OUT NUMBER);
  ```

Folgendes Skript analysiert mit Hilfe der obigen Module die Nummer der aktuellen Instanz und prüft anschließend alle Instanzen.

```
DECLARE
  i          NUMBER := 0;
  t_Instanzen DBMS_UTILITY.INSTANCE_TABLE;
  v_IZahl    NUMBER(2);
BEGIN
  DBMS_OUTPUT.PUT_LINE('Aktuell: ' || DBMS_UTILITY.CURRENT_IN-
STANCE());
  DBMS_UTILITY.ACTIVE_INSTANCES(t_Instanzen, v_IZahl);
```

```
DBMS_OUTPUT.PUT_LINE('Aktive Instanzen: '|| v_IZahl);
WHILE (i <= t_Instanzen.COUNT) LOOP
 DBMS_OUTPUT.PUT_LINE(t_Instanzen(0).inst_number);
 DBMS_OUTPUT.PUT_LINE(' Name: ' || t_Instanzen(0).inst_name);
 i := i + 1;
END LOOP;
EXCEPTION
WHEN NO_DATA_FOUND
THEN DBMS_OUTPUT.PUT_LINE('Keine aktiven Instanzen.');
END;
```

555_03.sql: Auszählen von aktiven Instanzen

10. 3. 2. Große Objekte mit DBMS_LOB bearbeiten

Für die Speicherung und Verwaltung großer Datenmengen stehen seit der Version 9i neue Datentypen zur Verfügung, die von Oracle selbst als Ersatz für die früheren Datentypen RAW und LONG RAW empfohlen werden. Die neuen *LOB*-Typen (*large object*) können wie RAW und LONG RAW große Datenmengen in Form von Text, Bildern oder anderen Formaten speichern, wobei Textdaten weiterhin durchsuchbar bleiben. Insbesondere diese Funktion wollen wir in diesem Abschnitt zeigen.

10. 3. 2. 1 Allgemeine Eigenschaften von LOBs

Zu den neuen LOB-Typen gehören folgende vier einzelnen Datentypen, die – wie alle anderen Datentypen auch – Spalten zugewiesen werden können:

● CLOB: Speichert Zeichendaten im Zeichensatz des Datenbanksystems.

● NCLOB: Speichert Textdaten in fixer Länge im nationalen Zeichensatz.

● BLOB: Speichert Binärdaten wie z. B. Bilddaten, die vom Datenbanksystem nicht bearbeitet werden.

● BFILE: Speichert nur Zugriffsinformationen auf unstruktuierte Binärdaten, die vom Datenbanksystem nicht bearbeitet werden können. Dieser Datentyp speichert also seine Daten nicht intern (interne LOBs), sondern extern (externe LOBs), d. h. außerhalb der Datenbank in eigenen Dateien. Änderungen in diesen Datentypen lassen sich außerhalb des Systems ausführen und können von der Datenbank nicht als Transaktion verwaltet werden.

Die unterschiedlichen LOBs haben – bis auf die Unterschiede beim Speicherort – die gleichen Eigenschaften:

- Die Datenbank lässt eine maximale Größe von 4 GB zu.

- Die Einschränkungen, die mit der Verwendung von RAW und LONG RAW verbunden waren, gelten für die LOB-Typen nicht mehr. So kann man heute auch mehrere LOB-Spalten verwenden, sie in Objekten als Felder unterbringen und sie in Methoden sowie in PL/SQL als Binde-Variablen einsetzen. Die einzige Einschränkung besteht hier für die NCLOB-Spalten, die nicht als Objekt-Felder (Attribute) zum Einsatz kommen können.

- Für die Bearbeitung setzt man bis zur VARCHAR2-Größe von 4 000 Zeichen bzw. Bytes gewöhnliches SQL ein. Danach bietet das DBMS _ LOB-Paket alle Möglichkeiten zur Analyse und Verarbeitung.

- Für CLOB, NCLOB und BLOB besteht volle Transaktionsunterstützung, d. h., Änderungen an ihnen können über ROLLBACK zurückgesetzt werden, genauso wie sie über COMMIT festgeschrieben werden können.

Weiterhin gibt es einige Einschränkungen bei der Verwendung, die es bei anderen Spalten in dieser Form nicht gibt. Dazu zählen:

- Es ist nicht erlaubt, direkte Zugriffe auf entfernte Datenbanken über einen Datenbank-Link auszuführen und direkt eine LOB-Spalte anzusprechen. Man kann allerdings indirekt auf diese Spalten zugreifen, indem man z. B. eine temporäre Tabelle mit den entfernten Inhalten erzeugt und diese über eine Unterabfrage über alle Spalten (Einsatz von *) füllt. Danach kann man – wie sonst auch – direkt auf die LOB-Spalten zugreifen und sie manipulieren.

- Man kann keine Varrays erstellen, die LOBs enthalten.

- Man kann LOBs nicht mit ORDER BY sortieren oder mit GROUP BY gruppieren.

457

- `DISTINCT` kann für LOB-Spalten nur im Zusammenhang mit `UNION` oder `MINUS` und bei gleichzeitiger Existenz einer `MAP` oder `ORDER`-Funktion für eine Objektspalte verwendet werden.

- Der Einsatz von `ANALYZE...COMPUTE` oder `ANALYZE...ESTIMATE` ist bei nicht LOB-Spalten erlaubt.

- Ein LOB kann kein Primärschlüsselfeld sein.

- Ein LOB kann kein Teil eines Index-Schlüssels sein. Allerdings ist es möglich, einen funktionsbasierten Index und *Oracle Text* zu verwenden.

- Bei der Datenübernahme gibt es Einschränkungen bei der Datenmenge. Für gewöhnliche `INSERT`-Befehle besteht keine solche Beschränkung, aber bei `INSERT...AS SELECT` oder einem gleichzeitigen Aufruf von `LONG` und LOB-Spalten innerhalb eines `INSERT`- bzw. `UPDATE`-Befehls sind insgesamt nur 4 000 Zeichen bzw. Bytes erlaubt.

- Bei der Programmierung von Triggern kann keine LOB-Spalte in der `UPDATE OF`-Klausel eingesetzt werden.

10. 3. 2. 2 Struktur des DBMS_LOB-Pakets

Dieses Paket besitzt nahezu alle Möglichkeiten, dir ein Paket überhaupt enthalten kann, und stellt auch ein geeignetes Beispiel dar, an dem man lernen kann, die Paket-Struktur und die Dokumentation zu nutzen.

- Folgende *Konstanten* sind vorhanden und bieten ihre Werte z. B. für Fallunterscheidungen an:

    - `file_ readonly CONSTANT BINARY_ INTEGER := 0;`

    - `lob_ readonly CONSTANT BINARY_ INTEGER := 0;`

    - `lob_ readwrite CONSTANT BINARY_ INTEGER := 1;`

    - `lobmaxsize CONSTANT INTEGER := 4294967295;`

- `call CONSTANT PLS _ INTEGER := 12;`

- `session CONSTANT PLS _ INTEGER := 10;`

- Folgende *Ausnahmen* sind vorhanden und werden automatisch ausgelöst bzw. lassen sich im Ausnahmeabschnitt berücksichtigen:

  - `INVALID _ ARGVAL` (Fehlernr.: 21560): Das übergebene Argument ist entweder `NULL`, ungültig oder nicht im zulässigen Bereich.

  - `ACCESS _ ERROR` (Fehlernr.: 22925): Versuch, mehr als vier GB in ein LOB zu schreiben.

  - `NOEXIST _ DIRECTORY` (Fehlernr.: 22285): Das Verzeichnis, auf das zugegriffen wird, existiert nicht.

  - `NOPRIV _ DIRECTORY` (Fehlernr.: 22286): Der Benutzer, der auf das Verzeichnis und die Datei zugreift, hat nicht die benötigten Berechtigungen für den Datei- und/oder Verzeichniszugriff.

  - `INVALID _ DIRECTORY` (Fehlernr.: 22287): Der Verzeichnisname, den die aktuelle Operation verwendet, ist nicht gültig, wenn er das erste Mal angesprochen wird, oder er wurde seit dem letzten Zugriff verändert.

  - `OPERATION _ FAILED` (Fehlernr.: 22288): Die Dateioperation schlug fehl.

  - `UNOPENED _ FILE` (Fehlernr.: 22289): Die Datei wurde für die vorgesehene Operation nicht geöffnet, sodass diese nicht durchgeführt werden kann.

  - `OPEN _ TOOMANY` (Fehlernr.: 22290): Die Zahl der offenen Dateien erreicht das Maximum von `session _ max _ open _ files`.

10. 3. 2. 3 Einsatz und Verwendung von internen LOBs

Wir lösen uns ganz kurz von unserem durchgehenden Beispiel und verzichten darauf, seitenlange Kursbeschreibungen und Themenlisten zu erstellen, um auf die Länge eines LOBs zu kommen. Stattdessen haben wir für Sie einige Prosa-Texte verfasst, die Sie in einer Lernpause nicht nur lesen, sondern im Anschluss daran auch mit dem DBMS _ LOB-Paket verarbeiten können. Sie finden die Texte in der Datei *Geschichten.doc* bei den anderen Übungsdateien für dieses Kapitel.

In der Datei *1032_04.sql* finden Sie neben der abgedruckten Tabellendefinition auch drei INSERT-Befehle, die die Textinhalte inklusive Titel und Nummer in die Datenbank befördern. Spielen Sie also einfach nur diese Datei auf, um diesen Abschnitt nachzuvollziehen.

```
CREATE TABLE „SCOTT". "TEXT" (
  „T_NR" NUMBER(3) NOT NULL,
  „T_TITEL" VARCHAR2(200) NOT NULL,
  „T_INHALT" CLOB NOT NULL,
  PRIMARY KEY(„T_NR"))
  TABLESPACE „USERS";
```

1032_01.sql: Definition einer Tabelle mit CLOB-Spalte

In einem einfachen ersten Beispiel kopiert man den Inhalt des dritten Textes aus der TEXT-Tabelle wie auch seinen Titel in zwei Variablen. Übersteigt die Länge eines Textes die maximale Größe von VARCHAR2, dann muss man auch für die Binde-Variablen einen LOB-Typ verwenden. Dies ist hier nicht unbedingt erforderlich, wird aber aus Darstellungsgründen so durchgeführt. Sie sehen an diesem Beispiel, dass Sie auch mit solchen Spalten genauso arbeiten können wie mit anderen Spalten auch, d. h., die Übernahme eines Inhalts über SELECT...INTO lässt sich genauso durchführen wie bei anderen Spalten. Um den Textinhalt zu durchsuchen, greifen wir auf die Funktionen DBMS _ LOB.SUBSTR (für die Unterauswahl einer Zeichenkette), DBMS _ LOB.INSTR (für den Existenztest einer Zeichenkette) und DBMS _ LOB.COMPARE (für den Ähnlichkeits- bzw. Gleichheitstest) zurück. Da es sich um Funktionen handelt, lassen sich mit Hilfe ihrer Rückgabewerte überall dort einsetzen, wo gültige Ausdrücke zulässig sind. Dies gilt für die Ausgabe über DBMS _ OUTPUT genauso wie für die Zuweisung einer Variablen oder auch für die

Definition einer Bedingung in einer Fallunterscheidung. Genaue Definitionen der einzelnen Funktionen finden Sie nach diesem Beispiel.

```
DECLARE
v_Text      CLOB;
v_Titel     Text.T_Titel%TYPE;
v_Laenge    INTEGER(3) := 230;
v_Start     INTEGER(4) := 219;
v_Auszug    CLOB;
BEGIN
-- Übernahme des Feldinhalts
SELECT T_Titel, T_Inhalt
  INTO v_Titel, v_Text
  FROM Text
 WHERE T_Nr = 3;
-- Untersuchung und Verarbeitung
DBMS_OUTPUT.PUT_LINE('>'''|| v_Titel || '''<');
v_Auszug := DBMS_LOB.SUBSTR(v_Text, v_Laenge, v_Start);
DBMS_OUTPUT.PUT_LINE(v_Auszug);
DBMS_OUTPUT.PUT('''Blumenwelt'' zum ersten Mal erwähnt bei
Position ');
DBMS_OUTPUT.PUT_LINE(
   DBMS_LOB.INSTR(v_Text, 'Blumenwelt', 1, 1));
IF DBMS_LOB.COMPARE
     (DBMS_LOB.SUBSTR(v_Text, 6, 33), 'Garten',6,1,1)=0
  THEN DBMS_OUTPUT.PUT(DBMS_LOB.SUBSTR(v_Text, 6, 33));
       DBMS_OUTPUT.PUT_LINE(' ähnelt/gleicht ''Garten''');
END IF;
END;
```

1032_02.sql: Einfache Verarbeitungsoperationen mit LOBs

Dieses Programm liefert folgendes interessante Ergebnis:

```
>'Im Garten'<
Und hier: meine wunderschöne Rosensammlung, die ich sorgfältig
und mit Bedacht ausgesät habe. Mit diesen ´Zwergbengal-Rosen´ be-
gann ich zu züchten. Und wie nicht anders zu erwarten, als Krö-
```

```
nung der Blumenwelt, die 'Crimson Glory' 'Blumenwelt' zum er-
sten Mal erwähnt bei Position 417 Garten ähnelt/gleicht 'Garten'
PL/SQL-Prozedur wurde erfolgreich abgeschlossen.
```

Für das DBMS _ LOB-Paket gilt, dass die einzelnen Module eine große Anzahl an unterschiedlichen Parametern aufnehmen können und somit für eine Vielzahl an Einsatzmöglichkeiten zur Verfügung stehen. Beispielsweise hätte man alle einzelnen Textbruchstücke in Variablen einlesen und diese dann in die Funktion DBMS _ LOB.COMPARE eingehen lassen können. Zusätzlich haben viele Module Standardwerte, sodass es sich für einige Standardfälle lohnt, auf die Existenz von solchen Standardwerten zu achten und sie beim Aufruf in die Namensnotation zu übernehmen.

- DBMS _ LOB.SUBSTR ermittelt wie die gleichnamige SQL-Funktion für ein gegebenes LOB (*lob locator*) oder eine Datei (*file locator*) anhand eines Start-werts (*offset*) und einer Längenangabe (*amount*) eine Untermenge in Form einer Zeichenkette. Dabei hängt der Datentyp des Rückgabewerts vom Datentyp des LOBs ab. Man erhält den Rückgabewert NULL in folgenden Fällen:

    - Ein Eingabeparameter ist NULL.

    - Die Länge ist kleiner 1.

    - Die Länge ist größer 32767.

    - Der Start ist kleiner 1.

    - Der Start ist größer als LOBMAXSIZE (maximale Länge des LOB).

    Die allgemeine Syntax der Funktion hat die Form:

    ```
    DBMS_LOB.SUBSTR (
     Zugriff IN BLOB,
     Länge   IN INTEGER := 32767,
     Start   IN INTEGER := 1)
    RETURN RAW;
    DBMS_LOB.SUBSTR (
     Zugriff IN CLOB CHARACTER SET ANY_CS,
    ```

```
Länge   IN INTEGER := 32767,
Start   IN INTEGER := 1)
RETURN VARCHAR2 CHARACTER SET Zugriff%CHARSET;
DBMS_LOB.SUBSTR (
DateiZugriff IN BFILE,
Länge        IN INTEGER := 32767,
Start        IN INTEGER := 1)
RETURN RAW;
```

• DBMS _ LOB.INSTR prüft darauf, ob eine Zeichenkette in einem gegebenen LOB (*lob locator*) oder einer Datei (*file locator*) anhand eines Startwerts (*offset*) und einer Vorkommenshäufigkeit (*nth*) in Form eines Musters (*pattern*) vorhanden ist. Dabei muss neben dem eigentlichen Muster auch die Zeichensatzform übereinstimmen, damit der Test durchgeführt werden kann. Liegt also das Muster in VARCHAR2-Form vor, muss es sich um einen CLOB-Typ handeln, wohingegen ein Muster in NCHAR nach einem LOB in CNLOB-Form verlangt. Dies gilt natürlich auch umgekehrt. Leider ist der Einsatz von regulären Ausdrücken oder ähnlichen Operatoren wie des LIKE-Operators in SQL nicht möglich. Man erhält den Rückgabewert NULL in den folgenden Fällen:

  - Mindestens ein IN-Parameter ist NULL oder ungültig.

  - Länge < 1 oder Länge > LOBMAXSIZE.

  - n-tes Auftreten < 1.

  - n-tes Auftreten > LOBMAXSIZE.

Die allgemeine Syntax hat die Form:

```
DBMS_LOB.INSTR (
Zugriff IN BLOB,
Muster  IN RAW,
Länge   IN INTEGER := 1,
n-tes   IN INTEGER := 1)
RETURN INTEGER;
DBMS_LOB.INSTR (
Zugriff IN CLOB CHARACTER SET ANY_CS,
Muster  IN VARCHAR2 CHARACTER SET Zugriff%CHARSET,
Länge   IN INTEGER := 1,
```

```
n-tes    IN INTEGER := 1)
RETURN INTEGER;
DBMS_LOB.INSTR (
 DateiZugriff IN BFILE,
 Muster       IN RAW,
 Länge        IN INTEGER := 1,
 n-tes        IN INTEGER := 1)
RETURN INTEGER;
```

● DBMS _ LOB.COMPARE vergleicht zwei gegebene LOBs (*lob locator*) vom gleichen Datentyp anhand eines Startwerts (*offset*) für jeden LOB und für eine Länge (*amount*). Verwendet man zwei externe LOBs, dann müssen sie bereits geöffnet sein, sodass dieses Mal in der allgemeinen Syntax auf die Dateiangabe (*file locator*) verzichtet wird. Der Rückgabewert ist 0, wenn die beiden LOB(-Stücke) gleich sind, ansonsten eine INTEGER-Zahl. Man erhält den Rückgabewert NULL in den folgenden Fällen:

  ▪ Länge < 1

  ▪ Länge > LOBMAXSIZE

  ▪ Start1 oder Start2 < 1

  ▪ Start1 oder Start2 > LOBMAXSIZE

Die allgemeine Syntax hat die Form:

```
DBMS_LOB.COMPARE (
 LOB1   IN BLOB,
 LOB2   IN BLOB,
 Länge  IN INTEGER := 4294967295,
 Start1 IN INTEGER := 1,
 Start2 IN INTEGER := 1)
RETURN INTEGER;
DBMS_LOB.COMPARE (
 LOB1   IN CLOB CHARACTER SET ANY_CS,
 LOB2   IN CLOB CHARACTER SET LOB1%CHARSET,
 Länge  IN INTEGER := 4294967295,
 Start1 IN INTEGER := 1,
 Start2 IN INTEGER := 1)
```

```
RETURN INTEGER;
DBMS_LOB.COMPARE (
  LOB1   IN BFILE,
  LOB2   IN BFILE,
  Länge  IN INTEGER,
  Start1 IN INTEGER := 1,
  Start  IN INTEGER := 1)
RETURN INTEGER;
```

- DBMS _ LOB.GETLENGTH ermittelt für einen LOB (*lob locator*) oder eine Datei (*file locator*) die Länge des vorhandenen Textinhalts.

```
DBMS_LOB.GETLENGTH (
  [Datei]Zugriff IN {BLOB [CHARACTER SET ANY_CS]} | BFILE)
RETURN INTEGER;
```

Diese Funktion lässt sich auch sehr gut als SQL-Spaltenfunktion verwenden, um Längenüberprüfungen durchzuführen, wie folgendes Beispiel zeigt:

```
SELECT T_Nr,
       T_Titel,
       DBMS_LOB.GETLENGTH(T_Inhalt) AS Länge
  FROM text;
```

1032_03.sql: Ermittlung einer LOB-Länge

Man erhält als Ergebnis diese einfache Aufstellung:

```
    T_NR T_TITEL                             LÄNGE
---------- ------------------------------ ----------
         1 Der Jongleur                      1641
         2 Sozialstatistik                   3888
         3 Im Garten                         2740
3 Zeilen ausgewählt.
```

Weitere Funktionen und Prozeduren finden Sie im folgenden Abschnitt, der sich inhaltlich mit der Verarbeitung von externen LOBs beschäftigt. Nichtsdestotrotz lassen sich – wie Sie in der allgemeinen Syntax gesehen haben – stets sowohl interne als auch externe LOBs mit den vorgestellten Modulen verarbeiten.

10. 3. 2. 4 Einsatz und Verwendung von externen LOBs

Der `BFILE`-Datentyp ist der einzige Datentyp, der als externer LOB bezeichnet wird. Er trägt seine externe Ausrichtung bereits im Namen, da hier die Daten gerade nicht in der Datenbank, sondern außerhalb im Dateisystem gespeichert werden. Es handelt sich also nur um einen Zeiger auf eine binäre Datei (*binary file*). Aus diesen Gründen obliegt die Zugriffs- und Rechteverwaltung dem unterliegenden Betriebssystem, was letztlich für Oracle nur eine Lese-Berechtigung vergeben muss. Mit Hilfe des Datenbanksystems ist es nicht möglich, schreibend auf diese Dateien zuzugreifen. Ebenso wenig können sie von der Transaktionsverwaltung berücksichtigt werden. Für die grundsätzliche Verwendung von externen LOBs benötigt man zwei SQL-Funktionen, die einen Zeiger (*locator*) auf die Datei erzeugen, der dann erst in SQL und PL/SQL für die Verarbeitung der gespeicherten Dateien zum Einsatz kommt.

- `CREATE [OR REPLACE] DIRECTORY dirname AS pfad` erzeugt einen Aliasnamen mit maximal 30 Zeichen. Es unterscheidet bei Verzeichnispfaden bzw. einem konkreten Verzeichnis zwischen Groß- und Kleinschreibung (!). Bei der Erzeugung des Objekts wird nicht geprüft, ob das Verzeichnis tatsächlich existiert. Eine Fehlermeldung würde im gegenteiligen Fall also erst bei Verwendung erscheinen. Die Pfadangabe muss für das Betriebssystem geeignet und vollständig sein. Für die Berechtigungsstruktur gilt, dass im ersten Schritt Oracle Zugriffsberechtigungen auf das Verzeichnis haben muss, während der Benutzer, der den Aliasnamen erzeugt, automatisch Lese- und Schreibrechte an diesem Datenbank-Objekt besitzt. Er muss daher anderen Benutzern dieses Recht über `GRANT` geben bzw. über `REVOKE` für die Operationen `READ` und `WRITE` entziehen. Um ein Verzeichnis anzulegen, benötigt dieser Benutzer die Berechtigung `CREATE ANY DIRECTORY`. Mit dem Befehl `DROP DIRECTORY name` kann der Alias gelöscht werden.

- `BFILENAME(dirname, dateiname)` gibt einen Zeiger auf eine binäre Datei zurück, wobei der Verzeichnisname einen Alias auf ein reales Verzeichnis darstellt. Dieser Alias wird als Datenbank-Objekt mit dem `CREATE DIRECTORY`-Befehl erzeugt.

10

Mit den folgenden Schritten kommen Sie zum Ziel, ohne in die Administrations- und Berechtigungsmaterie einzusteigen:

1. Melden Sie sich als SYDBA für Scott/Tiger@kurse an. Diese Rolle besitzt die nötigen Berechtigungen, um eine Fehlermeldung der Art

```
CREATE DIRECTORY Texte
*
FEHLER in Zeile 1:
ORA-01031: Unzureichende Berechtigungen
```

zu vermeiden.

2. Legen Sie dann einen Verzeichnisnamen für ein Verzeichnis Ihrer Wahl an. Wir greifen auf das Verzeichnis zurück, mit dem wir vor einigen hundert Seiten schon einmal den Zugriff für das UTL _ FILE-Paket genehmigt hatten:

```
CREATE DIRECTORY Texte
 AS 'C:\oratxt';
```

3. Weisen Sie Benutzern Ihrer Wahl (in diesem Fall Scott) Lese- und/oder Schreibrechte an diesem Verzeichnis zu:

```
GRANT READ, WRITE ON DIRECTORY Texte TO scott;
```

4. Melden Sie sich neu an, wenn Sie aus Benutzersicht mit dem Verzeichnis arbeiten wollen und um die Berechtigungen zu testen, oder erstellen Sie die Dateireferenzen als Administrator. Greifen Sie in beiden Fällen mit der Funktion BFILENAME auf die BFILE-Spalten zu. In diesem Fall erzeugen wir auch die benötigte Tabelle. Beachten Sie, dass Sie in diesem Fall nur die Bezüge erzeugen, dass aber nicht kontrolliert wird, ob die Dateien dort tatsächlich auch liegen.

```
DROP TABLE "SCOTT"."EXTERNTEXT";
CREATE TABLE "SCOTT"."EXTERNTEXT" (
 "T_NR" NUMBER(3) NOT NULL,
 "T_TITEL" VARCHAR2(30) NOT NULL,
 "T_INHALT" BFILE NOT NULL,
 PRIMARY KEY("T_NR"))
 TABLESPACE "USERS";

INSERT INTO EXTERNTEXT
 VALUES(1, 'Der Jongleur',
```

10

```
                BFILENAME('Texte','1_jongleur.txt'));
  INSERT INTO EXTERNTEXT
   VALUES(2, 'Sozialstatistik',
                BFILENAME('Texte', '2_sozialstatistik.txt'));
  INSERT INTO EXTERNTEXT
   VALUES(3, 'Im Garten',
                BFILENAME('Texte', '3_garten.txt'));
```

1032_04.sql: Erzeugen von Referenzen für externe LOBs

10. 3. 3. Zugriff auf den Shared Pool

Oracle lädt die erstellten und zu einem bestimmten Zeitpunkt benötigten PL/SQL-Objekte wie Funktionen, Prozeduren, Pakete und weitere Elemente aus Paketen in den Shared Pool der SGA (System Global Area), um sie auszuführen. Sobald sie nicht mehr benötigt werden, werden sie automatisch nach einen bestimmten Prüfschema entfernt und müssen dann, wenn sie erneut zum Einsatz kommen sollen, geladen werden. In einigen Fällen könnte man aber vorher schon wissen, dass bestimmte PL/SQL-Objekte später erneut benötigt werden, aber zu diesem späteren Zeitpunkt bereits aus dem Shared Pool entfernt worden sind. Diese und andere Einstellungen regeln die vier Prozeduren des DBMS _ SHARED _ POOL-Paket.

- Mit der Prozedur KEEP speichert man ein bestimmtes Objekt mit Hilfe seines in der Datenbank gespeicherten Namens und unter Angabe seines Typs im Shared Pool, bis man es entfernt oder der komplette Shared Pool durch ein Herunterfahren der Datenbank geleert wird. Diese Prozedur speichert das angegebene Objekt im Shared Pool, sobald es das erste Mal ausgeführt wird, und nicht sofort bei Aufruf derselben.

```
DBMS_SHARED_POOL(name VARCHAR2, parameter CHAR DEFAULT 'P');
```

  - name stellt den Namen des Objekts dar, wie er von der SIZES-Prozedur zurückgeliefert wird und in der v$sqlarea-Sicht (Felder address und hash _ value) gespeichert ist.

  - parameter gibt den Typ des Objekts an, wobei hier die Groß- und Kleinschreibung nicht berücksichtigt wird. Mit dem standardmäßigen P kennzeichnet man Funktionen, Prozeduren und Pakete, Q steht für Sequenzen, R für Trigger, T für Objekttypen, JS für Java-Quellen, JC für Java-Klassen, JR für Java-Ressourcen, JD für Java Shared Data und C für SQL-Cursor.

10

- Mit der Prozedur UNKEEP löscht man mit Hilfe der vorher erklärten Parameter ein Objekt wieder aus der Shared Global Area:

```
DBMS_SHARED_POOL.UNKEEP(name VARCHAR2, parameter CHAR DE-
FAULT 'P');
```

- Mit der Prozedur SIZES sieht man über die DBMS_OUTPUT-Prozedur die Inhalte im Shared Pool an. Die im Parameter minsize angegebene Größe regelt, ab welcher Größe die enthaltenen Objekte angezeigt werden sollen.

```
DBMS_SHARED_POOL.SIZES(minsize NUMBER);
```

- Mit der Prozedur ABORTED_REQUEST_THRESHOLD legt man einen Schwellenwert fest, ab dem die automatische Löschung der ältesten im Shared Pool fixierten Objekte beginnt.

  Dabei wird der Schwellenwert in Bytes vorgegeben.

```
DBMS_SHARED_POOL.ABORTED_REQUEST_THRESHOLD(schwelle NUMBER);
```

10. 3. 4. Nachrichtenaustausch über Pipes

Mit Hilfe des DBMS_PIPE-Pakets lassen sich Nachrichten über die SGA zwischen zwei oder mehr Sitzungen, Anwendungen, Transaktionen oder externen Anwendungen austauschen. Nachrichten sind dabei asynchron, d. h., sie lassen sich auch dann nicht mehr zurückholen bzw. löschen, wenn der Sender ein ROLLBACK im Rahmen einer Transaktion setzt. Dabei unterscheidet man private und öffentliche Nachrichten:

- **Private Nachrichten** werden im Speicher erstellt und lassen sich erst beim Herunterfahren der Instanz oder bei der expliziten Löschung entfernen. Dies bedeutet aber auch, dass die Nachricht von mehreren Benutzern gelesen werden kann.

- **Öffentliche Nachrichten** erlauben den Zugriff auf ihre Informationen in der Reihenfolge des Versands bzw. in der Reihenfolge der Einstellung in die Elementliste. Das meint sowohl den Schreib- als auch den Lesezugriff, wobei beim Lesezugriff die von einem Benutzer gelesenen Elemente aus der Nachricht verschwinden.

10

Um überhaupt Nachrichten austauschen zu dürfen bzw. das `DBMS _ PIPE`-Paket benutzen zu können, muss man die entsprechenden Rechte erhalten, wie im nachfolgenden Befehl gezeigt:

```
GRANT EXECUTE ON DBMS_PIPE TO SCOTT;
```

Mit folgendem Programm tauscht man eine Nachricht zwischen zwei SQL*Plus-Sitzungen aus:

```
-- Erste Sitzung: Sender
SET SERVEROUTPUT ON;
<<ErsteSitzung>>
DECLARE
  v_Status INTEGER;
  v_Pipe   VARCHAR2(10) := 'Nachricht';
  v_Text   VARCHAR2(100);
BEGIN
  -- Schreiben
  DBMS_PIPE.PACK_MESSAGE('Hallo Kollege!');
  -- Senden
  v_Status := DBMS_PIPE.SEND_MESSAGE(v_Pipe);
  IF v_Status != 0
    THEN DBMS_OUTPUT.PUT_LINE('Nachricht nicht versandt!');
  END IF;
END ErsteSitzung;

-- Zweite Sitzung: Empfänger
SET SERVEROUTPUT ON;
<<ZweiteSitzung>>
DECLARE
  v_Status INTEGER;
  v_Pipe   VARCHAR2(10) := 'Nachricht';
  v_Text   VARCHAR2(100);
BEGIN
  -- Empfangen
  v_Status := DBMS_PIPE.RECEIVE_MESSAGE(v_Pipe);
  IF v_Status != 0
    THEN DBMS_OUTPUT.PUT_LINE('Nachricht nicht erhalten!');
```

```
END IF;
-- Lesen
DBMS_PIPE.UNPACK_MESSAGE(v_Text);
DBMS_OUTPUT.PUT_LINE(v_Text);
END ZweiteSitzung;
```

1034_01.sql: Nachrichtenaustausch mit Pipes

Eine Übersicht über die gesamten Unterprogramme des DBMS _ PIPE liefert folgende Liste:

- Mit der CREATE _ PIPE-Funktion erstellt man eine öffentliche oder private Nachricht, wobei der Rückgabewert bei fehlerlosen Verlauf eine 0 und bei einem Fehler den Wert 1 erhält. Als SYSDBA oder SYSOPER angemeldete Benutzer können den gleichen Namen verwenden, erstellen diese Nachricht also neu, wobei allerdings der Besitzer unverändert ist. Ansonsten ist es nicht möglich, den gleichen Namen zu verwenden, d. h., er muss innerhalb der Instanz einmalig sein. Über den Parameter privat mit dem Standardwert TRUE erstellt man eine private Nachricht, die dem Ersteller zugewiesen wird. Diese Funktion erstellt eine Nachricht explizit, während eine Verwendung von SEND _ MESSAGE eine implizite Nachricht generiert. Eine solche explizite Nachricht kann nur über REMOVE _ PIPE oder über ein Herunterfahren der Datenbank-Instanz entfernt werden. Beim Namen wird die Groß- und Kleinschreibung berücksichtigt; er sollte nicht länger als 128 Bytes sein.

```
DBMS_PIPE.CREATE_PIPE (
pipename IN VARCHAR2,
maxpipegröße IN INTEGER DEFAULT 8192,
privat IN BOOLEAN DEFAULT TRUE)
RETURN INTEGER;
```

- Mit der überladenen Prozedur PACK _ MESSAGE können Sie vor dem Versand Informationen in den angegebenen Datentypen in die Nachricht schreiben. Beim Auslesen dieser Elemente benötigt man entsprechende Variablen mit geeigneten Datentypen. Hierbei unterstützt die NEXT _ ITEM _ TYPE-Funktion die Ermittlung des Datentyps des nachfolgenden Elements in der Nachricht.

```
DBMS_PIPE.PACK_MESSAGE (item IN VARCHAR2);
DBMS_PIPE.PACK_MESSAGE (item IN NCHAR);
```

10

```
DBMS_PIPE.PACK_MESSAGE (item IN NUMBER);
DBMS_PIPE.PACK_MESSAGE (item IN DATE);
DBMS_PIPE.PACK_MESSAGE_RAW (item IN RAW);
DBMS_PIPE.PACK_MESSAGE_ROWID (item IN ROWID);
```

- Mit der SEND_MESSAGE-Funktion versendet man eine Nachricht. Die eingehenden Parameter sind der zu verwendende Nachrichtenname, die maximale Wartezeit in Sekunden bis zum erfolgreichen Versand mit dem Standardwert von 1000 Tagen und die maximale Größe. Als Rückgabewerte erhält man 0 bei einem erfolgreichen Versand, 1 bei einem misslungenen Versand bzw. bei einer abgelaufenen Wartezeit und eine 3 bei einer Unterbrechung.

```
DBMS_PIPE.SEND_MESSAGE (
pipename IN VARCHAR2,
sendewartezeit IN INTEGER DEFAULT MAXWAIT,
maxpipgröße IN INTEGER DEFAULT 8192)
RETURN INTEGER;
```

- Mit der Funktion RECEIVE_MESSAGE erhält man eine Nachricht, die dann mit der UNPACK_MESSAGE-Prozedur elementweise bezüglich der verschiedenen Datentypen und versandten Elemente gelesen werden muss. Die möglichen Rückgabewerte sind 0 bei einem erfolgreichen Erhalt, 1 bei einem Überschreiten der Empfangswartezeit, 2 bei einer den Puffer übersteigenden Nachrichtengröße und 3 bei einer Unterbrechung.

```
DBMS_PIPE.RECEIVE_MESSAGE (
pipename IN VARCHAR2,
empfangwartezeit IN INTEGER DEFAULT maxwait)
RETURN INTEGER;
```

- Mit der Funktion NEXT_ITEM_TYPE erfährt man den Datentyp des nächsten Elements. Dies ist wichtig, um den Wert in eine Variable eines geeigneten Datentyps mit Hilfe der UNPACK_MESSAGE-Prozedur zu übernehmen. Mögliche Rückgabewerte sind 0 für keine weiteren Elemente, 6 für NUMBER, 9 für VARCHAR2, 11 für ROWID, 12 für DATE und 23 für RAW. Mit Hilfe des Wertes 0 lässt sich also zusätzlich über diese Funktion (z. B. im Rahmen einer Bedingung für eine Schleife) abfragen, ob man auch wirklich alle Nachrichtenstücke erhalten hat.

```
DBMS_PIPE.NEXT_ITEM_TYPE
RETURN INTEGER;
```

- Mit der überladenen UNPACK _ MESSAGE-Prozedur liest man einzelne Elemente der Nachricht in Variablen eines geeigneten Datentyps.

```
DBMS_PIPE.UNPACK_MESSAGE (item OUT VARCHAR2);
DBMS_PIPE.UNPACK_MESSAGE (item OUT NCHAR);
DBMS_PIPE.UNPACK_MESSAGE (item OUT NUMBER);
DBMS_PIPE.UNPACK_MESSAGE (item OUT DATE);
DBMS_PIPE.UNPACK_MESSAGE_RAW (item OUT RAW);
DBMS_PIPE.UNPACK_MESSAGE_ROWID (item OUT ROWID);
```

- Mit der REMOVE _ PIPE-Funktion löscht man explizite, d. h. über CREATE _ PIPE erstellte Nachrichten. Die Funktion liefert 0 zurück, wenn der Löschvorgang erfolgreich war.

```
DBMS_PIPE.REMOVE_PIPE (
pipename IN VARCHAR2)
RETURN INTEGER;
```

- Mit der PURGE-Prozedur leert man eine Nachricht, entfernt sie aber nicht.

```
DBMS_PIPE.PURGE (
pipename IN VARCHAR2);
```

- Mit der RESET _ BUFFER-Prozedur leert man den gesamten Puffer und setzt die Indikatoren von PACK _ MESSAGE und UNPACK _ MESSAGE auf 0.

```
DBMS_PIPE.RESET_BUFFER;
```

- Mit der Funktion UNIQUE _ SESSION _ NAME erhält man für eine Sitzung einen eindeutigen Namen, den man auch als Nachrichtennamen verwenden kann, da er ja gerade eindeutig ist.

```
DBMS_PIPE.UNIQUE_SESSION_NAME
```

10. 3. 5. Datenaustausch via Alarme

Der Einsatz des Pakets DBMS _ ALERT bietet eine weitere Möglichkeit, Nachrichten zwischen Anwendungen und Sitzungen auszutauschen. Dabei besteht ein wesentlicher Unterschied darin, dass ein Alarm bzw. seine Nachricht erst dann versandt wird, wenn die sendende Sitzung eine Transaktionsbestätigung über COMMIT gegeben hat. Das heißt, ein ROLLBACK verhindert die Sendung der Nachricht. Alarme können von mehreren Lesern gleichzeitig gelesen werden, während Leser

einer Pipe-Nachricht die entsprechenden Nachrichtenelemente aus der Pipe entfernen und daher nur ein Leser diese Nachricht erhalten kann. Während Pipe-
Nachrichten mehrere Elemente in verschiedenen Datentypen enthalten, befindet
sich in einer Alarm-Nachricht nur eine Zeichenkette mit einer maximalen Länge
von 1800 Byte. Von zwei versandten Alarmen erhalten die Leser nur den zweiten,
während bei einer Pipe-Nachricht beide Nachrichten ankommen.

Für die Verwendung des DBMS _ ALERT-Pakets benötigt man ebenso wie zuvor
beim DBMS _ PIPE-Paket eine entsprechende Erlaubnis:

```
GRANT EXECUTE ON DBMS_ALERT TO SCOTT;
```

In der ersten Sitzung stellt man eine Situation her, in der auf eine Nachricht aus
der zweiten Sitzung gewartet wird. Dabei wird der Befehl so lange ausgeführt, bis
die maximale Wartezeit für den Alarm abgelaufen ist. Sobald man in die zweite
Sitzung wechselt und dort den Alarm auslöst bzw. versendet, erscheint die zugehörige Nachricht in der wartenden Sitzung.

```
-- Empfänger: Warten
SET SERVEROUTPUT ON;
<<ErsteSitzung>>
DECLARE
 v_Alarm  VARCHAR2(30) := 'Alarm';
 v_Text   VARCHAR2(100);
 v_Status INTEGER;
BEGIN
 DBMS_ALERT.REGISTER(v_Alarm);
 DBMS_ALERT.WAITONE(v_Alarm, v_Text, v_Status);
 IF v_Status = 0
  THEN DBMS_OUTPUT.PUT_LINE(v_Text);
 END IF;
END ErsteSitzung;

-- Sender: Senden
SET SERVEROUTPUT ON;
<<ZweiteSitzung>>
DECLARE
 v_Alarm VARCHAR2(30) := 'Alarm';
```

```
BEGIN
  DBMS_ALERT.SIGNAL(v_Alarm, 'Achtung Kollege!');
  COMMIT;
END ZweiteSitzung;
```

1035_01.sql: Alarmversand mit DBMS_ALERT

Folgende Unterprogramme sind Teil des Pakets:

- Mit der Prozedur REGISTER signalisiert eine Sitzung Interesse an einem Alarm mit Hilfe seines Namens. bei dem Namen wird nicht zwischen Groß- und Kleinschreibung unterschieden, und er darf maximal 30 Byte Länge erreichen. Dadurch wird man als Empfänger des entsprechenden Alarms registriert.

  ```
  DBMS_ALERT.REGISTER (
  name IN VARCHAR2);
  ```

- Mit der Prozedur REMOVE entfernt man die Empfangsbereitschaft für einen zuvor registrierten Alarm. Damit signalisiert man, dass kein Interesse mehr an Nachrichten des entsprechenden Alarms besteht.

  ```
  DBMS_ALERT.REMOVE (
  name IN VARCHAR2);
  ```

- Mit der Prozedur REMOVEALL entfernt man für eine Sitzung alle Alarme bzw. signalisiert kein Interesse mehr an Alarmen.

  ```
  DBMS_ALERT.REMOVEALL;
  ```

- Mit der Prozedur SET_DEFAULTS stellt man die Abfrageverzögerung in Sekunden ein. Die ist die Zeit zwischen zwei Nachfragen, ob mittlerweile Nachrichten eingetroffen sind. Der Standardwert ist fünf Sekunden.

  ```
  DBMS_ALERT.SET_DEFAULTS (
  sensitivität IN NUMBER);
  ```

- Mit der Prozedur SIGNAL sendet man die Nachricht aus, sobald eine Bestätigung für die Transaktion über COMMIT von der sendenden Sitzung aus gegeben wurde. Die an Nachrichten interessierten Sitzungen erhalten dann diese Nachricht. Die eingehenden Parameter sind der Name des Alarms und die maximal 1800 Byte lange Nachricht selbst.

10

```
DBMS_ALERT.SIGNAL (
name IN VARCHAR2,
nachricht IN VARCHAR2);
```

- Mit der Prozedur WAITANY wartet man auf irgendeine der Nachrichten, für die sich die empfangende Sitzung interessiert. Mit dem Parameter name, der hier ein OUT-Parameter ist, erfährt man, welcher Alarm die entsprechende Nachricht übermittelt hat. Die Rückgabewerte im Parameter status sind 0 für eine erfolgreich erhaltene Nachricht und 1 für eine abgelaufene Empfangswartezeit.

```
DBMS_ALERT.WAITANY (
name OUT VARCHAR2,
nachricht OUT VARCHAR2,
status OUT INTEGER,
empfangswartezeit IN NUMBER DEFAULT MAXWAIT);
```

- Mit der Prozedur WAITONE wartet man auf eine bestimmte Nachricht, die man mit dem Parameter name vorgibt, der hier ein IN-Parameter ist. Die Rückgabewerte im Parameter status sind 0 für eine erfolgreich erhaltene Nachricht und 1 für eine abgelaufene Empfangswartezeit.

```
DBMS_ALERT.WAITONE (
name IN VARCHAR2,
nachricht OUT VARCHAR2,
status OUT INTEGER,
empfangswartezeit IN NUMBER DEFAULT MAXWAIT);
```

10. 3. 6. Anwendungsoptimierung und -analyse von PL/SQL-Programmen

In vielen Fällen erstellt man keine eigenen Programme für kleine Anwendungen, bei denen der Zeitbedarf prinzipiell egal ist oder auch eine relativ langsame Anwendung noch lange kein Dilemma ist. Ob man also bei der Bearbeitung von 100 Zeilen zwei Sekunden oder vier Sekunden wartet, ist verständlicherweise kein Problem. Eventuell würde man nicht einmal bemerken, dass die Anwendung doppelt so schnell sein könnte, weil der Zeitunterschied zwischen zwei und vier Sekunden nicht groß genug ist. Bei anderen Anwendungen jedoch möchte man mehrere tausend Zeilen bearbeiten, mit anderen Daten aktualisieren und besitzt nicht das Privileg, ganz allein auf die Tabelle zuzugreifen. Womöglich sollen derartige Änderungen in einem Zusammenhang erfolgen, in dem viele andere Benutzer ständig auf die gesperrten Tabellen zugreifen und die geänderten Daten schnell benötigen. Kurz und gut, man wird über kurz oder lang sehr schnell merken, wenn Anwendungen beschleunigt werden müssen. Dabei ist es nicht möglich, jede Anwendung zu optimieren, da eine gewisse Grundzeit bzw. Minimalzeit natürlich auch bei einer hervorragenden Optimierung stets benötigt wird. In diesem Abschnitt soll es daher zunächst darum gehen, Anwendungen zu überwachen und sich zu überlegen, welche Möglichkeiten man als Programmierer besitzt, sie zu beschleunigen. In diesem Zusammenhang möchten wir Sie schon einmal auf ein ähnliches Beispiel verweisen, in dem wir bereits die Zeit bei der Abarbeitung von Eintragungsvorgängen gemessen haben, um für den Einsatz der Mengenbindung zu werben. Dies ist immer ein guter Ansatzpunkt, um konkrete Zeitzahlen und Vergleichsmaßstäbe zu erhalten.

10. 3. 6. 1 Gefahrenquellen für verbesserungswürdige Leistungen

Wir fassen zunächst einmal kurz zusammen, was dafür sorgen kann, dass eine Anwendung nicht optimal läuft und daher verbesserungswürdig ist:

- **Ungünstige und nicht optimale SQL-Anweisungen**
  Da PL/SQL letztendlich SQL-Anweisungen in eine geordnete, strukturierte Reihenfolge bringt und sie mit Kontrollstrukturen organisiert und einige Hilfsmittel für die Datenstrukturierung wie z. B. Cursor und natürlich Sammlungen bereitstellt, sollten die SQL-Anweisungen optimal sein.

- **Unnötige Programmierung von eingebauten Funktionen**
  Die eingebauten Funktionen sind stets deutlich schneller in der Abarbeitung als selbst geschriebene Varianten. Daher sollte man immer versuchen, eine passende Funktion in SQL und PL/SQL ausfindig zu machen, mit der ein Ergebnis genauso zu beschaffen ist.

- **Ungünstige Formulierung und Positionierung von Bedingungen in Kontrollstrukturen**
  PL/SQL beendet die Analyse von Fallunterscheidungen unmittelbar, wenn der zutreffende Fall gefunden wird. Dies gilt nicht nur für eine komplette Fallunterscheidung, sondern auch für die Reihenfolge von Ausdrücken, die mit booleschen Operatoren verbunden sind. Hier sollte man einfache Ausdrücke, die schnell zu ermitteln sind, an den Anfang stellen und z. B. Funktionsaufrufe an die zweite Stelle platzieren.

- **Implizite Typumwandlungen**
  Diese sollten entweder von vornherein vermieden oder durch explizite Typ-umwandlungen ersetzt werden.

- **Ungünstige Verwendung des Datentyps NUMBER**
  Für die Darstellung von Integer-Werten eignet sich eher der schnellere `PLS _ INTEGER`-Typ. Dies gilt sowohl für den Bereich des Speichers als auch für die Ausführung von Rechenoperationen. Datentypen mit Längenbeschränkungen werden ständig zur Laufzeit auf ihre Beschränkungen hin überprüft, was sich ebenfalls auf die Leistung auswirken kann.

- **Ungünstige Verwendung von NOT NULL für die Variablendeklaration**
  Da auch dieser Test ständig bei Wertzuweisungen durchgeführt wird. Wird der Wert sowieso innerhalb eines Programms nie `NULL` oder ist es letztlich für das Programm sogar unerheblich, ob die Variable diesen Wert erhält oder nicht, dann ist es besser, komplett auf diese Angabe zu verzichten.

- **Ungünstige Verwendung des Shared Pools**
  der die verwendeten PL/SQL-Pakete speichert. Sollte man ein Paket häufiger innerhalb eines Programms benutzen, dann sollte man über das eingebaute Paket `DBMS _ SHARED _ POOL` sicherstellen, dass es nicht ständig neu geladen wird.

10. 3. 6. 2 Analysewerkzeuge für die Programmleistung

Oracle bietet unterschiedliche Analysewerkzeuge, mit denen die Leistung von Programmen untersucht werden kann. Diese übersteigen deutlich die Möglich-keiten der Zeitmessung, die wir bereits verwendet haben. Wir wollen dennoch diese einfache Möglichkeit in einer erweiterten Form und die Standardhilfsmittel gleichzeitig vorstellen. Das Beispiel für die aktuellen Überlegungen ist wiederum das automatische Buchungsprogramm aus einem der vorigen Abschnitte. Es um-fasst eine Anwendung, die bereits eine Größe erreicht hat, die für die in diesem Abschnitt angestellten Analysen durchaus interessant ist.

10

➔ *Zeitmessung mit DBMS_UTILITY.GET_TIME*

Mit Hilfe der Funktion GET _ TIME aus dem DBMS _ UTILITY-Paket zur Systemuntersuchung erhält man die aktuelle Zeit in Hundertstel Sekunden. Damit ist es möglich, die zwischen zwei Zeitpunkten verstrichene Zeit zu messen sowie überhaupt die Dauer eines gesamten Vorgangs zu erfassen und z. B. auch die Verbesserung der Leistung zu ermitteln. In einem ersten Beispiel hatten wir dies zur Mengenbindung eingeführt und dabei die Zeit nur ausgegeben. Besser ist es natürlich, einzelne Streckenpunkte mit einer Wegemarke zu versehen und diese zusammen mit ihrer Zeit abzuspeichern und nachher die entstandene Zeittabelle mit geeigneten Abfragen zu untersuchen. Alternativ könnte man auch einen Bericht über das UTL _ FILE-Paket erstellen und damit jeden Durchlauf dokumentieren. Da jedoch – mit Blick auf die anderen Hilfsmittel – Leistungs- und Verarbeitungsinformationen standardmäßig in Tabellen gespeichert werden, werden wir auch diesen Weg gehen.

Zunächst benötigen wir eine einfache Tabelle, die die Zeit, einen kurzen Text und eine Laufnummer für jeden Durchlauf des Programms speichert. Für die Erzeugung des Primärschlüssels verwenden wir zusätzlich eine Sequenz, um nicht noch weitere Funktionsaufrufe über andere, selbst gebaute Funktionen im Programm unterbringen zu müssen und damit die Leistung weiter zu verschlechtern. In diesem Sinne handelt es sich also um die Frage, inwieweit der Forscher durch seine Forschung das zu erforschende Objekt manipuliert.

```
CREATE TABLE "SCOTT"."ZEIT" (
 "Z_NR"   NUMBER(5)   NOT NULL,
 "Z_LAUF" NUMBER(3)   NOT NULL,
 "Z_TEXT" VARCHAR2(50) NOT NULL,
 "Z_ZEIT" VARCHAR2(10) NOT NULL,
  PRIMARY KEY("Z_NR"))
  TABLESPACE "USERS";
CREATE SEQUENCE "SCOTT"."ZEITZAEHLER"
 INCREMENT BY 1 START WITH 1
 MAXVALUE 1.0E28 MINVALUE 1 NOCYCLE
 CACHE 20 NOORDER;
```

1036 _01.sql: Tabelle für die Leistungserfassung

10

479

Um eine Zeitanalyse durchführen zu können, müssen wir im zu untersuchenden Paket einige Vorkehrungen treffen. Dies wird natürlich sowohl die Laufzeit verändern (der Forscher manipuliert also doch, was er untersucht) als auch den Quelltext. Wir drucken allerdings aus Platzgründen nur die interessanten Bereiche ab, da Sie den gesamten Quelltext, mit dem Sie das Paket auf Ihrem System korrigieren bzw. anpassen, als Beispiellisting zum Download finden.

Für die Spezifikation gilt, dass wir für die Erfassung einer Laufnummer eine entsprechende Variable beim Programmstart übernehmen müssen. Dies verändert die Datenstruktur der Prozedur `Ausfuehrung`, mit der die gesamte Eintragung vollzogen wird, und die Funktion `BerechneZufall`, in der ebenfalls die Zeit gemessen werden soll, da dies ein erster umfassender Programmblock ist. Jedoch befindet sich diese Funktion als privates Element nur im Körper, sodass in der Spezifikation lediglich `Ausfuehrung` einen weiteren Parameter erhält.

```
PROCEDURE Ausfuehrung (
  Anzahl IN NUMBER,
  Laufnr IN NUMBER );
```

1036_02.sql: Veränderte Spezifikation des Generator-Pakets

Für den Körper müssen nun zum einen die veränderten Datenstrukturen in `Ausfuehrung` und `BerechneZufall` sowie die Eintragungen in der Tabelle `ZEIT` berücksichtigt werden. Für die Zufallszahlenfunktion ergeben sich daher als Veränderung ein weiterer `IN`-Parameter, damit die Variable `Laufnr` im Tabelleneintrag bekannt ist, und eine Erfassung der Programmdaten über einen `INSERT`-Befehl, der in dieser Form strukturell überall dort wiederholt wird, wo sich interessante Programmpunkte ergeben. Dies ist erforderlich, wo Daten verarbeitet werden und man ein Zwischenergebnis erwartet. Dies ist – als einzigem Modul neben `Ausfuehrung` – auch für die Zufallszahlenfunktion gegeben, da sie für den gesamten Programmablauf eine Sammlung mit mehreren hundert Einträgen als Rückgabewert bereit stellt.

```
FUNCTION BerechneZufall (
  a        IN NUMBER,
  r        IN NUMBER,
  c        IN NUMBER,
  m        IN NUMBER,
```

```
  Laufnr   IN NUMBER )
  RETURN NUMMERN
IS
  t_Zufall NUMMERN;
  r2 NUMBER := r;
BEGIN
  INSERT INTO Zeit
  VALUES (Zeitzaehler.NEXTVAL,
          Laufnr,
          'BerechneZufall Start',
          DBMS_UTILITY.GET_TIME);
  FOR i IN 1..m LOOP
    r2 := (a*r2 + c)mod m;
    IF r2 = 0 THEN r2 := 1; END IF;
    t_Zufall(i) := r2;
  END LOOP;
  INSERT INTO Zeit
  VALUES (Zeitzaehler.NEXTVAL,
          Laufnr,
          'BerechneZufall Ende',
          DBMS_UTILITY.GET_TIME);
  RETURN t_Zufall;
END BerechneZufall;
```

1036_03.sql: Anpassung der Zufallszahlenermittlung

Aus der Prozedur Ausfuehrung haben wir die beiden großen CASE-Anweisungen entfernt, die für den Kursbereich und den Monat eines Termins aus den beiden Gewichtungssammlungen passende Gewichtungsfaktoren auswählen. Dies ist definitiv nicht so interessant wie die Streckenposten, die wir über Einträge in die Tabelle ZEIT an verschiedenen Stellen im Programmablauf platziert haben. Auch hier gilt die Faustregel, dass sie überall dort die Zeit messen, wo Zwischenergebnisse zu erwarten oder Datenverarbeitungen blockweise zu Ende sind. Dies gilt für die Zusammenstellung der Teilnehmergruppen, die Buchung der Teilnehmer und die bereits zuvor erfolgte Messung der Zufallszahlenerzeugung, die innerhalb der Funktion BerechneZufall durchgeführt wird.

```
PROCEDURE Ausfuehrung (
  Anzahl IN NUMBER,
```

```
 Laufnr IN NUMBER)
IS
 t_Zufall NUMMERN := BerechneZufall(2,211,482,
                   ZaehleReihen('termin', 'T_Nr')-1, Laufnr);
 -- Termindatenstruktur
 TYPE RecTermin IS RECORD (
  Monat    VARCHAR2(2),
  Bereich kurs.K_Bereich%TYPE
  );
 v_TDaten RecTermin;
 v_TGewicht NUMBER(4,2);
 v_KGewicht NUMBER(4,2);
 t_TGewicht NUMMERN;
 -- Teilnehmerdatenstruktur
 TYPE RecTeilnehmer IS RECORD (
  Nr          teilnehmer.TN_Nr%TYPE,
  UNr         teilnehmer.U_Nr%TYPE,
  PLZ         teilnehmer.TN_PLZ%TYPE
  );
 v_TNDaten    RecTeilnehmer;
 t_Teilnehmer NUMMERN;
 -- Buchungsergebnis
 v_BNr        buchung.B_Nr%TYPE;
BEGIN
 -- Gewichtungsberechnung: Termine
 INSERT INTO Zeit
 VALUES (Zeitzaehler.NEXTVAL,
         Laufnr,
         'Programmstart | Gewichtungsberechnung',
         DBMS_UTILITY.GET_TIME);
 FOR i IN 1..ZaehleReihen('termin', 'T_Nr')-1 LOOP
 ------------------
  -- Terminbewertung
  SELECT ErmittleBereich(T_Nr), TO_CHAR(T_Beginn, 'MM')
    INTO v_TDaten.Bereich, v_TDaten.Monat
    FROM termin
   WHERE T_Nr = i;
  -- Monat
  <<Monatsbewertung>>
```

```
  CASE v_TDaten.Monat
...
  END CASE Monatsbewertung;
  -- Bereich
  <<Bereichsbewertung>>
  CASE v_TDaten.Bereich
...
  END CASE Bereichsbewertung;
  -- Gewichtungsberechnung
  t_TGewicht(i) := v_TGewicht*v_KGewicht*t_Zufall(i);
  -- Regel: Verarbeitung nur, wenn Gewicht > Schwellwert
  IF t_TGewicht(i) >= 50 THEN
  SELECT TN_Nr, U_Nr, TN_PLZ
     INTO v_TNDaten
     FROM teilnehmer
    WHERE TN_Nr = i;
   -- Gruppenbildung
   INSERT INTO Zeit
   VALUES (Zeitzaehler.NEXTVAL,
           Laufnr,
           'FindeGruppe Start',
           DBMS_UTILITY.GET_TIME);
   t_Teilnehmer := (FindeGruppe(i));
   INSERT INTO Zeit
   VALUES (Zeitzaehler.NEXTVAL,
           Laufnr,
           'FindeGruppe Ende',
           DBMS_UTILITY.GET_TIME);
   INSERT INTO Zeit
   VALUES (Zeitzaehler.NEXTVAL,
           Laufnr,
           'BucheTeilnehmer Start',
           DBMS_UTILITY.GET_TIME);
   FOR j IN t_Teilnehmer.FIRST..t_Teilnehmer.LAST LOOP
    BucheTeilnehmer (
        Teilnehmernr   => t_Teilnehmer(j),
        Terminnummer   => i,
        Teilnehmerzahl => t_Teilnehmer.COUNT,
        Anmelder       => t_Teilnehmer(t_Teilnehmer.FIRST),
```

```
        Buchungsnr    => v_BNr);
    COMMIT;
  END LOOP;
  INSERT INTO Zeit
  VALUES (Zeitzaehler.NEXTVAL,
          Laufnr,
          'BucheTeilnehmer Ende',
          DBMS_UTILITY.GET_TIME);
  -- Eintrag pro Gruppenmitglied
  END IF;
  EXIT WHEN i = Anzahl;
  END LOOP;
  INSERT INTO Zeit
  VALUES (Zeitzaehler.NEXTVAL,
          Laufnr,
          'Programmende',
          DBMS_UTILITY.GET_TIME);
END Ausfuehrung;
```

1036_03.sql: Anpassung der Hauptprozedur

Mit dem kurzen Aufruf in einem anonymen Block der Form

```
DECLARE
BEGIN
  GENERATOR.AUSFUEHRUNG(5000, 1);
END;
```

1036_04.sql: Aufruf des veränderten Generators

starten Sie die Ausführung des präparierten Programms unter Angabe einer Laufnummer. Hiernach können wir die entstandene Verfolgertabelle untersuchen, indem wir verschiedenen Unterabfragen für die rücklaufende Zeit der Gesamtdauer (Von), die aufsteigende Zeit bis zur Gesamtdauer (Zeit) und die verstrichene Zeit zwischen zwei gemessenen Ereignissen (Distanz) ermitteln.

```
SELECT a.Z_Nr AS Z_Nr,
       SUBSTR(a.Z_Text,1,20) AS Z_Text,
```

```
          a.Z_Zeit-(SELECT MIN(Z_Zeit)
                    FROM zeit)-
                   (SELECT MAX(Z_Zeit)-MIN(Z_Zeit)
                    FROM zeit) AS Von,
          a.Z_Zeit-(SELECT MIN(Z_Zeit)
                    FROM zeit) AS Zeit,
              ABS((SELECT b.Z_Zeit - a.Z_Zeit
                    FROM zeit b
                    WHERE b.Z_Nr=a.Z_Nr-1)) AS Distanz
   FROM zeit a
  WHERE a.Z_Nr BETWEEN 0 AND 10
  ORDER BY a.Z_Nr
```

1036_05.sql: Untersuchung des Programms

Dies ergibt für die verlangten ersten zehn Zeilen folgende Aufstellung, wobei Sie eine vollständige Liste für alle Zeilen in der Datei *1036_06.txt* finden. Dabei stellt sich heraus, dass die Erzeugung einer mehrere hundert Zeilen langen Sammlung und deren Gewichtungsbewertung, die ebenfalls in eine Sammlung gespeichert wird, jeweils nur eine Hundertstel Sekunde dauert. Jeder Gruppeneintrag dauert jedoch für unterschiedlich viele Mitglieder genauso lange wie dieser Vorgang über Sammlungen. Dies erkennt man an den vielen Zeilen mit den Einträgen `Finde-Gruppe Start` und `FindeGruppe Ende` bzw. `BucheTeilnehmer Start` und `BucheTeilnehmer Ende`. Man sollte also – wie es auch die nachfolgenden allgemeinen Regelungen empfehlen – lieber komplette Sammlungsstrukturen schaffen und diese dann ohne Kontextwechsel über eine Mengenübertragung in die Buchungstabelle speichern.

Z_NR	Z_TEXT	VON	ZEIT	DISTANZ
1	BerechneZufall Start	-888	0	
2	BerechneZufall Ende	-887	1	1
3	Programmstart | Gewi	-887	1	0
4	FindeGruppe Start	-886	2	1
5	FindeGruppe Ende	-885	3	1
6	BucheTeilnehmer Star	-884	4	1
7	BucheTeilnehmer Ende	-883	5	1
8	FindeGruppe Start	-883	5	0
9	FindeGruppe Ende	-882	6	1

```
   10 BucheTeilnehmer Star        -882        6          0
10 Zeilen ausgewählt.
```

➜ *Zeitmessung mit DBMS_PROFILER*

Neben einer selbst erstellten Zeitmessung bietet Oracle noch zwei eigene Tabellenstrukturen und Pakete an, mit denen die Leistung von Applikationen untersucht und – nach einer intelligenten Analyse – auch verbessert werden kann. Das erste Paket, das in diesem Abschnitt vorgestellt wird, ist das DBMS _ PROFILER-Paket. Bei der Installation und Einrichtung sind die folgenden Punkte zu beachten:

- Im Verzeichnis *rdbms\admin* finden Sie die Datei *proftab.sql*, die sowohl global für jeden Benutzer in einem allgemein zugänglichen Schema als auch für jeden Benutzer lokal in seinem eigenen Schema bzw. in einem speziellen Schema abgelegt werden kann. Hierbei müssen nur Zugriffsberechtigungen an den jeweiligen Tabellen vergeben werden.

- Im gleichen Verzeichnis finden Sie die Datei *profload.sql*, die das gesamte Paket installiert bzw. die benötigten Module aufspielt. Diese Datei muss als SYS eingerichtet werden, um für alle Benutzer zugänglich zu sein.

- Für die Installation werden aus der zuletzt genannten Datei noch die Dateien *dbmspbp.sql* und *prvtpbp.plb* aufgerufen.

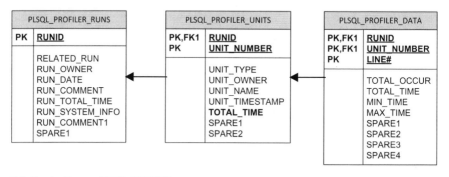

Tabellenstruktur von DBMS_PROFILER

- **Die Struktur der Tabelle PLSQL_PROFILER_RUNS sieht wie folgt aus:**

  - `runid` (`number primary key`) – Eindeutiger Laufschlüssel

  - `related _ run` (`number`) – Zugehörige Laufnummer eines anderen Laufs

  - `run _ owner` (`varchar2(32)`) – Benutzer, der den Lauf gestartet hat

  - `run _ date` (`date`) – Startdatum

  - `run _ comment` (`varchar2(2047)`) – Kommentar für den aktuellen Lauf

  - `run _ total _ time` (`number`) – Verstrichene Zeit für diesen Lauf in Nanosekunden

  - `run _ system _ info` (`varchar2(2047)`) – Zurzeit unbenutzt

  - `run _ comment1` (`varchar2(2047)`) – Zusätzlicher Kommentar

- **Die Struktur der Tabelle PLSQL_PROFILER_UNITS sieht wie folgt aus:**

  - `runid` (`number Primary key`) – Beziehung zu `plsql _ profiler _ runs`

  - `unit _ number` (`number Primary key`) – Intern generierte Bibliotheksnummer des Schema-Objekts

  - `unit _ type` (`varchar2(32)`) – Schema-Objekttyp in der Bibliothek

  - `unit _ owner` (`varchar2(32)`) – Besitzer des Schema-Objekts in der Bibliothek

  - `unit _ name` (`varchar2(32)`) – Schema-Objektname

  - `unit _ timestamp` (`date`) – Zeitstempel des Schema-Objekttyps

  - `total _ time` (`number`) – Gesamte Laufzeit in Nanosekunden

10

- **Die Struktur der Tabelle PLSQL_PROFILER_DATA sieht wie folgt aus:**

  - `runid` (number `Primary key`) – Eindeutige Laufkennung

  - `unit _ number` (number `Primary key`) – Intern generierte Bibliotheksnummer des Schema-Objekts

  - `line` (number `Primary key not null`) – Zeilenzahl im Objekt

  - `total _ occur` (number) – Gibt an, wie oft eine Einheit ausgeführt wird `total _ time` (number) – Gesamtzeit der Ausführungsdauer einer Zeile in Nanosekunden

  - `min _ time` (number) – Minimale Ausführungszeit für diese Zeile in Nanosekunden

  - `max _ time` (number) – Maximale Ausführungszeit für diese Zeile in Nanosekunden

Bei der Installation gehen Sie wie folgt vor:

1. Richten Sie die Tabellen mit dem Skript *proftab.sql* ein.

2. Installieren Sie das Paket z. B. durch Aufruf von `@C:\oracle\ora92\rdbms\admin\profload.sql`. Die Installation endet dann mit dem Ergebnis:

```
Testing for correct installation
SYS.DBMS_PROFILER successfully loaded.
PL/SQL-Prozedur wurde erfolgreich abgeschlossen.
```

Zur Verwendung der verschiedenen Werkzeuge des Pakets folgt nach der Liste der möglichen Funktionen ein Beispiel, in dem das Buchungsprogramm erneut unter die Lupe genommen wird. Folgende Funktionen stehen zur Verfügung:

- `START _ PROFILER`
  Diese Funktion startet die automatische Aufzeichnung der Analysedaten für die aktuelle Besuchersitzung. Wird diese Sitzung also beendet, endet auch die automatische Aufnahme der Daten. Die Funktion tritt in zwei (überladenen)

Versionen auf, wobei die erste für GUI-Anwendungen und die zweite direkt für PL/SQL-Anwendungen z. B. in SQL*Plus programmiert wurde. Sie haben eine ähnliche Form und erwarten eingehende Kommentare, die aber durch Standardwerte ersetzt werden können, um den Lauf zu beschreiben. Sie liefern die automatisch ermittelte Laufnummer, mit der man dann später die Tabellendaten abfragen kann. Da typischerweise mehrere Läufe in den Tabellen gespeichert werden, ist es daher unverzichtbar, die automatisch generierte bzw. vom aktuellen Lauf erzeugte Laufnummer zu erfahren.

```
DBMS_PROFILER.START_PROFILER(
            kommentar1 IN VARCHAR2 := sysdate,
            kommentar2 IN VARCHAR2 :='',
            laufnummer OUT BINARY_INTEGER)
RETURN BINARY_INTEGER;
DBMS_PROFILER.START_PROFILER(
            kommentar1 IN VARCHAR2 := sysdate,
            kommentar2 IN VARCHAR2 :='')
RETURN BINARY_INTEGER;
```

- STOP _ PROFILER-Funktion
  Soll für die aktuelle Sitzung die Datenspeicherung beendet werden, verwendet man diese Funktion:

```
DBMS_PROFILER.STOP_PROFILER
RETURN BINARY_INTEGER;
```

- FLUSH _ DATA-Funktion
  Sie speichert die nur im Zwischenspeicher befindlichen Analysedaten in die vorbereiteten Tabellen.

```
DBMS_PROFILER.FLUSH_DATA
RETURN BINARY_INTEGER;
```

- PAUSE _ PROFILER-Funktion
  Sie unterbricht die Aufnahme von Überwachungsdaten, ohne sie komplett zu beenden.

- RESUME _ PROFILER-Funktion
  Sie setzt die Aufnahme von Überwachungsdaten fort, nachdem sie unterbrochen worden sind.

- GET _ VERSION-Prozedur
  Diese Prozedur ermittelt die Version des Pakets.

  ```
  DBMS_PROFILER.GET_VERSION (
  größereversion OUT BINARY_INTEGER,
  kleinereversion OUT BINARY_INTEGER);
  ```

- INTERNAL _ VERSION _ CHECK-Funktion
  Diese Funktion überprüft, ob die verwendete Funktion auch mit der Datenbank zusammen verwendet werden kann.

  ```
  DBMS_PROFILER.INTERNAL_VERSION_CHECK
  RETURN BINARY_INTEGER;
  ```

Bei der Verwendung des gesamten Pakets sind neben vielfältigen Fehlern, die aufgrund von fehlenden Berechtigungen oder sonstigen Unzulänglichkeiten entstehen können, zwei Ausnahmen definiert:

- VERSION _ MISMATCH reagiert darauf, sobald die verwendete Version des Pakets nicht mit der Datenbank zusammen verwendet werden kann.

- PROFILER _ ERROR reagiert auf Fehlerwerte, die bei korrektem Ablauf einen 0-Wert und bei nicht korrektem Verlauf einen Wert ungleich 0 aufweisen.

Wie Sie gesehen haben, ist es möglich, die Laufnummer auch in einer Variable zu speichern, um sie für spätere Arbeiten wie z. B. in Abfragen zu verwenden. Wir möchten Ihnen allerdings eine Verwendung des Pakets zeigen, die möglichst einfach und schnell einsetzbar ist. Das heißt, wir verzichten auf jegliche Abfrage irgendwelcher speziellen Werte und lassen die Funktionen jeweils ihre Standardwerte übernehmen.

Zunächst muss die Überwachung mit der START _ PROFILER-Funktion gestartet und mit der STOP _ PROFILER-Funktion beendet werden. Damit die Daten in die vorbereiteten Tabellen gespeichert werden können, ruft man nach der Ausführung der beobachteten Prozeduren die FLUSH _ DATA-Funktion auf.

```
DECLARE
BEGIN
  DELETE FROM buchung;
```

```
DBMS_PROFILER.START_PROFILER();
GENERATOR.AUSFUEHRUNG(5000);
DBMS_PROFILER.FLUSH_DATA();
DBMS_PROFILER.STOP_PROFILER();
END;
```

1036_07.sql: Start und Ende der Untersuchung

Da in unserem System der obige Aufruf der dritte Aufruf ist, fragen wir im nächsten Abfrageskript auch die Spalte `runid` mit dem Wert 3 ab. Ansonsten sind nicht alle Spalten von Interesse, sodass in der Spaltenliste eine Auswahl mit der Einheitenzahl, der Zeilennummer des Quelltextes, dem totalen Aufruf der Zeile während des Programmablaufs und mit den unterschiedlichen Zeitinformationen erscheint. Dann verknüpft man die drei Tabellen anhand ihrer Schlüsselbeziehungen und schränkt die gesamte Abfrage auf den dritten Lauf ein. Sie sehen hier auch, dass es möglich ist, nach dem Benutzer zu fragen und sich seine Läufe anzusehen.

```
SELECT SUBSTR(d.unit_number,1,5) AS unit_number,
       SUBSTR(d.line#,1,5)       AS line#,
       SUBSTR(d.total_occur,1,5) AS total_occur,
       d.total_time, d.min_time, d.max_time
  FROM plsql_profiler_data d
                 INNER JOIN plsql_profiler_runs r
    ON d.runid = r.runid
                 INNER JOIN plsql_profiler_units u
    ON u.runid = r.runid
 WHERE u.unit_owner = 'SCOTT'
   AND r.runid = 3
 ORDER BY d.unit_number, d.line#;
```

1036_08.sql: Abfrage der Analysedaten

Man erhält eine 71 Zeilen lange Tabelle, die wir hier in einem längeren Ausdruck wiedergeben. Dies ist deswegen notwendig, weil einem die Zahlen nicht so viel mitteilen wie zuvor bei unserem selbst geschriebenen Überwachungsprogramm. Zwei Spalten, die von Interesse wären, aber nicht in der Ausgabe Platz fanden, sind der `unit_name` des ausgeführten Objekts (hier immer GENERATOR) und die `total_time` für die gesamte Ausführung (hier immer 3324312759582 Nanosekunden). Da diese Informationen aber stets gleich sind und wegen ihrer Länge – wie gesagt – nicht in die Zeile passten, haben wir auf ihre Ausgabe verzichtet. Ansonsten ist natürlich gerade die Gesamtzeit wichtig, um die Einsparung nach Optimierungsvorgängen bewerten zu können.

Abgesehen von diesen fehlenden Informationen, bietet die Tabelle aber auch Informationen, die nicht nur abgedruckt, sondern auch noch interessant sind. Hierbei handelt es sich allerdings nicht um Daten in Hinblick darauf, wann welche Stopppunkte erreicht wurden bzw. wann welche Aktivitäten im Programmablauf begonnen und abgeschlossenen wurden, sondern in Hinblick darauf, wie oft und wie lange Quelltextzeilen ausgeführt wurden. Dies ist ein grundlegend anderer Ansatz, der nach dieser Tabelle mit weiteren Hinweisen beschrieben wird.

Für die Tabelle stellen die drei Zeitspalten (und zusätzlich auch die nicht abgedruckte Gesamtzeit) die wichtigsten Informationen dar, weil hier die tatsächlichen Kosten gespeichert werden. Dabei erhält man eine Gesamtzeit, wie lange eine einzelne Zeile ausgeführt wurde (die Summe ergibt daher die Gesamtzeit), und es wird angegeben, welche minimalen und maximalen Werte erreicht wurden. Wurde daher eine Zeile nur einmal ausgeführt, sind diese drei Werte gleich, während bei einer zweifachen Ausführung und verschiedenen Ausführungszeiten die Summe der beiden Extremwerte die Gesamtzeit ergibt.

UNIT_	LINE#	TOTAL	TOTAL_TIME	MIN_TIME	MAX_TIME
1	3	0	0	0	0
1	4	0	0	0	0
1	5	1	20790072	20790072	20790072
1	6	1	3299581	3299581	3299581
1	7	1	2471822	2471822	2471822
2	11	1	468774	468774	468774
2	13	654	131411953	187453	4109740
2	14	653	835683306	1123047	8053816
2	15	653	111095683	157282	1078349
2	16	653	170981786	176558	4547784
2	18	2836	8986347985	2519593	201839619
2	33	2835	6453630279	1458006	334246671
2	34	1041	587620214	506488	825803
2	35	1041	645325872	436927	2197206
2	38	2835	1,2707E+11	37689985	1000423796

```
2     43    2835  3,5914E+10    11175442   326174974
2     48    2835  2,8229E+11    86568264  1842503726
2     50    2835  8490926640     2006958   255196400
2     53    653   2868007805     1081981     5710781
2     63    653   3,8338E+10    25431723  1887621750
2     67    653   2564177011      907657   141122963
2     70    2835  5580034054     1348216     4915708
2     81    2835  2,2069E+11    66231602   812323633
2     85    2835  5406636038     1392355    45290113
2     88    2837  3757838216      984482     4773232
2    100    2837  1,2389E+10     3046755   140185135
2    104    2837  5,5092E+11   123431329   981200403
2    106    2837  2538383789      504533   134720474
2    107    1           2483276   2483276     2483276
2    109    3399  2,3310E+10     3103746   260794877
...
71 Zeilen ausgewählt.
```

1036_08.sql: Ausgabe der Analysedaten

Man muss natürlich das ausgeführte Programm gut kennen, um überhaupt Informationen aus den Daten beschaffen zu können. Zunächst verschafft man sich mit Hilfe der folgenden Übersichtsabfrage einen Eindruck davon, wie viele Datensätze überhaupt erzeugt wurden, wie viele Termine überhaupt gebucht wurden und wie viele Termine ursprünglich vorhanden waren. Die Anzahl der erzeugten Datensätze ist für die Analyse insofern wichtig, als dass dies ja die entscheidende Zielsetzung des gesamten Programms war und alle Ausführungsbefehle darauf hinausliefen, Datenstrukturen zu schaffen, die schließlich in die Tabelle BUCHUNG eingetragen wurden. Die Termine stellen hier eine besondere Information dar, weil die Termine anhand einer Gewichtung mit Hilfe verschiedener Faktoren bzw. anhand der Berechnung eines Schwellenwerts entweder als zu verarbeitende Daten in den Programmfluss eingingen oder von der Verarbeitung ausgeschlossen wurden. Jeder Termin wurde damit abgerufen, analysiert und konnte zum Anstoß des Programms dienen. Dabei hangelte sich das gesamte Programm an den Terminen in chronologischer Folge entlang, um für jeden zu verarbeitenden Termin einen Teilnehmer und für jeden Teilnehmer eine passende Gruppe auszuwählen, von der dann jeder einzelne Teilnehmer erfasst wurde. Diese Abfrage hat folgenden Aufbau:

```
SELECT DISTINCT
        (SELECT COUNT(B_NrAnmelder)
          FROM buchung INNER JOIN teilnehmer
            ON buchung.B_NrAnmelder = teilnehmer.TN_Nr
         WHERE U_Nr IS NOT NULL)
                            AS Firmenanmeldungen,
        (SELECT COUNT(DISTINCT T_Nr)
          FROM buchung)      AS Termine#1,
        (SELECT COUNT(T_Nr)
          FROM termin)       AS Termine#2
  FROM buchung;
```

1036_09.sql: Ermittlung von wichtigen Zahlen

Man erhält als Ergebnis:

```
FIRMENANMELDUNGEN  TERMINE#1  TERMINE#2
-----------------  ---------  ---------
        -               2835        562        653
1 Zeile wurde ausgewählt.
```

Insgesamt wurden also bei diesem Lauf 2835 Datensätze in die Buchungstabelle geschrieben. Diese Zahl findet man nun auch an vielen Stellen, wo sämtliche Buchungssätze verarbeitet wurden. Dies ist z. B. bei der Prozedur BucheTeilnehmer der Fall, da hier jeder einzelne Datensatz verarbeitet wurde. Für die Zeilenzeitmessung ist dabei unerheblich, ob alle Teilnehmer der Reihe nach (was nicht der Fall ist) oder jeweils in Gruppen (wie es tatsächlich geschieht) und damit auch nach dem Zusammensetzen von neuen Gruppen gebucht werden. Wichtig ist lediglich, dass in dem folgenden Quelltextschnipsel für jeden einzelnen Datensatz die aktuelle Reihenzahl gezählt, ein passendes Buchungsdatum ermittelt, der Preis kalkuliert und schließlich die Buchungsnummer zurückgeschrieben wird.

```
INSERT INTO buchung
  VALUES (ZaehleReihen(),
          Teilnehmernr,
          Terminnummer,
          TO_DATE(ErmittleDatum(Terminnummer,
                                Teilnehmerzahl)),
```

```
        Teilnehmerzahl,
        ErmittlePreis(Terminnummer, Teilnehmerzahl),
        Anmelder,
        NULL,
        NULL)
RETURNING B_Nr INTO Buchungsnr;
```

Auszug aus dem Buchungsprogramm

Wie schon zuvor bei der selbst entwickelten Überwachungsmethode so erhält man auch hier die Rückmeldung, dass diese Vorgehensweise nicht optimal ist. Anstatt Funktionen selbst zu schreiben, die Datenbank-eigene Funktionalitäten abbilden, wie es mit der Erzeugung einer passenden Buchungsnummer geschieht, sollte man eher die Datenbank-eigenen Hilfsmittel benutzen. Dies könnte in diesem Fall eine Sequenz sein. Da allerdings eine Mengenübertragung stattfindet, hätte man besser auch die entsprechende Technik benutzt, damit erst einmal in Array-Form die nötigen Daten erzeugt (inklusive Buchungsnummer) und dann die gesamten Buchungsdaten mit nur einem Kontextwechsel übertragen.

Analoge Überlegungen gelten auch für die Terminzahlen, wobei hier nur schwer eine andere Programmstruktur erdacht werden kann. Tatsächlich muss jeder Termin analysiert, gewichtet und dann bewertet werden. Dies sieht man auch an den Tabellenzeilen, in denen alle 653 Termine verarbeitet werden, und dort, wo die Termine, die den Schwellenwert überschritten haben, in das Programm eingehen.

Trigger

11. Trigger

Nach der Erstellung von Routinen und Funktionen für die Datenverarbeitung, die Sie in den vorangegangenen Abschnitten kennen gelernt haben, beenden wir die Darstellung der PL/SQL-Module mit dem Bereich der Trigger (Auslöser). Sie ermöglichen das Abfangen von unerwünschten Ereignissen oder Zuständen in der Datenbank, indem sie durch ein vorher genau spezifiziertes Ereignis ausgelöst werden. Dieses Ereignis wird als »triggering event« bezeichnet und mit solch schönen Wendungen wie »triggern« für »auslösen« beschrieben.

11. 1. Einführung

Trigger ähneln den bereits beschriebenen Modulen, weisen aber gleichzeitig große Unterschiede zu Funktionen und Prozeduren auf. Trigger werden ebenfalls direkt in der Datenbank gespeichert und stellen damit ein Schema-Objekt der Datenbank dar. Es ist zusätzlich nicht einmal möglich, sie als lokales Modul in einem anderen Block zu schreiben, um sozusagen einen lokalen Trigger zu verwenden Sie warten ausschließlich auf Ereignisse, die in Form von SQL-Schlüsselwörtern, die das Ereignis beschreiben, ausgedrückt werden. Dabei ist es nicht möglich, zusätzlich Argumente zu übergeben.

Es folgt zunächst eine Darstellung der verschiedenen Triggertypen, die Sie für verschiedene Einsatzbereiche erstellen können und für die immer eine leicht variierende Syntax bzw. zusätzliche Schlüsselwörter gelten und einsetzbar sind. Danach lernen Sie die Syntax für jeden einzelnen Typ kennen.

Trigger stellen aufgrund einer speziellen Definitionssyntax und ihrer Eigenschaften, die sie von anderen Modulen unterscheiden, sowie ihren gänzlich anderen Einsatzbereichen einen PL/SQL-Bereich dar, der verschiedene, klar umrissene Eigenschaften besitzt.

11. 1. 1. Typologie

In der Datenbanktheorie wird für gewöhnlich, wenn von Triggern die Rede ist, auf die ungewollte Situation Bezug genommen, dass eine Datenbankaktion einen unerwünschten Zustand in Hinblick auf die Integrität der Daten zur Folge hat. Dies stellt nicht nur einen grundlegenden Einsatzbereich dar, sondern ist auch natürlich auch durch einen Trigger-Typ abgebildet worden. Dies ist in jedem Fall der so genannte *DML-Trigger*, es kann an dieser Stelle aber auch ein *Instead-of-Trigger* zum Einsatz kommen. Oracle geht mit seinem Trigger-Konzept über diese klassische Forderung hinaus und bietet zusätzlich noch einen *System-Trigger* an, der auch für andere Ereignisse als datenbezogene Ereignisse, nämlich für Ereignisse definiert werden kann, die auf Schema-Objekte ausgerichtet sind.

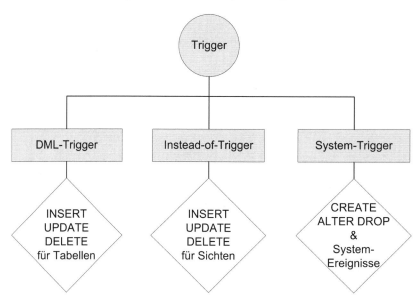

Trigger-Typen und auslösende SQL-Befehle

Wie in der Abbildung dargestellt ist, unterscheidet man drei Trigger-Typen, wobei dies nicht nur theoretisch oder in ihrer Anwendung fixiert werden kann, sondern auch durch jeweils unterschiedliche Syntaxregeln:

- **DML-Trigger**
  Anweisungen aus dem DML-Bereich von SQL wie INSERT, UPDATE oder DE-
  LETE lösen einen DML-Trigger aus. Dabei kann man bei der Programmierung
  des Triggers frei bestimmen, ob die Anweisungen im Anweisungsabschnitt des
  Triggers vor oder nach dem auslösenden Ereignis (vor oder nach dem Eintragen, Löschen, Aktualisieren also) ausgeführt werden sollen. Dabei wirken sich
  diese SQL-Befehle ausdrücklich direkt auf Tabellen aus.

- **Instead-of-Trigger**
  Wie schon für den DML-Trigger so gilt auch für den Instead-of-Trigger, dass
  DML-Operationen aus dem SQL-Sprachumfang als auslösende Ereignisse in
  Frage kommen. Als Besonderheit gilt hier, dass dieser Trigger-Typ ausschließ-
  lich für Sichten (entweder relationale oder Objekt-Sichten) definiert werden
  kann und anstelle der ursprünglich vorgegebenen Befehle ausgeführt wird.
  Diese Eigenschaft sowie die entsprechende PL/SQL-Klausel führte zu seiner
  Bezeichnung. Weil für das Ereignis nicht zusätzliche Anweisungen zur Ausfüh-
  rung kommen, sondern sie ersetzende, gibt es keine Angaben zur zeitlichen
  Reihenfolge des Trigger-Anweisungsblocks.

- **System-Trigger**
  Während die anderen beiden Trigger-Typen für die Daten und ihre Strukturen
  von Relevanz sind, ist der System-Trigger ein Werkzeug, um System-Ereignisse
  und DDL-Befehle abzufangen. Zu den System-Ereignissen gehören solche Ereignisse wie das Starten oder Herunterfahren der Datenbank, das An- und
  Abmelden von Benutzern sowie Fehler. Zu den DDL-Befehlen gehören die Befehle CREATE, ALTER und DROP aus dem SQL-Sprachumfang, die zur Erstellung oder Manipulation von Schema-Objekten vorhanden sind. Diese stellen
  natürlich spezielle Einträge in den Data Dictionary-Tabellen dar, können aber
  einfacher als über eine Abfrage dieser Tabellen direkt durch diesen Trigger-
  Typ abgefangen werden.

11. 1. 2. Einsatzbereiche

Wie in der Vorstellung der drei Trigger-Typen vermutlich schon deutlich geworden
ist, ist die Verhinderung von Inkonsistenz und Verlust der Datenintegrität innerhalb der Datenbank ein entscheidender Einsatzbereich der Trigger-Technik. Einfache Integritätsregeln lassen sich in SQL z. B. über die CHECK-Bedingung vorgeben.

Auch die Definition von Datentypen und Wertebereichen sowie die referenzielle Integrität (also die Definition von Primär- und Fremdschlüsseln bei der Tabellendefinition) ist bereits als Technik und Methode anzusehen, um Integritätsregeln abzubilden. Bei der Umsetzung von komplexen Regeln (so genannten Geschäftsregeln) jedoch lässt der SQL-Standardsprachschatz den Datenbank-Entwickler im Stich, sodass hier ein wichtiger und großer Einsatzbereich von Triggern liegt.

Neben den Standardmöglichkeiten von Oracle, um Überwachungsinformationen von Benutzern und ihren Aktivitäten in der Datenbank und mit den Daten zu speichern, bietet sich die Möglichkeit, solche Überwachungswerkzeuge selbst zu entwickeln, wenn es um einfachere Aufgaben und für weniger anspruchsvolle Situationen geht. Dies bedeutet, dass bei Datenmanipulationen oder Arbeiten an den Eigenschaften von Schema-Objekten sowie bei grundsätzlichen Systembenutzungen automatisch Protokollinformationen in geeigneten Tabellen erfasst werden, die in diesem Fall selbst entwickelt werden.

Da Trigger durch ihre Grundkonzeption ereignisgesteuert sind, bietet sich mit ihrem Einsatz die Möglichkeit, durch die Reaktion auf definierte Ereignisse andere Routinen automatisch – also per Aufruf – zu starten. Dies ermöglicht eine umfassende Automatisierung der Datenbank, wobei die entsprechenden Trigger nur für die Signalisierung von Änderungen und den Aufruf von anderen Routinen zum Einsatz kommen. In diesem Zusammenhang ist von Bedeutung, dass natürlich auch Routinen in C++ oder in Java durch eine `CALL`-Anweisung aufgerufen werden können, sodass man bei der Automatisierung nicht auf PL/SQL beschränkt ist.

11. 1. 3. Einschränkungen

Da der Körper eines Triggers einen gewöhnlichen PL/SQL-Block repräsentiert, sind grundsätzlich – wie auch bei den anderen PL/SQL-Modulen – sämtliche PL/SQL-Sprachelemente bei der Programmierung erlaubt. Einige Einschränkungen für die Verwendung von Datentypen und Techniken gelten jedoch sowohl für die Trigger als auch für eventuell aufgerufene Prozeduren und Funktionen:

- **Größe**
  Eine grundsätzliche Einschränkung bei der Erstellung von Triggern besteht für die Größe, die die Grenze von 32 KB nicht überschreiten darf. Dies kann man natürlich umgehen, indem man Teilbereiche in andere Module auslagert und entsprechend über Funktionen oder Prozeduren aufruft, man sollte diese Ein-

schränkung aber bei der Erstellung immer mit Blick auf die Ausführungszeit berücksichtigen.

- **Transaktionssteuerung**
  Sämtliche SQL-Befehle für die Transaktionssteuerung können in einem Trigger *keinesfalls* zur Anwendung kommen. Auch wenn die Möglichkeit besteht, einen derart fehlerhaften Trigger in der Datenbank zu speichern, so erhält man spätestens bei der Ausführung bzw. beim automatischen Aufruf desselben eine entsprechende Fehlermeldung. Dies betrifft also Befehle wie COMMIT, ROLLBACK, SAVEPOINT und SET TRANSACTION. Diese Einschränkung wirkt sich auch auf im Trigger aufgerufene Module aus, d. h., diese können ebenfalls keine Transaktionssteuerungsbefehle enthalten.

- **Autonome Transaktionen**
  Eine Möglichkeit, die Transaktionssteuerung zu verwenden, besteht darin, autonome Transaktionen zu definieren. Dabei verwendet man die Schlüsselwörter PRAGMA AUTONOMOUS _ TRANSACTION; im Deklarationsabschnitt des jeweiligen PL/SQL-Blocks. Diese können anonyme Blöcke der obersten Ebene (keine tiefer verschachtelten also), lokale, gespeicherte Unterprogramme und solche aus Paketen, Methoden eines Objekttyps und eben Datenbank-Trigger sein. Für die Beendigung einer autonomen Transaktion muss COMMIT oder ROLLBACK verwendet werden, da das Ende des autonomen Blocks nicht ausreicht. Über diese Technik ist es zugleich möglich, Trigger mit Transaktionssteuerug zu programmieren wie auch Module aufzurufen, die Transaktionsbefehle beinhalten.

- **Datentypen**
  Sowohl die Pseudodatensätze :old und :new als auch der Trigger-Body können keine LONG- oder LONG RAW-Datentypen referenzieren und verarbeiten. LOB-Spalten können referenziert, die darunter liegenden Werte allerdings nicht geändert werden.

11. 2. Trigger programmieren

In diesem Abschnitt zeigen wir die unterschiedlichen Trigger-Typen im Detail und erstellen einige Beispiele. Die Definition basiert auf einer weitestgehend unveränderlichen Syntax, die allerdings für jeden Typ durch unterschiedliche optionale Elemente und auch durch eine leicht andere Definitionsstruktur variiert wird.

11. 2. 1. Allgemeine Trigger-Befehle

Dass sich Trigger mit der CREATE OR REPLACE-Klausel anlegen lassen, kann an dieser Stelle schon einmal verraten werden. Zusätzlich gilt für alle Trigger, dass sie ebenfalls mit der Standard-Klausel DROP TRIGGER name wieder gelöscht werden. Darüber hinaus ist es auch noch möglich, sie speziell zu aktivieren und zu deaktivieren. Dabei bleiben sie der Datenbank als Schema-Objekt erhalten, reagieren aber nicht mehr auf die Ereignisse, die sie normalerweise auslösen würden. Dies realisiert man über die Syntax ALTER TRIGGER name {DISABLE | ENABLE}. Sobald ein Trigger erstellt und gespeichert wird, ist er natürlich aktiviert, sodass man zunächst diesen Befehl nur für eine Deaktivierung nutzen kann.

Enthält eine Tabelle diverse Trigger, die man nicht alle einzeln aktivieren oder deaktivieren möchte, so lassen sich diese Trigger auch alle gleichzeitig mit dem ALTER TABLE {ENABLE | DISABLE} ALL TRIGGERS-Befehl (de-)aktivieren.

11. 2. 2. DML-Trigger

Für die Definition von DDL-Triggern ist folgende allgemeine Syntax gültig:

```
CREATE [OR REPLACE] TRIGGER name
 {BEFORE | AFTER} ereignis
 [referenzklausel]
 [WHEN trigger-bedingung]
 [FOR EACH ROW]
 anweisungsabschnitt;
```

Nach einer allgemeinen Definitionsklausel, die den Triggernamen spezifiziert, folgt die Definition des Zeitbezuges, die für den Trigger von Bedeutung ist, d. h., ob der Trigger vor oder nach dem definierten Ereignis ausgeführt werden soll. Mit der Referenzklausel lassen sich zwei Standardbezügen zu alten und neuen Daten in der Tabelle andere Namen zuweisen. Ist der Trigger auf Zeilenebene definiert, d. h., berücksichtigt er Änderungen an einzelnen Datenzeilen, so wird er nur für die Zeilen ausgeführt, die die angegebene Bedingung erfüllen. Soll der Trigger für die gesamte Aktion ausgeführt werden, so handelt es sich gerade nicht um einen zeilenbezogenen Trigger, was auch durch die Klausel FOR EACH ROW bezeichnet werden kann. Diese Klausel löst für jede einzelne Zeile den Trigger aus, wenn zuvor das allgemeine Ereignis für die Tabelle betroffen war.

Im Beispiel soll nun beim Eintragen von Terminen in der Termintabelle die Anzahl der möglichen Dozenten gezählt werden. Dies ist ja bekanntermaßen ein Problem, da es noch einige Kurse in der Kurstabelle gibt, die keine Dozenten aufweisen können. Hier wäre es also ganz nützlich, eine automatische Übersicht für die Termine zu erhalten. Dies könnte natürlich auch in einer entsprechenden Tabelle mit Dozentenreferenzierung als Beziehungstabelle zwischen THEMENVERTEILUNG und TERMIN geschehen, würde aber nichts Grundlegendes an der Trigger-Syntax ändern.

Die folgende Tabelle speichert die Terminnummer, die Kursnummer und die Anzahl der Dozenten für einen Termin:

```
CREATE TABLE "SCOTT"."TERMINBETREUUNG"
("T_NR" NUMBER(7)      NOT NULL,
 "K_NR" NUMBER(7)   NOT NULL,
 "ZAHL" NUMBER(7)   NOT NULL,
  PRIMARY KEY("T_NR"),
  FOREIGN KEY("T_NR")
    REFERENCES "SCOTT"."TERMIN"("T_NR"),
  FOREIGN KEY("K_NR")
    REFERENCES "SCOTT"."KURS"("K_NR"))
  TABLESPACE "USERS";
```

1122_01: Triggertabelle für die Dozentenzahl

Die folgende Funktion ermittelt zunächst die Anzahl der Dozenten für eine übergebene Kursnummer. Sie soll später im Trigger aufgerufen werden, wobei ihre Funktionalität ebenso gut direkt im Trigger eingearbeitet werden könnte.

```
CREATE OR REPLACE  FUNCTION "SCOTT"."ZAEHLEDOZENTEN"  (
  Kursnummer IN kurs.K_Nr%TYPE )
RETURN NUMBER
IS
  D_Zahl NUMBER(2);
BEGIN
```

```
SELECT COUNT(D_Nr)
  INTO D_Zahl
  FROM themenverteilung
  WHERE K_Nr = Kursnummer;
RETURN D_Zahl;
END ZaehleDozenten;
```

1122_02.sql: Anzahl der Dozenten für einen gewählten Kurs

Der Trigger reagiert auf der Zeilenebene mit der Klausel FOR EACH ROW auf jeden eingetragenen Datensatz. Das bedeutet, dass der Trigger für jeden einzelnen Dateneintrag ausgelöst wird. Besonders wichtig ist dies natürlich bei UPDATE- oder DELETE-Aktionen, da hier mehrere Zeilen gleichzeitig angesprochen werden. Möchte man hier nach dem gesamten Befehl einen Trigger ausführen lassen, so verzichtet man auf dieses zeilenbezogene Auslösen des Triggers und reagiert nur darauf, dass überhaupt eine Änderung stattgefunden hat. Über die Angabe AFTER trägt man zunächst den neuen Termin ein und speichert dann die benötigten Informationen in die Tabelle TERMINBETREUUNG.

Eine Besonderheit ergibt sich beim Zugriff auf alte (UPDATE, DELETE) und neue (INSERT) Werte der bearbeiteten Tabelle. Im aktuellen Beispiel möchten wir die gerade eingetragenen Werte für die Terminnummer und die Kursnummer auch in der Überwachungstabelle speichern. Dabei steht uns mit den beiden Korrelationsbezeichnern :new und :old eine Zugriffsmöglichkeit auf gerade eingetragene (neue) und zuvor vorhandene (alte) Werte zur Verfügung. Sie ermöglichen es, mit einer Punktnotation auf die einzelnen Felder der bearbeiteten Tabelle in Form von :new.feld und :old.feld zuzugreifen und erinnern dabei an Datensätze in Form von %ROWTYPE. Da es sich aber um keine Datensatztypen handelt und man sie z. B. nicht anderen Variablen gleicher Datenstruktur zuweisen kann (wie z. B. fälschlicherweise v_TDaten := :new), bezeichnet man sie als *Pseudodatensätze*. Ihre Verwendung jedoch ist – wie im Beispiel zu sehen – recht einfach und gilt nicht für eine Variablenzuweisung (pro Feld) oder den Aufruf in SQL-Befehlen sowie in PL/SQL-Anweisungen.

```
CREATE OR REPLACE TRIGGER TRG_Termineintrag
 AFTER INSERT ON termin
 FOR EACH ROW
BEGIN
  INSERT INTO terminbetreuung
```

```
VALUES (:new.T_Nr, :new.K_Nr, ZaehleDozenten(:new.K_Nr));
DBMS_OUTPUT.PUT_LINE(ZaehleDozenten(:new.K_Nr) ||
                     ' Dozenten vorhanden.');
END TRG_Termineintrag;
```

1122_03.sql: Trigger, der mögliche Dozenten zählt

Als Test trägt man nun einen Termin ein und fragt sofort die Tabelle TERMINBE-TREUUNG ab. Interessant ist bei der Ausführung, dass zunächst die Information erscheint, dass drei Dozenten vorhanden sind, dass also die Trigger-Aktionen komplett abgearbeitet werden, bevor die Bestätigung des Zeileneintrags ausgegeben wird. In der abgefragten Tabelle befindet sich dann auch ein passender Datensatz mit der Zahl der Dozenten für den eingegebenen Kurs.

```
INSERT INTO termin
VALUES (654, 1020058, '21.05.14', '21.05.14', 'Essen');
SELECT * FROM terminbetreuung;
3 Dozenten vorhanden.
1 Zeile wurde erstellt.
      T_NR        K_NR        ZAHL
---------- ---------- ----------
       654    1020058           3
1 Zeile wurde ausgewählt.
```

1122_04: Eintragung eines Termins

Die allgemeine Syntax der Trigger-Erzeugung im DML-Bereich lässt sich in drei Dimensionen zusammenfassen, die beliebig miteinander kombiniert werden können. Daher lassen sich insgesamt 12 verschiedene DML-Trigger konstruieren, was sowohl in der folgenden Aufstellung als auch in der Abbildung deutlich wird:

- **SQL-Befehl**
  Mögliche abzufangende SQL-Befehle im DML-Bereich sind INSERT, DELETE und UPDATE.

- **Zeit**
  Jeder Befehl lässt sich vor (BEFORE) oder nach (AFTER) der Ausführung auf die Daten berücksichtigen und mit Anweisungen versehen.

- **Ebene**
  Die Datenverarbeitung lässt sich entweder als Zugriff auf die gesamte Tabelle (Anweisungsebene) oder als Zugriff auf die einzelnen Datensätze (Zeilenebene) berücksichtigen.

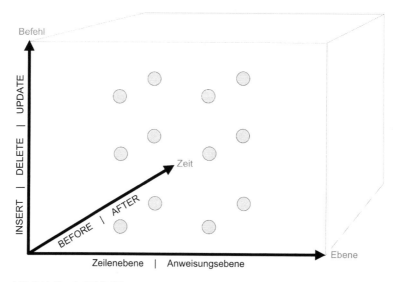

Möglichkeiten bei DML-Triggern

11. 2. 3. Syntax-Erweiterungen von Triggern

Bevor wir die anderen Trigger-Arten vorstellen, folgt in diesem Abschnitt eine Darstellung der Eigenschaften, die für alle drei Trigger-Arten gelten. Die Pseudodatensätze haben Sie bereits im zurückliegenden Abschnitt kennen gelernt, doch auch diese Technik lässt sich noch um eine weitere Klausel ergänzen, sodass hier mehr Flexibilität und Anpassungsmöglichkeiten bestehen.

11. 2. 3. 1 Pseudodatensätze und die REFERENCING-Klausel

Ändert man mit `DELETE`, `INSERT` oder `UPDATE` Datensätze in einer Tabelle, so ist es für die Verarbeitung natürlich überaus sinnvoll und nützlich, die neuen und alten Werte zu verarbeiten und z. B. in anderen Tabellen zu speichern. Über die

Pseudodatensätze :old und :new lassen sich diese ehemaligen und neu eingefügten bzw. aktualisierten Werte ermitteln. Dabei entspricht der Feldname in der veränderten Tabelle dem Feldnamen, der mit dem Punkt-Operator an die beiden Pseudodatensätze angeschlossen ist. Diese gesamte Technik ist natürlich ausschließlich Triggern mit Zugriff auf die Zeilenebene gestattet, da für jedes ausgelöste Zeilenereignis die beiden Pseudodatensätze mit Werten gefüllt sein können.

- :new enthält bei UPDATE- und INSERT-Anweisungen die aktuell eingefügten Werte der geänderten Zeile.

- :old enthält bei UPDATE- und DELETE-Anweisugen die vor der Änderung oder Löschung vorhandenen Werte der geänderten Zeile.

Sollten keine sinnvollen Werte für die Pseudodatensätze vorhanden sein, enthalten beide den Wert NULL. Sie werfen aber keine Fehlermeldung aus, wenn man auf sie zugreift. Dies kann geschehen, wenn man versucht, bei einer INSERT-Anweisung über :old alte Werte abzufragen, die zwangsläufig nicht existieren können, zumindest nicht für den eingefügten Datensatz. Gleiches gilt für DELETE, wenn man versucht, mit dem :new-Pseudodatensatz die neu eingefügten Daten abzurufen.

Grundsätzlich untersagt ist die komplette Zuweisung der beiden Pseudodatensätze zu Datensatzvariablen mit gleicher Struktur. Es ist nur möglich, die Felder einzeln anzusprechen, und demnach ist auch nur über einzelne Schritte eine komplette Übertragung der Werte aus den Pseudodatensätzen in Variablen bzw. Datensatzvariablen möglich. Zusätzlich besteht keine Möglichkeit, Pseudodatensätze direkt an Prozeduren und Funktionen zu übergeben. Auch hier kann man sich nur mit der Übertragung in andere Variablen behelfen, die dann übergeben werden können.

Für die folgenden Beispiele benötigt man eine neue Tabelle, die geänderte und gelöschte Datensätze speichern soll. Verwendet man für diese beiden Aktionen auch noch einen Trigger, hat man eine schöne Betriebssystem-Eigenschaft für Oracle nachgebaut: einen Papierkorb, aus dem man seine doch noch benötigten Datensätze wiederbeschaffen kann.

```
CREATE TABLE "SCOTT"."ALTETERMINE"
("T_NR"     NUMBER(4)    NOT NULL,
```

```
"K_NR"      NUMBER(7)     NOT NULL,
"T_BEGINN"  DATE          NOT NULL,
"T_ENDE"    DATE          NOT NULL,
"T_ORT"     VARCHAR2(20)  NOT NULL,
"AT_STATUS" VARCHAR(7)    NULL
   CHECK (AT_STATUS IN ('UPDATE', 'DELETE')) ,
PRIMARY KEY("T_NR"),
FOREIGN KEY("K_NR")
   REFERENCES "SCOTT"."KURS"("K_NR"),
CHECK(T_Beginn<=T_Ende))
TABLESPACE "USERS";
```

1123_01.sql: Papierkorb für Oracle

Der Trigger wartet darauf, dass Datensätze in der Tabelle TERMIN gelöscht werden, und fügt für jeden gelöschten Datensatz (FOR EACH ROW) nach dem Löschvorgang (AFTER) einen neuen Datensatz mit exakt den gleichen Daten (:old) in die Tabelle altetermine ein. Dabei verwendet man mit der REFERENCING-Klausel den Pseudodatensatz :old mit dem Synonym alt. Die Syntax für die Umbenennung der Pseudodatensätze lautet REFERENCING [OLD AS name1] [NEW AS name2], wobei die beiden Pseudodatensätze eindeutig nicht mit einem Doppelpunkt angesprochen werden. Ihre Synonyme übernehmen dann die gleichen Eigenschaften wie die originalen Elemente und erlauben einen feldweisen Zugriff über die Punktnotation.

```
CREATE OR REPLACE TRIGGER TRG_Terminkorrektur
 AFTER DELETE ON termin
 REFERENCING old AS alt
 FOR EACH ROW
BEGIN
  INSERT INTO altetermine
  VALUES (:alt.T_Nr, :alt.K_Nr, :alt.T_Beginn, :alt.T_Ende,
          :alt.T_Ort, 'DELETE');
END TRG_Terminkorrektur;
```

1123_02: Erfassung von gelöschten Terminen

Ein Test, der den Termin mit der höchsten Terminnumer löscht, zeigt, wie der Trigger automatisch einen neuen Datensatz bei einem Löschvorgang in die Papierkorbtabelle schreibt.

```
DELETE FROM termin WHERE T_Nr =
       (SELECT MAX(T_Nr) FROM termin);
SELECT * FROM altetermine;
1 Zeile wurde gelöscht.
      T_NR         K_NR T_BEGINN T_ENDE    T_ORT         AT_STAT
---------- ---------- -------- -------- ------------ -------
       653    1015027 16.12.13 19.12.13 München       DELETE
1 Zeile wurde ausgewählt.
```

1123_03.sql: Test des Löschtriggers

➜ *Trigger-Prädikate für die Modifizierung*

Trigger erlauben nicht nur die Reaktion auf eine spezielle Eigenschaft, wie in den vorangegangenen Beispielen gezeigt wurde. Vielmehr kann man auch auf mehrere oder alle möglichen SQL-Befehle reagieren, indem man nach der Definition des Zeitpunkts für die Auslösung des Triggers mehrere Befehle setzt. Diese verbindet man durch OR, da der Trigger von einem der Befehle gleichermaßen ausgelöst werden kann.

Möchte man für alle genannten Befehle die gleichen Anweisungen ausführen lassen, so belässt man es bei dieser Neuerung. Allerdings haben Sie in der neuen Beispieltabelle schon gesehen, dass es eine Statusspalte gibt, in der registriert werden soll, welche Aktion (UPDATE oder DELETE) ausgeführt worden ist. So kann man nachher ebenso alle gelöschten wie alle aktualisierten Datensätze unabhängig voneinander wieder zurückspielen. Da hier eine unterschiedliche SQL-Syntax erforderlich ist, hilft die Statusspalte bei der Steuerung eines möglichen Programms.

Möchte man also unterschiedliche Anweisungen durch den Trigger ausführen lassen, so kann man den Trigger über die Trigger-Prädikate so modifizieren, dass er zwar von allen drei DML-Befehlen ausgelöst wird, dass aber gleichzeitig die Reaktion auf diese Ereignisse unterschiedlich ausfällt. Da insgesamt drei DML-Befehle genannt werden können, gibt es auch ebenso viele Trigger-Prädikate:

- INSERTING: Ist TRUE, wenn der auslösende SQL-Befehl ein INSERT war.

- DELETING: Ist TRUE, wenn der auslösende SQL-Befehl ein DELETE war.

- UPDATING: Ist TRUE, wenn der auslösende SQL-Befehl ein UPDATE war.

Im folgenden Beispiel erweitern wir das vorige um einen durch OR angeschlossenen UPDATE-Befehl, der ebenfalls den Trigger auslöst. Je nachdem, welcher Befehl auf die Tabelle TERMIN ausgeführt wird, wird ein anderer Kommentartext über die Schaltvariable v _ Text in die Papierkorbtabelle eingetragen. Das bedeutet, dass der Trigger selbst den gerade ausgeführten Befehl identifiziert und in Abhängigkeit desselben unterschiedliche Einträge vornimmt bzw. den Wert der Variablen entsprechend setzt.

```
CREATE OR REPLACE TRIGGER TRG_Terminkorrektur
 AFTER DELETE OR UPDATE ON termin
 FOR EACH ROW
DECLARE
 v_Text VARCHAR(6);
BEGIN
 -- Triggermodi
 IF UPDATING
   THEN v_Text := 'UPDATE';
 ELSIF DELETING
   THEN v_Text := 'DELETE';
 ELSE v_Text := NULL;
 END IF;
 -- Korrekturerfassung
 INSERT INTO altetermine
 VALUES (:old.T_Nr, :old.K_Nr, :old.T_Beginn,
         :old.T_Ende, :old.T_Ort, v_Text);
END TRG_Terminkorrektur;
```

1123_04.sql: Verwendung von Trigger-Prädikaten

Im Test löschen wir zwei Termine und verlagern einen Termin nach Essen, was in beiden Fällen den Trigger auslöst. Eine Abfrage der Papierkorbtabelle ergibt dann, dass tatsächlich alle drei Datensätze in dieser Tabelle erfasst worden sind. Hierbei wurden die gelöschten und aktualisierten Datensätze mit unterschiedlichen Kommentaren erfasst.

```
DELETE
  FROM termin
 WHERE T_Nr IN (653, 652);
UPDATE termin
   SET T_Ort = 'Berlin'
 WHERE T_Nr = 651;
SELECT * FROM altetermine;
2 Zeilen wurden gelöscht.
1 Zeile wurde aktualisiert.
     T_NR       K_NR T_BEGINN T_ENDE   T_ORT         AT_STAT
---------- ---------- -------- -------- ------------ -------
      652    1015042 16.12.13 19.12.13 Berlin          DELETE
      653    1015027 16.12.13 19.12.13 München         DELETE
      651    1015031 15.12.13 17.12.13 Düsseldorf      UPDATE
3 Zeilen ausgewählt.
```

1123_05.sql: Test der Trigger-Prädikate

11. 2. 3. 2 Bedingungen für betroffene Zeilen

Wie Sie schon gesehen haben, löst man einen Trigger entweder für jede Zeile auf der Zeilenebene oder insgesamt für eine Reihe von Anweisungen auf der Anweisungsebene aus. In den zurückliegenden Beispielen handelte es sich jedes Mal um einen Trigger auf Zeilenebene, da die Klausel FOR EACH ROW gesetzt war. Da zusätzlich im letzten Beispiel über den Primärschlüssel auf eine einzelne Reihe zugegriffen wurde, wurde beim UPDATE-Befehl ohnehin nur eine einzige Zeile ausgewählt. Gerade bei UPDATE oder DELETE kann es jedoch dazu kommen, dass man mit einem einzigen Befehl (UPDATE termin SET T _ Ort = 'Berlin') mehrere Zeilen anspricht. Diese würden bei einem Trigger auf Zeilenebene jeweils individuell durch den Trigger berücksichtigt, fänden sich also nach der Änderung oder Löschung in der Papierkorbtabelle wieder. Würde man in diesem Fall allerdings einen Trigger auf Anweisungsebene einsetzen, würde man für den einen Befehl, der mehrere Zeilen manipuliert, nur einmal den Trigger auslösen. Dies verändert natürlich die Möglichkeiten der Verarbeitung, da hier nicht mehr auf die einzelnen geänderten oder gelöschten Daten zurückgegriffen werden kann.

Für den Trigger auf Zeilenebene gibt es noch eine weitere Möglichkeit, in der Zeilendimension Einschränkungen mit Bezug auf die Triggerauslösung vorzugeben. Dies leist die Formulierung einer Trigger-Bedingung über die WHEN-Klausel. Sie folgt der FOR EACH ROW-Klausel in der Form WHEN triggerbedinung und löst den Trigger nur für die Datensätze aus, die die Bedingung erfüllen. Damit verhindert man nicht, dass der Befehl auf der Tabelle ausgeführt wird. Dies ist nicht die Aufgabe eines Triggers. Sondern man schränkt die Überwachungsmöglickeiten des Triggers ein, indem man für die Zeilen, die die Triggerbedingung erfüllen, der Trigger auslöst. Alle anderen Datenverarbeitungen bleiben unberücksichtigt.

Für diesen Trigger ändern wie die Tabelle altertermine so ab, dass nun der alte Seminarort in einer Spalte namens T _ OrtAlt und der neue Ort in einer Spalte namens T _ OrtNeu gespeichert werden kann:

```
CREATE TABLE „SCOTT". "ALTETERMINE"
(„T_NR"          NUMBER(4)     NOT NULL,
 „K_NR"          NUMBER(7)     NOT NULL,
 „T_BEGINN"      DATE          NOT NULL,
 „T_ENDE"        DATE          NOT NULL,
 „T_ORTALT"      VARCHAR2(20)  NOT NULL,
 „T_ORTNEU"      VARCHAR(20)   NOT NULL,
 PRIMARY KEY(„T_NR"),
 FOREIGN KEY(„K_NR")
   REFERENCES „SCOTT"."KURS"(„K_NR"),
 CHECK(T_Beginn<=T_Ende))
 TABLESPACE „USERS";
```

1123_06.sql: Redefinition der Papierkorbtabelle

Der Trigger reagiert – wie die folgende Definition zeigt – ausschließlich auf alle Ortsänderungen, die als neuen Zielort nicht den Wert Berlin haben, da dies z. B. ein neuer Standardwert ist, wohingegen andere Orte besonders hervorgehoben werden sollen. Diese besondere Hervorhebung soll sich daher auch auf den Papierkorb auswirken.

```
CREATE OR REPLACE TRIGGER TRG_Ortwechsel
 AFTER UPDATE ON termin
 FOR EACH ROW
 WHEN (new.T_Ort != 'Berlin')
BEGIN
 INSERT INTO altetermine
 VALUES (:old.T_Nr, :old.K_Nr, :old.T_Beginn,
         :old.T_Ende, :old.T_Ort, :new.T_Ort);
END TRG_Ortwechsel;
```

1123_07.sql: Verwendung einer Trigger-Bedingung

Im Test ändert man für alle Kurse nach dem 1. Juni 2013 den Seminarort von Ham-
burg in Berlin und lässt alle anderen Seminare in München stattfinden. Dies
löst eine umfangreiche Änderungswelle aus, wobei der Trigger für jede einzelne
Änderung ausgelöst wird, sofern der neue Kursort nicht Berlin ist. Dies entspricht
den Kursen, die ab Juni in Berlin stattfinden sollen. Diese befinden sich daher auch
komplett in der Tabelle altetermine.

```
-- Test
UPDATE termin
   SET T_Ort = 'Berlin'
 WHERE T_Ort = 'Hamburg'
   AND T_Beginn > '01.06.2013';
UPDATE termin
   SET T_Ort = 'München'
 WHERE T_Ort <> 'Hamburg'
   AND T_Beginn > '01.06.2013';
SELECT DISTINCT
       (SELECT COUNT(*)
          FROM altetermine
         WHERE T_OrtNeu = 'Berlin') AS Berlin,
       (SELECT COUNT(*)
          FROM altetermine
         WHERE T_OrtNeu = 'Berlin') AS Berlin
  FROM altetermine;
```

1123_08.sql: Terminänderung und Auslösen eines Triggers pro Zeilenänderung

11. 2. 4. Instead-of-Trigger

Während der zuvor gezeigte DML-Trigger von DML-Befehlen ausgelöst und zusätzlich zu ihnen ausgeführt wird, bewirkt die Auslösung eines Instead-of-Triggers gerade nicht die Durchführung des ursprünglichen Befehls und der Trigger-Anweisungen, sondern ausschließlich die Durchführung der Trigger-Anweisungen. Dabei gelten folgende Einschränkungen: Instead-of-Trigger lassen sich nur auf Sichten ausführen, die änderbar sind. Diese Sichten dürfen keine Mengenoperatoren (UNION, UNION ALL, MINUS), Aggregatfunktionen, Gruppierungen oder Verkettungen (GROUP BY, CONNECT BY oder START WITH) sowie DISTINCT enthalten.

Generell gelten auch Verknüpfungen zwischen Tabellen als Barriere, um eine Sicht als änderbar verwenden zu können. Genügen die Verknüpfungen jedoch wieder Bedingungen, die theoretisch auch für die anderen Einschränkungen gelten, dann lassen sich diese Sichten auch für die Datenänderung heranziehen. Sie lassen sich nämlich insgesamt darauf reduzieren, dass durch die Sicht keine neuen Daten generiert werden, sondern letztendlich nur solche Daten ausgegeben werden, die tatsächlich in dieser Form in der Datenbank gespeichert sind. So wie das Ausblenden von Duplikaten zu Datensätzen führt, die in dieser Form nicht gespeichert werden weil nicht mehr klar zuzuordnen ist, zu welchen Datensätzen exakt eine aggregierte bzw. zusammengefasste Information gehört, so verhält sich dies auch bei Verknüpfungen. Eine äußere Verknüpfung ist ein sehr deutliches Beispiel, da sie in jedem Fall Daten liefert, die gerade nicht in der Datenbank gespeichert werden weil ja bei einer solchen Verknüpfung auch Datenstrukturen ausgeworfen werden, die erst durch die Verknüpfung gebildet werden bzw. per Definition so nicht vorhanden sind. Alle anderen obigen Eigenschaften lassen sich ebenfalls darauf zurückführen, dass man letztendlich nur solche in einer Sicht ausgegebenen Daten ändern kann, die eindeutig mit Datensätzen verknüpft werden können, die tatsächlich in der Datenbank gespeichert sind.

Für änderbare Verknüpfungssichten verwendet man in diesem Zusammenhang den Ausdruck der Schlüssel erhaltenden Verknüpfung, bei der die originalen Schlüssel auch die Ergebnisschlüssel in der Abfrage darstellen. Für Einfügeoperationen bedeutet dies, dass die Anweisungen ausschließlich originale Schlüssel referenzieren dürfen. Bei einer Aktualisierung hingegen muss die zu aktualisierende Spalte der Spalte der abgefragten Tabelle entsprechen, d. h., auch hier müssen die originalen Schlüssel übereinstimmen. Schließlich ist eine Löschaktion darauf beschränkt, nur für eine Sicht gültig zu sein, die genau eine Schlüssel erhaltende Tabelle enthält.

Für die Definition von Instead-of-Triggern ist folgende allgemeine Syntax gültig:

```
CREATE [OR REPLACE] TRIGGER name
 INSTEAD OF ereignis
 [referenzklausel]
 [WHEN trigger-bedingung]
 [FOR EACH ROW]
 anweisungsabschnitt;
```

Nach einer allgemeinen Definitionsklausel, die den Triggernamen spezifiziert, folgt die Definition des Zeitbezuges, die für den Trigger von Bedeutung ist, d. h., ob der Trigger vor oder nach dem definierten Ereignis ausgeführt werden soll. Mit der Referenzklausel lassen sich zwei Standardbezüge zu alten und neuen Daten in der Sicht andere Namen zuweisen. Ist der Trigger auf Zeilenebene definiert, berücksichtigt er also Änderungen an einzelnen Datenzeilen, so wird er nur für die Zeilen ausgeführt, die die angegebene Bedingung erfüllen. Soll der Trigger für die gesamte Aktion ausgeführt werden, so handelt es sich gerade nicht um einen zeilenbezogenen Trigger, was auch durch die Klausel FOR EACH ROW bezeichnet werden kann. Diese Klausel löst für jede einzelne Zeile den Trigger aus, wenn zuvor das allgemeine Ereignis für die Tabelle betroffen war.

Die folgende Sicht fasst alle Informationen aus den Tabellen DOZENT, THEMEN-VERTEILUNG und KURS zusammen, sodass man also eine komplette Übersicht über die Themenverteilung erhält. Dies beinhaltet also die komplette Datenstruktur über den Dozenten und den Kurs.

```
CREATE VIEW DozUebersicht AS
SELECT *
  FROM dozent NATURAL JOIN themenverteilung
            NATURAL JOIN kurs;
```

1124_01.sql: Erstellung einer Sicht

Möchte man aus dieser Sicht nun Daten löschen wie z. B. mit dem Befehl DELETE FROM dozuebersicht WHERE D_Nr = 20;, ist das problemlos möglich, da sämtliche Datensätze, die den Dozenten mit der Nummer 20 enthalten, sowohl in der Themenverteilungstabelle als auch in der Dozententabelle gelöscht werden können. Der Versuch hingegen, Daten über die Sicht in die Dozententabelle einzufügen, schlägt mit folgender Fehlermeldung fehl:

```
INSERT INTO dozuebersicht (D_Nr, D_Anrede, D_Vorname, D_Nachname)
                                *
FEHLER in Zeile 1:
ORA-01776: Über eine Join-View kann nicht mehr als eine Basista-
belle modifiziert werden
```

Mit dem folgenden Trigger, der mehr aufgrund seiner Syntax als aufgrund seines Nutzens für die Lektüre interessant ist, ist es dagegen möglich, obigen Einfügebefehl auszuführen. Der Trigger reagiert auf den Einfügebefehl in die Sicht und definiert an dieser Stelle einen kompletten neuen Befehl, mit dem die übergebenen Daten in die eigentlich zuständige Tabelle DOZENT übernommen werden.

```
CREATE OR REPLACE TRIGGER TRG_Dozenterfassung
  INSTEAD OF INSERT ON dozuebersicht
BEGIN
  INSERT INTO dozent (D_Nr, D_Anrede, D_Vorname, D_Nachname)
  VALUES (:new.D_Nr, :new.D_Anrede, :new.D_Vorname,
          :new.D_Nachname);
END TRG_Dozentenerfassung;
```

1124_02.sql: Trigger für die Dozentenerfassung durch die Sicht

Ein einfacher Test mit dem Einfügebefehl

```
INSERT INTO dozuebersicht (D_Nr, D_Anrede,
                           D_Vorname, D_Nachname)
  VALUES (21, 'Herr', 'Kai', 'Milchmann');
```

1124_03.sql: Test des Instead-of-Triggers

ergibt bei entsprechender Tabellenabfrage neben der ohnehin vorhandenen Bestätigung den endgültigen Beweis:

```
SELECT D_Nr, D_Anrede, D_Vorname || ' ' || D_Nachname AS Name
  FROM dozent
  WHERE D_Nr = 21;
1 Zeile wurde erstellt.
      D_NR D_ANR NAME
---------- ----- ---------------

        21 Herr  Kai Milchmann
1 Zeile wurde ausgewählt.
```

Wie Sie sehen, ist es nur möglich, mit diesem Trigger auf Einträge zu reagieren, die exakt die benötigte Datenstruktur enthalten. Dadurch ist es gleichfalls nur möglich, in der Dozententabelle Daten zu erfassen, sodass es nicht möglich ist, mit dem Trigger Einfügebefehle in die anderen Spalten und damit in die anderen Tabellen zu verarbeiten.

Da eine Sicht die Spaltenstruktur der unterliegenden Tabellen erbt (die Spaltennamen können ausgetauscht werden), erhalten Sie eine Übersicht über den Aufbau der gesamten Sicht mit Hilfe des Befehls:

```
set linesize 50;
desc dozuebersicht;
```

Dieser Befehl liefert folgendes Ergebnis:

```
Name                      Null?    Typ
------------------------- -------- ----------------
 K_NR                     NOT NULL NUMBER(7)
 D_NR                     NOT NULL NUMBER(4)
 D_ANREDE                          VARCHAR2(5)
 D_VORNAME                         VARCHAR2(20)
 D_NACHNAME                        VARCHAR2(30)
 D_STRASSE                         VARCHAR2(40)
 D_HAUSNR                          VARCHAR2(5)
 D_STADTTEIL                       VARCHAR2(30)
 D_LAND                            VARCHAR2(2)
 D_PLZ                             NUMBER(5)
 D_STADT                           VARCHAR2(30)
```

```
D_VORWAHL                          NUMBER(10)
D_TELNR                            NUMBER(10)
TH_NR                     NOT NULL NUMBER(4)
TH_TAGESSATZ              NOT NULL NUMBER(6,2)
K_BEREICH                NOT NULL VARCHAR2(30)
K_TITEL                  NOT NULL VARCHAR2(30)
K_UNTERTITEL             NOT NULL VARCHAR2(40)
K_DAUER                  NOT NULL NUMBER(1)
P_NR                     NOT NULL NUMBER(2)
K_VORKENNTNISSE          NOT NULL VARCHAR2(150)
K_ZIELGRUPPE             NOT NULL VARCHAR2(50)
K_THEMEN                 NOT NULL VARCHAR2(600)
```

1124_04.sql: Spalten einer Sicht

Wie Sie sehen bzw. schon wussten, beinhaltet der Trigger mindestens drei Datenstrukturen, die jeweils auf den eingehenden Tabellen basieren: eine Datenstruktur mit Informationen über den Dozent, den Kurs und die Themenzuordnung. Aus Kombinationen dieser drei lassen sich zudem weitere wie beispielsweise »Kurse mit Dozenten« konstruieren, die dann aus mehreren Tabellen Spalten und damit Daten erhalten. Dies lässt sich noch um Untermengen erweitern, in denen nur eine Spaltenauswahl aus einer oder mehrerer Tabellen verwendet wird. Dies erhöht natürlich den Komplexitätsgrad eines Instead-of-Triggers, wenn man für jede oder auch nur eine halbwegs überschaubare Auswahl an Datenstrukturen Ersetzungen von DML-Befehlen erstellen möchte.

In der folgenden Trigger-Erweiterung nehmen wir auf diesen Umstand Rücksicht und erstellen – zumindest für den Einfüge-Befehl – drei Fälle, in denen wir in einer Fallunterscheidung auf die unterschiedlich gefüllten Felder Rücksicht nehmen. Diese erlauben schließlich die Definition einer zur Verarbeitung geeigneten Datenstruktur bzw. das Erkennen einer solchen, um die entsprechenden Anweisungen vorzugeben.

```
CREATE OR REPLACE TRIGGER TRG_Dozenterfassung
 INSTEAD OF INSERT ON dozuebersicht
BEGIN
 -- Erfassung einer Themenzuordnung
 IF :new.D_Nr IS NOT NULL
    AND :new.TH_Nr IS NOT NULL
```

```
        AND :new.TH_Tagessatz IS NOT NULL
        AND :new.K_Nr IS NOT NULL
   THEN INSERT INTO themenverteilung
          VALUES (:new.TH_Nr, :new.D_Nr,
                    :new.K_Nr, :new.TH_Tagessatz);
   -- Erfassung eines Dozenten
   ELSIF :new.D_Nr IS NOT NULL
          AND :new.D_Anrede IS NOT NULL
          AND :new.D_Vorname IS NOT NULL
          AND :new.D_Nachname IS NOT NULL
   THEN  INSERT INTO dozent (D_Nr, D_Anrede, D_Vorname,
                              D_Nachname)
          VALUES (:new.D_Nr, :new.D_Anrede,
                    :new.D_Vorname, :new.D_Nachname);
   -- Erfassung eines Seminars
   ELSIF :new.K_Nr IS NOT NULL
          AND :new.K_Bereich IS NOT NULL
          AND :new.K_Titel IS NOT NULL
          AND :new.K_Untertitel IS NOT NULL
          AND :new.K_Dauer IS NOT NULL
          AND :new.P_Nr IS NOT NULL
          AND :new.K_Vorkenntnisse IS NOT NULL
          AND :new.K_Zielgruppe IS NOT NULL
          AND :new.K_Themen IS NOT NULL
   THEN INSERT INTO kurs
          VALUES (:new.K_Nr, :new.K_Bereich, :new.K_Titel,
                    :new.K_Untertitel, :new.K_Dauer, :new.P_Nr,
                    :new.K_Vorkenntnisse, :new.K_Zielgruppe,
                    :new.K_Themen);
   ELSE RAISE_APPLICATION_ERROR(-20002, 'Datenstruktur reicht
                                  nicht aus.');
   END IF;
   END TRG_Dozentenerfassung;
```

1124_05.sql: Trigger mit mehreren Operationsmöglichkeiten

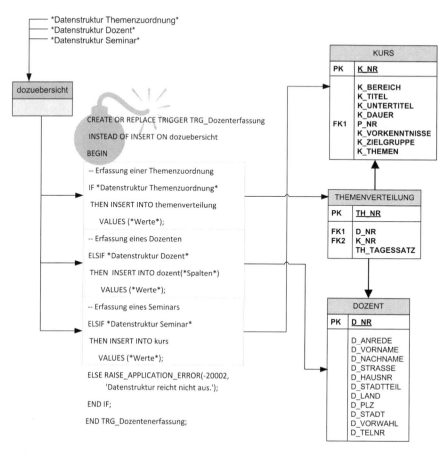

Bedeutung von Datenstrukturen bei Triggern

Obwohl der Trigger bereits eine beachtliche Länge erreicht hat, kann man doch letztendlich nur in die drei unmittelbar einleuchtenden Datenstrukturen Dozent, Kurs und Themenverteilung Daten einfügen. Dabei wurden für die Strukturen Themenverteilung und Kurs die in den Spalten ohnehin existierenden NOT NULL-Beschränkungen ebenfalls im Quelltext verankert, während bei der Datenstruktur Dozent darauf verzichtet wurde. Hier besteht dann das Problem, dass es nun überhaupt nicht möglich ist, weitere Spalten mit Werten zu besetzen bzw. die Einschränkungen, die durch den Trigger vorgegeben werden, zu umgehen oder die Freiheiten zu nutzen, die durch die Tabelle vorgegeben werden. In allen Fällen liegt im Trigger bereits eine weitere Beschränkung vor, die so im Datenmodell bzw. bei der Tabellendefinition nicht vorgesehen war. Am einfachsten und wohl auch am sinnvollsten wäre hier natürlich, sämtliche Felder bis auf D _ Stadtteil mit einer NOT NULL-Beschränkung zu versehen, darauf im Trigger einzugehen und so auch tatsächlich einen vollständigen Dozentendatensatz zu erfassen.

Darüber hinaus ist der Trigger nur darauf ausgerichtet, Dateneinfügeoperationen korrekt zu behandeln. Es müssten also mindestens für diese drei Datenstrukturen auch die entsprechenden DELETE- und UPDATE-Operationen berücksichtigt werden, damit die Sicht vollständig benutzbar ist. Dies lässt sich über eine Fallstruktur mit Hilfe der Trigger-Prädikate einrichten, worauf wir aber hier aus Platzgründen verzichten.

Wichtig – und das wird auch in der Abbildung noch einmal zusammengefasst – ist die Erkenntnis, dass durch den Tabellen zusammenfassenden Charakter einer Sicht nicht normalisierte bzw. denormalisierte Datenstrukturen entstehen. Sollen diese änderbar sein, muss nicht nur die Sicht gewissen Bedingungen genügen, man muss auch in einem entsprechenden Instead-of-Trigger auf diese Problematik Rücksicht nehmen und die möglichen oder gewünschten Datenstrukturen bei der Verarbeitung berücksichtigen.

11. 2. 5. System-Trigger

Der letzte der drei Trigger-Arten ist der System-Trigger. System-Trigger gehen über die theoretischen Forderungen, welche Aufgaben Trigger im Rahmen eines Datenbanksystems übernehmen sollten, hinaus. Während die anderen beiden Typen sich ausschließlich um die Datenverarbeitung und damit vor allen Dingen um die Erhaltung von Datenintegritäten und korrekten Datenstrukturen kümmern bzw. diese – wie im Falle der Instead-of-Trigger – erst ermöglichen, reagiert der System-Trigger auf zwei verschiedene Ereignisbereiche, die mit den eigentlichen Daten nichts zu tun haben.

Die allgemeine Syntax für die Erstellung eines System-Triggers unterscheidet sich ein wenig von der vorgestellten Syntax der anderen Trigger und lautet:

```
CREATE [OR REPLACE] TRIGGER [SCHEMA.]name
 {BEFORE | AFTER} {ddl-ereignisliste | db-ereignisliste}
```

```
ON {DATABASE | [schema.]SCHEMA}
[WHEN trigger-bedingung]
anweisungsabschnitt;
```

Wie die allgemeine Syntax zeigt, kann ein System-Trigger auf zwei verschiedene Ereignistypen reagieren:

- Mögliche DDL-Ereignisse stellen die Befehle CREATE, ALTER und DROP dar, die sich auf unterschiedliche Schema-Objekte beziehen können. Eigentlich reagiert dieser Trigger damit auch wiederum auf Ereignisse, die Datenänderungen in Tabellen bedeuten. Diese Daten befinden sich allerdings in den verschiedenen Data-Dictionary-Tabellen des Benutzers SYS z. B. in ccols$, tab$ oder obj$, auf die entweder direkt oder über die Data-Dictionary-Sichten zugegriffen werden kann. Weil in diesen Tabellen Spalten-, Objekt- und Tabellennamen sowie ihre Eigenschaften und eine Menge anderer Dinge gespeichert wird, handelt es sich in diesem Fall eigentlich auch um eine Reaktion auf Tabelleneinträge und -änderungen.

```
SELECT obj#, col#, SUBSTR(name,1,15) AS name, type#, length
   FROM sys.col$
  WHERE obj#=(SELECT obj#
                 FROM sys.obj$
                WHERE name='KURS');
```

1125_01.sql: Spalten der Tabelle KURS

OBJ#	COL#	NAME	TYPE#	LENGTH
36281	1	K_NR	2	22
36281	2	K_BEREICH	1	30
36281	3	K_TITEL	1	30
36281	4	K_UNTERTITEL	1	40
36281	5	K_DAUER	2	22
36281	6	P_NR	2	22
36281	7	K_VORKENNTNISSE	1	150
36281	8	K_ZIELGRUPPE	1	50
36281	9	K_THEMEN	1	600

9 Zeilen ausgewählt.

- Für die System-Ereignisse sind folgende Standardereignisse vorhanden:

  - STARTUP mit dem Zeitpunkt AFTER: Instanz wird gestartet.

  - SHUTDOWN mit dem Zeitpunkt BEFORE: Instanz wird korrekt heruntergefahren.

  - SERVERERROR mit dem Zeitpunkt AFTER: Ein Fehler wird ausgelöst.

  - LOGON mit dem Zeitpunkt AFTER: Ein Benutzer meldet sich an die Datenbank an.

  - LOGOFF mit dem Zeitpunkt BEFORE: Ein Benutzer meldet sich von der Datenbank ab.

Für die Erfassung von Log-Daten erstellen wir uns genauso eine Tabelle wie zuvor für die anderen Beispiele. In diesem Falle besteht sie aus nur wenigen Spalten, die den Benutzernamen, den Zeitstempel des An- und Abmeldens sowie eine Bezeichnung für den Vorgang enthalten. Dieses Mal realisiert auch eine Sequenz die automatische Primärschlüsselvergabe für jedes An- und Abmelden.

```
CREATE TABLE „SCOTT"."LOGBUCH"
(„L_Nr"        NUMBER(5)    NOT NULL,
 „L_Benutzer"  VARCHAR(10)  NOT NULL,
 „L_Datum"     TIMESTAMP    NOT NULL,
 „L_Status"    VARCHAR(10)  NOT NULL
  CHECK („L_Status" IN ('Logon', 'Logoff')),
 PRIMARY KEY(„L_Nr"))
 TABLESPACE „USERS";
CREATE SEQUENCE „SCOTT"."ZEITZAEHLER"
 INCREMENT BY 1
 START WITH 2241 MAXVALUE 1.0E28 MINVALUE 1
 NOCYCLE CACHE 20 NOORDER
```

1125_02.sql: Anlegen eines Logbuchs

Bei der Erstellung der beiden Trigger muss man sich entscheiden, ob der Trigger auf Schema- oder auf Datenbank-Ebene ausgelöst werden soll. Dieses ist tatsächlich eine Frage der Ebene da ja eine Datenbank aus mehreren Schemata (wie z. B. Scott) besteht. Definiert man einen Trigger mit dem Schlüsselwort DATABASE als für die Datenbank-Ebene gültig, dann löst man den Trigger bei jedem An- und Abmelden aus. Ein Trigger auf Schema-Ebene wird dagegen nur ausgelöst, wenn auch tatsächlich das angegebene Schema (innerhalb der Datenbank) angesprochen wird. Hier besteht entweder die Möglichkeit, ein spezielles Schema vorzugeben oder automatisch das Schema auszuwählen, in dem auch der Trigger erstellt wird.

Die zuvor vorgestellten Ereignisse weisen Besonderheiten in Hinblick auf die gerade erwähnten Ebenen auf. Die beiden Ereignisse STARTUP und SHUTDOWN lassen sich nur auf Datenbank-Ebene realisieren. Ansonsten können sie zwar für die Schema-Ebene eingerichtet werden, funktionieren aber nicht, da sie niemals ausgelöst werden.

```
CREATE OR REPLACE TRIGGER TRG_Logon
AFTER LOGON ON SCHEMA
BEGIN
 INSERT INTO logbuch
  VALUES (logzaehler.nextval, USER, SYSTIMESTAMP, 'LOGON');
END TRG_Logon;
CREATE OR REPLACE TRIGGER TRG_Logoff
BEFORE LOGOFF ON SCHEMA
BEGIN
 INSERT INTO logbuch
  VALUES (logzaehler.nextval, USER, SYSTIMESTAMP, 'LOGOFF');
END TRG_Logoff;
```

1125_03.sql: Anlegen von An- und Abmeldetriggern

➜ *Attributfunktionen für System-Trigger*

Speziell für die DDL-Trigger im Systembereich gibt es einige besondere Funktionen, die als Attributfunktionen bekannt sind. Mit ihnen ist es möglich, solche interessanten Informationen abzurufen wie den Namen oder den Typ eines angelegten bzw. bearbeiteten Objekts, seinen Besitzer und seine Datenbank, zu der es gehört. Im Folgenden werden die verfügbaren Attributfunktionen aufgelistet. Hier sind extra die Datentypen angegeben, da man – wie im nächsten Beispiel – die entsprechenden Informationen häufig in einer Tabelle wird speichern wollen und diese entsprechende Datentypen aufweisen muss, damit die Daten automatisch eingetragen werden können. Die Attributfunktionen lassen sich in drei Kategorien aufteilen:

- **Für alle Ereignisse verfügbar**

  - SYSEVENT, VARCHAR2(20) liefert das Ereignis, das den Trigger auslöste.

  - INSTANCE _ NUM, NUMBER liefert die Instanznummer, die so lange den Wert 1 hat, wie sie nicht mit dem *Oracle Real Application Cluster* arbeitet bzw. *solange Sie* nicht mit dem *Oracle Real Application Cluster* arbeiten.

  - DATABASE _ NAME, VARCHAR2(50) liefert den Datenbanknamen, für den das Ereignis ausgelöst wurde.

  - LOGIN _ USER, VARCHAR2(30) liefert den Benutzernamen des Benutzers, der für die Auslösung des Triggers verantwortlich ist.

- **Für DDL-Ereignisse verfügbar**

  - DICTIONARY _ OBJ _ TYPE, VARCHAR2(20) liefert den Typ des Schema-Objekts, das mit einer DDL-Operation bearbeitet wurde.

  - DICTIONARY _ OBJ _ NAME, VARCHAR2(30) liefert den Namen des Schema-Objekts, das mit einer DDL-Operation bearbeitet wurde.

  - DICTIONARY _ OBJ _ OWNER, VARCHAR2(30) liefert den Besitzer des Schema-Objekts, das mit einer DDL-Operation bearbeitet wurde.

  - DES _ ENCRYPTED _ PASSWORD, VARCHAR2(30) liefert eine DES-verschlüsselte Version des Passworts des Benutzers, der mit CREATE oder ALTER USER bearbeitet wurde.

- **Für das Ereignis SERVERERROR verfügbar**

  - SERVER _ ERROR, NUMBER liefert die Positionsnummer des Fehlers im Fehler-Stack, der wiederum durch das PL/SQL-Paket DBMS _ UTI-LITY und dessen Prozedur FORMAT _ ERROR _ STACK bearbeitet werden kann.

  - IS _ SERVERERROR, BOOLEAN liefert TRUE, wenn der Fehler in den Fehler-Stack aufgenommen wurde und daher eine Verarbeitung zulässt.

Das Logbuch wird im Folgenden um Spalten erweitert, die die anhand der Attribut-funktionen bestimmten Informationen bezüglich des Schema-Objekts empfangen sollen, das mit einer DDL-Operation bearbeitet wurde. Dazu zählen natürlich der Name und der Typ genauso wie der Besitzer des Objekts und seine Erstellungszeit.

```
CREATE TABLE „SCOTT". "LOGBUCH"
(„L_Nr"      NUMBER(5)   NOT NULL,
 „L_Benutzer" VARCHAR(10) NOT NULL,
 „L_Datum"    TIMESTAMP   NOT NULL,
 „L_DBName"   VARCHAR(20) NOT NULL,
 „L_ObjTyp"   VARCHAR(20) NOT NULL,
 „L_ObjName"  VARCHAR(20) NOT NULL,
 „L_ObjBes"   VARCHAR(20) NOT NULL,
 PRIMARY KEY(„L_Nr"))
 TABLESPACE „USERS";
```

1125_04.sql: Logtabelle für Objektdaten

Der Trigger reagiert auf einen CREATE-Befehl und speichert mit Hilfe der Attri-butfunktionen die entsprechenden Informationen in der Logtabelle. Hier ver-wendet man die Attributfunktionen in Form von Spaltenfunktionen und kann so relativ schnell und unkompliziert die benötigten Informationen extrahieren. Da die Funktionen im Schema SYS liegen, muss man für sie ihren qualifizierten Na-men vergeben, da wir sie für das Schema Scott aufrufen.

```
CREATE OR REPLACE TRIGGER TRG_LogDDL
AFTER CREATE ON SCHEMA
BEGIN
 INSERT INTO logbuch
 VALUES (logzaehler.nextval, USER, SYSTIMESTAMP,
        SYS.DATABASE_NAME, SYS.DICTIONARY_OBJ_TYPE,
        SYS.DICTIONARY_OBJ_NAME, SYS.DICTIONARY_OBJ_OWNER);
END TRG_LogDDL;
```

1125_05.sql: Trigger für die Protokollierung von CREATE-Anweisungen

Scott erstellt dann schließlich als Test eine Sicht, die ihm den nächsten Termin vom aktuellen Datum aus ermittelt, und löst damit den Trigger aus.

```
CREATE VIEW AktTermin AS
SELECT *
  FROM (SELECT *
          FROM termin
          WHERE T_Beginn > SYSDATE
          ORDER BY T_Beginn)
  WHERE ROWNUM = 1;
```

1125_06.sql: Anlegen eines Schema-Objekts

Nachdem die Sicht angelegt worden ist, öffnet man die Logtabelle und findet tatsächlich Namen, Besitzer und dergleichen in der Tabelle gespeichert. Weitere Informationen könnte man sich für das angegebene Objekt aus den Data Dictionary-Tabellen beschaffen.

```
-- Test
SELECT * FROM logbuch;
-- Ergebnis
 L_Nr L_Benutzer L_Datum
----- ---------- -----------------------
-    33 SCOTT      18.07.13 16:38:07,013000
```

```
L_DBName               L_ObjTyp L_ObjName L_ObjBes
--------------------   -------- --------- --------
KURSE.US.ORACLE.COM    VIEW     AKTTERMIN SCOTT
1 Zeile wurde ausgewählt.
```

1125_07.sql: Test des Logbuchs

→ *Fehlerspeicherung mit SERVERERROR*

Wie oben schon angedeutet wurde, besteht die Möglichkeit, auf allgemeine bzw. auf alle Fehler mit Hilfe des SERVERERROR-Ereignisses zu reagieren. Dabei kann man wiederum eine entsprechende Logtabelle verwenden, die dieses Mal den Fehlertext speichert. Das bedeutet, dass die Tabelle LOGBUCH wiederum leicht verändert wird und nun eine überaus lange Spalte für den Fehlertext enthält.

```
-- Fehlerlogbuch
CREATE TABLE "SCOTT"."LOGBUCH"
("L_Nr"       NUMBER(5)      NOT NULL,
 "L_Benutzer" VARCHAR(10)    NOT NULL,
 "L_Datum"    TIMESTAMP      NOT NULL,
 "L_DBName"   VARCHAR(20)    NOT NULL,
 "L_Fehler"   VARCHAR(2000)  NOT NULL,
 PRIMARY KEY("L_Nr"))
 TABLESPACE "USERS";
-- Zähler
CREATE SEQUENCE "SCOTT"."FEHLERZAEHLER"
 INCREMENT BY 1 '
 START WITH 2241 MAXVALUE 1.0E28 MINVALUE 1
 NOCYCLE CACHE 20 NOORDER
```

1125_08.sql: Fehlerlogbuch und Zähler

Der Trigger besteht dieses Mal nur aus einem kurzen Eintrag, der für den gegebenen Benutzer und die aktuelle Zeit den Fehlertext sowie die Datenbank speichert, in der er ausgeübt wurde. Die Speicherung erfolgt hier über die FORMAT_ERROR_STACK-Funktion aus dem DBMS_UTILITY-Paket. Sie lässt sich genau an dieser Stelle einsetzen, da sie den letzten Fehler speichert, der für ein Schema oder eine Datenbank ausgelöst wurde. Auch hier haben Sie die Möglichkeit, bei einem Fehler am Schema oder an der Datenbank über die Ebenenangabe SCHEMA oder DATABASE die Protokollebene für das Ereignis zu wählen.

```
CREATE OR REPLACE TRIGGER TRG_Fehler
 AFTER SERVERERROR ON SCHEMA
BEGIN
 INSERT INTO logbuch
 VALUES (Fehlerzaehler.NEXTVAL, USER,
         SYSTIMESTAMP, SYS.DATABASE_NAME,
         DBMS_UTILITY.FORMAT_ERROR_STACK);
END TRG_Fehler;
```

1125_09.sql: Fehlermerker

Als einfachen Test löschen wir eine uns und der Datenbank unbekannte Tabelle, was natürlich eine entsprechende Fehlermeldung und damit auch den Trigger auslöst. Den Tabelleninhalt fragen wir dann durch eine entsprechende SQL-Abfrage wieder ab. Wie Sie hier sehen, liegt tatsächlich der komplette Fehlertext, der in SQL*Plus ausgegeben wurde bzw. der für diese Situation gespeichert war, im Logbuch vor.

```
-- Test
DROP TABLE unbekannt;
SELECT SUBSTR("L_Nr",1,5) AS L_Nr,
       SUBSTR("L_Benutzer",1,5) AS L_Benutzer,
       SUBSTR("L_Datum",1,10) AS L_Datum,
       SUBSTR("L_DBName",1,5) AS L_DBName,
       "L_Fehler"
  FROM logbuch;
-- Ergebnis
DROP TABLE unbekannt
        *
FEHLER in Zeile 1:
ORA-00942: Tabelle oder View nicht vorhanden
```

```
L_NR   L_BEN  L_DATUM      L_DBN  L_Fehler
-----  -----  ----------   -----  ------------------------
2242   SCOTT  23.07.13  1  KURSE  ORA-00942: Tabelle oder
                                  View nicht vorhanden
1 Zeile wurde ausgewählt.
```

1125_10.sql: Test und Ausgabe des Fehlerlogbuchs

Als wir Ihnen die Behandlung von Ausnahmen und Fehlern in PL/SQL vorgestellt haben, verwendeten wir unterschiedliche Techniken für ihre Behandlung
und Analyse. Neben der allgemeinen Verlagerung des Programmablaufs in den
Ausnahmeabschnitt war es auch möglich, über die Funktion SQLCODE die Fehlernummer und über die Funktion SQLERRM den Fehlertext zu erfahren und diesen auszugeben oder in einer Tabelle zu speichern. An dieser Stelle möchten wir
mit einem entsprechenden Beispiel ganz kurz darauf hinweisen, dass diese beiden
Funktionen neben der hier vorgestellten Funktion FORMAT _ ERROR _ STACK nur
für die unmittelbare Fehlerbehandlung im Ausnahmeabschnitt eines anonymen
oder benannten Blocks zu verwenden sind.

Es ist daher nicht möglich, statt dieser Funktion die beiden Hilfsmittel SQLCODE
und SQLERRM für die Logtabelle einzusetzen, wie folgendes Beispiel zeigt. Eine
veränderte Tabellendefinition finden Sie in der Datei *1124_12.sql*, die wir hier aus
Platzgründen nicht abdrucken. Wie Sie sehen, könnte man – wie in einem »herkömmlichen« PL/SQL-Block – zwei Variablen die Funktionswerte zuweisen und
diese Funktionswerte nachher verarbeiten bzw. in einer Tabelle speichern.

```
CREATE OR REPLACE TRIGGER TRG_Fehler
 AFTER SERVERERROR ON SCHEMA
DECLARE
 v_FehlerNr    logbuch.L_FNr%TYPE;
 v_FehlerText  logbuch.L_FText%TYPE;
BEGIN
 v_FehlerNr   := SQLCODE; -- nicht möglich
 v_FehlerText := SQLERRM; -- nicht möglich
 INSERT INTO logbuch
 VALUES (Fehlerzaehler.NEXTVAL, USER,
         SYSTIMESTAMP, SYS.DATABASE_NAME,
         DBMS_UTILITY.FORMAT_ERROR_STACK,
```

```
          v_FehlerNr, v_FehlerText);
END TRG_Fehler;
```

1125_11.sql: Falsche Verwendung von SQLCODE und SQLERRM

Beim Test jedoch sieht man, dass nur der Stapel der FORMAT _ ERROR _ STACK-Funktion tatsächlich den letzten Fehler speichert, während die beiden Funktionen SQLCODE und SQLERRM den letzten Fehler nicht mehr speichern.

```
DROP TABLE unbekannt
         *
FEHLER in Zeile 1:
ORA-00942: Tabelle oder View nicht vorhanden
L_NR  L_BEN L_FEHLER          L_FNR      L_FTE
----- ----- ---------------- ---------- -----
2246  SCOTT ORA-00942: Tabe 0            ORA-0
1 Zeile wurde ausgewählt.
```

1125_13.sql: Test und Misserfolg mit SQLCODE und SQLERRM

➜ *Allgemeine Eigenschaften von System-Triggern*

Wie schon deutlich geworden sein dürfte, lassen sich die DML- und Instead-of-Trigger gut gemeinsam betrachten, da ihr entscheidender Unterschied nur darin besteht, ob sie zusätzlich oder anstelle des eingegebenen Befehls ausgeführt werden sollen. In diesem Zusammenhang war es auf der Zeilenebene auch möglich, die Ausführung des Triggers von weiteren Bedingungen mit Hilfe einer WHEN-Klausel abhängig zu machen.

Für die System-Trigger steht teilweise eine solche WHEN-Klausel auch zur Verfügung, wobei diese allerdings notwendigerweise nicht auf Zeilenebene reagieren kann und daher auch andere Bedingungen erfordert. Folgende Strukturen und Regelungen sind zu beachten:

- DDL-Trigger können über die WHEN-Klausel auf folgende Bedingungen prüfen:

  - Typ des Objekts in Form des allgemeinen Schema-Objektnamens (VIEW, TABLE etc.) mit Hilfe von DICTIONARY _ OBJ _ TYPE

- Name des Objekts in Form seiner Bezeichnung über DICTIONARY _ OBJ _ NAME

- Benutzerkennung über LOGIN _ USER

- Für die beiden Ereignisse LOGON und LOGOFF kann man mit den beiden spzeziellen Tests USERID und USERNAME auf die Benutzerkennung und den Benutzernamen reagieren.

- Das Ereignis SERVERROR ermöglicht die Abfrage einer bestimmten Fehlernummer über die Funktion ERRNO.

- Die Ereignisse STARTUP und SHUTDOWN können nicht mit zusätzlichen Einschränkungen versehen werden.

Wie schon gerade bei der Unterscheidung für die WHEN-Klausel erwähnt, gibt es auch verschiedene Verhaltensweisen in Bezug auf die Transaktionsverwaltung bei System-Triggern:

- Eigene Transaktion: STARTUP, SHUTDOWN, SERVERROR und LOGON

- Teil der Benutzer-Transaktion: LOGOFF, DDL-Trigger

11. 2. 5. 1 Einsatz der WHEN-Klausel

Die Trigger-Prädikate INSERTING, UPDATING und DELETING erlaubten bereits, einen Trigger für mehrere DML-Ereignisse vorzubereiten, sodass unter einem gemeinsamen Trigger-Namen unterschiedliche Ereignisse abgefangen werden konnten. Die unterschiedlichen Trigger besaßen allerdings auch noch jeweils die Möglichkeit, eine WHEN-Klausel aufzunehmen. Diese setzt man ebenfalls ein, um zusätzliche Bedingungen anzugeben, die für das auslösende Ereignis von Bedeutung sind.

Benötigt wird erneut die leicht veränderte Tabelle ALTETERMINE. Nur die Überprüfungsbedingung für die Status-Spalte wurde geändert.

```
DROP TABLE "SCOTT"."ALTETERMINE";
CREATE TABLE "SCOTT"."ALTETERMINE"
("T_NR"       NUMBER(4)    NOT NULL,
 "K_NR"       NUMBER(7)    NOT NULL,
 "T_BEGINN"   DATE         NOT NULL,
 "T_ENDE"     DATE         NOT NULL,
 "T_ORT"      VARCHAR2(20) NOT NULL,
 "AT_STATUS"  VARCHAR(7)   NULL
    CHECK (AT_STATUS IN (`Ort', `Beginn')) ,
 PRIMARY KEY("T_NR"),
 FOREIGN KEY("K_NR")
    REFERENCES "SCOTT"."KURS"("K_NR"),
 CHECK(T_Beginn<=T_Ende))
 TABLESPACE "USERS";
```

1125_14.sql: Papierkorb für Beginn- und Ortsänderungen

Über die WHEN-Klausel lässt sich dann ein Trigger erstellen, der nur dann ausgelöst wird, wenn tatsächlich auch andere Werte in die Tabelle eingetragen werden bzw. wenn bestimmte Spalten geändert werden. Dies bedeutet, dass nur bei Orts- und Beginnänderungen, die auch einen anderen Wert in die Tabelle eintragen, der Trigger ausgelöst wird.

Für die Verwendung der WHEN-Klausel ergibt sich, dass die Bedingungen immer in runden Klammern erscheinen und die Pseudodatensätze ohne Doppelpunkt angesprochen werden. Zusätzlich lassen sich auch nur eingebaute und keine benutzerdefinierten SQL-Funktionen in der Bedingung aufrufen. Dies ist nur dem Algorithmus vorbehalten, der in einem solchen Fall beispielsweise noch eine eigene Fallunterscheidung benötigt.

```
CREATE OR REPLACE TRIGGER TRG_Terminkorrektur
 AFTER UPDATE ON termin
 FOR EACH ROW
 -- Erweiterte Bedingungen
 WHEN ((old.T_Beginn != new.T_Beginn)
     OR (old.T_Ort != new.T_Ort))
DECLARE
 v_Text VARCHAR(6);
BEGIN
```

```
   IF :old.T_Beginn != :new.T_Beginn
    THEN v_Text := 'Beginn';
   ELSIF :old.T_Ort != :new.T_Ort
    THEN v_Text := 'Ort';
   ELSE v_Text := NULL;
   END IF;
   -- Korrekturerfassung
   INSERT INTO altetermine
   VALUES (:old.T_Nr, :old.K_Nr, :old.T_Beginn,
           :old.T_Ende, :old.T_Ort, v_Text);
END TRG_Terminkorrektur;
```

1125_15.sql: Verwendung der WHEN-Klausel

Dann testet man diesen Trigger, indem sowohl tatsächliche Änderungen auf die Tabelle ausgeführt werden als auch solche, die die gleichen Werte belassen.

```
-- Änderung Ort
UPDATE termin SET T_Ort = 'Essen' WHERE T_Nr = 512;
-- Änderung Termin
UPDATE termin
   SET T_Beginn = '12.07.2014',
       T_Ende   = '14.07.2014'
 WHERE T_Nr = 650;
-- Fehlender Änderung Ort
UPDATE termin SET T_Ort = T_Ort WHERE T_Nr = 512;
-- Abfrage
SELECT * FROM altetermine;
```

1125_16.sql: Testen des Triggers

Der Trigger wird jeweils dann ausgelöst, wenn tatsächlich neue Werte eingetragen werden.

T_NR	K_NR	T_BEGINN	T_ENDE	T_ORT	AT_STAT
512	1015038	23.06.13	25.06.13	Berlin	Ort

```
    650     1015068 09.12.13 12.12.13 Essen        Beginn
2 Zeilen ausgewählt.
```

Index

Index

Unsere Empfehlungen

Oracle SQL

**Skulschus
Wiederstein**

Oracle SQL

Marco Skulschus
Marcus Wiederstein

Themen

- Werkzeuge zur Oracle-Verwendung
- Datenbank und Tabellen/Sichten erstellen
- Daten einfügen, ändern, löschen
- Abfragen, Auswertungen und Analysen
- Einfache Berichte in Textform
- Basis-Administration mit SQL

400 Seiten, € 34,95
ISBN 978-3-939701-41-5

Einsteiger	Fortgeschrittene	Profis

Inhalt

Die SQL-Variante der Oracle 11g-Datenbank bietet eine umfangreiche Syntax für die Erstellung und Verwaltung von DB-Objekten wie Tabellen, Sichten oder auch Benutzern und ihren Rechten. Dieses Buch erlaubt Einsteigern in Oracle und SQL einen umfassenden Überblick über die SQL-Syntax und ihre Fähigkeiten. Der Hauptbestandteil des Buchs ist die Darstellung von Abfragen von Datenbankdaten. Weitere Kapitel zeigen, wie man die Erstellung und Pflege von DB-Objekten und Daten sowie tägliche Administrationsarbeiten mit SQL durchführen kann.

Oracle PL/SQL

Objekte und objektrelationale Techniken

**Skulschus
Wiederstein**

Themen

- Objektrelationale Techniken in Oracle
- Verwendung von Objekten in SQL und PL/SQL
- Erstellung von Objekten (Definition, Methoden, Vererbung)
- Objektrelationale Datenstrukturen und -speicherung

200 Seiten, € 34,95
ISBN 978-3-939701-42-2

Einsteiger   Fortgeschrittene   Profis

Inhalt

Die Oracle 11g-Datenbank ist gemeinhin als relationale Datenbank bekannt. Sie bietet jedoch auch eine umfangreiche Syntax für die Erstellung von Objekten und die Nutzung von objektorientierten Techniken und ist damit auch eine objektrelationale Datenbank. Dieses Buch bietet zeigt PL/SQL-Programmierern, wie sie Objekte erstellen und in SQL und PL/SQL nutzen können.

Oracle

PL/SQL und XML

Skulschus
Wiederstein

Themen

- XML aus relationalen Daten erzeugen und Import-/Export-Schnittstellen planen
- SQL/XML und PL/SQL für die Erzeugung und Verarbeitung von XML verwenden
- Einsatz von XML Schema zur Validierung/Erzeugung von XML
- XML-Daten in XMLType-/Objekt-Spalten und in der XML DB speichern
- Administrative Aspekte von XMLType und der XML DB
- Datentyp XMLType und sein Einsatz

474 Seiten, € 39,95
ISBN 978-3-939701-49-1
2. überarbeitete Auflage

Inhalt

XML-Schnittstellen ersetzen allerorten Lösungen auf Basis von einfachen Textdateien oder Protokolldaten, Unternehmen gehen dazu über, semistrukturierte Daten direkt in einer (objekt)relationalen Datenbank zu speichern. Wenn Oracle im Einsatz ist, hat man eine vollwertige XML-Datenbank bereits zur Verfügung und kann aus einer Reihe von Werkzeugen für die Erzeugung, Speicherung, Abfrage und allgemein die Integration von XML-Daten in seine Datenlandschaft die beste Kombination auswählen. Dieses Buch stellt die Techniken von Oracle dar, wie in der Standard-DB oder in der speziellen XML DB (XDB) XML-Daten verwendet werden können.

553

PHP und Oracle   **Skulschus**

Themen

- ORA-Funktionen für PHP4
- OCI-Funktionen für PHP4 und 5 (Oracle Call Interface)
- PDO-Funktionen für PHP5 (PHP Data Objects)
- Oracle SQL (Übersicht für Abfragen)
- Oracle PL/SQL (Einführung in DB-Programmierung)
- Entwurfsmuster / Design Patterns in der Datenzugriffsschicht
- Verwenden von gespeicherten Funktionen / Prozeduren
- Sprachreferenzen pro Kapitel

388 Seiten, € 34,95
ISBN 978-3-939701-01-9

Inhalt

PHP gilt als überaus erfolgreiche, einfach zu erlernende und zu verwendende Skriptsprache für Web-Anwendungen, die sich immer stärker im Unternehmensumfeld ausbreitet. Oracle gilt seit Jahren als die DB-Lösung für die höchsten DB-Anforderungen. Während PHP/MySQL als die Standardkombination für dynamische Web-Anwendungen gilt, greift die Kombination Oracle und PHP immer mehr Raum, wenn kostengünstige DB-Anwendungen für bestehende Oracle-Systeme entwickelt werden sollen. Dieses Buch zeigt die verschiedenen Bibliotheken für PHP 4 und 5, welche für die Nutzung von Oracle einsetzbar sind, anhand von vielen Beispielen. Zusätzlich gibt es einen Syntax-Überblick über Oracle SQL und PL/SQL.